庄子的管理别义

张 钢 / 著

浙江大学出版社
·杭州·

图书在版编目（CIP）数据

庄子的管理别义 / 张钢著. -- 杭州：浙江大学出版社，2025.1. -- ISBN 978-7-308-25694-0

Ⅰ. B223.55；F272

中国国家版本馆 CIP 数据核字第 2024PY3859 号

庄子的管理别义

张 钢 著

责任编辑	杨 茜
责任校对	许艺涛
封面设计	周 灵
出版发行	浙江大学出版社
	（杭州市天目山路148号 邮政编码310007）
	（网址：http://www.zjupress.com）
排　　版	浙江大千时代文化传媒有限公司
印　　刷	杭州高腾印务有限公司
开　　本	710mm×1000mm　1/16
印　　张	26.5
字　　数	407 千
版 印 次	2025 年 1 月第 1 版　2025 年 1 月第 1 次印刷
书　　号	ISBN 978-7-308-25694-0
定　　价	88.00 元

版权所有　侵权必究　印装差错　负责调换

浙江大学出版社市场运营中心联系方式：（0571）88925591；http://zjdxcbs.tmall.com

目　录

导读 —————————————————————————— 001

逍遥游第一 ———————————————————————— 013
　　本篇明确指出，组织要实现可持续发展，管理者必须首先建立起关于人之为人和物之为物的独特本性的坚定信念，以此为前提，才有可能超越个人经验见识的局限，形成组织管理的正确观念，摆脱现实的束缚，用理想引领组织发展。

齐物论第二 ———————————————————————— 061
　　本篇进一步阐明，管理者不仅要超越个人经验见识的局限，还要同步超越由语言运用所编织出来的关于经验世界的意义网罟。这双重超越都离不开一个共同的立足点，那便是组织之道，而组织之道又是建立在关于人之为人的独特本性的坚定信念之上的。

养生主第三 ———————————————————————— 157
　　本篇以个体养生来隐喻组织的可持续发展，认为组织之道和体现着组织之道的规则体系才是组织实现可持续发展的根基所在，而管理者也只有实现了对个人的经验见识和语言运用的双重超越之后，才能从培植根基入手，确保组织的可持续发展。

人间世第四 ———————————————————————— 187
　　本篇回到当时的现实世界，在管理者尤其是最高管理者无法实现双重超越、组织管理问题丛生的情况下，集中探讨如何才能立足理想，审视现实，谋求改变，进而提出了一条自下而上推动现实组织管理发生变革的可行路径。

德充符第五 —————————————————————————— 245

　　本篇在于说明人之为人、区别于物的独特本性是德性,只有让德性而非生物性成为主导,人方能成为拥有主体性、主动性和创造性的真正意义上的人,而人所共有的德性,才是人与人之间产生相互吸引和正向影响的根本原因,也正是德性的力量,让自下而上地改变组织管理现状成为可能。

大宗师第六 —————————————————————————— 295

　　本篇围绕人们尤其是管理者应该以什么为师法对象的问题,着重强调了回归内心,确立起关于人之为人、区别于物的独特本性的坚定信念,并以信念为师的重要意义,特别强调了要结成志同道合者,以众人的力量,去解决当时的组织管理问题的现实意义。

应帝王第七 —————————————————————————— 377

　　本篇针对组织的最高管理者到底应该怎样做管理的问题,系统阐述了最高管理者以信念为师、融入组织之道和组织发展的重要性,以及不应该做什么的底线原则和必须做什么的岗位职责要求。

参考文献 —————————————————————————— 418

导读

庄子的境遇在先秦诸子中很特别,他在生前湮没无闻,身后也沉寂了很长一段时间。《史记·老子韩非列传》中关于庄子的记述,只有区区两百多字。据称:"庄子者,蒙人也,名周。周尝为蒙漆园吏,与梁惠王、齐宣王同时。其学无所不窥,然其要本归于老子之言。故其著书十余万言,大抵率寓言也。"[1]除此之外,要了解庄子的身世背景,便只能借助《庄子》一书中的零星记载。依据后人的综合考证,庄子的生卒年,大约为公元前369年至公元前286年,处于战国中期;蒙地属宋国,庄子当为宋国人,但与楚国及楚文化又有着非常紧密的联系[2]。

虽然庄子曾做过"漆园吏",但这可能算不上什么管理岗位;勉强说是管理岗位,也应该是那种最基层的岗位。庄子生活艰辛,甚至到了断炊借粟的地步,但这是他自己的选择。据《史记·老子韩非列传》记载:"楚威王闻庄周贤,使使厚币迎之,许以为相。庄周笑谓楚使者曰:'千金,重利;卿相,尊位也。子独不见郊祭之牺牛乎?养食之数岁,衣以文绣,以入大庙。当是之时,虽欲为孤豚,岂可得乎?子亟去,无污我。我宁游戏污渎之中自快,无为有国者所羁,终身不仕,以快吾志焉。'"[3]或许正是因为庄子身处基层,才更容易看清楚当时各诸侯国组织管理问题的症结所在,也更能深切体会普通组织成员在当时管理状况下的真实感受和殷切期盼。这无疑是庄子思想得以产生的坚实基础,也是庄子思想不同于其他先秦诸子的重要原因。

庄子的思想体现在《庄子》一书中。和庄子本人一样,《庄子》这本书也

---

[1] 司马迁:《史记》,中华书局2000年版,第1704页。
[2] 颜世安:《游世与自然生活:庄子评传》,湖南人民出版社2022年版,第7,10页。
[3] 司马迁:《史记》,中华书局2000年版,第1705页。

有别样经历。虽然《汉书·艺文志》中提到"《庄子》五十二篇"[1],但正如闻一多所言,"西汉人讲黄老而不讲老庄。东汉初班嗣有报桓谭借《庄子》的信札,博学的桓谭连《庄子》都没见过。……两汉竟然没有注《庄子》的"[2]。直到魏晋时期,庄子其人其书才受到广泛关注。"其时世衰道微,人心迷乱,文人雅士,多隐志自贤,于是遂有老庄连称之言,与易并称三玄。至唐玄宗更追尊庄书为经,诏曰南华真经,号其人为南华真人。"[3]

最早为《庄子》作注的是晋代的崔譔,后来陆续有司马彪、孟氏、李颐、向秀、郭象等的《庄子》注本问世。但是,今天所能见到的《庄子》,也只有郭象整理的三十三篇注本,其他注本都已散佚。据陆德明《经典释文·序录》所载:"《汉书·艺文志》'《庄子》五十二篇',即司马彪、孟氏所注是也。言多诡诞,或似《山海经》,或类占梦书,故注者以意去取。其内篇众家并同,自余或有外而无杂。唯子玄(郭象)所注,特会庄生之旨,故为世所贵。"[4]

《庄子》一书原貌如何、究竟有多少篇,已成难解之谜。幸好"其内篇众家并同"。也就是说,尽管在总篇数上有出入,但内七篇却完整地保留了下来,并得到一致认同。关于《庄子》内篇与外、杂篇的关系及其作者问题,自唐宋以来便为人们所关注,而当代学者刘笑敢则以更为严谨细致的研究方法,从概念的使用、思想的源流、文章的体例、特殊词汇的用法等多方面,将内篇与外、杂篇进行了比勘考察,证明了内篇才可能在总体上为庄子所作,而外、杂篇中虽然也可能会有庄子的断片残简,但从总体上看不是庄子的作品[5]。这表明,庄子本人的思想,集中体现在《庄子》的内七篇中。

其实,唐代的成玄英在为郭象的《庄子》注本作疏时,就曾指出,"内篇明于理本,外篇语其事迹,杂篇杂明于理事"[6];而明代的憨山,更是直言不讳,"只内七篇,已尽其意,其外篇皆蔓衍之说耳。学者但精透内篇,得无穷

---

[1] 班固:《汉书》,中华书局2000年版,第1368页。
[2] 闻一多:《周易与庄子研究》,巴蜀书社2003年版,第76—77页。
[3] 李勉:《庄子总论及分篇评注》,台湾商务印书馆1976年版,第18页。
[4] 陆德明:《经典释文卷第一·序录》,浙江大学出版社2022年版,第65页。
[5] 刘笑敢:《庄子哲学及其演变》,中国人民大学出版社2020年版,第38页。
[6] 郭象:《庄子注疏》,成玄英疏,曹础基、黄兰发整理,中华书局2011年版,"南华真经疏序",第2页。

快活,便非世上俗人矣"[1]。当代学者颜世安在为庄子作评传时,也认为,"内篇七篇论理,思想较为统一,风格也一致,确实是一组首尾连贯自成系统的文章,而且内篇所言之理,奠定了《庄子》三十三篇全部思想的基础,外、杂篇中虽有内篇未曾发挥的深理,但也是建立在整个基础之上"[2]。这意味着,要把握庄子的思想,必须从《庄子》内七篇入手。

对于庄子思想的理解,从来视角纷呈。正如张默生所言:"历来论庄子的人,或因信仰老子过甚,把庄子看为老子哲学的注释者;或因信仰佛学过甚,把庄子看为佛家哲学的开路人;或因信仰孔子过甚,把庄子看为儒教的藩臣,说他是以怪说止怪说的,又成儒家的拥护者"[3]。也恰是这种多元视角的解读,让庄子思想的影响无所不在。闻一多曾说过:"中国人的文化上永远留着庄子的烙印。他的书成了经典。他屡次荣膺帝王的尊封。至于历代文人学者对他的崇拜,更不用提。别的圣哲,我们也崇拜,但哪像对庄子那样倾倒、醉心、发狂?"[4]

稍显遗憾的是,庄子思想自魏晋大放异彩以来,管理视角的解读似乎一直缺位。虽然现代并不乏政治视角下的庄子思想研究,但政治不等于管理,政治视角下的解读也不能自动涵盖管理视角下的解读。同样更不能说,因为老子和孔子思想中本已有管理的内涵,只要是从道家视角和儒家视角来解读庄子思想,也就自然包含管理视角的理解。

作为伴随人类文明进程的一项极其重要的实践活动,管理是任何组织都不可或缺的基础功能。只要有组织,就必然有管理。管理不仅决定着组织的兴衰,而且直接影响着组织成员的福祉。在庄子所处的战国中期,各诸侯国组织里那些底层民众的生活和命运,在相当程度上,就是由诸侯国组织的管理决定的。正如蒋锡昌指出的那样,"时当战国,王道衰微,纲纪荡然。强灭弱,大吞小。各国莫不以战争为务,人君莫不以威势自立。为人臣者,以主上之喜怒不测,有时遭刑戮之惧。为人民者,以兵革不休,有父子离散

---

[1] 憨山:《庄子内篇注》,梅愚点校,崇文书局 2015 年版,第 1 页。
[2] 颜世安:《游世与自然生活:庄子评传》,湖南人民出版社 2022 年版,第 7,47—48 页。
[3] 张默生:《庄子新释》,张翰勋校注,齐鲁书社 1993 年版,第 65 页。
[4] 闻一多:《周易与庄子研究》,巴蜀书社 2003 年版,第 77 页。

之苦"[1]。这使得当时诸侯国组织里的管理问题愈发凸显。

老子是站在委托人意义上的诸侯国最高管理者的视角来思考管理问题的,孔子则是站在代理人意义上的职业管理者的视角来思考管理问题的,而庄子却是站在普通组织成员的视角来思考管理问题的。这三个视角正好形成了互补,都是全面理解组织和管理问题所不可或缺的;而且,庄子所采取的普通组织成员的视角,具有更为重要的基础作用。组织首先是人的组织,而作为人的共同体,组织的主体一定是普通组织成员,绝不可能是极个别的最高管理者和少数的职业管理者。或许正因为如此,立足于普通组织成员来思考管理问题的庄子,便很容易与立足于最高管理者的老子及立足于职业管理者的孔子进行对话,并将老子和孔子关于管理的思考推向深入。

老子所关注的委托人意义上的最高管理者,本来应该成为组织的代表,但是,由于组织本质上是一种观念存在,人们无法直观感受到组织的运行和发展,特别是对于"天下"这个庞大的组织,有谁能像目睹一片树叶飞舞或一只动物奔跑那样,观察到其发展进程?因此,最高管理者倾向于把以观念形式存在的组织进行物化,诸如用组织成员数量或空间大小来表征组织,以便能像拥有某种物化存在一样来拥有某个组织。这种对于组织的物化的认识,则让那些最高管理者更为关注组织的物化资源和硬实力,而要快速发展组织,也就意味着必须增加组织的物化资源并提升组织的硬实力。对于当时的诸侯国组织来说,武力兼并恐怕也就成了迅速增加物化资源和提升硬实力的捷径。在庄子所处的战国中期,这种关于组织的物化的认识,恐怕正是诸侯国之间连年征战的重要原因之一。因此,庄子虽然延续了老子以天地之道和天地万物设喻,帮助人们理解组织与管理的类比表达方式[2],但又进一步强化了组织之道的德性前提,而且明确指出,要从根本上解决困扰当时各诸侯国的管理问题,就不能仅寄希望于最高管理者,而必须依靠普通组织成员在人之为人的独特本性上的自我觉醒,并通过对经验见识和语言运用的双重超越,自下而上地推动现实组织的改革。

---

[1] 蒋锡昌:《庄子哲学》,上海书店1992年版,第48页。
[2] 张钢:《老子的管理要义》,浙江大学出版社2023年版,第4页。

孔子更关心代理人意义上的职业管理者如何从自我管理走向组织管理,以实现"为政以德"[1]。孔子虽然也强调普通成员在组织中的主体地位,但不容否认的是,对于现实组织管理问题的解决,孔子仍寄希望于从影响组织的最高管理者入手,自上而下地进行。然而,在战国中期,这条自上而下解决现实组织管理问题的路径显然是走不通的。顾炎武曾深刻揭示了春秋与战国的巨大反差:"春秋时犹尊礼重信,而七国则绝不言礼与信矣;春秋时犹宗周王,而七国则绝不言王矣;春秋时犹严祭祀、重聘享,而七国则无其事矣;春秋时犹论宗姓氏族,而七国则无一言及之矣;春秋时犹宴会赋诗,而七国则不闻矣;春秋时犹有赴告策书,而七国则无有矣。"[2]在这种背景下,有着丰富底层阅历的庄子,才可能另辟蹊径,探索自下而上改变组织管理现状的可行性。但是,庄子与孔子仍具有内在的相通性,他们都坚信人之为人、区别于物的独特本性是德性;只有立足德性,才能实现对生物本能左右下的个人经验见识和语言运用的双重超越,也才能进入由思维构建起来的理想世界;而只有立足理想世界来审视现实,才有可能认清现实的问题所在,进而改变和完善现实。

也许只有从庄子所处的时代背景出发,并切实体会当时各诸侯国组织所面临的管理困局及普通组织成员被动无助的境遇,才有可能理解管理对于一名底层普通组织成员的决定性影响,才有可能理解身处底层的庄子关于管理问题的深刻思考。即便在当时的历史条件下,也不是只有各级管理者才会去思考管理问题,哪怕底层普通组织成员,都会因个体命运不断受管理的折磨而追问这到底是怎么回事。更别说庄子这样的有识之士,又岂能置若罔闻。所以,在解读庄子思想的众多视角中,绝不能忽略管理视角,更不能忽略庄子那睿智而又别有深义的管理思想对于今天管理实践的启发意义。

在管理视角下,集中体现庄子思想的《庄子》内七篇,明显可以分为两个部分,前三篇"逍遥游""齐物论""养生主"构成一个部分,后四篇"人间世"

---

[1] 张钢:《论语的管理精义》,机械工业出版社2015年版,第24—25页。
[2] 顾炎武:《日知录卷之十七·周末风俗》,华东师范大学出版社2022年版,第835—836页。

"德充符""大宗师""应帝王"又构成另一个部分。前三篇构建起关于组织和管理的理想世界，后四篇则用理想来关切现实，为解决当时诸侯国组织的管理问题提供可行思路。

前三篇对理想世界的构建，是从认识和理解组织开始的。组织是人们生存和发展的基本形式，也是人们能够实现合作，摆脱个人局限性的重要前提。组织是如此重要，却又看不见、摸不着，难以直接触达。这就让组织及组织中的人、事、管理变得扑朔迷离，也使人困惑迷茫。人们想要看清楚、把握住组织，却又总是力不从心。尤其是那些本应代表组织的管理者，如果不能正确认识和理解组织，也就无法找准自己的角色定位，更做不好管理。不夸张地说，千百年来，一切组织管理问题的症结所在，都是因为管理者对组织及自己与组织的关系缺乏正确认识。所以，庄子从正确认识和理解组织开始，既阐明了组织的根基在于组织之道，又表明管理者必须实现对经验见识和语言运用的双重超越，才能成为组织之道的化身，真正融入组织、代表组织，确保组织的可持续发展。

庄子确立的关于组织和管理的理想世界，成为认识、理解和完善现实世界中组织管理的参照系，而要立足于这样的参照系，以发现和解决现实问题，管理者就必须首先实现对个人的经验见识和语言运用的双重超越。第一篇"逍遥游"讲的正是对经验见识所带来的个人局限的超越；而第二篇"齐物论"讲的则是对语言运用所编织的意义网罟的超越；第三篇"养生主"阐明了只有建基于双重超越之上，组织和管理才能以组织之道为根基，实现可持续发展。庄子借助理想化的双重超越，所构建起来的关于组织和管理的理想世界，不仅为认清当时各诸侯国组织管理问题的根源提供了一面镜子，也为后世的组织管理照亮了持续改进之路。

后四篇立足理想，回望现实，明确了当时各诸侯国组织管理问题的根本原因和解决思路。第四篇"人间世"深刻揭示出当时各诸侯国组织管理问题的根源，就在于国君完全受生物本能掌控，把组织和普通组织成员当成实现个人意志和抱负的工具，而职业管理者则处在"伴君如伴虎"的状态，也只能顺着国君个人好恶去曲意逢迎，以至于让组织管理问题愈加恶化。

对此，第五篇"德充符"给出的解决思路是，让普通组织成员回归人之为人、区别于物的独特本性,即德性;当普通组织成员能够从内在德性出发,自觉地认识到自己与物的本质区别,以组织的主人意识采取行动、改变现状时,现实的组织管理问题才有望得到解决。

第六篇"大宗师"则进一步阐述了普通组织成员要以内在的关于德性的信念为师,而不能以外在的特定某个人——哪怕是管理者为师;只有这样,才能回归人之为人、区别于物的本然状态,也才能找到真正的志同道合者,并借助志同道合者的集体力量,推动现实组织管理的改变。

第七篇"应帝王"聚焦于管理者尤其是最高管理者,明确指出,在自下而上的改变发生后,组织的最高管理者和各级管理者只有认同和践行基于德性前提的组织之道,才能真正认识和理解组织,找准自己的角色定位,履行管理职责,确保组织实现可持续发展;否则,必然是消解了管理,也消亡了组织。

《庄子》内七篇的管理思想别有深意,旨在阐明管理者与组织及普通组织成员之间的关系,而这种关系的根本纽带,便在于人之为人、区别于物的独特本性——德性。只有让德性成为自我的主导,管理者才能实现超越,既超越受生物本能左右的经验见识,又超越语言运用所编织的意义网罟,并借助这种超越,进入组织和管理的理想世界,从而为现实中组织的变革和发展提供无限可能性。这种以德性为主导,并因理想而吸引和影响他人的力量,恰是领导力的本质所在。

管理者不能没有领导力,而领导力作为正向的人际影响力,不同于管理岗位职权之处,恰在于其扎根在人之为人、区别于物的独特本性,即德性上。德性由内而外表现出来,便是德行。德性决定格局,德行决定境界。格局乃"心"或思维中所固有的言行尺度,是内在规矩;而境界则是表现出来的言行边界,即外在风范。管理者让德性成为主导,有了德性的超越格局,才能达到德行的自由境界,也就能自然而然地吸引和影响他人,去努力追求德性和德行,激活创造潜能,奋发向上,积极进取。这恰是庄子所倡导的"内圣外王"[1]的深刻管理寓意。用林云铭的话说,"内圣而后外王。此又《内七篇》

---

[1] 郭象:《庄子注疏》,成玄英疏,曹础基、黄兰发整理,中华书局2011年版,第557页。

相因之理也,若是而大旨已尽矣"[1]。钟泰也认为,"此内七篇,则所以反复发明内圣外王之学者也"[2]。《庄子》内七篇的核心思想,便是要突出领导力之于做管理的基础作用,而要培养领导力,则必须经由超越,以实现"内圣"的格局,进而达到"外王"的境界,自然就能正向影响他人。

在数字化时代背景下,当智能技术的迅猛发展使人与物的边界再次成为人们关注的焦点之后,回看庄子的管理思想,或许能获得意想不到的助益。其实,在任何时代,组织管理都会面临人与物的边界被人为抹杀的挑战。只不过在庄子所处的那个时代,组织管理中被人为模糊化的是人与动物的边界,彼时机器对人的影响乃至威胁并不突出。但今天不一样,组织管理中人与物的边界,正在被动物和机器内外双向挤压,有变得荡然无存的危险。一方面,受那些被人为操纵的各种诱惑的影响,人会在不知不觉中沦为生物本能的俘虏;另一方面,内容生成式人工智能日益广泛的应用,又不断侵蚀着原本专属于人的思维和知识领域,让更方便地屏蔽乃至控制人的思维成为可能。这提醒人们,必须认真思考人之为人、组织之为组织、管理之为管理的独特本性到底应该是什么的问题;只有立足于这种独特本性,才能找准人、组织和管理的定位,将人、动物和机器区别开来,让人成为人、让组织成为人的组织、让管理成为人与人之间相互正向影响的实践。庄子的管理别义,恰在于警醒人们尤其是管理者,必须进行这样的思考,并采取切实行动,肩负起那份人之为人的使命、管理者之为管理者的责任。

本书致力于从管理视角出发,对《庄子》内七篇所蕴含的庄子管理思想进行系统阐发,并依照"原文、字词注释、今文意译、分析解读、管理别义"的体例,逐章进行解读。本书所依据的《庄子》内七篇原文出处,为郭庆藩撰、王孝鱼点校的《庄子集释》(中华书局,2012 年第 3 版);同时,根据郭象注、成玄英疏、曹础基和黄兰发整理的《庄子注疏》(中华书局,2011 年第 1 版),刘文典撰的《庄子补正》(中华书局,2015 年第 1 版)对原文进行确认和修订,凡涉及原文改动,都在"字词注释"中予以说明。

---

[1] 林云铭:《庄子因》,张京华点校,华东师范大学出版社 2011 年版,第 5 页。
[2] 钟泰:《庄子发微》,上海古籍出版社 2022 年版,第 1 页。

对于"字词注释",除了参考各类关于《庄子》的基础研究著作外,笔者还使用了商务印书馆 2005 年出版的《古代汉语字典》、上海古籍出版社 2007 年出版的《说文解字》、上海辞书出版社 2007 年出版的《康熙字典》、商务印书馆 2021 年出版的《规范字与繁体字、异体字辨析字典》等工具书。

另外,为了准确理解和把握《庄子》的原文及背景,本书还参考了钱穆的《庄子纂笺》、王叔岷的《庄子校释》、张默生的《庄子新释》、钟泰的《庄子发微》、杨柳桥的《庄子译诂》、陈鼓应的《庄子今注今译》、曹础基的《庄子浅注》、杨义的《庄子还原》、方勇和刘涛的《庄子译注》、杨国荣的《庄子内篇释义》、谢彦君的《庄子内篇引归》、刘笑敢的《庄子哲学及其演变》等当代研究著述。本书所引用的各类参考资料均列入了书后的参考文献中。

方以智曾经指出,"《庄》善继《老》而变通者也,……善读《庄》者,又当变而通之可矣"[1]。从这个意义上说,本书也可以看作管理视角下对《庄子》进行"变而通之"的尝试。当然,如果没有关于《庄子》的文本校释和思想阐发的丰硕基础研究成果,本书要从管理视角对《庄子》做应用研究,也是极其困难的。在此特致以诚挚谢意!

---

[1] 方以智:《药地炮庄》,赵锋点校,中华书局 2022 年版,第 53 页。

逍遥游第一

本篇导读

"逍遥",本义是指不受拘束、随心所欲;"游",本义是指旗帜的垂饰,后转指水流,可引申为自由流动。"逍遥游",意指摆脱各种束缚,达到自由状态。庄子以"逍遥游"为本篇的标题,意在表明,组织的管理者尤其是最高管理者,只有实现超越,摆脱了内部生物本能和外部物化资源的限制,才能进入无限辽阔的理想世界,通过思维的不断创造,来实现组织的可持续发展。

本篇包括四章。第1章从鲲鹏的寓言开始,最终落脚于一个值得深思的管理问题,即:管理者必须超越那个由物化资源构成的现实世界,否则,个人和组织的发展都会被现实束缚。一个没有理想状态引领及丰富想象空间支撑的组织,连创造的余地都没有,谈何发展,更不要说可持续发展了。即便巨大如鹏,活动空间比一般飞鸟不知要大多少倍,但仍不能不受自身和外在物化条件的限制。更重要的是,鹏不过是人的想象和思维的创造物。这恰恰暗示着,只有思维才具有超越的能力。也正是基于此,本章最后才点明了:"至人无己,神人无功,圣人无名。"管理者只有以"至人""神人""圣人"这样的理想化超越者为榜样,努力实现对源自生物本能的内在欲求及外在诱惑的超越,才有可能确保组织的可持续发展。

第2章借助"尧让天下于许由"的故事,进一步表明,哪怕是像尧那样历史上著名的管理者,都难以摆脱把组织物化的思维方式。正因为尧将组织视为物化存在,才会像个人间私相授受物品一样,要把天下这个最大的组织让与别人;而许由不接受,是因为他所理解的组织不仅是一种观念,还是一个分工协作体系,每个人在其中都有自己独立且独特的职责及贡献,即便是最高管理者也不是组织的拥有者,只不过是在履行其所承担的一份管理的岗位职责而已。

第3章再次以对话的形式,阐明了管理者要实现超越所必须具有的基本前提,那便是回归人之为人、区别于物的独特本性,即德性。只有在德性的前提下,才能实现对物化现实的超越,而只有实现了这种超越,管理者在管理上才能获得充分的自由,不会再为各种现实的功名利禄所左右,组织的最高管理者也才不会将组织和组织成员视为实现个人抱负和意志的工具。

第4章则以作为管理者的惠子为例,深刻揭示了当时各诸侯国组织的管理症结所在。在当时的历史条件下,正因为管理者没能实现超越,只是盯着物化资源及眼前利益,在做管理时,只会从现实有用性出发来衡量一切事物,以至于不仅难以做到物尽其用,更是让人尽其才成为一句空话。最为严重的是,管理者拘泥于个人经验见识,哪怕面对的是有创造力的人,也只会根据当下的物化指标做出判断,根本不可能从人之为人的独特本性的高度来理解人,也谈不上从物之为物的独特本性的角度来使用物,既不能理解人,又不能善用物,又如何做到人尽其才、物尽其用？做不到这一点,即使组织在不断积累物化资源和硬实力,但由于这样的物化资源和硬实力不是建立在人的持续创造之上,必然只能是"量"的简单累加而不可能实现"质"的创新发展。

本篇以四章内容,生动而深刻地指出：做管理,首先要超越；没有超越,便没有自由,更不可能创造。但是,管理者要实现超越,又谈何容易？管理者若没有关于人之为人和物之为物的独特本性的坚定信念,不能以此为立足点,建立起组织管理的正确观念,又怎么可能超越物化的现实世界,进入自由的理想世界？如果说庄子意义上的"逍遥",意味着对物化的现实世界的超越,那么,庄子所说的"游",则一定是就思维而言。只是身体之"游",无法达到真正意义上的自由。只有让思维接续历史,融入人类共有的理想世界之中,管理者才能到达自由状态。管理者也只有达到这种超越后的自由状态,才有望让组织获得创造和创新的无限空间。

1.1　北冥①有鱼,其名为鲲②。鲲之大,不知其几千里也。化而为鸟,其名为鹏③。鹏之背,不知其几千里也；怒④而飞,其翼若垂⑤天之云。是鸟也,海运⑥则将徙于南冥。南冥者,天池也。

《齐谐》⑦者,志怪⑧者也。《谐》之言曰:"鹏之徙于南冥也,水击三千里,抟扶摇⑨而上者九万里,去以六月息⑩者也。"野马⑪也,尘埃也,生物之以息相吹也。天之苍苍,其正色邪⑫?其远而无所至极邪?其⑬视下也,亦若是则已矣。

且夫水之积也不厚,则其负大舟也无力。覆杯水于坳堂⑭之上,则芥⑮为之舟;置杯焉则胶⑯,水浅而舟大也。风之积也不厚,则其负大翼也无力。故九万里,则风斯在下矣,而后乃今培风⑰;背负青天而莫之夭阏⑱者,而后乃今将图南。

蜩⑲与学鸠⑳笑之曰:"我决起而飞,抢榆枋㉑,时则不至而控㉒于地而已矣,奚㉓以之九万里而南为?"适莽苍㉔者,三餐而反,腹犹果㉕然;适百里者,宿舂粮㉖;适千里者,三月聚粮。之二虫㉗又何知!

小知不及大知,小年不及大年。奚以知其然也?朝菌㉘不知晦朔㉙,蟪蛄㉚不知春秋,此小年也。楚之南有冥灵㉛者,以五百岁为春,五百岁为秋;上古有大椿㉜者,以八千岁为春,八千岁为秋。而彭祖㉝乃今以久特闻,众人匹之,不亦悲乎!

汤㉞之问棘㉟也是已。穷发㊱之北有冥海者,天池也。有鱼焉,其广数千里,未有知其修㊲者,其名为鲲。有鸟焉,其名为鹏,背若太山㊳,翼若垂天之云,抟扶摇羊角而上者九万里,绝㊴云气,负青天,然后图南,且适南冥也。斥鴳㊵笑之曰:"彼且奚适也?我腾跃而上,不过数仞㊶而下,翱翔蓬蒿之间,此亦飞之至也。而彼且奚适也?"此小大之辩㊷也。

故夫知效㊸一官,行比㊹一乡,德合一君,而㊺征㊻一国者,其自视也亦若此矣。而宋荣子㊼犹然笑之。且举世而誉之而不加劝㊽,举世而非之而不加沮㊾,定乎内外之分,辩乎荣辱之境,斯已矣。彼其于世未数数然㊿也。虽然,犹有未树也。夫列子[51]御风而行,泠然[52]善也,旬有五日而后反。彼于致福[53]者,未数数然也。此虽免乎行,犹有所待[54]者也。若夫乘天地之正,而御六气[55]之辩[56],以游无穷者,彼且恶[57]乎待哉!故曰,至人无己,神人无功,圣人无名[58]。

字词注释

① 冥:这里通"溟",是大海的意思。

② 鲲:这里指传说中的大鱼。

③ 鹏:这里指传说中的大鸟。

④ 怒:形声字,本义指气愤、生气,这里是振作、突起、奋发的意思。

⑤ 垂:形声字,本义指遥远的边界,这里指遥远的天边。

⑥ 海运:"运",这里是转动、运行的意思;"海运",指海风强劲。

⑦《齐谐》:书名。

⑧ 志怪:"志",这里是记录、记载的意思;"志怪",指记载各种怪异的事。

⑨ 抟扶摇:"抟",形声字,本义指用手搓捏成圆球状,这里是围绕、盘旋的意思;"扶摇",这里指海上飓风。"抟扶摇",这里是借助海上飓风盘旋而上的意思。

⑩ 息:会意字,本义指呼出的气息,这里指大风。

⑪ 野马:这里隐喻空中飘浮不定的水汽。

⑫ 邪:这里是表示疑问或反诘的语气词。

⑬ 其:这里指大鹏。

⑭ 坳堂:"坳",指低洼的地方;"坳堂",指屋里低凹处。

⑮ 芥:形声字,本义指芥菜,这里是小草的意思。

⑯ 胶:这里是粘住的意思。

⑰ 培风:"培",形声字,本义指增加土地、田园、山泽等,这里是凭、借的意思;"培风",即乘风,凭借风的力量。

⑱ 夭阏:"夭",象形字,本义指人奔跑,这里引申为曲折、摧折;"阏",这里是阻塞、堵塞的意思;"夭阏",即阻碍。

⑲ 蜩:这里指一种蝉。

⑳ 学鸠:这里指一种小斑鸠。

㉑ 抢榆枋:"抢",这里是撞、碰的意思;"榆",即榆树;"枋",即檀树;"抢榆枋",这里指落到榆树和檀树上。

㉒ 控:形声字,本义指拉开弓弦,这里是投、落下的意思。

㉓ 奚:这里是何、哪里、怎么的意思。

㉔ 莽苍:这里指郊外。

㉕ 果:这里是饱满、充实的意思。

㉖ 宿舂粮:"舂",会意字,本义为在臼中捣去谷物的皮壳,这里引申为准备粮食;"宿舂粮",这里是需要准备过一夜的粮食的意思。

㉗之二虫:“之”,这里是此的意思;“之二虫”,指蝉和斑鸠这两个小动物。

㉘朝菌:这里指一种朝生暮死的小虫子。

㉙晦朔:“晦”,阴历每月的最后一天;“朔”,阴历每月的第一天;“晦朔”,这里指一个月。

㉚蟪蛄:这里指一种很小的蝉,身体短,黄绿色,有黑色条纹,翅膀有黑斑,夏生秋死。

㉛冥灵:这里指传说中的神龟。

㉜大椿:这里指传说中的神树。

㉝彭祖:这里指传说中的长寿者。

㉞汤:即成汤,也称商汤,子姓,名履,又名天乙,是契的第十四代孙,商朝开国君主。

㉟棘:商汤时期的著名管理者。

㊱穷发:“穷”,这里是贫乏、缺少的意思;“发”,这里指草木;“穷发”,指缺乏草木的地方,即不毛之地。

㊲修:形声字,本义指修饰、装饰,这里是长、高的意思。

㊳太山:即泰山。

㊴羊角:这里指旋风。

㊵绝:会意字,本义是将一束丝断为两束,这里是横渡、穿越的意思。

㊶斥鴳:鸟名,即鴳雀,也称尺鴳。

㊷仞:古时的长度单位,八尺或七尺为一仞。

㊸辩:这里通“辨”,是分别、辨别的意思。

㊹效:形声字,本义是照着去做,这里是贡献、胜任的意思。

㊺比:这里是等同、符合的意思。

㊻而:这里通“能”,是才能、才干的意思。

㊼征:这里是验证、取信于的意思。

㊽宋荣子:即宋钘(约公元前370—前291),也称宋子,宋国人,曾游学于齐国稷下学宫,继承老子的思想,反对诸侯国之间的兼并战争。

㊾劝:形声字,本义是勉励或人因勉励而努力,这里是勤勉、努力的意思。

㊿沮:形声字,本义指水名,这里是终止、停止的意思。

(51)数数然:“数”,这里是屡次、多次的意思;“数数然”,指汲汲以求的样子。

(52)列子:即列御寇(约公元前450—前375),又名寇,字云,郑国人,是介于老子与庄子之间的战国前期道家学派重要代表人物。

(53)泠然:形声字,本义指水名;“泠然”,这里指轻妙的样子。

(54)致福:“致”,会意字,本义为送到,这里是取得、获得的意思;“福”,形声字,本义为保佑、赐福,这里是祥运、幸福的意思;“致福”,即获得幸福。

㉕待：形声字，本义指等候，这里引申为凭借、依靠。

㊱六气：关于"六气"的内涵，历来观点不一。郭庆藩在综合前人观点基础上，认为"六气"可以有两种理解：一是指雨、旸、燠、寒、风、时；二是指六种情绪状态，即好、怒、恶、喜、乐、哀。[1] 考虑到此处前一句说的是"乘天地之正"，而天地万物的变化本身已经包括了"雨、旸、燠、寒、风、时"，后一句再来讲这个意义上的"六气"就显得重复了，因此，这里采用后一种理解，即"六气"指六种情绪状态。这样，前一句意指对"外物"的理解，后一句则专指对"自我"的把握。

㊲辩：这里通"变"，是变化的意思。

㊳恶：这里是哪里、怎么的意思。

㊴至人无己，神人无功，圣人无名：这里的"至人""神人""圣人"，均指理想化的超越者，只是要超越的现实对象的侧重点略有不同。"至人"超越了自己的生物本能，故"无己"；"神人"超越了用各类物化指标衡量的成功，故"无功"；"圣人"超越了各种头衔及其光环，故"无名"。当然，"己""功""名"又是密切关联在一起的；有"己"或生物本能，才会有欲求，而有了欲求，"功"和"名"才会成为诱惑。因此，在庄子看来，组织的管理者尤其是最高管理者，只有以理想化的超越者为榜样，努力实现对源自生物本能的内在欲求，以及像成功和声名这样的外在诱惑的超越，才有可能为组织创造更广阔的发展空间。

今文意译

北海里有条鱼，名字叫鲲。鲲非常大，大到不知有几千里。鲲化作一只鸟，名字叫鹏。鹏的背部非常宽广，宽广到不知有几千里；当鹏奋力起飞时，它的翅膀宛若遥远天际的一片云。这只鸟凭借强劲的海风，要飞去南海。南海是一大片自然形成的水域。

《齐谐》这本书，记录的都是一些怪异的事。书中记载："鹏向南海飞去时，起飞时激起的海水溅到三千里远，再凭借海上飓风，上升到九万里高空，最终才乘着六月的大风飞走。"空中飘浮不定的水汽，四散扬起的灰尘，这些东西都是因大风劲吹而像有了生命一样运动起来。天色苍茫，这是天空本来的颜色吗？还是由于天空高远、渺无边际的原因呢？如果鹏在高空向下看，可能也会像在地上仰望天空一样吧。

如果积起来的水不够深，则不可能将大船浮起来。倒杯水在屋里的低

---

[1] 郭庆藩：《庄子集释》，王孝鱼点校，中华书局2012年版，第24页。

凹处，草叶就会像船一样漂浮着；但放上一只杯子，便会被粘住，原因是水太浅，用杯子当船就显得太大了。风如果不够强劲，也就没有力量托起鹏的巨大翅膀。所以，鹏才要上升到九万里高空，有大风在下面劲吹，它才能乘风而行，背靠青天，又没有阻碍，顺利地飞向南海。

　　蝉和小斑鸠笑着议论鹏说："我们奋力起飞，碰到榆树和檀树，就落上去，有时飞不到树上，便落在地上好了，何必非要上升到九万里高空，再向南海飞呢？"若到郊外去，只需要携带够三顿饭吃的粮食，当天回来，肚子还是饱着的；若到百里外的地方去，就要准备足够过一夜的粮食；若到千里外的地方去，则要积蓄足够三个月吃的粮食。这两只小动物又怎么会有这样的见识呢？

　　小见识达不到大见识所能了解的空间范围，短寿命也达不到长寿命所能认识的时间尺度。怎么知道会有这种情况呢？朝生暮死的小虫子，不可能形成对一月光阴的认识；夏生秋死的小蝉，也不可能形成对一年光阴的认识，这都是短寿命使然。楚国南部有只神龟，对于它的长寿命来说，五百年相当于一个春季，五百年相当于一个秋季；古代有棵神树，寿命更长，对它来说，八千年相当于一个春季，八千年相当于一个秋季。彭祖至今仍以长寿闻名于世，普通人若要和彭祖比寿命，不就显得太可怜了吗？

　　成汤当年在询问棘这位管理者时，也有这样的说法。在不毛之地的北边有片大海，那是一片天然的水域。海里有条鱼，身宽就有几千里，没人知道它有多长，它的名字叫鲲。还有一只鸟，名字叫鹏，背部像泰山，翅膀宛若遥远天际的一片云，凭借海上飓风，上升到九万里高空，在云层之上，背负青天，飞向南方，将要去南海。斥鴳笑着说："它这是要去哪里呀？我奋力飞起来，也不过几丈高就得落下，在蓬蒿间翱翔，这已经是飞翔的最高水平了，而它这是要去哪里呀？"这便是小见识与大见识的区别。

　　所以，有些见识足以胜任管理工作、行为也能符合一个地方的规范、品德更能满足一个诸侯国国君的要求、能力完全可以赢得一个诸侯国民众信任的人，他们的自我感觉很可能也是这样啊。对于这些人，宋荣子不禁哑然失笑。宋荣子可以做到，哪怕举世赞誉也不为所动，哪怕举世非议也不会沮丧。因为他能明确区分内外、清楚界定荣辱，这就足够了。他对各种世俗之事,从来都没有汲汲以求。即便如此,宋荣子在有些方面还是做得不够。列子能乘风行走,轻巧自如到极致,过十五天才回来。哪怕是对于获得如此幸福的状态,列子也从未汲汲以求。像列子这样,虽然能做到不用走路,但还是要凭借风力啊。如果能遵从天地间万物的本性,又能把握自己情绪状态的变化,进入一种由思维创造的、没有限制的理想世界,那还需要凭借什么呢?所以说,理想化的超越者,完全摆脱了生物本能的束缚,也能不为功名所累。

分析解读

《庄子》开篇先将人们的思绪带到一种想象的极端状态,再从极端回望现实,在巨大反差之下,别有一番管理感悟。这种借夸张乃至荒诞的极端状态,来观照、反思和警示现实组织管理的方式,恰是《庄子》的独特魅力所在,却又往往为人们所忽视。本章作为开篇第1章,借貌似离奇的寓言,深刻揭示了管理者实现超越的重要性。

无论是鲲这只超级大鱼,还是鹏这只无与伦比的大鸟,似乎都已成为有大气度、大格局的象征。对于那些在现实中早已习惯了做"量"的大小比较的人们来说,"鲲鹏"确实具有震撼力,也很能捕捉注意力。为了让"鲲鹏"显得更具现实性,而非自己杜撰,庄子还煞有介事地引用《齐谐》这本"志怪"之书,为其作注脚。但庄子在引用《齐谐》时,却特地详解了鹏的起飞及飞行过程所需的外部条件,即:"鹏之徙于南冥也,水击三千里,抟扶摇而上者九万里,去以六月息者也。"

鹏飞往南海,至少需要依靠三个外部条件。第一,鹏起飞时必须借助海面的反作用力。也就是说,鹏要起飞,必须用力扇动翅膀,拍打海水,凭借海面的反作用力,才能飞起来,而由于鹏的体重过大,起飞所需的反作用力也非常大,因此出现"水击三千里"的壮观景象。

第二,鹏若要平稳飞行,又必须上升到更高的空中。由于体型庞大,鹏只有上升到高空,才能摆脱地面各类障碍物的影响,也才能获得平稳气流的支撑;但是,鹏若要升得更高,又离不开特殊的空气流动条件,那便是"抟扶摇而上者九万里",没有海上飓风,鹏也无法上升到九万里高空。

第三,鹏在飞向南海的过程中,还需要借助六月间的季风条件。即便鹏能够上升到九万里高空,但如果没有六月间的季风,也难以完成从北海飞往南海的漫长征程,这正是"去以六月息者也"。

只有满足了上述三个前提条件,鹏才有可能在更大的空间范围内进行迁徙。这充分表明,并不是只要鹏的个头大、雄心大、能力强,就一定能在大海和长空任意遨游;相反,越是个头大,需要的前提条件就越多,对环境的要求也越苛刻。但在现实中,人们的注意力往往容易被焦点对象所捕捉,只看到那个焦点对象自身的物化存在状态是大是小、是强是弱,而完全忽视了焦点对象赖以存在的前提条件及其环境特征。

为了说明这一点,庄子在引述《齐谐》后,还专门加了句评述:"野马也,尘埃也,生物之以息相吹也。天之苍苍,其正色邪?其远而无所至极邪?其视下也,亦若是则已矣。"无论是水汽还是尘埃,之所以能在空中飘逸、扩散,并不是因为它们自身的运动,固然它们自身也处在运动中,但在人们视野中像野马奔腾般的水汽、四散飞扬着的尘埃,却都是因为"息"的作用。然而,当人们在那里欣赏水汽如万马奔驰,因而抒发豪情的时候,又有谁会去在意那让这种景象成为可能的"息"这个前提条件呢?人们不过只是专注于水汽这个焦点对象罢了。

当人们在阅读鲲鹏的寓言时,不也一样会存在这样的思维盲区吗?这就好比平时人们常说"天之苍苍",这难道就是天空原本的样子吗?很可能是因为遥远而产生的视觉偏差。视觉并不能直接反映观察对象的本来模样,而只能与观察对象作用后呈现出一种关于观察对象的影像;这种影像除了受观察主体的认知背景以及观察对象本身的影响,还会受观察主体所选择的观察立足点或视角的影响。因此,庄子才说"其视下也,亦若是则已矣"。这里的"其"指鹏,意思是,如果从鹏的视角来观察地面,由于鹏是在九万里高空,那么,鹏看地面的感觉,当然也会像人在地面看那无垠天际的感觉一样。人遥望天际,有"天之苍苍"感;鹏俯瞰大地,同样会有"地之苍苍"感。

庄子借助观察的相对性及其对立足点或视角选择的依赖,意在表明,观察和认识组织管理问题,同样依赖于视角的选择;若能让思维立足于像鲲鹏这样想象出来的极端状态,再来看现实中的组织管理问题,恐怕会看到不一样的景象,得到不一样的启示。

为了阐明观察的立足点或视角选择的重要性,庄子又以水与舟的关系为例:"且夫水之积也不厚,则其负大舟也无力。"这个道理很直观。另外,在地上的小水洼里,最多能浮起一片树叶,若放上个杯子就会粘住不动,根本漂浮不起来。这与鹏要靠风力飞行,完全一样。只是人们容易观察到水与舟的关系,而空气与飞鸟的关系,则由于空气难以像水一样直观地看到,反倒被忽略了。像鹏那样体型庞大的鸟,若没有强大的气流支撑,别说长距离飞行,就是起飞都不可能。但在现实中,由于人们对事物赖以存在的前提条件的忽略,以及总是用自己的经验见识作为立足点,去观察其他存在物,使得人们相互理解并彼此合作,从而更好地借助组织管理,实现每个人更大的价值,变得极其困难。

更进一步,庄子构想出"蜩"和"学鸠"这两种小动物对鹏的议论,以此为隐喻,意在说明,要想在经验见识不同的人之间达成理解,会有多么困难。这两种小动物的议论非常现实,完全依赖于各自的生存经验。蝉和小鸟要生存,当然离不开前提条件;但由于两者的体型及生物习性的原因,它们所依赖的前提条件要简单得多,而正是因立足于这种简单条件下的生存经验,导致这两只小动物无法理解鹏的行为。反过来,难道鹏就能理解蝉和小鸟的行为吗?其实,庄子在前面已经埋下了伏笔,从鹏的视角来观察大地,就像从大地看遥远的天空一样,都是"苍苍"的,根本无法看到细节。由此可以合理推断,鹏不可能看到地上如蝉和小鸟这样的小动物,甚至压根儿就不知道还会有这么小的动物存在,又谈何理解它们的行为。

当然,庄子在这里丝毫没有贬低蝉和小鸟而颂扬鹏的意思,只是在暗示,从各自的生存经验出发,是很难达成相互理解的。庄子所言"适莽苍者,三餐而反,腹犹果然;适百里者,宿舂粮;适千里者,三月聚粮。之二虫,又何知",表达的正是这个意思。毕竟庄子写出来的文字是要给人看,而不是给像蝉和小鸟那样的动物看的,这就是为什么庄子又用人的出行来说明,不同的行动所依赖的前提条件是不一样的。像出行这样众所周知的行为,对粮食资源的依赖就不一样。到郊外玩一天不过夜,到百里外的地方要过夜,到千里外的地方要花很长时间,这三种出行对粮食消耗及装备要求是完全不同的。

在这里，庄子不过是用粮食消耗，更加形象地表明了行为方式对前提条件的依赖，以帮助人们理解。蝉和小鸟只在当地飞来飞去，当然不需要依赖太多资源，也不会理解像鹏那样长途飞行的艰辛，以及对更多更复杂资源条件的依赖；反过来，像鹏那样，消耗如此多的资源，依赖各种复杂前提条件，才能采取行动，就一定比蝉和小鸟更厉害，甚至更伟大吗？其实未必。文中表面看似在表达蝉和小鸟对鹏的行为不理解，虽说庄子并没有直接说鹏对蝉和小鸟的行为不理解，但是当人们读到这里的时候，又有谁不是站在鹏的立场上去鄙夷蝉和小鸟的见识浅薄呢？其实不用庄子直接说出来，人们已经是站在鹏的立场上，替鹏表达了对蝉和小鸟的不理解。

紧接着，庄子又用"小知不及大知，小年不及大年"对此做出说明。这里的"知"，指的是基于经验的见识，既不是指"智"或智慧，也不是指知识或基于知识学习的学识。见识与学识有本质区别，而学识也不等同于智慧。智慧代表的是能对见识和学识做出符合根本价值尺度的正确运用。亲历经验不同于知识学习。亲历经验总是建基于感官接触和操作体验之上，而知识学习则以符号化思维训练为基础；有亲历经验，就会有见识，但只有经过知识学习，才会有学识；有学识，不一定有见识，有见识，也不一定有学识。理想的状态应该是，既有学识，又有见识，还能依据根本价值尺度正确运用两者，这才是智慧。庄子这里所用的"知"字，指的就是见识，毕竟像"朝菌""蟪蛄""冥灵"这样的生物，同样会有生存经验，也可以说它们具备基于生存经验的见识，但它们并不能进行符号化的知识学习，因此就不可能说有学识，更不可能说有智慧了。

另外，这句话里的"不及"，并不是指经过比较之后的高下、好坏的意思，而只是达不到或不能认识和理解的意思。在自然界中，谁又能说"朝菌""蟪蛄"由于寿命短，就不好或水平低，而"冥灵""大椿"则因为寿命长，就好或水平高？自然界的任何生物都无所谓好坏或优劣，各有自身存在的条件及合理性。更重要的是，自然界里各种生物之间好像也不需要彼此认识和理解，也能和睦共处、和谐共生，这难道不值得人类组织及其管理者认真学习和效仿吗？庄子这里恰是在以自然界里不同生物之间的关系为隐喻，启发组织的管理者去思考,如何才能让每位组织成员找到自己的独特性及价值定位,从而实现组织的和谐可持续发展。或许正因为如此,庄子才在这段的结尾处专门加了一句:"而彭祖乃今以久特闻,众人匹之,不亦悲乎?"

彭祖是传说中的长寿者。不管历史上是否真有其人,彭祖之所以能长寿,也一定有其自身和环境的独特前提条件,人们却往往无视这些前提条件,一味地想要"长寿"这个结果,因而产生了对彭祖的欣羡。每个人都有自身和环境的独特内外部条件,脱离这些条件去谈论长寿和短寿,并没有什么意义。这就像自然界里生物的寿命各有不同,也都有各自的前提条件,既不能强求一致,也不能无视这些前提条件,只对结果进行比较。虽然人属同类,必定具有某些共同的前提条件,但由于人具有主体性、能动性、独特性和创造性,在后天成长过程中,又经由个体和组织的努力,创造出许多不一样的新条件,而且,这些新条件对人的生存和发展的影响,甚至远远超过了那些先天的共同条件。这就让原本属于同类的人及其组织,又具有了巨大差异,而这些差异可能还不亚于自然界里不同生物之间的差异。因此,在人与人之间、组织与组织之间,如果硬要针对某个特定结果进行比较,而无视产生这个结果的各种前提条件,同样也是不恰当的,可能还会产生严重的误导作用。比如,如果要在寿命这个结果上进行简单化比较,那么,一般人与彭祖相比,是否就不用活了呢?这便是庄子用"而彭祖乃今以久特闻,众人匹之,不亦悲乎"所要表达的意思。在寿命上,人们根本无法与彭祖相比较,也压根儿就不需要去比较,这样的比较,除了徒增烦恼,毫无意义。

接下来,庄子看似借"汤之问棘"的历史记载,来进一步佐证鲲鹏寓言并非杜撰,但如果真正理解了汤和棘所扮演的管理角色,便能深切体会到庄子这里的用意及其通篇的管理主题定位。汤是殷商王朝的创始人,乃一个组织的最高管理者,也是委托人意义上的管理者的典型代表,而棘则是汤时期的著名大臣,可以视其为代理人意义上的管理者的典型代表。当庄子行文至此,又用两类管理者的对话来重述开篇的鲲鹏寓言,正是要点明其中所蕴含的深刻管理寓意。

可以先做个推想,诸如汤和棘这样的组织管理者,不论是委托人意义上的最高管理者,还是代理人意义上的一般管理者或职业管理者,当读到鲲鹏的寓言,是否会感到心潮澎湃?又是否会发出"做管理,就是要立鲲鹏之志"的感慨?但是,当管理者自比鲲鹏的时候,又有谁会去思考鲲鹏的行为所依赖的前提条件?特别是那些要寻找更大的组织平台,去实现大志向、大抱负的一般管理者或职业管理者,眼睛只会盯着像最高管理者这样的委托人,又有谁会关注普通组织成员?在任何组织中,一旦管理者自比鲲鹏,要实现个人抱负而又无视普通组织成员的生存状况时,便根本不会去理解普通组织成员,甚至看不到普通组织成员的实际状况。这就像鹏在九万里高空根本看不清地面上的蝉和小鸟是如何生存的一样。反过来,普通组织成员当然也无法理解甚至无视管理者的抱负、想法和做法,只要能在自己的小天地里维持生存便可以了,就像斥鷃所说的那样:"彼且奚适也?我腾跃而上,不过数仞而下,翱翔蓬蒿之间,此亦飞之至也,而彼且奚适也?"

像斥鷃这种小动物与鹏的巨大反差,恰映射出现实组织中普遍存在的上下脱节现象,而造成这种脱节的根本原因,往往又在于管理者的所谓个人抱负,即源自生物本能的无穷欲望。当管理者被自己的生物本能牢牢束缚,加上语言对生物本能的包装和美化,甚至连自己都浑然不知,反倒好像自己的一切行为都是受一种宏大的抱负所驱动一样。这就像那只巨大无比的鹏,若要生存,就必须占有更多资源,而为了寻找资源,则必须迁徙,因此,鹏自北海飞向南海,不过是受生物本能驱动;但是,当庄子用鹏与蝉和小鸟做对比时,又有多少人向往鹏而贬斥蝉和小鸟,甚至还自比鹏而无视蝉和小鸟?这不过是语言的美化效应的典型表现而已。管理者如果堕入生物本能和语言美化的双重陷阱而不能自拔,损害的便不仅仅是个人,更是组织和组织成员及广大的利益相关者。庄子所要表达的这种深刻管理思想,在本章最后一段中再清楚不过地体现了出来。

庄子直言不讳地指出:"故夫知效一官,行比一乡,德合一君,而征一国者,其自视也亦若此矣。"那些期望通过做管理来实现个人抱负的人,自认为只要有见识、有操行、有品德、有能力就可以,似乎做管理就是要靠个人水平,无须什么外部条件,即便需要,那也不过是因为个人有水平而吸引和创造出来的,以至于完全无视各种前提条件本身的独特存在,更无视他人尤其是普通组织成员的独特价值。这给人的感觉好像是,凡是能取得所谓成功的管理者，不过都是个人的抱负和才能使然，就像人们只关注鹏的志向和能力一样。

但也不能否认，现实中还是有人能认识到个人的不足，并能理解别人看不到或不想看的各类前提条件的重要性，就像宋荣子那样。宋荣子能做到"举世而誉之而不加劝，举世而非之而不加沮"。也就是说，别人一般只会看到一个人的成功或失败这样的结果，对成功者赞誉有加，对失败者嗤之以鼻；而当事人如果太过在意别人的"誉"和"非"，就会逐渐迷失自我，在不知不觉中按照别人的意图来塑造自己，为迎合别人而活着。宋荣子正是因为能"定乎内外之分，辩乎荣辱之境"，才可以消除别人和自己用语言造成的迷雾，真正实现对外在功名的超越。

而在庄子看来，宋荣子的超越还不够充分，因为他还有内外的区别，也有对"荣辱之境"的选择。这说明宋荣子还没有真正超越生物本能，还是在以自己的生物性的存在来区分内外、以对自身的有利与否来辨别荣辱。虽然这已经是在为自己而生存，不是在为别人怎么看、怎么说而生存，在相当程度上已经摆脱了世俗功名的束缚，但还没有从根本上超越自己的生物本能。人们如果只是借助这种对世俗功名的超越，就回望现实世界，还不一定能认清这个世界，更难以找到完善现实世界的可行切入点。那么，如何才能进一步超越生物本能呢？

宋荣子摆脱了世俗功名的束缚，也就意味着超越了社会环境。毕竟在人与人互动的组织和社会中，人与人之间的关系往往是通过语言符号构建起来的，例如功名之所以对人有吸引力，表面上看是由人的欲望引起的，但人的欲望在很大程度上是被这些本质上由语言符号所构建的功名所塑造的，这与自然界里的生物直接从外部环境获取生存资源已经完全不同了。人们虽然必须认识到语言符号能赋予物质资源以丰富的意义，但同时也不应该忘记语言符号对生物本能的塑造和刺激，由此所激发出来的人的趋利避害行为比生物的趋乐避苦行为更隐蔽也更强大。因此，人们想认识并超越自己的生物本能，也就愈加困难。像宋荣子那样能清醒认识语言符号所构建起来的世俗功名的诱惑，又能摆脱其对自己的束缚，已属难能可贵了。但庄子认为这还不够，即便宋荣子摆脱了世俗功名的束缚，却仍没有摆脱自身的生物本能或物化存在所带来的束缚，说不定哪一天生物本能或物化存在就会以另外的形式表现出来，左右着宋荣子，让其无法实现真正的超越。因此，要从根本上实现超越，就必须摆脱生物本能或物化存在的束缚，也就意味着要超越自然环境。人生活在大地上，必然受地球引力的束缚，身体有重量，无法离开地面。这便是很直观的自然环境对人的束缚。因此，庄子才举了"列子御风而行"这个离奇的例子。

"夫列子御风而行，泠然善也，旬有五日而后反。彼于致福者，未数数然也。"看上去列子已经摆脱了地球引力的束缚，但实际上轻功练得再好，也不可能完全脱离地球引力，做到"御风而行"。那么，庄子举这个例子的用意又是什么呢？或许意在表明，人想要实现真正的超越，只能依靠思维。无论是这里的"列子御风而行"，还是开篇的鲲鹏寓言，不都是思维运用的结果吗？即便列子真在静坐练功，达到一种"御风而行"的境界，那也不可能是身体摆脱地球引力束缚后的"白日飞升"，而只能是在思维中所达到的状态。另外，自然界里并不存在鲲鹏这样的动物，蝉和小鸟倒是有的，但蝉和小鸟不可能跨物种进行沟通交流，而它们之所以能彼此对话，并议论鹏这种并非真实存在的动物，恰是人类思维运用和语言表达的结果。从这个意义上讲，人要超越，必须从思维开始；只有实现了思维上的超越，才有可能达到语言运用上的超越，最终才有可能做到行为上的超越，并通过行为上的超越，实现真正意义上的创新。试想，人类组织之所以能超越动物群体，人类组织中的管理之所以能超越动物群体中的支配，人类之所以能借助组织和管理创造出自然界里原本并不存在的事物，以至于人们能生活在一种更加适宜的人工自然而非天然环境中，这难道不都是从思维上的超越开始的吗？而且，人之所以能认识自然，理解其他物种的存在状态，并以天地万物为隐喻，来启发建立更加完善的人类组织和管理，不也同样是思维运用的结果吗？所以，庄子用"列子御风而行"的例子，恰是要说明，人想要超越生物本能以及自然环境的束缚，唯有在思维中才能实现。也只有在思维中，列子才能真正做到"彼于致福者，未数数然也"。

列子对"致福"的超越，比宋荣子的"彼其于世未数数然"更进了一步。对人们来说，在当时的历史条件下，所谓"福"，无外乎就是由生物本能所代表的生命,这要比在世俗社会上获得功名更重要,当老子提出"名与身孰亲？身与货孰多？得与亡孰病"这样的问题时,正是要提醒人们尤其是组织的最高管理者,必须从根源处实现超越[1]。宋荣子虽然超越了世俗功名,但列子超越了生物本能和自然环境,当然列子的超越更为根本一些。

但是,在庄子看来,列子的超越仍不够充分,因为列子"犹有所待者也"。也就是说,列子"御风而行",仍要依靠"风"这个外部力量作为前提条件。这就像鹏要飞去南海,也离不开海风一样。因此,人要想达到思维上的根本超越,就必须进入一种没有前提条件的自足状态,这样才能找到思维的原点,即源头处的立足点。思维的原点本质上是一种纯粹的理想状态。只有借助这种纯粹的理想状态,才能实现思维上的根本超越,彻底摆脱生物本能及其所依赖的自然环境、语言符号及其构建起的社会环境的束缚和遮蔽,进而再回望现实世界,才能看得更明白。

当庄子最后说"若夫乘天地之正,而御六气之辩,以游无穷者,彼且恶乎待哉！故曰,至人无己,神人无功,圣人无名"的时候,正是要表明,思维上的根本超越,一方面要立足于万物的本性,不加主观的好恶判断,不能看到鹏之"大"就是好,蝉和小鸟之"小"就是不好,也不能认为"朝菌"寿命之"短"就是不好,"大椿"寿命之"长"就是好,而必须从各种事物自身的特性出发来理解事物,这样才能同各种事物和睦共处；另一方面,更重要的是,要立足于人之为人的独特本性,把握住自身喜怒哀乐等情绪状态的变化,让思维得到解放,实现自由创造。特别是对于组织中的管理者来说,只有找到思维的原点,达到思维上的根本超越,才能真正理解每个人思维中蕴藏的巨大潜能,也才能运用自己的思维去激活他人的思维,让组织焕发出像天地间万物一样的勃勃生机,实现人和事业的同步发展。这才是庄子期望看到的犹如天地让万物自由自在畅行其间那样的理想组织,而这种理想组织中的管理者,尤其是最高管理者,便是庄子所说的"至人""神人""圣人"。

虽然庄子在这里用了不同的称谓来刻画理想组织中的管理者,但内涵是一样的,都是指理想化的超越者,只是超越对象的侧重点略有不同。这就

---

[1] 张钢:《老子的管理要义》,浙江大学出版社2023年版,第191—194页。

好比对一座山峰的描绘,既可以从东面描绘,也可以从南面描绘,不过是同一座山峰的不同侧面而已。"至人"超越了自己的生物本能;"神人"超越了用各种物化指标衡量的成功;"圣人"则超越了各种头衔及其光环。庄子认为,组织的管理者尤其是最高管理者,只有努力实现对源自生物本能的内在欲求及像成功和声名这样的外在诱惑的超越,才有可能营造出如同天地万物一样和谐共赢的组织氛围,确保组织的可持续发展。

管理别义

在现实世界中,没有人能脱离组织而存在,组织里也不能没有管理者和被管理者的岗位及角色划分。正由于有了这样的岗位及角色差异,才更需要管理者和被管理者之间的相互理解,但这种理解又往往很难达成,甚至在管理者和普通组织成员之间形成了难以逾越的鸿沟,严重制约着组织管理的有效性及组织发展的可持续性。究其原因,关键可能还在于管理者。

组织的管理者,尤其是高层管理者,常常会感到普通组织成员对组织的认识不全面、无法理解组织的发展战略,并认为这才是造成组织中上下脱节的主要原因。但问题是,管理者能支配的物化资源和能获得的各种信息非普通组织成员可比,越是高层管理者,这样的反差就越大;正是建立在资源和信息这样的前提条件下,管理者特别是高层管理者,才形成了自己对组织发展、组织事业、组织状态的认识、判断和表达。但是,管理者不会去主动思考这些前提条件,而是将形成这种认识、判断和表达归因于自己的抱负和能力。也因为这种归因,管理者会自觉或不自觉地把自己放在更高的心理位置上,会有意无意地把自己的抱负和能力看作组织取得成功的关键所在,以至于在心理上无视普通组织成员的独特潜能及其贡献。在如此心理落差之下,管理者和普通组织成员之间要达到相互理解,又谈何容易?

在组织中,任何人都会受到其所处岗位及角色的限制,这就像自然界里任何物种都会受到其所处环境条件的限制一样。但是,人之所以不同于物,包括动物和机器,就在于人能创造,而创造的前提则是超越。人只有先超越,才能创造;而人之所以能超越,又在于人有思维能力。人可以在思维中实现超越,并借助思维的超越去进行创造。作为由人构成的组织,要实现这种超越和创造,从而让组织不仅能适应环境,还能改变乃至创造环境,前提则是组织中的管理者必须首先实现自我超越,立足于人和组织的相通性,去理解组织成员、理解组织事业发展。对于管理者来说,必须立足于"同",去尊重"异",进而达成理解,激活创造。这也是管理中"求同存异"的真谛所在。组织里若没有"同",也就失去了彼此理解和相互合作的基础。无论是管理者还是普通组织成员,至少在人之为人上、在同为"组织人"这个角色上、在组织的共同目标和利益上,是一致的;基于此,再来认识具体岗位及角色的差异,以及这种差异与个人特征的关系,不仅会让管理者和普通组织成员之间更容易达成理解,而且,也正因为有了这样的差异与理解,组织才能实现真正的合作与创造。

1.2 尧让天下于许由①,曰:"日月出矣而爝②火不息③,其于光也,不亦难乎!时雨降矣而犹浸灌,其于泽也,不亦劳乎!夫子立而天下治,而我犹尸④之,吾自视缺然⑤。请致⑥天下。"

许由曰:"子治天下,天下既已治也。而我犹代子,吾将为名乎?名者,实之宾也。吾将为宾乎?鹪鹩⑦巢于深林,不过一枝;偃鼠⑧饮河,不过满腹。归休乎君,予无所用天下为!庖人⑨虽不治庖,尸祝⑩不越樽俎⑪而代之矣。"

字词注释

① 许由:传说中尧时期的隐士,阳城槐里(今属河南登封)人。

② 爝:本义指用芦苇结成火把,用来燃烧以消除不祥,这里是火把的意思。

③ 息:同"熄",是熄灭的意思。

④ 尸:本义指设置、陈列,这里是占据位置、不做事情的意思。

⑤ 缺然:"缺",形声字,本义指陶器缺损、不完整,这里是缺陷、不足的意思;"缺然",即有所不足的样子。

⑥ 致:据成玄英疏,"致,与也"[1],这里是交与的意思。

⑦ 鹪鹩:这里指一种擅长筑巢的小鸟。

---

[1] 郭象:《庄子注疏》,成玄英疏,曹础基、黄兰发整理,中华书局2011年版,第12页。

⑧ 偃鼠：即鼹鼠。

⑨ 庖人：即厨师。

⑩ 尸祝："尸"，这里指祭祀中代死者受祭的活人；"祝"，祭祀时主持祭祀并代表念颂词的人；"尸祝"，这里指祭祀者。

⑪ 樽俎："樽"，指一种盛酒的器具；"俎"，指祭祀时盛祭品的礼器；"樽俎"，这里指祭祀者所承担的职责。

今文意译

尧想请许由代替自己管理天下这个最大的组织，就说："日月已经出来，还不熄灭火把，这是要与日月争光亮啊，不是太难了么！及时雨已经降下，还在用河水灌溉，这对于禾苗来说，不是很徒劳么！若先生愿意来管理天下这个最大的组织，就一定能管理好，而我还占据着位置，自己都觉得愧疚。请允许我把管理天下这个最大组织的责任交给您。"

许由说："您管理天下这个最大的组织，已经做得很好了。在这种情况下，我还要代替您来做管理，我要这样做是为了名吗？名不过是实际事物的附属品罢了。我要这样做是为了追求这种附属品吗？鹪鹩在深林中筑巢，一根树枝就够了；鼹鼠到河沟里饮水，喝个饱也就行了。您还是请回吧，我不适合做天下这个最大组织的管理工作。厨师虽然没有尽到自己的职责，负责祭祀的人也不会越位去做厨师的事。"

分析解读

本章紧接上一章，明确指出，组织的管理者尤其是最高管理者，确实应该是理想化的超越者。但是，理想化的超越者却不一定都是管理者，毕竟组织管理只是众多社会职业中的一种，除了做组织管理之外，人们还可以选择做其他社会职业。严格说来，不同社会职业之间并无好坏之别；然而，不管做什么职业，主体都是人，这意味着，努力实现超越，才是人做好各种职业的关键所在。

本章上来就讲"尧让天下于许由"，至于历史上是否发生过这样的事，其实并不重要，庄子惯用想象和虚构。重要的是，庄子到底要用这个故事表达什么样的思想。"尧让天下于许由"这件事，至少说明了两个值得深思的问题。

第一，尧还没有真正理解管理者与组织之间的关系。管理者只能代表组织，却不能拥有组织，更不能将组织中的人和事变成自己的私有财产，当成实现个人抱负和意志的工具。哪怕是当时各诸侯国组织的国君或天下这个最大组织的最高管理者，也不可能将组织据为己有。正如老子所明确指出的那样，"将欲取天下而为之，吾见其不得已。天下神器，不可为也。为者败之，执者失之"[1]。因此，即便是天下这个最大组织的最高管理者，也不能按照自己的意愿，将天下让给谁。哪怕在尧所处的时代，实行的是禅让制，但对于天下这个最大组织的禅让，也不是由最高管理者个人说了算的。孟子早已清楚地说明，"天子不能以天下与人"，而是"天与之"，但"天不言，以行与事示之而已矣"；具体地说就是，"使之主祭而百神享之。是天受之。使之主事而事治，百姓安之，是民受之也。天与之，人与之"。这意味着，禅让制的核心要旨在于，"天视自我民视，天听自我民听"。也就是说，"上天与之"，就等于"百姓与之"，而"百姓与之"，也就等于"上天与之"；天下不是私人物品，天子的权力来自"天意"，"天意"即"民意"[2]。

由此不难看出，"尧让天下于许由"这件事，恰说明庄子笔下的尧，还没有真正理解他只不过是因为"民意"认可，才来代表天下这个最大的组织而已，他绝不可能像拥有物品那样拥有组织，也不可能像转让物品那样将组织转让给他人。组织不是物，而是人的共同体。像天下这个最大的组织，更是天下人的共同体；作为天下人的共同体，天下只能存在于每个人的心中，不可能直接看到、触摸到它，更不要说拥有它了。天下不可能随便被转让，而代表天下这个最大组织的最高管理岗位，当然也不可能被随便转让。因为这个岗位之所以能代表天下这个最大组织，恰是因为得到了天下人的认可和信任；没有天下人的认可和信任，这样的岗位便失去了存在的意义。所以，庄子用"尧让天下于许由"这件事，正是为了说明，即便像尧这样的最高管理者，也有可能无法实现超越，认识不到管理岗位背后那看不见的"民意"根基。

---

[1] 张钢：《老子的管理要义》，浙江大学出版社2023年版，第129—133页。
[2] 张钢：《孟子的管理解析》，机械工业出版社2019年版，第336—339页。

第二,再来看"尧让天下于许由"的理由:"日月出矣而爝火不息,其于光也,不亦难乎!时雨降矣而犹浸灌,其于泽也,不亦劳乎!夫子立而天下治,而我犹尸之,吾自视缺然。请致天下。"尧给出的理由,完全是基于个人之间的比较,并没有将"民意"或被管理者的选择考虑在内。在尧看来,许由比他更"优秀",而天下这个最大的组织的最高管理者就应该由最"优秀"的人来担任。这个逻辑貌似合理,实则存在严重问题。从根本上说,人与人之间难以笼统地比较,进而言之,职业与职业之间,也很难比较出优劣。因此,不可能在社会职业中通过比较找到一种最优越的职业,比如管理职业,认为这种最优越的职业只能由人群中最优秀的人来做。如果把尧的这种比较逻辑推到极致,那必然是要把组织和社会中的人分成三六九等,而这正是社会环境中功名束缚人的根源所在,也是庄子提醒管理者必须努力超越的现实对象。

更进一步,分析尧阐述理由的表达方式。尧用类比的方式,举了两个例子,说明许由比自己更优秀,一个是烛火与日月之光相比,另一个是人工灌溉与及时雨相比。且不说这样的类比是否具有合理性,单是如此夸张的类比,就会让听者觉得说话人不够真诚。也或许是庄子特意用这种表达方式来阐述理由的管理别义所在。

实际上,无论是人所发明的烛火,还是人工灌溉,都不是要去和天地或大自然进行比较。人们发明烛火,不可能是要和日月争光辉;人们挑水灌溉,也不可能是要和及时雨争高下。无论使用烛火还是挑水灌溉,都是为了弥补自然界对于人类生存和发展所存在的不充足。在晚上没有日月之光时,才需要烛火;而连续干旱时,才需要人工灌溉,这不过都是和天地或大自然的力量构成互补,绝不是要和天地或大自然进行比较,更不是要和天地或大自然争高下。

由此可见,尧使用这两个例子作类比,实际上已经把本来是互补共存的关系,偷换成了比较替代的关系,然后再由这样的类比,引申出"夫子立而天下治,而我犹尸之,吾自视缺然。请致天下"的结论,就明显存在问题了。这里的问题在于,许由还没有做过管理,尧怎么知道"夫子立而天下治"?这里的"立",显然不是"立"于管理职业所表现出来的管理才能,很可能是许由在管理以外的其他职业领域中,因显示出其杰出才能或品行而获得了社会声誉；而且，这个声誉还很大，都传到了最高管理者尧耳中。或许是尧因许由有了如此大的社会声誉，才要"让天下于许由"。这背后隐含的逻辑好像是：一个组织的最高管理者，至少在这个组织中，必须在各领域、各方面都具有最高才能和最高声誉，也就是整个组织中最优秀的那个人；反之，只要组织中有某个人在某个方面比最高管理者更有才能、更有声誉，那么，最高管理者就必须"让贤"。但问题是，像许由那样的"贤人"，如果只是在某个方面优秀，而在其他方面并不优秀，又该怎么办？退一步说，即便许由真接替尧做了最高管理者，许由可能马上就会发现，自己在很多方面还不如尧，或者不如其他有独特专长的人，那是否又要来一次"许由让天下于尧或某某人"？

"尧让天下于许由"这件事表明：要么，尧还没有真正理解，人与人、职业与职业之间压根儿就不能硬性比较，不可能有所谓最优秀的人和最高级的职业，管理者和管理也概莫能外；要么，尧便是在用"让天下"这种策略，来堵住像许由一样在某个方面有才能的人获得更大社会声誉的途径，进而将一切荣誉和光环都给了最高管理者。庄子用这个可能是子虚乌有的历史案例，到底要表达哪一种意思，也只能由读者自己去体会和判断。不过从庄子所给出的许由的回答来看，似乎两种意思兼而有之。

许由的回答主要是从个人及职业分工的角度，而不是组织的角度，所以并不涉及组织的最高管理岗位的权力合法性来源及更替的"禅让"机制问题。许由的回答是："子治天下，天下既已治也。而我犹代子，吾将为名乎？"许由立足于普通组织成员，给予尧的评价是"子治天下，天下既已治也"。这说明以许由为代表的普通组织成员，对尧管理天下这个最大组织的成效是认可的，尧也因此获得了相应的尊重和声誉；但是，不能因此就认为最高管理者一定是组织中各方面都最优秀的那个人，也不能将所有声誉和光环都集中在最高管理者个人身上。关于这一点，当许由说"而我犹代子，吾将为名乎"时，一方面是在暗示，当时历史条件下，恐怕确实存在这种情况，即谁是最高管理者，谁就一定是组织里那个最有名的人；另一方面也是在讥讽尧，看到有人在某个方面出了名，就感觉受到威胁，坐不住了，以"让天下"来警告对方。

针对"为名"这个问题，许由又进一步分析了"名"与"实"的关系，即：真正的"名"都必须与特定的"实"联系在一起，有一种"名"，就必然有一种"实"，而"实"本身，又与"名"有所不同，不能相互比较；因此，那个真正相符于"实"的"名"，正因为"实"则各异，不能比较，而只有那些脱离了"实"的虚名、空名，才能在量上相互比较多寡，至少可以算一算到底有多少人知道自己，这样也就有了所谓的大"名"和小"名"，以及所谓的最大的"名"或"最有名"。这种最大的"名"或"最有名"，一定是脱离了"实"，只用空洞无实的数量来表征的跨领域之"名"，是一种纯粹的虚名。用许由的话说，那就是"名者，实之宾也。吾将为宾乎"，意思是，许由要是代替尧做天下这个最大组织的最高管理者，是要追求那种脱离了"实"的空名，即"宾"吗？这也是在暗讽尧，只是因为许由有了一些社会声誉，就要"让天下"，是否也是为了争一个虚名之"宾"呢？

许由并没有做过管理者，他所获得的"名"，一定不会是管理者之名，而必定和另外的职业之"实"联系在一起。如果尧真正理解了"名"与"实"的关系，那么，他自己做的是管理职业，他所拥有的"名"，应该是与管理职业这个"实"联系在一起的，又何必在意许由基于其他职业之"实"而获得的"名"呢？又何必非要因许由的"名"而"让天下"这个管理职业之"实"呢？这恰是在暗示，尧只为"宾"、图虚名。为了说明这一点，许由才举了"鹪鹩巢于深林，不过一枝；偃鼠饮河，不过满腹"的例子。鹪鹩再会筑巢，不过一根树枝就够了，而鼹鼠再能喝水，也只是喝个饱就行，深林中那么多树枝不可能都被鹪鹩占据，满河的水也不可能都是鼹鼠的。这生动地说明，对每个人来说，关键在于找准自己在组织和社会中的定位，包括职业定位和人生定位，这样才能先确立起那个"实"，有了定位之"实"，执着地做下去，自然就会有名至实归的那一天；否则，只是空图虚名，到头来终将一事无成。

这无疑也是在暗讽尧，不要以为自己是组织的最高管理者，已经取得了一定的管理成就，就想包揽一切，甚至想把组织也变成私人财产，随意支配，还想垄断组织中的所有声誉。其实，组织管理也不过是众多社会职业中的一种，最高管理者不仅不一定是管理职业中的最优秀者，也不一定是整个组织中的最优秀者，毕竟跨职业、跨岗位的比较非常困难。哪怕是尧这样的最高组织管理者，也不过像鹪鹩和鼹鼠一样，一根树枝、一口水足矣。如果能有这样的认识,尧大可不必担心许由会去觊觎他的最高管理岗位。在一个理想的组织中,每个人都有自己的职业定位和人生定位,找准了自己的定位,安心地做最能体现个人独特性和创造力的事,又有谁会在意还有一个最高管理者?这不正是老子所说的"太上,下知有之"[1]的境界吗?反过来,倒是那些让管理岗位成为一切功名利禄的中心的组织,由于抹杀了人与人、职业与职业、岗位与岗位的根本区别,人们总是想去追逐那用虚名、数量比较出来的所谓最高、最大、最优秀。如此一来,反倒会严重威胁管理岗位尤其是最高管理岗位的职业安全,因为这些岗位被人为地变成了最诱人的岗位,血腥争夺也就不可避免。到了庄子所处的战国时代,各诸侯国内部无不在持续上演着弑君篡位的悲剧。

所以,许由最后才说:"庖人虽不治庖,尸祝不越樽俎而代之矣。"在当时的历史背景下,祭祀是重要的社会活动之一。在祭祀这样的大型社会活动中,必然有分工,厨师专门负责各种贡品及食物准备,而尸祝即祭祀者,则专门负责祭祀的礼仪。如果厨师做不好饭,必定要临时换厨师,但绝不会让原本就没经历过厨艺训练的祭祀人员去做厨师。换句话说,祭祀工作做得再好、享有再高的声誉,也不代表他们能做好饭菜,更不代表他们一定能成为厨艺高超的职业厨师。毕竟厨师和祭祀是两个完全不同的职业,需要不同的知识和技能,从业者必须接受不同的专门训练。对于像祭祀这样的大型社会活动来说,厨师和祭祀者均不可少,缺失了哪一个岗位人员,都不可能顺利完成活动;而且,这里丝毫没有暗含祭祀者岗位一定比厨师岗位重要的意思,祭祀者之所以不去替厨师工作,不是因为祭祀者高贵、厨师低贱,而是因为祭祀者没有经过专业训练,根本做不了厨师的工作。这充分说明,许由举这个例子,绝不是说他自己不屑于最高管理者这个岗位,而是意在表明,自己根本就没有从事过管理职业,也不想转行去做管理。

---

[1] 张钢:《老子的管理要义》,浙江大学出版社2023年版,第77—81页。

管理别义

长期以来，人们始终对管理存在着一种误解，以为管理者一定是组织中的优秀者，而且，职位越高，优秀程度也越高，位于组织的最高管理岗位上的，一定是最优秀者。这种认知有一个基本前提，即：职业与职业之间，乃至人与人之间，都可以做比较，总能比较出职业的高下、人的优劣。

要比较，就要有尺度。但要找到跨职业的比较尺度，并不容易。跨职业的比较尺度由谁来定？难道确立这种尺度的人不在特定的职业之中吗？通常情况下，跨职业的比较也只能诉诸形式化的符号，那就是纯粹的数量化标准，包括知名度、美誉度等。知名度即知道的人数，美誉度即认可的人数。这便脱离了职业之实而只有数量之名。另外，也可以用职业贡献，但真正的职业贡献同样很难衡量，也就只能用因贡献而产生的回报，如职业收入，甚至职业所掌控物化资源的数量来衡量，而无论是职业收入，还是职业所掌控物化资源的数量，又都可以还原为货币这种数量化标准。这同样也脱离了职业之实而只有物化之利。硬要进行跨职业比较，也只能依靠这种形式化的数量之名或者形式化的物化之利。以这种"名""利"作为比较标准，往往又会为必然与权力相结合的管理职业所左右，从而很容易让"名""利""权"三者在组织中结合在一起，其结果则是，管理职业成为组织中跨职业比较的始作俑者，而管理职业本身又在这种跨职业比较中脱颖而出，变成了众多职业中的佼佼者。

在组织中，这种由管理职业所左右的跨职业比较，实际上是想借助职业比较来进行人的比较，从而引入竞争、强化激励。但是，这种用比较和竞争来强化激励的管理方式，却从根本上抑制了人的独特性和创造性，进而会扼杀组织可持续发展的活力之源。人之所以不同于物，关键在于人有精神和思想。即便对于自然之物，也难以用某个统一尺度来衡量。在自然生态系统中，每种生物都有自己的独特定位，即生态位，也有自己的独特价值，难以被替代，更何况有着精神和思想的人。物之所以会被人用特定的标准进行比较和选择，是因为人要使用物作为工具或手段，以实现自己的目标；这时物本身的存在已不重要，重要的是物对人的有用性。这不过是在物与人的关系之中，为了实现人的目标或价值，把物当成了工具或手段之后的比较和选择而已。但是,在组织管理中,除了物与人的关系,更为根本的则是人与人的关系,而组织之为组织,恰是由人与人的关系所结成的共同体。物可以成为实现人和组织目标的工具或手段,但人却是组织的主体,而组织赖以存在的前提,就是要更好地实现人的共同目标或价值。人们之所以愿意结成组织,就是因为结成组织要比单独存在能更好地实现个人的目标或价值,而组织中的管理者,不过是与每位组织成员一起实现这种目标或价值的伙伴而已。因此,管理者绝不能把组织和普通组织成员,当成实现个人抱负和意志的工具或手段。

正因为人在组织中不能被视为工具或手段,那种试图通过跨职业比较,来对从事不同职业的人进行比较,从而实现所谓竞争激励的管理做法,是不恰当的,也是不可持续的。若硬要这样做,只会扭曲组织和管理的根本价值,以至于毁掉组织基业长青的根基。只有当管理者不去刻意比较组织中不同职业和从事不同职业的成员时,才有可能充分发挥每个人的独特潜能,激励人们选择和从事能体现各自独特潜能的职业及岗位,实现真正意义上的"人职匹配",以此形成高效的分工协作体系,达到整体大于部分之和的增益效果,这个增益越大,组织管理的贡献就越大,组织成员加入特定组织而不是其他组织或单独工作的激励也就越大。这个增益才是组织管理赖以存在的前提。

当然,跨职业比较及人与人之间的比较不可能实现,并不意味着职业内部的具体工作及其结果之间的比较也是不可能的实现。这就像体育比赛,虽然不能进行跨运动项目及运动员之间的纯形式化比较——说田径运动员比球类运动员优秀是没有意义的,但是,在某个运动项目内部,却又是可以用特定尺度进行比较的。这时比较的不是空泛的职业,而是同类职业中的具体工作及其结果;也不是在对人与人进行抽象比较,而是在人们所从事的同样工作的成果间进行比较。这种比较恰是组织管理的题中应有之义,因为这并不涉及将人物化的问题,也不存在职业歧视,而是为了让人们在特定职业中更好地实现自我价值。

1.3 肩吾问于连叔[①]曰:"吾闻言于接舆[②],大而无当,往而不返。吾惊怖其言,犹河汉③而无极也;大有径庭④,不近人情焉。"

连叔曰:"其言谓何哉?"

"曰:'藐⑤姑射之山⑥,有神人居焉,肌肤若冰雪,绰约若处子。不食五谷,吸风饮露。乘云气,御飞龙,而游乎四海之外。其神凝,使物不疵疠⑦而年谷熟。'吾以是狂而不信也。"

连叔曰:"然。瞽者⑧无以与乎文章⑨之观,聋者无以与乎钟鼓之声。岂唯形骸有聋盲哉?夫知亦有之。是其言也,犹时⑩女⑪也。之人⑫也,之德也,将旁礴⑬万物以为一,世蕲⑭乎乱⑮,孰弊弊⑯焉以天下为事!之人也,物莫之伤,大浸⑰稽⑱天而不溺,大旱金石流土山焦而不热。是其尘垢秕糠,将犹陶铸尧舜者也,孰肯以物为事!宋人资⑲章甫⑳而适诸越,越人断发文身,无所用之。尧治天下之民,平海内之政,往见四子㉑藐姑射之山,汾水之阳,窅㉒然丧㉓其天下焉。"

字词注释

① 肩吾、连叔:均为庄子虚构的人物。

② 接舆:楚国的隐士,曾与孔子交谈过,参见《论语·微子第十八》[1],但庄子只是借用其名,未必述其实。

③ 河汉:这里指银河系。

④ 径庭:"径",这里指人行的小路;"庭",这里指阶前空地,即院子。"径庭",这里引申为差别很大。

⑤ 藐:这里通"邈",是遥远的意思。

⑥ 姑射之山:这里指传说中的神山。

⑦ 疵疠:"疵",这里指一种皮肤上长黑斑的病;"疠",这里指恶疮。"疵疠",这里指病害。

⑧ 瞽者:这里指盲人。

⑨ 文章:这里指花纹。

⑩ 时:据林希逸、郭庆藩的考证,"时",这里是"是"的意思。[2]

⑪ 女:这里通"汝",指肩吾。

---

[1] 张钢:《论语的管理精义》,机械工业出版社2015年版,第518—519页。
[2] 林希逸:《南华真经口义》,陈红映点校,云南人民出版社2002年版,第11页;郭庆藩:《庄子集释》,王孝鱼点校,中华书局2012年版,第36页。

逍遥游第一 041

⑫ 之人:"之",这里是此的意思;"之人",指姑射之山上的神人。

⑬ 旁礴:即"磅礴",这里是广被、充斥、充满的意思。

⑭ 蕲:这里通"祈",求的意思。

⑮ 乱:会意字,本义指治理,这里是治、治理的意思。

⑯ 弊弊:"弊",这里是困乏、疲惫的意思;"弊弊",这里引申为疲惫不堪的样子。

⑰ 浸:这里指水。

⑱ 稽:形声字,本义指停留,这里是达到的意思。

⑲ 资:这里是供货、售卖的意思。

⑳ 章甫:这里指一种帽子。

㉑ 四子:据郭庆藩集释本引司马彪、李颐的观点,"四子",指王倪、啮缺、被衣、许由,但庄子这里并不一定是实指其人。[1]

㉒ 窅:会意字,本义指深陷的眼睛,这里是茫然的意思。

㉓ 丧:会意兼形声字,本义指逃亡,引申为丢失、失掉,这里是忘记的意思。

今文意译

肩吾向连叔求教:"我听接舆说话,大到不易把握,远到不知所终。我惊讶他会这样说话,像天上的银河一样没有边界;既不合常理,又不近人情。"

连叔问:"他说的是什么话呢?"

肩吾说:"他说,'遥远的姑射山上有位神人,肌肤像冰雪一样晶莹,身姿像少女一样柔美;不吃粮食,只呼吸清风、饮用露水;还能凭借云气,驾驭飞龙,游走于四海之外。这位神人只要凝神专注,就能让生物没有病害,也能让谷物丰收。'我认为这些话都虚妄不可信。"

连叔说:"原来如此!目盲者无法看到花纹之美,耳聋者也无法听到钟鼓之声。难道只有身体上的耳聋和目盲吗?在见识上也同样存在这种情况。这话说的就是你呀。那位神人的德行境界,已与万物融为一体,世人不过祈求天下这个最大的组织能得到有效管理,而那位神人又怎么会只劳顿奔走于天下这个最大组织的管理事务呢!对于那位神人来说,没有什么东西能伤害他;哪怕洪水大到巨浪滔天,也淹溺不了他;哪怕干旱严重到熔化

---

[1] 郭庆藩:《庄子集释》,王孝鱼点校,中华书局2012年版,第39页。

金石、烤焦土地,也灼热不着他。那位神人只要拿出德行境界的一小部分,就能达到尧、舜做管理的成就,又怎么会只关心做管理呢!宋国有人到越国去卖帽子,但越国人的风俗是剪头发、文身,用不着戴帽子。尧管理天下这个最大的组织,让四海之内井然有序,就去遥远的姑射山、汾水北岸,拜会四位神人,一时间茫然若失,似乎忘记了自己所承担的天下这个最大组织的管理角色。"

分析解读

本章进一步阐明,只有超越简单化的比较,才能从根本上理解人之为人的独特本性,也才能立足于这种独特本性,去尊重他人和他物的独特性,从而借助人的创造潜能,彰显人的价值和各种物的独特作用。

本章以对话的方式,探讨了"什么才是符合实际、有实际作用"这个带有根本性的管理问题。做管理,总希望从实际出发,面向现实需要。但是,到底如何理解实际,什么才是真正的现实需要,却是首先必须深思的问题。

当庄子借肩吾之口,说接舆这个狂人讲话"大而无当,往而不返。吾惊怖其言,犹河汉而无极也;大有径庭,不近人情焉"的时候,听起来是否会有一种似曾相识的感觉?因为在现实中,所谓"不切实际""纯属空想""没有现实意义"的评价之声,常常不绝于耳。当人们对某种观点或说法、一个建议或方案做如是评价时,表面上看,评价者是立足于现实,从实际出发做出的判断,但这种现实或实际的出发点,却往往建基于个人经验的有用性,而当事人又并不自知。由此做出的判断和评价,有时恰反映的是评价者的认知偏见。

接舆这段话的确很有代表性。即:"藐姑射之山,有神人居焉,肌肤若冰雪,绰约若处子。不食五谷,吸风饮露。乘云气,御飞龙,而游乎四海之外。其神凝,使物不疵疠而年谷熟。"对于一个很现实或很实际的人来说,会相信这样的说法吗?也难怪肩吾会对此评论道:"吾以是狂而不信也。"肩吾的评价或许代表了现实中大多数人的想法。但是,对于接舆这段话,根本就不应该从现实存在性的角度去理解,而只能从这种夸张的表达方式背后的深刻管理寓意的角度去把握。

这样的表达方式至少说明，人有丰富的想象力，完全可以超越现实中各种看得见、摸得着的物化资源，通过思维能力的运用，创造出看似并不存在的人、事、物。人若要运用思维能力，进行这样的联想和创造，就必须首先摆脱各种现实条件的束缚，包括自然环境中的物化条件及社会环境中各类有形或无形的制约，回归人独有的思想和精神，进而才有可能重新审视现实世界中的人、事、物，创造出新的观念及表征符号，以更深入地理解人、事、物。更重要的是，只有从人之为人、物之为物的独特本性或本源出发，才能真正理解人和物独有的价值，也才不会被眼前的所谓现实有用性所遮蔽。要立足于人和物的独特本性或本源，就必须运用思维能力进入理想化的思想和精神世界，而不能只是被感官经验局限在物化的现实世界中。也只有在这样理想化的思想和精神世界里，人方能彻底摆脱时空限制，真正达到普遍且永恒，成为接舆所说的"神人"，做到"不食五谷，吸风饮露。乘云气，御飞龙，而游乎四海之外"。值得注意的是，这里的"四海之外"，指的就是现实世界之外，即人用思维能力构建起来的理想世界，而"藐姑射之山"，不过是这种理想世界的代名词罢了。人们如果试图去探求这座神山会在哪里，那个"神人"怎样才能修炼成"不食五谷，吸风饮露"，甚至拥有"乘云气，御飞龙，而游乎四海之外"的神奇本领，恐怕就彻底扭曲了这段话所要表达的深刻管理寓意。

这段话的管理寓意在于，人的想象力和创造力才是组织创造和创新的真正源泉。即便在庄子所处的那个时代，人们也主要是生活在人工环境而非纯粹自然环境之中，而人类组织中的一切工作，包括管理工作，都必然要经历一个从观念到现实的创造过程。不难想见，关于"藐姑射之山"的"神人"传说及本篇第1章的"鲲鹏"寓言，都不过是庄子运用思维能力所创造出来的思想观念，是他的想象力和创造力的典型表现。只是当庄子以其独特的思维能力来刻画人类的思维能力，用自己出众的想象力来解说人类的想象力时，人们不一定能理解庄子的用意，反倒会将庄子在这里提到的人物及事件与现实世界中的真实存在联系起来，去追问现实世界中的人如何才能修炼到这个程度。这显然是一种从现实或实际出发的思维方式。当人们从现实或实际出发，无论如何也无法理解这位"神人"怎样才能做到"其神凝，使物不疵疠而年谷熟"的时候,也自然就会"以是狂而不信也"。

但是,若超越现实中眼前的功利,换一个角度去审视这句话,恐怕就会涌现出别的意义。当人们立足于人之为人的独特本性,尊重物之为物的独特本性,并专注地运用思维去探索和理解这种独特本性的时候,是否就有可能找到农作物病害的内在原因及其防治方法呢?纵观历史,恰是人们专注地运用思维去观察、研究、培育动植物,才能驯化这些动植物,让它们从纯粹自然环境中的野生动植物,变成人工环境中的家畜和作物,进而让人有了更丰富和安全的食物来源,而这一切之所以可能,都是靠人的思维能力及人的专注,更是靠以此为基础建立起来的本质上是观念的理想世界,不断地去完善和改进现实世界,并让现实世界变得更加美好,更适合人的生存。这难道不正是"其神凝,使物不疵疠而年谷熟"的意义所在吗?这里的"神",实际上指的就是人的思维能力这种本质上是精神的力量,而"凝",则是专注。只要努力超越现实世界的各种束缚,将思维能力专注于认识和理解人之为人的独特本性,并尊重、理解和研究物之为物的独特本性,人及其组织就有可能"使物不疵疠而年谷熟",从而为人自身以及人与自然的关系创造出更加美好的未来。

但遗憾的是,组织中那些身陷现实世界而不能自拔的人,尤其是管理者,并不在少数。所以,庄子才借连叔之口感叹道:"瞽者无以与乎文章之观,聋者无以与乎钟鼓之声。岂唯形骸有聋盲哉?夫知亦有之。"从感官的角度看,视觉和听觉受损,便无法看到缤纷的色彩,也听不到美妙的音乐,因而,再悦目的颜色,再动听的音乐,也都将失去意义。同样道理,当人们的思维只局限于现实世界里看得见、摸得着的物化资源及利益,无法实现超越,进入理想世界,展开无限的想象和创造的时候,诸如"藐姑射之山"和"神人"这些本质上是由思维能力运用所创造出的观念和形象,又如何能被人们理解呢?这段话里的"夫知亦有之"中的"知",指的是"见识",也就是思维能力运用的结果。如果人们的思维只是局限在对现实世界的感觉经验上,由此所形成的"见识",又如何能理解那个超越了现实的理想世界的美好?"藐姑射之山"和"神人"都属于那个理想世界,不可能在现实世界里来找寻,若硬要说它们都是现实世界里的真实存在,反倒显得荒诞不经了。

连叔接着说:"之人也,之德也,将旁礴万物以为一,世蕲乎乱,孰弊弊焉以天下为事"。试想,人们如何才能从根本上将万物视为一个整体,将组织视为一个整体,进而从根本处入手解决组织管理问题呢?如果只是面对现实世界里的各种存在物,即万物,只是运用感官经验,那么,接触到的万物永远是各异的。谁能用眼睛看到天地万物的整体性,谁能用耳朵听到天地万物的一致性,谁又能用手触摸到天地万物的统一性?天地万物的整体性、一致性和统一性,都只能运用思维能力,在观念中进行理解和把握。所以,这里所说的"将旁礴万物以为一",只有在运用思维能力构建起来的那个本质上是观念的理想世界中才可能实现;若只是依靠感官经验,天地万物永远是分立割裂的,不可能"以为一"。

同样道理,在现实世界中,人们都期望组织能管理得好、发展得好,也只有在这样的组织中,人们才能实现自我的价值。但是,组织要想管理得好、发展得好,管理者只是盯住现有的物化资源及利益,只是面向实际,只是在现实中疲于奔命,真的就可以了吗?组织到底存在于哪里?组织到底要往哪里发展?组织又如何才能可持续发展?实际上,这些首先都是观念问题,而不是现实问题。很简单,有谁能直接看到或感受到天下这个当时最大的组织?天下只能是人们尤其是管理者"心"或思维中的观念存在。没有正确的天下观念,又怎么能正确地管理天下这个最大的组织?所以,那些只是信奉"眼见为实",只想从实实在在的物化资源及利益出发的管理者,反而无法真正从事组织管理工作,这正是"世蕲乎乱,孰蔽蔽焉以天下为事"的深刻之处。深谙管理真谛的管理者,反倒会将很多时间和精力用来"务虚"而非"务实",进入那个用思维构建起来的理想世界。在那个理想世界中,具有无限的想象和创造空间,能为组织可持续发展开辟无限可能性。这也正是"管理者的思路决定组织发展出路"的意义所在。

也恰是在那个由思想观念构成的理想世界中,管理者才有充分的想象空间,能运用思维能力,预先构想出组织发展可能遇到的各类障碍和风险,真正做到防患于未然。当连叔说"之人也,物莫之伤,大浸稽天而不溺,大旱金石流土山焦而不热"的时候,可以想一想,在现实世界里,真有人能做到这种程度吗?如果真有谁想从实际出发去寻找这样的人和这种可能性,那简直是不可理喻。这里之所以要这么说,意在表明:只有在思维的想象中,一个人方能做到"物莫之伤",但是,管理者为什么要运用思维展开这样的想象?这当然不是痴心妄想,而是一种在思维中展开的关于组织发展的模拟演练;管理者必须在思维中想象到了威胁组织发展的各种风险因素,真正在观念上做到防患于未然,这样一旦在现实中出现类似风险,管理者和组织才能坦然面对,轻松应对,成功化解;否则,若没有任何关于各类风险防范的考量、预案及模拟演练,一旦在现实中面对风险,管理者和组织便会惊慌不已,茫然不知所措。

在庄子看来,像"神人"那样的理想化超越者,如果选择从事管理职业,也能很好地胜任,因为他们能够立足于理想世界,运用思维能力,理解和把握各种事物的独特本性,并能在思维中从全局和长远出发来谋划组织发展。这恰是组织的管理者,尤其是最高管理者必须具备的素质,所以,这里才会说"是其尘垢秕糠,将犹陶铸尧舜者也,孰肯以物为事"。意思是,对于像"神人"那样的理想化超越者来说,做管理反而是一件轻松的事,哪怕是尧、舜这些伟大管理者的成功,也是因为他们能够实现超越,而绝不仅是因为他们每日孜孜以求地从事于具体组织事务。毕竟对于管理者来说,具体组织事务并不属于其职责范围。尤其是组织的最高管理者,如果只是去做具体的组织事务,并想借此显示自己无所不能,硬要给自己戴上一顶组织中最优秀者的桂冠,那反倒像"宋人资章甫而适诸越,越人断发文身,无所用之"一样荒唐了。这里用"越人断发文身"的原始状态,隐喻组织的最高管理者应该回归人之为人的原本样子,立足思维,认同组织并代表组织,实现对个人抱负和意志的超越,千万不要期望把组织中象征名誉的各种帽子都戴到自己头上。对于最高管理者来说,没有帽子,才是真正的成功。这或许恰是本章最后要回归尧这位历史上伟大管理者的深刻用意。

"尧治天下之民,平海内之政,往见四子藐姑射之山,汾水之阳,窅然丧其天下焉。"这里说"尧治天下之民,平海内之政",意在表明,尧做管理已经非常成功了,但又说他"往见四子藐姑射之山,汾水之阳",这里的"四子",用以指代那些理想化的超越者,而"姑射之山",并非实指哪一座山,只不过是用来隐喻理想世界。这句话实际上是要说明,尧虽然在天下这个最大组织的管理上取得了成功，但他并没有被这样的成功所束缚，更没有陷在管理成功的光环和自我优越的感觉中无法自拔，而是能超越这一切，进入理想世界，与那些理想化的超越者为伍，努力让自己也成为一名理想化的超越者。一旦尧能与那些理想化的超越者为伍，实现对管理的成功和自我优越感的超越，也就更容易看清楚组织的现实状态和自我扮演的角色，清醒地认识到自我和组织的不足，为未来发展做出新思考，而所谓成功早已变为过往，并不值得留恋，应尽早忘却，这样才能轻装上阵，为组织发展开辟更加美好的未来。

管理者只有实现超越，才能忘却成功，也只有懂得忘却，才能从零开始，一往无前，迎接新挑战。这便是尧"窅然丧其天下焉"所要表达的意思。如果说上一章以"尧让天下于许由"来说明彼时的尧还没有能够实现超越，那么，本章则用尧"窅然丧其天下焉"来表明此时的尧终于达到了超越的境界。

管理别义

做管理，当然要面向现实，从实际出发。但是，管理者如果因此走向极端，将现实和实际简单化为看得见、摸得着的物化资源及利益的数量化表征，即考核指标，反倒会动摇管理的价值基础和组织可持续发展的根基。

价值总是与目标联结在一起，而组织发展也首先体现在观念之中。无论是目标还是观念，本质上都是思维的创造，而思维的创造之所以能实现并生生不息，靠的却是理想。这种理想又总是以更长远的目标和更坚定的观念为基础。虽然理想也是思维创造的结果，但针对某一次思维的特定运用来说，理想又具有稳定性和在先性。也就是说，一个组织、一位管理者的理想，不一定是这个组织、这位管理者当下思维运用并创造的结果，很有可能或在绝大多数情况下，是前期乃至前人思维创造的结果。因此，这种带有稳定性和在先性的理想，便构成了一个特定领域、特定人群的理想世界。比如在管理领域，随着组织和管理事业的发展，人们特别是历史上那些管理者们，一步步共同创建了一个做管理、实现组织可持续发展的理想世界。而这个管理的理想世界是一种由历史上逐渐发展出来的信念、价值观及各种具体概念及相应命题构成的知识体系，是由不同历史时期的管理实践者、研究者、教育者们用思维共同创造出来的。一旦有了管理的理想世界,后世做管理的人便不再孤单,总会有这个理想世界中的志同道合者相伴。后世的管理者正是通过融入这个理想世界,为更深刻地认识和改变现实世界,找到了一个坚实的思维立足点和可行的变革参照系。当然,不同历史时期的管理者们也在用自己的管理实践和管理反思,不断为这个理想世界做贡献,丰富和发展着这个理想世界。从这个意义上说,人类组织的管理之所以不同于动物群体的支配,根本原因恰在于人类能运用思维创造出这样一个管理的理想世界,再基于理想来审视和完善现实。既有理想,又面向现实,这才是人类组织管理的根本特征。

值得注意的是,理想世界与幻想世界有着本质区别。幻想世界只是现实世界的影子,仍不过是感官经验的投射罢了。虽然幻想世界也是人类思维的创造,但那不过像做梦一样,是一个虚幻的影像世界,人们甚至可以躲进去过一种虚幻的生活。理想世界则不然,它本质上是由信念、价值观、概念、命题构成的抽象知识世界,而不是一个仿佛可以置身其中的有着各种鲜活形象的世界。虽然理想世界必定是前人不断积累的结果,但贡献者是以观念的形式而不是以具体形象存在于理想世界中。像庄子所说的"至人""神人""圣人",在理想世界中都只是观念化的存在,代表的是一种理想化超越者的观念,而非某种具体形象;人们不仅在现实中见不到这样的人,也无法用想象力去描绘出这样的人的具体形象,而只能运用概念化思维把这样的人变成一种观念,去坚信,去行动,去自我改变。

实际上,"理想",正像这个词本身所表明的那样,"想"或思维的运用,总是要建立在"理"的基础之上,而这里所说的"理",既包括"人"之理,即人之为人的独特本性及建基于这种独特本性之上的人与人之间的关系准则;也包括"物"之理,即物之为物的独特本性及建基于这种独特本性之上的物与物之间的相互作用法则。这种"人"之理和"物"之理,都是用思维创造的概念和观念来表征的;不管它们是怎么发挥作用的,也不管它们实际上存在于哪里,至少表征出来一定离不开自然语言和人工语言。正是人类运用思维和语言表征出来的"人"之理和"物"之理,构成了特定领域中思维和语言运用的前提,也即"想"或思考的前提。正是建基于这样的"理"之上的不断地

"想"或思考,才创造出了特定专业和职业领域中的理想世界。在管理者这个专业和职业之中,当然也就有了管理的理想世界,成为人们观察、研究和完善现实组织管理活动的参照系。

相反,"幻想"这个词的构成却表明,"想"或思维运用的前提不是"理",而是"幻"。"幻"难以直接概念化,不过是感觉器官的不受约束的延伸运用而已,虽然其中也有思维活动,但这种思维活动不过是在生物本能掌控下变成了感觉器官的工具,并不是在运用概念和观念进行思考。虽然"幻想"也可能引导人们在现实世界里进行某些创造活动,但那有很大的偶然性,往往是不知就里的巧合。如果组织的管理活动由"幻想"来引领,那岂不是太危险了!

由此可见,在组织管理中,如果不能将理想世界与幻想世界区别开来,人们很可能会把管理的理想世界也看成是脱离实际的幻想。当人们脱离实际谈论组织管理中的理想主义者或理想化的超越者时,或许早已不自觉地将其归于幻想者乃至荒诞不经者一类了。

1.4 惠子[①]谓庄子曰:"魏王贻[②]我大瓠[③]之种,我树之成而实五石[④],以盛水浆,其坚不能自举也。剖之以为瓢,则瓠落[⑤]无所容。非不呺然[⑥]大也,吾为其无用而掊[⑦]之。"

庄子曰:"夫子固拙于用大矣。宋人有善为不龟[⑧]手之药者,世世以洴澼絖[⑨]为事。客闻之,请买其方百金。聚族而谋曰:'我世世为洴澼絖,不过数金;今一朝而鬻[⑩]技百金,请与之。'客得之,以说吴王。越有难,吴王使之将,冬与越人水战,大败越人,裂地而封之。能不龟手,一也;或以封,或不免于洴澼絖,则所用之异也。今子有五石之瓠,何不虑[⑪]以为大樽[⑫]而浮乎江湖,而忧其瓠落无所容?则夫子犹有蓬之心也夫!"

惠子谓庄子曰:"吾有大树,人谓之樗[⑬]。其大本拥肿[⑭]而不中绳墨,其小枝卷曲而不中规矩,立之涂,匠者不顾。今子之言,大而无用,众所同去[⑮]也。"

庄子曰:"子独不见狸狌[⑯]乎?卑身而伏,以候敖者[⑰];东西跳梁[⑱],不辟[⑲]高下;中于机辟[⑳],死于罔罟[㉑]。今夫斄牛[㉒],其大若垂天之云。此能为大矣,而不能执鼠。今子有大树,患其无用,何不树之于无何有之乡,广莫之野,彷徨㉓乎无为其侧,逍遥乎寝卧其下。不夭斤斧,物无害者,无所可用,安所困苦哉!"

字词注释

① 惠子:即惠施(约公元前 370—约公元前 310 年),战国中期宋国人,名家学派的开创者,曾做过魏国宰相,是庄子的至交。

② 贻:这里是赠送、送给的意思。

③ 瓠:这里指葫芦。

④ 石:容量单位,十斗为一石。

⑤ 瓠落:据成玄英疏,"瓠落,平浅也"[1],指瓢的形状平而浅,用来盛水则零落难容。

⑥ 呺然:这里指大而空的样子。

⑦ 掊:形声字,本义指用手扒东西,这里是击破的意思。

⑧ 龟:这里通"皲",手足皮肤因寒冷干燥而破裂。

⑨ 洴澼绒:"洴澼",指在水上漂洗;"绒",指丝絮;"洴澼绒",即漂洗丝絮。

⑩ 鬻:这里是卖的意思。

⑪ 虑:这里是结合、连缀的意思。

⑫ 樽:本义指盛酒的器具,这里指连缀于腰间的空容器,用以渡河,也称"腰舟"。

⑬ 樗:这里指臭椿树。

⑭ 拥肿:这里指臃肿,形容树干上结满疙瘩。

⑮ 去:这里是舍弃、放弃的意思。

⑯ 狸狌:"狸",指野猫;"狌",指鼬鼠,俗称黄鼠狼。

⑰ 敖者:据郭庆藩集释本引司马彪的观点,"敖者",指"鸡鼠之属也",即像鸡鼠那样四处游走的小动物。王叔岷经考证也认同这样的观点[2]。

⑱ 跳梁:这里是跳踉、跳跃的意思。

⑲ 辟:这里同"避",躲避的意思。

⑳ 机辟:这里指捕获野兽的机关工具。

㉑ 罔罟:"罔",形声字,本义指一种捕鱼的工具;"罟",形声字,本义指网;"罔罟",这里指

---

[1] 郭象注:《庄子注疏》,成玄英疏,曹础基、黄兰发整理,中华书局 2011 年版,第 19 页。
[2] 郭庆藩:《庄子集释》,王孝鱼点校,中华书局 2012 年版,第 46 页;王叔岷:《庄子校释》,台湾商务印书馆 1993 年版,第 16 页。

捕获野兽的陷阱。

㉒ 斄牛：这里指牦牛。

㉓ 彷徨：这里指来回走动、优游自得的样子。

今文意译

惠子对庄子说："魏王送给我大葫芦的种子，我种下去，结出一个容量为五石的葫芦，用它盛水，坚硬度不够，承受不了水的重量。剖开做瓢，又浅又平，也盛不下什么东西。这个葫芦并非不够大呀，但因为没有什么用，我就把它敲碎了。"

庄子说："您确实不会用大东西啊。宋国有个人擅长配制不皲手的药，家里世世代代都做着漂洗丝絮的营生。有访客听说此事，愿用百金买药方。这位宋国人便召集族人商量说：'我们世世代代以漂洗丝絮为生，收入却不过数金；如今卖掉药方，一下子就可以收入百金，还是卖了吧。'访客得到药方，就去游说吴王。正赶上越国犯境，吴王便让他带兵，冬天与越国水战，结果大败越国，吴王于是给他封赏了土地。同样是不皲手的药方，有人因此获得封赏，有人不过用来做着漂洗丝絮的营生，就是因为使用方法不一样啊。如今您有一个五石大的葫芦，为什么不绑在腰间做腰舟，去江湖中畅游，却担心它又浅又平盛不下什么东西呢？这说明您的心还是茅塞未开啊！"

惠子对庄子说："我有棵大树，人称臭椿。树干上结满疙瘩，没法用绳墨去丈量，树枝也弯弯曲曲，没法用规矩去测量；长在路边，木匠都不看一眼。如今您说这话，大到没有任何用处，根本就没人愿意听。"

庄子说："您难道没有见过野猫和鼬鼠吗？它们蜷缩身体、埋伏在那里，等待着四处游走的小动物；东西跳跃，不避高下；结果却碰到捕兽的机关工具，死在陷阱罗网之中。再说牦牛吧，身躯大得像遥远天边的那片云。这可以说够大了吧，却不能捉老鼠。如今您有这么棵大树，还担心它没有用，为什么不把它种在没有任何其他东西的广漠田野？您可以在树旁优游自得，什么也不用做，只是走来走去；也可以在树下自由自在，什么也不用想，只是安心静卧。在那里，这棵树不会遭到砍伐，也没有什么东西会伤害它，正因为没有用，又怎么会遭遇那些所谓有用的困苦呢？"

分析解读

本章进一步说明有用与无用的关系。各种所谓有用，都是与现实中某个具体目标联系在一起的。虽然立足于明确的具体目标，很容易衡量一个特定对象之于此目标的实现是否有用，以及用处有多大；但是，立足于现实中这样明确具体的目标，却又会严重限制人们观察特定对象的角度，以至于看不到该对象自身的独特性及在其他方面可能发挥的更大作用，更不可能借此去主动探索改变现实的各种途径。因此，管理者要超越现实，面向未来，就要努力摆脱这种简单明确的有用思维。甚至可以说，摆脱有用思维，是管理者实现自我超越的第一步，也是最关键的一步。这或许正是庄子要用关于有用与无用的探讨，来结束第一篇的原因。

本章以惠子这位魏国的著名管理者为典型代表，用关于特定对象的有用与无用的探讨，深刻揭示了管理者的有用思维可能带来的潜在危害。惠子告诉庄子，他种出一个容量为五石的葫芦，却一点用也没有。用来盛水吧，由于容积太大，盛的水很多很重，葫芦没那么坚固，必然要破裂；而由于葫芦太大，在生长的过程中一定会拉得很长，这是重力作用下的必然结果，因此若切开来作瓢，则又浅又平，不能盛什么东西，加之自身占地方，这样的瓢，同样没有什么用。在惠子看来，这个容量为五石的葫芦，既不能盛水，也不能作瓢，竟毫无用处，只能把它给毁了、扔了。

在现实中，有着类似于惠子那样的有用思维的管理者并不少。为了实现明确具体的绩效目标，管理者总是感觉物化资源不够用，每每觉得下属成员的能力不符合要求，动辄感叹环境条件对自己做管理不友好。实际上，如是想的管理者，早已被那些明确具体的绩效目标及其考核指标所构成的现实牢牢束缚，根本不可能跳出现实的有用性，从一个新的视角去审视各类环境条件。若能跳出现实的有用性，转换视角，哪怕是那些早就习以为常的物化资源，也很可能会有完全不一样的新用途。

庄子讲了一个故事。宋国有个人擅于配不龟手的药，为的是在漂洗丝絮时能保护手，而这家人世世代代都靠这个药方做着漂洗丝絮的工作。有位访客得到这个消息，便用百金买下了药方，用来游说吴王，在吴越发生战事时，靠这个药方于冬季水战中大破越军，由此得到吴王的土地封赏。同样是一个不龟手的药方,宋国那个人只能靠它来漂洗丝絮,赚得几金的收益,即便将药方卖了,最多也不过百金收入,但访客用它来游说吴王,却得到了土地封赏。

由此可见,一件东西有没有用,关键不在于东西本身,而在于使用者从什么样的视角和场景去看待、使用这个东西。就像那个不龟手的药方,宋国那个人只是从自己做漂洗营生,怎么能让手不裂,不影响工作的角度去考虑问题,也只是在漂洗丝絮的场景下使用这个药方,当然也就大大限制了这个药方的功用范围。其实,这并不是药方本身的局限性,而是使用者的思维局限性。宋国那个人之所以会有这样的思维局限性,便在于他的经验及其赖以形成的现实工作生活场景,即"世世以洴澼絖为事"。他的思维早已被这种现实固化,他的见识让他想不到这个药方还能有其他什么用途。

更重要的是,在这个"洴澼絖"的工作场景中,宋国那个人实际上还扮演着一个家族企业的管理者角色,因为当有访客欲购买此药方时,正是他"聚族而谋",这充分说明他是家族里做主的人。作为管理者,他每天所关心的绩效指标也不过是"数金",能达到绩效指标的要求,就已经很满足了,在他的习惯化思维中,包括这个药方在内的各种资源,只要能对实现这"数金"的绩效指标有用就行,根本不会去考虑包括药方在内的各种资源是否还有其他方面的用途。那些每天忙于实现眼前具体明确的绩效指标的管理者,无暇顾及用于达成绩效指标的特定资源自身的特点及其他可能的用途。在这种固化思维下,当有人突然用管理者连想都没想过的价格购买某种资源时,或许管理者就会像这个宋国人一样,很愿意将这种资源拱手让人,结果别人却以此去做成了更大的事业,实现了更大的目标。

不要以为只有像宋国那个人一样作为小组织的管理者,才会有这种固执于现实的狭隘见识和闭塞思维,其实,哪怕像惠子这样号称魏国著名管理者的人,也同样会被束缚在现实的有用性之中。再回头看看惠子对大葫芦的有用性判断,不也只是从自己熟悉的日常生活目标及场景出发的吗?要么用它来盛水,要么用它来做瓢,除了这两种用途,别无他想。惠子仍不过是从自己的思维定式,去看这个非同寻常的大葫芦。既然这个大葫芦本身就是异乎常态的,将其放在平常用途上及应用场景中,当然无法显示出其独特价值,甚至还不如普通葫芦。惠子完全可以转换一下看问题的视角,从立足于使用者的生活目标及场景去考量,转换到对大葫芦这个对象的独特性做分析,起码要先好好探究这个非比寻常的大葫芦自身的独特性,再从这种独特性出发,来思考它的全新用途。这也许是管理者要实现物尽其用所应有的思维方式。所以,庄子说:"今子有五石之瓠,何不虑以为大樽而浮乎江湖,而忧其瓠落无所容?则夫子犹有蓬之心也夫!"

这句话一语双关。首先,基于大葫芦的独特性,庄子提出了一种打破惠子思维定式的大葫芦的新用途,即做腰舟。在当时的环境条件下,出门旅行,过河涉水是很大的挑战,毕竟交通不发达,很多江河湖泊并没有舟桥之便,这就给旅人带来了困扰和风险。所以,旅人会随身携带一些容器,如葫芦,在过河涉水时系在腰间,像救生圈一样,以确保安全,而那些能用来做腰舟的容器,也就成了出门旅行的必要装备。可以想象,那个容量有五石的葫芦,若用作腰舟,岂不是很合适?一个大葫芦便足以浮起一个人,也用不着连缀很多容器了。当然,庄子这里也只是举例说明。关于大葫芦的用途,完全可以从大葫芦自身的独特性出发进行更丰富的联想,倒不是说它只能用作腰舟;而且,庄子用这个例子还有隐喻的作用,暗示思维只有超越了熟悉的现实,在没有束缚的理想世界中畅游,才能发现特定对象的新用途。这正是下述另外一层含义所要表达的内容。

其次,庄子之所以要说"何不虑以为大樽而浮乎江湖",其中暗喻的便是一定要跳出现有的生活场景,进入一个更为宽广的天地。也就是说,庄子是在用出门旅行来隐喻思维对现实的超越。人们经常说"见多识广",这意味着,经验越丰富,见识也越多,而不一样的见识,往往是由不一样的经验带来的。所以,出门旅行,周游天下,总比一直待在一个地方,从事同一种工作,要更有见识,也更能理解某个特定对象的不同用途。这就像那位访客相比"世世为洴澼絖"的宋国人更有见识,也能洞悉那个不龟手的药方在漂洗丝絮营生之外可能具有的更大的用途。当庄子讲"则夫子犹有蓬之心也夫"时,意指惠子的思维还没有打开,仍闭塞着,以这样的思维,又怎么可能想到这个不一样的大葫芦还会有其他用途呢?话外音则是,惠子该出去转转了,只有开阔了眼界,才有可能打开闭塞的思维。

作为著名管理者的惠子,当然不会轻易接受庄子给他的建议,便反唇相讥,说庄子的话"大而无用",没有人愿意听。惠子便又举了一个无用之树的例子,他说:"吾有大树,人谓之樗。其大本拥肿而不中绳墨,其小枝卷曲而不中规矩,立之涂,匠者不顾。"这里的"绳墨""规矩",都是木匠使用的测量工具,可以引申为标准,而标准是为实现特定目标服务的,是用来测量那些用于实现目标的资源或手段是否能达到要求的工具。所以,对于做管理来说,各类标准是非常基础性的工具。不夸张地说,没有标准,就无法做管理。但任何事都具有两面性,标准也不例外。有了标准,可以让资源或手段及其运用的衡量成为可能,也能及时跟踪目标的实现程度和效果的达成情况;但是,标准也有严重的限制作用,会限制人们对特定资源或手段的全面认识,以至于人们习惯从标准的角度去衡量和判断某个对象,只会看到对象和标准之间的关系,而忽视对象自身的独特性及其价值。比如惠子对那棵"大树"的评价,上来就说"其大本拥肿而不中绳墨,其小枝卷曲而不中规矩","绳墨""规矩"不过是木匠所用的标准,当惠子用木匠的标准去衡量这棵大树的时候,已经把这棵大树限定在木匠的工作场景之中,这样也只有那些能够用以作木材的树,才是有用的树,否则便无用,"立之涂,匠者不顾"。这里的"匠者",即指木匠。难道树就只能用作木匠的材料吗?这恰说明,惠子这位管理者的思维,受到木匠标准的严重限制。

庄子则以生动的例子告诉惠子,这种狭隘的有用思维,极有可能将组织带进死胡同,最终葬送组织。环境在不断变化,目标和标准也要随时调整,任何有用和无用都会处于不断变化之中,不能僵化地固守一个标准下的有用性。比如野猫和鼬鼠,它们的机敏及灵巧的身段,对于自身的生存来说非常有用,在纯粹的自然环境中,完全可以借此有效地捕杀各种游走的小动物。但是,当环境改变了,人类猎手用"机辟""罔罟"增添了原本纯粹的自然环境中并不具有的新因素,这时野猫和鼬鼠的机敏及灵巧的身段,反而会让它们"中于机辟""死于罔罟"。原本很有用的功能,如今却葬送了自己。

再比如,牦牛从体型上来说,可以算是大型动物了。正如人们期待像管理者那样的"大人物"应该什么都会一样,牦牛这个大型动物是否也应该什么都能做呢?但是,"此能为大矣,而不能执鼠"。牦牛虽大,在抓老鼠上却很无用,但又有谁会用牦牛去抓老鼠?所以,管理者若要物尽其用,就应该先去关注物本身的存在及其独特性。只有真正认识和理解了物,才能在更广大的时空条件下去发挥物的作用。为此,管理者必须超越现实中早已习惯了的场景及其与物的关系,不要过分拘泥于物在目标和标准下的现实有用性,这样才有可能做到物尽其用。

管理者面对物,尚且需要超越现实的有用性,那么当面对有着内在信念和价值追求的人时,则更需要超越现实的有用性。管理者只有尊重人,才能尊重物。所以,庄子又针对这棵大树的用途,向惠子提出建议:"今子有大树,患其无用,何不树之于无何有之乡,广莫之野,彷徨乎无为其侧,逍遥乎寝卧其下。不夭斤斧,物无害者,无所可用,安所困苦哉。"

这段话完全是隐喻性质的,并非实有所指。原因很简单,惠子自己凭空编造出这样一棵大树,只是为了讥讽庄子的话"大而无用",庄子也就针锋相对地让惠子把这棵子虚乌有的大树,种在"无何有之乡,广莫之野",也即什么东西都没有的广袤田野。现实中不可能存在这种地方,这实际上象征着思维得以畅游的理想世界,而"彷徨乎无为其侧,逍遥乎寝卧其下",则说的是,让思维不受现实中那些具体目标和标准的束缚,自由地展开丰富联想和探索,这样才有可能发现各种对象的独特之处,并从对象的独特性出发,发挥各种对象独有的更大的作用。

当庄子最后说"不夭斤斧,物无害者,无所可用,安所困苦哉"的时候,则是在提醒管理者,如何才能立足物之特性,真正做到物尽其用。在现实中,有多少树木仅仅是因为符合木匠们当下的取材标准而"夭于斤斧"呢?也正因为这些树木被过早砍伐,带来了诸多意想不到的后果,比如水土流失的环境问题。看似满足了眼前有用的标准,取得了绩效,却造成了更为长期的不可挽回的后果。这在组织管理中可谓屡见不鲜,也是非常典型的组织发展的"困苦"。要摆脱这种"困苦",管理者就必须超越现实有用性的思维方式。当然,这并不意味着让管理者不去关心有用性,甚至不食人间烟火,而只是说,管理者需要超越现实。但超越现实,并不等于脱离现实。管理者超越现实,是为了更好地关注现实、看清现实、完善现实,让现实处在良性发展的轨道之上。

管理别义

在组织管理工作中,如何判断有用与无用,是管理者必须时刻面对的难题。管理者总是处于绩效压力之下,即便是高层管理者,也会面临组织间竞争带来的生存压力,而这种生存压力自然会转化为看得见的绩效指标,以进行同行间的比较。这些绩效指标通过层层分解,传至各级管理者,中层和基层管理者直接面对的是由具体考核指标所带来的绩效压力,而高层管理者则肩负着外部的绩效比较所带来的更大的绩效压力。

或许正是因为在激烈竞争的环境中,组织的各级管理者都面临巨大的绩效压力,管理者对有用与无用的判断,也就有了一个公认且简明的标准,那便是对于绩效考核指标的贡献。凡是有助于实现绩效指标的,就有用;否则,便无用。由此,一种非常现实的、绩效考核指标导向的管理思维方式就形成了。在这种思维方式下,有用与无用都有明确的甚至数量化的标准,而这些标准又无不指向各种绩效考核指标。实际上,这些绩效考核指标不过是由短期目标分解出来的,即短期目标的指标化,短期目标一般是由上级安排的,至于上级为什么要下达这样的短期目标,就没有人去想、去追问了。其实,若要层层追溯上去,即便在高层管理团队那里,这些短期目标也不过是每年根据竞争的需要,从同行比较的角度,制订出来的年度目标及其量化指标而已。至于更长远的目标考量,则早已消解在每年为了"活下去"到底需要完成多大数量的绩效指标的烦琐考核之中了。这样一来,组织也就有了评判一切有用与无用的简单明了的标准。在这样的标准之下,管理者深层次的思维方式就会慢慢被固化,不管使用的是什么名号,管理者实际上总是会用绩效考核指标去衡量一切对象的有用与否。

当管理者习惯于用绩效考核指标去衡量各种对象时,也就不太会去关心对象本身的独特性及其潜在价值,而只关注它们对于完成绩效考核指标的贡献。有贡献,则有用,贡献越大,有用性也就越大,一旦有大用,甚至不惜竭泽而渔、杀鸡取卵式地使用。以这种思维方式看待物化资源的管理者,也很可能会这样看待人,由此给组织发展带来了巨大的负面影响。

一方面,这种管理思维方式不仅容易导致对那些看似当下有用的物化资源的滥用,也会忽视对那些当下无用的物化资源的开发和储备,而一旦环境条件发生改变,原来可以带来绩效贡献的物化资源就不再有直接贡献,而新的物化资源的开发及运用又跟不上,组织发展便会面临严峻挑战。

另一方面,更重要的是,当管理者用这种思维方式面对人的时候,极其容易将人等同于物化资源或工具,只从当下有用与否的角度来看待人,无视人之为人、区别于物的独特本性和创造潜能,让组织彻底失去创新发展的可能性。

因此,管理者必须改变这种短期绩效考核指标导向的思维方式,立足理想,超越现实,关注和尊重不同对象的独特性,以寻求和创造组织的独有价值。

齐物论第二

本篇导读

关于"齐物论",有两种解读:一种是指要对当时各种关于事物的观点学说进行分析、评判与整合,即"齐"各种"物论";另一种是指要建立一种关于各种事物相统一的观点学说,也即"齐物"之"论"。实际上,这两种解读是相通的,只有先对各种"物论"进行分析、评判与整合,才有可能建立起一种关于各种事物相统一的观点学说,即立足于"道"的观点学说。

当然,庄子只是想建立关于事物,尤其是涉及组织和管理之事的新观点,而绝不是要抹杀各种事物的本质区别,即"齐物"。各种各样事物之间的差别是显然的,也是不能抹杀的,但关键是如何认识这种差别,尊重这种差别,并在组织管理中正确对待这种差别。这就需要管理者首先选择一个能正确地看待各类事物的立足点。在庄子看来,这个立足点应该是"道",而不是自己熟悉或经验中的某类事物,更不是由语言运用所编织出来的关于经验世界认识的是非标准。

庄子认为,当时之所以存在如此多关于事物认识的对立观点学说,并且,每种观点学说又看似有自己的一套是非标准,自以为是,以人为非,很大程度上就是因为缺少一个超越的立足点,各派都立足于自己的经验见识,又依赖于有着先天局限性的语言表达,就必然会造成这种针锋相对的状态。正因为事物各有不同,人们如果只是立足于自己熟悉的经验中的事物及其环境,运用语言进行表达,那么,由此所形成的观点及相应的评判标准,也一定是各不相同,甚至是彼此对立的。

因此,在本篇中,庄子进一步强调指出,管理者不仅要超越生物本能以及经验见识,还要同时超越由语言编织出来的关于经验世界的意义网罟。

这恰是人与动物的一个显著区别。动物只会为生物本能及自身经验所左右，无法使用符号化语言将自身经验进行抽象化和普遍化，也就没有办法把自身经验强加于其他动物之上。符号化语言不仅具有社会性，还具有普遍性。用语言表征的对象已经不再是某个具体的对象，而成为具有抽象性和普遍性的概念了。这一特征能让语言引发共鸣，促进交流；否则，语言如果像感觉经验那样只具有私人性，根本就无法进行交流。也正因为语言具有抽象性和普遍性，那些用语言表征的观点，便可能给人一种错觉，好像已经超越了个人的感觉经验，变成一种具有普遍性的观念。更重要的是，这种本质上是从个人经验出发却又使用语言表征出来的观点，对于当事人来说，看上去还是经过自我实践检验过的，好像是正确的，而从中派生出来的标准，自认为也是放之四海而皆准的。如此一来，凡是能系统化且又能自圆其说的语言表征，给人的感觉就好像它就是一种正确的观念，当事人或提出者便有动机和动力去推广它，甚至不惜强加于人。尤其是那些在组织中掌握着话语权的管理者，更加信心满满地要推行自己的观点了。正因为如此，借助语言的力量产生的关于各种事物的观点学说，简直就像世界上原本存在的事物一样多。再加之，语言还能创造出世界上本来不存在的事物，如第一篇第1章里鲲鹏，以及各种各样的组织或其他社会实体，严格来说，都是由语言创造的，或者说至少它们的产生离不开语言的运用。

由此可见，管理者仅超越生物本能及经验见识还远远不够，必须同时超越语言所创造的意义网罟。对于人来说，现实世界总是存在着两个不可分割却又相互强化的侧面，即经验侧面和语言侧面，也可以说是经验世界和语言世界。第一篇讲的是对经验世界的超越，本篇则专讲对语言世界的超越。这双重超越都离不开一个共同的立足点，那就是"道"，即自然而然形成的天地之道和组织之道。而天地之道，不过是庄子用以帮助理解组织之道的隐喻；组织之道又是建立在关于人之为人的独特本性的坚定信念之上的。在庄子看来，"道"，是天地之道和组织之道的集合体，也是自然而然形成的，无须再借助任何外生的力量。

本篇分为13章。第1章以"人籁""地籁""天籁"为隐喻，归纳总结了管理情境下语言运用的三种方式。"人籁"，指的是由人吹奏乐器所发出的声音,隐喻管理者为了达到特定目标,刻意运用的语言表达,诸如组织中对某种观念的宣传推广贯彻;"地籁",指的是风吹各种孔穴所发出的声音,隐喻的是被动的语言表达,诸如管理情境中自上而下的命令传达,人们不得不被动接受甚至还要违心表态;"天籁",则是指万物自身所发出的各种不同声音,隐喻组织中言为心声、畅所欲言的一种局面。本章以这三种语言的运用,意在暗示,组织管理中语言运用是非常复杂的现象,同时也在不断构建着组织的情境。管理者如果不能冲破语言的迷雾,也就无法超越现实,更难以完善和改变现实。

第2章则进一步阐明,语言运用会受到经验见识和情绪的双重影响,从而将对语言的超越与第一篇讲到的对生物本能左右下的经验见识的超越联系了起来,突出了语言运用与经验见识互相强化的内在关系,以提醒管理者,若不能同步超越经验见识和语言运用,也就无法实现真正的超越,而生物本能不仅会左右经验见识,同样也会左右语言运用。生物本能对语言运用的左右,往往是通过情绪这个在不知不觉中产生的中介来实现的。

第3章深刻指出,不断变化的情绪并不能代表真正意义上的"我",但又是"我"之不可分割的重要组成部分,这在无形中给管理者的自我超越带来了巨大挑战。人既要超越生物性和情绪,又要超越受情绪影响的语言运用,但又不能不依赖于生物性、情绪和语言。因为离开了这三者,人便无法存在,而只是依赖这三者,人又难以获得超越和自由,也就无法实现创造。面对这样的困境,超越又如何实现呢?

第4章为了说明自我超越的可能性,从分析语言与其表征对象或事物的关系入手,揭示出语言具有普遍性和对象化的根源,即"道",也正因为各种事物都具有自身的根本规定性,这才让具有抽象性和普遍性的语言运用成为可能。从另外的角度来看,语言所反映的不过是事物的本性,而在根源处,事物的本性便来自"道"。

第5章指出,管理者只有立足于各种事物的本性及其来源"道",才有可能超越受经验和情绪左右的语言运用,从而冲破语言不恰当运用的迷雾。这恰是管理者必须做到的真正超越,即不仅要超越经验见识,而且要超越语言运用。

第6章以理想状态下实现了超越的"古人"为例,反衬出现实中无法实现这种双重超越,尤其强调不能超越语言运用的管理者所不可避免地面临的困境。一般而言,能实现对受生物本能左右的经验见识的超越,却不一定能实现对语言运用的超越,因为,那些看似超越了受生物本能左右的经验见识、为寻求意义而奋斗的人,可能恰是那些深陷在偏颇的语言运用所创造的意义泥潭里不能自拔的人;但是,若不能超越受生物本能左右的经验见识,也就注定无法超越语言运用,因为一旦为这种经验见识所掌控,也就一定会被情绪支配着语言的运用,当然就无法超越语言所构建起来的那个及时享乐的意义陷阱。同样,超越了语言运用的人,也不一定能实现对受生物本能左右的经验见识的超越;又有多少在语言运用上很洒脱、说得那么惊世骇俗的人,所做的却又完全不一样,简直就是受生物本能左右的动物而已。所以,管理者只是超越了受生物本能左右的经验见识,或只是超越了语言运用,都还远远不够,必须实现双重超越。

第7章着重探讨了语言运用的相对性、局限性及其超越问题。语言看似有逻辑、能推理、能论证,但这种逻辑、推理和论证,却又具有相对性和局限性。语言的尽头是信念,只有确立起信念,才能从信念这个公理或原点开始,进行逻辑一贯的推理和论证,但信念这个公理或原点又恰是无法论证的。因此,要超越语言,就必须找寻到信念这个公理或原点,以此为基础,才能真正理解一种语言运用体系的内在独特性,也才能尊重不同语言运用体系的相对独立性。如果只是在语言运用所推导出来的结论和标准上进行争论,则永远不能达到理解,更别说达成共识了。所谓"齐物论",正是要在信念这个公理或原点处,达到彼此尊重和相互欣赏,进而才能相互理解,以至于求同存异,产生共鸣。

第8章接着第7章的观点,强调指出,理想化的超越者,如何做到了在信念这个语言运用的公理或原点处进行包容。这恰是组织中管理者经由双重超越所必然要达到的境界。管理者只有达到了这种包容的境界,才能让组织成为一个能承载各种不同观点的平台,使人尽其才、物尽其用,为组织中的创造和创新提供不竭动力,进而推动组织的可持续发展。

第9章通过虚构的历史案例分析表明,最高管理者达到双重超越之后,自然就会以一种内在的包容性准则作为价值尺度，去看待组织中不同的人和事。

第10章运用隐喻的表达方式，说明组织中很难用一种语言所表征出来的标准要求所有的人和事，而管理者却又总习惯于一刀切、整齐划一地要求组织的所有人和事。这种貌似公平，实则严重扭曲人和事的独特性、独立性的做法，是管理之大忌。

第11章具体说明理想化的超越者是怎样做管理的。既然人和事各有特点，组织中存在各种不同观点便再正常不过了，关键是怎么正确对待这些观点。这就需要管理者尤其是最高管理者必须实现超越。管理者只有真正实现了双重超越，才能让组织中充满"天籁"之声；也只有当组织中充满了"天籁"之声，持续不断地创造和创新才会成为可能。难以想象，一个连肺腑之言都没有办法表达，鸦雀无声，甚至只有赞美和违心迎合之声的组织，能源源不断地涌现出新思想，能有各种各样的创新产生出来。

第12章以物体、影子、影子外的影子之间的关系为隐喻，深刻揭示了现实、经验、语言之间的关系。经验反映现实，而语言则要表征现实，但语言所能表征的现实并非独立于人而存在的现实，而是人经验中的现实；更重要的是，经验会受语言的影响，这就让经验和语言又对现实产生了双重扭曲。所以，管理者必须借组织之道这个光源，照亮组织现实、经验见识和语言运用之间的关系，通过超越经验见识和语言运用，看清组织现实，不断完善组织现实。

第13章以庄周梦蝶归纳总结全篇，深刻指出，语言运用中存在的各种问题，归根到底就是"物化"，即抹杀人与物的界限，将人等同于物。毕竟语言本身便是以物化符号——如声音和文字——来承载意义的，这就意味着语言本身也是一种物化工具。当管理者运用语言这种物化工具来做管理时，很容易将本质上是精神存在的人，物化为特定工具。这更进一步凸显了管理者实现双重超越的重要性。

2.1　南郭子綦[①]隐机[②]而坐，仰天而嘘[③]，荅焉[④]似丧其耦[⑤]。颜成子游[⑥]立侍乎前，曰："何居[⑦]乎？形固可使如槁木，而心固可使如死灰乎？今之隐机者，非昔之隐机者也。"

子綦曰："偃，不亦善乎，而问之也！今者吾丧我⑧，汝知之乎？女闻人籁⑨而未闻地籁⑩，女闻地籁而未闻天籁⑪夫！"

子游曰："敢问其方⑫。"

子綦曰："夫大块噫气⑬，其名为风。是唯无作，作则万窍怒呺⑭。而独不闻之翏翏⑮乎？山陵之畏佳⑯，大木百围之窍穴，似鼻，似口，似耳，似枅⑰，似圈⑱，似臼⑲，似洼⑳者，似污㉑者；激㉒者，謞㉓者，叱者，吸者，叫者，譹㉔者，宎㉕者，咬㉖者，前者唱于㉗而随者唱喁㉘。泠风㉙则小和，飘风㉚则大和，厉风㉛济㉜则众窍为虚。而独不见之调调㉝，之刁刁㉞乎？"

子游曰："地籁则众窍是已，人籁则比竹㉟是已。敢问天籁。"

子綦曰："夫吹万不同㊱，而使其自己㊲也，咸其自取，怒㊳者其谁邪！"

字词注释

①南郭子綦：楚昭王庶弟，字子綦，因住在城郭南端，人称南郭子綦，相传曾做过楚庄王的司马。

②隐机："隐"，这里是倚、靠的意思；"机"，这里同"几"，古人坐时凭靠的几案；"隐机"，即倚靠几案坐着。

③嘘：形声字，本义指呼气，这里指缓慢地吐气。

④荅焉：这里指失意沮丧的样子。

⑤耦：这里同"偶"，指形体、身体。

⑥颜成子游：南郭子綦的弟子，复姓颜成，名偃，字子游。

⑦居：这里是语气词，表示感叹或疑问语气。

⑧吾丧我："吾"，这里指本真的"我"；"丧"，这里是遗忘的意思；"我"，这里指由经验和成见构成的"我"；"吾丧我"，即忘却了成见之我，回归了本真之我。

⑨人籁：这里指由人所制造出来的声音，如吹奏乐器所发出来的声音。

⑩地籁：这里指风吹各种物体所发出来的声音。

⑪天籁：这里指各种物体自己所发出来的自然之声。

⑫方：象形字，本义指和圆相对的方形，这里同"法"，是方法、道理的意思。

⑬大块噫气："大块"，即大地；"噫气"，即出气；"大块噫气"，即由大地吐出来的气，指风。

⑭呺：这里是呼啸、吼叫的意思。

⑮ 翏翏:这里同"飂飂",形容风声或风势迅疾。

⑯ 山陵之畏隹:此句郭庆藩集释本原文为"山林之畏隹"[1],但据闻一多、陈鼓应引奚侗的考证[2],并参考上下文语意,原文中"山林"应为"山陵"之误,特改。其中,"畏隹",同"嵔崔",指山势险峻的样子。

⑰ 枅:即柱上方木,特指其中的孔穴。

⑱ 圈:这里指杯盂。

⑲ 臼:这里指舂谷物的工具。

⑳ 洼:本义指低凹积水处,这里引申为深水池。

㉑ 污:本义指停积不流的水,这里引申为小水坑。

㉒ 激:这里指水流受阻而涌溅。

㉓ 謞:这里指箭射出去的响声。

㉔ 叱:这里同"嚛",是大声呼喊的意思。

㉕ 吸:这里指风吹入深洞所发出的声音。

㉖ 叫:本义指鸟鸣声,这里引申为悲切声。

㉗ 讦:本义指舒缓的声音。

㉘ 咬:本义指相和的声音。

㉙ 泠风:这里指微风。

㉚ 飘风:这里指大风。

㉛ 厉风:这里指暴风。

㉜ 济:这里是过去、完成的意思。

㉝ 调调:这里指树枝剧烈摇动。

㉞ 刁刁:这里指树叶轻微摇动。

㉟ 比竹:这里指将竹管并排在一起做成的乐器,如笙箫等。

㊱ 吹万不同:"吹",这里指"天籁"发出的声音;"万不同",即千变万化,各有不同;"吹万不同",指的是天籁发出的声音,总是千变万化,各有不同。

㊲ 自已:"已",这里是停止的意思;"自已",即自行停止。

㊳ 怒:这里是推动、发动、振作的意思。

---

[1] 郭庆藩:《庄子集释》,王孝鱼点校,中华书局2012年版,第51页。
[2] 闻一多:《周易与庄子研究》,巴蜀书社2003年版,第98—99页;陈鼓应:《庄子今注今译》,中华书局2016年版,第41—42页。

▎今文意译

　　南郭子綦倚靠几案而坐，仰面朝天，缓慢吐气，神情迷茫，好像忘掉了自己的形体。颜成子游侍立一旁，说道："这到底是怎么回事？竟然能让形体像槁木一样，让神情如死灰一般呢？您今天倚靠几案而坐的样子，与往常可不一样啊。"

　　子綦说："你能问这样的问题，非常好啊！今天我已经忘却了成见之我，回归了本真之我，你知道吗？你可能听到过由人所制造出来的各种声音，却没有留意过风吹各种不同物体所发出的声音；你即便留意过风吹各种不同物体所发出的声音，也没有聆听过各种不同物体本身所发出的自然之声吧！"

　　子游说："请问这背后的道理。"

　　子綦说："大地吐出来的气息，就称为风。风不吹则已，一吹便会让各种孔穴吼叫起来。你难道没有听过大风呼啸的声音吗？山陵间迂回曲折的深谷，大树上各种各样的洞孔，有的像鼻子，有的像嘴巴，有的像耳朵，有的像横梁上的方孔，有的像杯盂，有的像舂臼，有的像深水池，有的像小水坑；它们被风一吹所发出的声音，有的像湍急水流声，有的像飞驰响箭声，有的像叱喝声，有的像吸气声，有的像叫喊声，有的像号啕声，有的像深谷回声，有的像悲伤叹息声。前面的风声刚缓缓消失，后面的风声又相和而起。若是微风，相和的声音就轻；若是大风，相和的声音就大；暴风过后，各种孔穴都寂静无声了。你难道没有见过大风刮来、树枝剧烈摇动，轻风拂过、树叶微微摆动的样子吗？"

　　子游说："地籁就是风吹各种孔穴所发出来的声音，人籁则是人吹奏笙箫这样的乐器所发出来的声音。请问天籁是什么呢？"

　　子綦说："天籁的声音，总是千变万化，各有不同，而且能自行停止，这都是各种不同物体本身所发出来的自然之声。除了各种不同物体本身，还有谁能发出这种自然之声呀！"

▎分析解读

　　本篇重点讲管理者必须超越由语言所构建起来的虚假现实。本章作为开篇第1章,上来便提出了三种语言表达方式,隐含着组织中由这三种语言表达方式所构建起来的三类现实,而管理者则要首先认清这三类现实,才有可能理解和把握各种事物原本的存在状态。

这里需要特别说明的是,本章的主人公南郭子綦,是楚昭王的庶弟,也曾做过楚庄王的司马,而司马在当时是一个比较重要的管理职位。这表明南郭子綦是管理者。如果从管理角度来审视,那么,南郭子綦在这里的行为及表达,也就具有了深刻的管理寓意。

本章先讲"南郭子綦隐机而坐,仰天而嘘,荅焉似丧其耦",进而通过弟子与南郭子綦的问答,点明了"吾丧我"这个主题。"吾丧我"这个主题,确实也曾促发了人们诸多联想和引申,其中不乏各种神秘猜测。其实,南郭子綦此时此刻不过就是在沉思而已,只是这次沉思得比较深,以至于达到"忘我"的境地,在旁人看来,如同"槁木死灰"。从另外的角度看,南郭子綦的深度沉思,恰恰说明他已经超越了当下的现实,包括现实中的形体,而完全进入由思维构建起来的理想世界之中;也正是基于对当下现实的超越,南郭子綦才更深刻地认识到语言在构建现实中所扮演的角色,进而总结出"人籁""地籁""天籁"三种语言表达方式。对这三种语言表达或运用方式的提炼总结,正是南郭子綦这次深度思考、实现思维对现实的超越后,所得到的成果或收获。

本章重点讲的是"地籁",而"人籁",则是通过弟子颜成子游阐述出来的,即"人籁则比竹是已"。也就是说,"人籁",是像人吹奏乐器那样刻意制造出来的声音,这种声音与人的自发表达或发自内心的言语是完全不同的。严格来说,人的自发表达或发自内心的言语,属于"天籁",而不是"人籁"。这里使用人演奏乐器之声来比喻"人籁",若放在管理语境下,自然就会有两种含义:一是管理者要刻意地宣贯某种东西,这也可以理解为"吹嘘",即管理者内心并不一定认同和相信这种东西,却又想让别人相信,便极尽"吹嘘"之能事,像演奏乐器一样,故意制造出一种悦耳的声音,希望能吸引别人,在短时间内能打动别人;二是被管理者要刻意地讨好管理者,这也可以理解为"吹捧",即被管理者内心并不认同和佩服管理者,但在管理层级面前,又不得不服从和讨好管理者,便下足"吹捧"之功夫,犹如吹喇叭一样对管理者歌功颂德一番。这两种含义在现实的组织管理中普遍存在，而且，人们也确实喜欢用演奏乐器来作类比，以更直观地理解这种组织管理现实。在组织中，通过这种类似于演奏乐器的"人籁"的语言表达方式，非常容易营造出一种虚假的现实。管理者不断"吹嘘"加上被管理者不时"吹捧"，使人感觉这样的组织好像很和谐，管理也很有效，管理者有情怀和抱负，被管理者也认可和佩服管理者，一整个由美妙乐音烘托出来的其乐融融的氛围。但是，当乐音消失，语言退场，结果又会怎样？这是值得管理者深思的问题。

　　南郭子綦自己重点阐述的是"地籁"，那是由风吹各类孔穴所发出来的声音，即"夫大块噫气，其名为风。是唯无作，作则万窍怒呺"。这种"风吹万窍"所发出的声音，看似各有不同，就像南郭子綦所形象描述的那样，但又有一个共同特点，即完全是被动的，是被风所控制的。如果没有风或风停止了，这些声音也就消失了；而且，风的大小不同，声音便各有不同，正所谓"泠风则小和，飘风则大和，厉风济则众窍为虚。而独不见之调调，之习习乎"。这里所刻画的"地籁"，同样隐喻着一种语言表达方式，那便是完全被动地表达，以至于语言的运用完全是被操纵的，让你怎么说，就必须怎么说，没有任何自主选择的可能。这种"地籁"的语言表达或运用方式，若放在管理语境下，便是极其典型的自上而下的指挥命令式语言表达或运用。人们经常会用"雷厉风行"来形容管理者，实际上说的正是这种"地籁"的语言表达或运用方式。

　　本章之所以用这么长的篇幅来描写"地籁"，很重要的一个原因是，这种语言表达或运用方式在管理语境下最常见，尤其是在庄子所处的时代，更是司空见惯的。管理者总是自视为组织中最有见识、最有能力、最优秀者，又代表着组织，便自觉不自觉地将自己的抱负等同于组织的抱负，将自己的意志等同于组织的意志，其他组织成员不过是他们实现这种抱负和意志的工具或手段罢了。这样一来，其他组织成员也就像物化资源一样，只需要听命于管理者就可以了。在庄子当时所处的历史条件下，人们使用牲畜拉车或耕地，只要吆喝一声，最多伴之以高高举起的鞭子，牲畜便会服服帖帖。或许正是在当时这种管理情境下，有着管理工作背景的南郭子綦，才会想到使用各种形象的比喻，刻画出"风吹万窍"的"地籁"之声。

但是，这里虽然使用了看似主动发声的"叱者，吸者，叫者，譹者，宎者，咬者"来形容"地籁"之声，但不应忘记，这只是一种比喻，实际上要说明的是"地籁"的被动发声。也正因为是被动发声，要对各种被动发出的声音进行刻画就非常困难，所以只能借助那些主动发出的声音，这种比喻方法恰又蕴含着深刻的管理意义。在当时的历史条件下，被管理者在组织中是没有发言权的，只能听命于管理者，由各级管理者代言，所以，管理者也就成了被管理者的代言人。这意味着，当时的组织管理者，不仅要代组织发声，还要代被管理者发声，这就像南郭子綦用各种主动发出的声音来代表"地籁"这种被动之声一样。这个完全来自上级管理者的命令之声层层传达下来，便类似于"吹命令之风"，由此也能营造出一种组织管理的现实存在状态。只是这种由"地籁"式语言运用所构建起来的组织现实，带有浓厚的管理强制色彩，并不能很好地反映组织成员和组织发展的本然状态。

最后，南郭子綦只用一句话解释了"天籁"，即"夫吹万不同，而使其自己也，咸其自取，怒者其谁邪"。"天籁"作为一种语言表达或运用方式，既不同于"人籁"那样是为了达成眼前的明确目标或为了迎合谁而刻意地言说，也不像"地籁"那样是被命令之风劲吹下的被动言说。"天籁"是源于内在独特性的有感而发，是一种言为心声、心口合一的表达，由此所发出的声音或产生的言说，从内容到形式，便各有不同，而且是发声或言说由己、不发声或不言说也由己，没有任何外在强制力量使然，这正是"吹万不同，而使自己也，咸其自取，怒者其谁邪"所要表达的意思。这里看上去说的是万物在发声，即天地间万物各自独立发出的各有特色的声音，实际上不过是在用天地隐喻组织，以万物隐喻组织成员。由天地间万物的"夫吹万不同，而使其自己也，咸其自取"，自然就能联想到，在理想的组织中，每位组织成员都应该是独立存在的主体，能够自主地思考、自由地发言，以表达自己的独特心声，由此才能建立起和谐融洽的氛围，让组织成员真正成为组织的主人，用自己的独特性和创造性，为组织的可持续发展做贡献，同时实现自我的健康成长。当然，这种以"天籁"的表达方式所营造出来的组织现实，在庄子所处的那个时代，也只能是一种理想。但正因为有了这个可欲且可期的理想，才支撑着庄子心目中像南郭子綦那样的管理者，不断借助理想，超越现实，并努力寻求改变现实。

对于组织和管理者来说,现实并非只是立在那里的时空场景,而是由人们主动创造出来的生存和发展条件。在创造组织赖以生存和发展的现实条件时,管理者扮演着重要角色,而管理者要扮演好这个角色,又必须运用语言进行言说,就像演员在舞台上扮演角色必须使用台词进行言说一样。管理者的言说,既有不同方式,也可能带来不同效应。这恰是下述各章所要探讨的内容。

管理别义

语言之于管理,其重要性毋庸置疑。不仅管理沟通离不开语言,管理决策同样不能没有语言,尤其是要用未来引领现在,要用整体赋予局部以意义,更不能不使用语言。因为未来和整体都无法直接靠感官触达,只能用语言去刻画,而且,未来和现在的关系、整体和部分的联结,也只能靠语言去创造。极而言之,语言不仅能刻画出理想状态,而且,即便是现实情境,在很大程度上也是依赖语言呈现出来的。毕竟管理的现实情境并非由纯粹的自然之物和各类物化资源构成,更重要的部分则是由人及人际互动所创造,那就是一刻也不能缺失的意义。没有了意义,纯粹的自然之物便会从组织管理中退场。所以,从根本上说,任何组织都处在由语言和物化资源共同构成的现实里。这个现实既是组织赖以存在和发展的条件,又是束缚管理者和组织成员进一步创造的桎梏。管理者如果认识不到这一点,只是在不断强化着这种现实条件,便很可能会深陷其中不能自拔。管理者作茧自缚的结果必然是用组织赖以生存和发展的现实条件,毁灭了组织可持续发展的根基,即组织成员的独特性和创造性。

之所以说由语言和物化资源共同构成的现实是组织赖以存在和发展的条件,原因很简单,没有物化资源,组织的生存就成了"巧妇难为无米之炊"的幻想,而没有语言和意义创造,组织的发展则成了一句没有方向和内容的空话。毕竟朝哪里发展、怎么发展,首先是以语言所创造的意义形式呈现出来的,物化资源本身不能自动呈现出未来会怎样,哪里会有发展机遇,发展道路通向哪里。物化资源只有在语言所创造出来的目标下才会有价值,也才能呈现出意义,那便是物化资源对于实现目标的价值所在。这意味着,没有物化资源与语言所创造的意义的结合,现实也就没有了基础。组织的现实永远扎根于资源和意义的交织中,离开其中任何一个,组织的现实都会被扭曲。没有资源,单纯的意义无异于画饼充饥;而没有意义,单纯的资源则退化为物化世界。

之所以说由语言和物化资源共同构成的现实有可能是束缚人们进一步创造的桎梏,原因在于,身处资源和意义交织中的组织,很容易被锁定于现有资源、被网罩于固有意义,也即典型的资源陷阱和意义网罟。当人们的行为深受现有资源的影响,当人们的思维被固有意义所左右的时候,一旦环境出现变化,组织便难以通过转换资源和意义轨道,创造性地适应新环境,实现可持续发展。组织之所以会面临这种资源陷阱和意义网罟,根本原因还在于认知的局限性和语言的框定效应。认知的局限性意味着,人们总会受限于自己的感官经验,形成固定乃至僵化的见识;而语言的框定效应则表明,一方面,语言会受认知影响,认知局限性会传导于语言;另一方面,语言既在指称和描述着对象,也在限定和遮蔽着对象,只要使用语言进行表达,就必然是在有所揭示的同时又有所屏蔽。因此,由认知和语言所呈现的组织现实总是不完整的。在这种情况下,如果组织中只有管理者在思考与言说,而大部分组织成员只是被动地执行与附和,那么,管理者的认知局限性和语言框定效应则会被放大。特别是当组织里只有最高管理者一个人在思考与言说的时候,这种认知局限性和语言框定效应,更会被极度放大到无以复加的夸张程度,其结果很可能是毁了整个组织。

如何才能让由语言和物化资源共同构成的现实,既成为组织赖以存在和发展的条件,又不会变成束缚人们进一步创造的桎梏呢?这就要求管理者尤其是高层管理者,不仅要借助理想,超越现实,摆脱个人的经验见识和语言运用的束缚;更要让组织中充满"天籁",尊重每位组织成员的独特性和独立性,鼓励创造性地思考与言说,在不同观点的彼此对冲下克服单一观点的局限性,在不同表达的相互纠偏中摆脱单一表达的框定效应。这样才有可能让组织发展远离资源陷阱和意义网罟。当然,这丝毫不意味着组织中不能有统一的声音,即"地籁",关键是要做到"地籁"与"天籁"的平衡,还要避免"人籁"的干扰。

2.2 大知闲闲①,小知间间②;大言炎炎③,小言詹詹④。其寐也魂交⑤,其觉也形开⑥,与接为构⑦,日以心斗。缦⑧者,窖⑨者,密⑩者。小恐惴惴⑪,大恐缦缦⑫。其发若机栝⑬,其司⑭是非之谓也;其留如诅盟⑮,其守胜之谓也;其杀⑯若秋冬,以言其日消也;其溺之所为之,不可使复之也;其厌⑰也如缄⑱,以言其老洫⑲也;近死之心,莫使复阳也。喜怒哀乐,虑叹变慹⑳,姚佚启态㉑;乐出虚,蒸成菌。日夜相代㉒乎前,而莫知其所萌。已乎,已乎!旦暮得此,其所由以生乎!

字词注释

① 闲闲:"闲",会意字,本义指设在门口的木栅栏,这里引申为范围;"闲闲",形容范围大、广博。

② 间间:"间",会意字,本义指从门缝里可以看到月光,这里引申为缝隙;"间间",形容范围小、细腻。

③ 炎炎:"炎",本义指火焰,用以形容酷热;"炎炎",指盛气凌人的样子。

④ 詹詹:"詹",形声字,本义指话多;"詹詹",形容喋喋不休。

⑤ 魂交:据郭庆藩集释本引司马彪的释义,"魂交",即"精神交错也"[1]。

⑥ 形开:据蒋锡昌的解释,"形开,盖其意识常在过度紧张之谊"[2],即过度紧张的样子。

⑦ 与接为构:"接",这里是接触、对待的意思;"构",这里是离间、挑拨、设计陷害他人的意思;"与接为构",指的是与外界接触时,总是处在相互算计的状态。

⑧ 缦:这里是萦绕、环绕的意思,形容人的心思迂回曲折。

⑨ 窖:本义指用来烧制砖、瓦、陶瓷等的灶,这里引申为设置圈套。

⑩ 密:这里是严密、周严的意思,形容人的心思缜密细致。

⑪ 惴惴:这里指忧愁恐惧的样子。

⑫ 缦缦:这里指失魂落魄的样子。

⑬ 机栝:"机",这里指弩上用以发射的扳机;"栝",这里指箭末端用以扣在弓弦上的位

---

[1] 郭庆藩:《庄子集释》,王孝鱼点校,中华书局2012年版,第58页。
[2] 蒋锡昌:《庄子哲学》,上海书店1992年版,第113页。

置;"机栝",即发射箭,形容速度快。

⑭ 司:这里通"伺",是探察、察看的意思。

⑮ 诅盟:"诅",这里是盟誓的意思;"诅盟",指誓约。

⑯ 杀:这里是衰败、衰竭的意思。

⑰ 厌:这里是阻塞、堵塞的意思。

⑱ 缄:这里是捆绑、束缚的意思。

⑲ 老洫:"洫",这里是空虚、败坏的意思;"老洫",据林希逸的解释,"其为物欲所厌没,如被缄縢然,至老而不可救拔,故曰'老洫'"[1],即年龄越大,越发不可救药。

⑳ 慹:这里是恐惧的意思。

㉑ 姚佚启态:"姚",这里是轻佻、浮躁的意思;"佚",这里是逸乐、放纵的意思;"启",这里是开放、张狂的意思;"态",这里是姿态、做作的意思;"姚佚启态",形容人虚张声势、华而不实。

㉒ 代:形声字,本义指更替,这里是交替、轮换的意思。

今文意译

有大见识的人看上去广博,有小见识的人则显得细腻;发宏论的人总是盛气凌人,好争辩的人又爱喋喋不休。这些人即便是睡觉,也在梦里与人交战,醒来更是处在过度紧张的状态,只要与外界接触,就疲于算计,整日钩心斗角。有的人心思绕来绕去,有的人心思用在设圈套上,有的人心思滴水不漏。这些人天天提心吊胆,遇到小事便忧愁恐惧,遇到大事则失魂落魄。这些人说话像发射利箭一样,意在抓住机会挑起是非之争;不说话又像恪守盟约一样,专心等待机会战胜对方;他们精神高度紧张的结果,就像秋冬时节草木枯竭,说明精神已消耗殆尽;他们沉溺于这样的行为无法自拔,已不可能再恢复到原初的状态;他们闭塞不通,就像被绳索牢牢束缚一样,越是到老年,越是不可救药;几近僵化的思维,已没有办法再恢复生机了。人们总是会有欣喜、恼怒、悲哀、欢乐、忧虑、感叹、多变、恐惧、浮躁、放纵、张狂、做作等各种情绪状态;这就好像乐声从虚空的乐器传出,也犹如菌类从潮湿的地方长出。这些情绪状态日夜交替出现,却没人知道它们是如何萌生的。

---

[1] 林希逸:《南华真经口义》,陈红映点校,云南人民出版社2002年版,第19页。

不用再想了,不用再想了!既然日夜都有这些情绪状态,不正说明它们是自然而然萌生的吗!

分析解读

本章重点阐述了现实中不恰当的语言运用的各种具体表现及其内在影响因素。

本章上来先说"大知闲闲,小知间间;大言炎炎,小言詹詹"。这里的"知",乃指基于经验的见识,与前面提到的"知"的含义相同;而"大知""小知",也即见识的大小不同,但并不必然意味着"大知"好,"小知"就不好,只是表明两者的具体表现不一样。"大知闲闲",说的是有大见识的人,可能显得很广博,却又会流于粗浅,缺少细腻;"小知间间",则说的是有小见识的人,虽然可能显得很细腻,但又会流于狭隘,不够博大宏远。在现实中,不管见识大小,总有其显眼的一面,又有其局限的一面,不可能绝对地说哪种一定好。

同样的道理,语言运用,比如说话,也是一样的。"大言炎炎",即发宏论的人,可能总会盛气凌人;而"小言詹詹",则是指有些人总喜欢在细节上纠缠不放,抓住一点,不及其余,引申开来,便是指那些好争辩的人,这种人总是抓住枝节问题不放,喋喋不休、争吵不停。其实,这里的"大言""小言",无所谓孰好孰坏,只是表明现实中的确有不同的语言使用特点;而且,语言运用又总是与见识联系在一起,毕竟语言往往反映出一个人的见识状况。说"大言炎炎",不由得让人联想到"大知闲闲",那些所谓有大见识的人,总喜欢居高临下地表达,就好像从九万里高空向下俯瞰的鹏,当然免不了盛气凌人,也必然会大而化之,因"闲闲"而"炎炎";相反,说"小言詹詹",很容易让人联想到"小知间间",那些所谓有小见识的人,通常很细腻,喜欢关注极细微处的变化,也犹如在蓬蒿间飞来飞去的蝉和小鸟,当然就会在细节处喋喋不休,只见某个小点而看不到更广大的全体,因"间间"而"詹詹"。

现在的问题是,为什么会出现这样两种完全不同的经验见识和言语表达?两者不过是被个人的生物本能牢牢束缚住的必然结果。虽然表现出来好像是两个极端,但两极相通,本质上完全一样,都是身陷物化现实不能自拔的典型表现。当庄子说"其寐也魂交,其觉也形开,与接为构,日以心斗。缦者,窖者,密者。小恐惴惴,大恐缦缦"的时候,意在表明,这两类有着极端表现的人,其经验见识的本质内涵,不过都是指向人与人之间为满足生物本能的需要,而展开的关于稀缺物化资源的钩心斗角的争夺罢了。在现实的组织中,当管理者之间及管理者与被管理者之间,展开关于物化资源和发展机会的激烈竞争之后,其典型心态也莫不如此。

从根本上说,组织是一种超越竞争的合作机制,管理者与管理者之间、管理者与被管理者之间,以及被管理者与被管理者之间,原本是一种分工协作关系;尤其是管理者,其岗位职责在于代表不同层次上的组织,去辅助组织成员之间的分工协作,以创造出整体大于部分之和的增益效果。但是,在现实中,管理者往往认为自己能获得更高的职位,拥有更多的资源和机会,是因为自己比其他组织成员更有抱负、更有能力,能够在竞争中脱颖而出。职位越高的管理者,竞争力自然也就越强,直至组织的最高管理者,那必然是组织中最具竞争力者,也是最优秀者。在这种见识的主导下,组织中的管理者之间,甚至管理者与被管理者之间,就很容易处在相互比较、相互竞争、相互提防的状态中,以显示自己优秀,防止别人超过自己。受管理者所营造的这种竞争氛围的影响,在有限的物化资源和发展机会面前,被管理者之间也必然处于相互比较与竞争之中。这样一来,整个组织便从一个彼此分工协作的共同体,退化成一个相互提防、恶性竞争的角斗场,甚至连睡觉做梦都是在与人交战,更不要说清醒的时候了,那简直无时无刻不处于极度紧张的情绪状态。这正是庄子所说的"其寐也魂交,其觉也形开,与接为构,日以心斗"的典型表现。

更有甚者,管理者还把这种相互竞争与比较作为一种管理方式。管理者由于相信只有通过内部竞争才能带来组织发展,便会在自己的职权范围内,采取各种手段,千方百计地激化人与人之间的比较和相互竞争。这又必然导致从内部竞争中选择出来的管理者,必定是那些"缦者,窖者,密者",也就是一些非常擅长在心思上绕来绕去、滴水不漏、频设圈套的人。作为组织的管理者,这些人既是组织内部竞争的优胜者,也是这种管理选择机制的牺牲品,因为他们很清楚,组织内部竞争机制下不可能有常胜将军,毕竟都在同一个屋檐下,相互知根知底,今天你可能在内部竞争中载誉而归,明天也可能就一败涂地。所以,即便是那些所谓"缦者,窖者,密者",也免不了终日"小恐惴惴,大恐缦缦"。也就是说,这些人一遇到事,便惶恐不安,即便遇到小事,也是忧愁恐惧,更别说遇到大事,那就更加失魂落魄了。

处在这种组织内部激烈竞争环境中的各级管理者,时刻以提心吊胆的心态来运用语言进行表达,当然就会像庄子所形象描述的那样,"其发若机栝,其司是非之谓也;其留如诅盟,其守胜之谓也;其杀若秋冬,以言其日消也;其溺之所为之,不可使复之也;其厌也如缄,以言其老洫也;近死之心,莫使复阳也"。

这里的"其发若机栝,其司是非之谓也",说的是,那些以这种心态来运用语言的管理者,说话仿佛发射利箭一样,总想抓住一切机会挑起是非之争,从而彰显自己之是、他人之非;而且,也会刻意地用各种是非之争,在组织中划分小圈子,排斥异己,并通过拉一派、打一派,在挑动组织中不同派别竞争的过程中,谋求自身和小圈子的利益。

另外,这些管理者即便是在沉默,也竟然是"其留如诅盟,其守胜之谓也",这些管理者的沉默,恰如一种无言的默契,不过是在专心积蓄力量,寻找同盟军,以战胜对手。在激烈竞争的组织中,当管理者发现竞争对手与自己势均力敌的时候,便不再作声,甚至表面上还和和气气,以麻痹对手,而暗中则在寻找各种支持,积蓄力量,寻找机会,战则必胜。

如此殚精竭虑地思考如何在内部竞争中取胜,进而出人头地的各级组织管理者,不可能真正肩负起管理职责,去辅助组织成员的成长和组织的可持续发展,他们的精力全都内耗在了这种恶性竞争之中,其结果必然是管理者既过早地消磨了自己的精神,也严重地侵蚀了组织可持续发展的根基,这便是"其杀若秋冬,以言其日消也;其溺之所为之,不可使复之也;其厌也如缄,以言其老洫也;近死之心,莫使复阳也"所要表达的意思。在那些内部激烈竞争的组织里,管理者会因钩心斗角而耗尽精力,组织成员也会因各种繁复考核下的指标之争而失去内部动机和创造力。当组织这个本质上是由人构成的合作共同体,却反而因内部激烈竞争扼制了人的思想和精神的时候,又怎么可能做到凝心聚力,实现可持续发展?

管理者为什么会走上这条自我损耗且还连带着让组织陪绑的不归路呢？庄子认为，根本原因就在于管理者没有能够实现超越，既没有能够超越生物本能对外部各类物化资源条件的依赖，也没有能够超越语言在情绪主导下所构建起来的虚假现实的困扰。所以，庄子最后才说："喜怒哀乐，虑叹变慹，姚佚启态；乐出虚，蒸成菌。日夜相代乎前，而莫知其所萌。已乎，已乎！旦暮得此，其所由以生乎。"

在庄子看来，人不可能没有各种各样的情绪，这也是人作为生物存在的具体表现。当人面对外部的各类物化资源条件时，就会有不同的生物本能反应；而且，即便没有当下外部诱因，情绪也会自发产生，毕竟人还有记忆，同样可以进行内部语言表征，这使得情绪会因回忆和内部体验而自发涌现出来。前者如同有了外部吹奏而使乐声从乐器发出来，后者则像菌类在潮湿的地方会自然地滋生出来。从这个意义上说，人无时无刻不处在各种情绪状态之中。情绪会在不知不觉中因内外部条件而萌发，并直接影响人的言语和行为。对于普通组织成员来说，由于岗位职责比较具体明确，即便工作中的言行受到了情绪影响，其可能产生的非预期后果，也往往是很有限的。但是，对于组织的各级管理者尤其是最高管理者来说，由于掌握着各类资源及其使用的巨大自由裁量权，如果管理中的言行受情绪左右，那就必然会产生巨大的负面影响；而且，管理者还在组织氛围营造中扮演着关键角色，这就让管理者的情绪具有了更强的环境渲染效应，成为刺激他人情绪及言行表现的重要外部条件。或许正因为如此，庄子在本章最后才以正话反说的方式，通过"已乎，已乎！旦暮得此，其所由以生乎"这句话来提醒管理者，务必留意自己的情绪变化，千万不可任由情绪左右自己的管理言行。

管理别义

任何人都会有情绪，管理者也不例外。但是，由于管理者在组织中所扮演的角色的特殊性，管理者的情绪不仅会影响个人的认知、言语和行为，还会影响其他人的情绪，进而营造出一种组织的情绪氛围。这也可以称为管理者的情绪渲染效应。当管理者的个人情绪特别是负面情绪，借助情绪渲染效应而变成组织的情绪氛围时，就会在相当大的程度上直接影响组织成员的认知、言语和行为反应,而且,又会通过组织中的人际互动,反过来作用于管理者,让管理者进一步处于情绪激活状态。这种通过组织中人际互动而产生的对负面情绪影响的强化,会让整个组织的情绪氛围处在日益紧张、焦虑、压抑乃至耗竭的恶性循环之中。

在这种负面情绪氛围下,任何一点情绪线索都会被放大,并迅速扩散至整个组织,让越来越多的人进入情绪激动状态。当组织的管理者乃至普通成员,大都处在焦躁不安的情绪状态之中,便难以专注地认识、理解和把握环境变化及发展趋势。

更重要的是,这种负面情绪氛围还会将人们的注意力引向组织内部,用以敏感地捕捉组织内其他人的言语和行为变化,并习惯性地从负面加以解读,时刻都在提防可能来自内部的风险。这样一来,人们哪还有时间和精力去关注外部的变化?

通常所说的组织内耗,从根本上说,就是由组织的负面情绪氛围所引发的。包括负面情绪在内,几乎所有的情绪触发线索,往往都是和人的言行联系在一起的。也就是说,正是人,包括自己和他人,尤其是和他人的直接或间接、公开或隐藏的互动,成为诱发各种情绪的主要原因。这也充分说明了人所具有的社会性。身处组织之中的人,必然受人际互动的影响,也会被一种组织的情绪氛围包裹着,而其中职位越高的管理者,其情绪渲染的力量也越大。因此,要改变组织的情绪氛围,关键还在于管理者。一种乐观向上、积极奋进、合作共赢的组织情绪氛围,必须通过对管理者的正面情绪的渲染效应,才能营造出来。

然而,不应忘记的是,任何人一旦情绪上来,无论是正面情绪还是负面情绪,都难以被压抑,而只能被转化。这意味着,人们硬要将某种情绪抑制住,几乎是不可能的,但人们可以通过转移注意力、改变环境状态、屏蔽情绪线索等方式,实现情绪转移。这同样是一种超越,是对当下情绪场景的超越,从而规避了相应的情绪线索,避免了特定情绪的持续发酵及可能对他人的影响。这种超越对管理者而言非常重要,可以防止负面情绪的渲染效应对于组织情绪氛围营造的不良影响。

管理者有情绪很正常,哪怕负面情绪;但是,管理的岗位职责和角色规范决定了管理者绝不能变成情绪的俘虏,更不能任由情绪左右自己、任意宣泄情绪。这就要求管理者必须在平日里注重培养自己超越当下情绪场景、适时转移情绪的能力。要培养这种能力,管理者首先需要构筑起心中的理想世界。心中有坚定的理想,才会给超越以内在立足点,而基于内在立足点,当外部场景促发了某种情绪,特别是负面情绪时,管理者才有可能及时转移和超越这种情绪状态,避免影响他人情绪,防止组织管理中负面情绪的渲染效应产生。

2.3 非彼[1]无我,非我无所取[2]。是亦近矣,而不知其所为使。若有真宰[3],而特不得其眹[4]。可行己信[5],而不见其形,有情[6]而无形。百骸[7],九窍[8],六藏[9],赅[10]而存焉,吾谁与为亲?汝皆说[11]之乎?其有私[12]焉?如是皆有为臣妾乎?其臣妾不足以相治乎?其递相[13]为君臣乎?其有真君[14]存焉?如求得其情与不得,无益损乎其真。一受其成形,不亡以待尽[15]。与物相刃相靡[16],其行尽如驰,而莫之能止,不亦悲乎!终身役役而不见其成功,苶[17]然疲役而不知其所归,可不哀邪!人谓之不死,奚益!其形化,其心与之然,可不谓大哀乎?人之生也,固若是芒[18]乎?其我独芒,而人亦有不芒者乎?夫随其成心[19]而师[20]之,谁独且无师乎?奚必知代而心自取者有之?愚者与有焉。未成乎心而有是非,是今日适越而昔至也。是以无有为有。无有为有,虽有神禹[21],且不能知,吾独且奈何哉!

字词注释

① 彼:这里指上一章提到的人的各种情绪状态。

② 取:据蒋锡昌的解释,"取,资也"[1],即依凭、附着。

③ 真宰:这里指本真的"我"。

④ 眹:这里通"朕",是预兆、迹象的意思。

⑤ 信:会意字,本义指言语真实,这里是凭据、验证的意思。

⑥ 情:这里是实情、情况的意思。

---

[1] 蒋锡昌:《庄子哲学》,上海书店1992年版,第117页。

⑦ 骸：形声字，本义指小腿骨，后泛指人的骨头，这里即骨头的意思。

⑧ 九窍：这里指口、两耳、两目、两鼻孔、两阴。

⑨ 六藏："藏"，这里同"脏"，六脏指心、肝、脾、肺，外加两肾。

⑩ 赅：形声字，本义指完备、齐备，这里即完备的意思。

⑪ 说：这里通"悦"，是喜欢的意思。

⑫ 私：这里是偏爱、偏宠的意思。

⑬ 递相："递"，形声字，本义是更替、交替，这里即轮流、更替；"递相"，即轮流。

⑭ 真君：这里指本真的"我"，也即"真宰"。

⑮ 不亡以待尽：此句郭庆藩集释本原文为"不忘以待尽"[1]，但据成玄英疏，"是故形性一成，终不中途亡矣。适可守其分内，待尽天年矣"[2]！此句中"忘"字应为"亡"字，特改。

⑯ 靡：这里通"摩"，是摩擦的意思。

⑰ 苶：这里指疲倦、精神不振奋的样子。

⑱ 芒：这里通"茫"，是昏昧迷茫的意思。

⑲ 成心：这里是成见的意思。

⑳ 师：这里是仿效、效法的意思。

㉑ 神禹：这里指像大禹一样有洞察力。

今文意译

没有各种情绪状态，也就没有我；没有我，这些情绪状态也便无从依托而产生。我与这些情绪状态不可分割，却又不知背后是什么在主使。好像有一个本真的"我"在主使，但又没有任何迹象可寻。不过，已经有些可以付诸实践的证据表明，本真的"我"是存在的，只不过看不到其外在表现罢了，本真的"我"可能是一种有真实内涵却无外在形式的存在。在人的身体上，百骸、九窍、六脏齐备，我到底与哪部分更亲近呢？你对它们都喜欢吗，还是有所偏爱？它们都像仆人一样吗？若都是仆人，还能相互管理吗？它们是轮流做管理者和被管理者吗，还是有个本真的"管理者"存在？不管能否找到那个本真的"管理者"，对于其真实内涵来说，都不会有什么影响。人有形体，但又不失本真的"我"，才能尽享天年。如果只是与物相互作用，向着终

---

[1] 郭庆藩：《庄子集释》，王孝鱼点校，中华书局2012年版，第61页。
[2] 郭象：《庄子注疏》，成玄英疏，曹础基、黄兰发整理，中华书局2011年版，第31页。

点疾驰,而又没有停歇,那不是很可悲吗?像这样终生劳碌却没有成就,疲惫不堪却又不知要到哪里去,该有多么可怜呀!这样的人即便活着,又有什么意思呢?如果随着形体的逐渐衰竭,精神也随之衰竭,那岂不是最大的悲哀吗?人生在世,竟然会这般糊涂吗?还是只有我糊涂,而别人却不糊涂呢?如果只是以个人成见作为评判标准,那么,谁没有这样的标准呢?何必非得是那些号称了解事物变化而自以为有见识的人,才会有这样的标准?即便是那些所谓愚昧的人,也会有这样的标准。如果一个人还没有任何成见,就已经形成了是非标准,那就好像是在说"今天要去越国而昨天已经到了"一样,简直不可思议。这就是要把没有当成有。而把没有当成有,即使具备像大禹那样的洞察力,也不可能理解,我又能怎么办呢!

▌分析解读

本章紧接上一章,进一步阐述情绪与身体密不可分的关系,由此提出一个值得深思的问题,即:人之为人,难道只是意味着身体和情绪吗?本章包含层层递进的四层含义。

首先,庄子明确指出,"我"与情绪不可分割,只要是人,便有情绪,即"非彼无我,非我无所取"。这里的"彼",即指上一章提出的各种情绪表现。的确,所有情绪表现,都是"我"的情绪表现,而正是这些不同的情绪表现,成为"我"的各种外在形象的重要组成部分。难以想象一个没有任何情绪表现的人会是怎样一种存在。反过来,离开了"我"这个主体,谈论情绪表现也就没有任何意义了。

但是,"我"又确实能够体察到自己的各种情绪表现。这似乎表明,"我"并不完全等同于情绪,不能简单地在"我"与情绪之间画等号,而正因为"我"能够体察到各种情绪表现,说明"我"中有一个能超越各种情绪表现、也比各种情绪表现更为根本的"主使者"存在。庄子将这个"主使者"称为"真宰"。虽然这个"真宰"不像各种情绪表现那么直观,但是,人们在自己的日常行为实践中,却分明又能感受到这个"真宰"的存在,即"可行已信,而不见其形"。典型的例子或许是,当情绪要出现时,"我"中仿佛有一双审视的内在"眼睛",能够"观察"到这些情绪的动向,而当情绪消退之后,"我"中又似乎有一个"声音"在提醒，必须反思，甚至会有内在的悔悟和改变的动机出现。更重要的是，既然有些人能够超越各种诱发情绪的场景，成功地实现情绪转移，那么，在这些人的"我"中，显然存在一个非常重要的部分，让他们能够做到这一点。正因为有了这些众多的"可行已信"，庄子才坚信，"我"中的这个"真宰"是存在的，只不过"有情而无形"罢了。这里的"情"，并不是指情绪，而是指实际、实情，意指这个"真宰"是有实际内容的。

其次，庄子又用身体的各个器官作为例证，来进一步说明这个"真宰"的确存在。庄子说："百骸，九窍，六藏，赅而存焉，吾谁与为亲？汝皆说之乎？其有私焉？"在庄子看来，"我"的身体有各种器官，就像"我"有各种情绪状态一样；既然身体有各种器官，那么，"我"对不同器官是否会有偏爱呢？难以想象一个人只喜欢某个器官而讨厌另外的器官，每个器官都是"我"不可分割的组成部分。既然"我"之于各种器官并没有亲疏，那么，这是否意味着，在各种器官之上存在一个"我"起主导作用，决定着"我"对各种器官的无亲疏态度和行为呢？或者各种器官之间彼此制约，形成一种平等关系，进而促生"我"的这种无亲疏的态度和行为呢？庄子通过对这些问题的追问，最终得出了这样的结论，即"其有真君存焉"。这里的"真君"，和上面提到的"真宰"一样，都是指"我"中那个超越情绪和身体的主导者。

庄子认为，人之为人的各种证据表明，这个"真君"或"真宰"是确实存在的，而且是一种思想或精神性质的存在。正是这种作为思想或精神性质而存在的"真君"或"真宰"，才让人得以超越情绪和身体，成为一个区别于物的、大写的人。虽然不一定每个人都能察觉到"我"的这种更为本质的存在特性，但并不影响这种人之为人的本质规定性的现实性。也正因为有了这种本质特性，人方能区别于物，包括动物和机器，并实现人生的真正价值而不是物的价值。所以，庄子才说："如求得其情与不得，无益损乎其真。一受其成形，不亡以待尽。"

再次，庄子又从反面出发，对人之为人的这种本质特性进行了论证。如果无视人作为一种思想或精神的独特存在性，而只是从情绪和身体的角度看待人，那么，人的超越和自由便无从谈起，人只能像其他动物一样，被牢牢束缚于特定物质环境之中，按照生物的生命周期，向着那个终点被动地疾驰而去。这也就是庄子所说的："与物相刃相靡,其行尽如驰,而莫之能止,不亦悲乎!"

在这种物化的人生轨迹上,除了留下因外物刺激而产生的情绪波动之外,一定不会有什么特别的留存。人如果没有实现对物的超越,彰显出人之为人的独特思想或精神价值,以丰富和发展人类共同的精神家园,哪怕还活着,作为人的意义也难以体现出来;如果让自己的思想或精神在不知不觉之中随着形体的消失而消亡,甚至都还没有意识到思想或精神正是人之为人、区别于物的根本所在,那岂不是人生中最大的悲剧吗?所以,庄子才说："终身役役而不见其成功,苶然疲役而不知其所归,可不哀邪!人谓之不死,奚益!其形化,其心与之然,可不谓大哀乎?"

这里值得注意的是,庄子用了三重感叹和一个反问,即"不亦悲乎""可不哀邪""奚益"以及"不可谓大哀乎"。这三重感叹分别对应着"物化人生"的不同表现,也即:只是在生命周期中被动前行、只是用情绪在物化的人生轨道上留下印迹、只是以物的形式而存在。最后的反问则是针对"其形化,其心与之然",这里的"形",指身体和情绪这种物化存在,而"心",则指思维,是人的思想或精神赖以产生的前提,因此也用以指代人的思想或精神。当一个人从来就没有察觉到"心"的独特价值,反而让"心"在"物化人生"中随着身体的消失而自然消亡的时候,那恐怕才是人生最大的悲哀,活了一辈子,竟然还不知道"心"的真正价值。

最后,庄子说："人之生也,固若是芒乎?其我独芒,而人亦有不芒者乎?夫随其成心而师之,谁独且无师乎?奚必知代而心自取者有之?愚者与有焉。"一方面,庄子在提醒人们,必须自觉认识"心"或思维及思想或精神的重要性,绝不能糊里糊涂地走完一生。如果连你自己都把自己当成了物,那么,别人或组织的管理者就更容易将你作为物化工具来使用了。另一方面,庄子又强调指出,人们有"心"或思维是一回事,而让"心"或思维不被身体和情绪所束缚,能够实现超越,则又是另一回事。其实,很多人,包括那些号称见多识广的管理者,虽然也能认识到"心"或思维的重要性,但他们的"心"或思维却被自己的身体和情绪,也即生物本能,牢牢束缚住了。那颗受生物本能左右的"心",就是这里说的"成心"。有"成心",必有"成见"。立足于"成心"，人们不仅不可能实现超越，还会人为地制造出更加繁复的组织内部环境氛围，激发出更大的情绪和欲望，从而不断强化自己和他人的"成心"。"成心"刺激"成心"，最终便会形成上一章所述的那种人人自危、钩心斗角的组织氛围，而这种组织氛围得以形成的源头，便在于组织的最高管理者把自己的"成心"变成了组织的是非标准。由此在组织内部传递出一种信号，谁拥有权力，谁就能让自己的"成心"畅行无阻，就能满足源自生物本能的各种欲望。这导致组织成为追逐权力和物化资源的场所，其中，那些完全受生物本能左右"心"或思维运用的所谓"聪明人"，便千方百计想要获得那个拥有权力和物化资源的管理岗位，而那些浑浑噩噩，甚至连自己还有"心"或思维能力都不知道的人，自然也就会沦为物化工具。庄子这才要告诫人们，千万别自我物化，一定要认识到自己有颗"心"，只有这颗"心"，才是自我的"真君"或"真宰"之所在；而且，现实组织中很多貌似合理的是非标准，只不过是管理者的"成心"所产生的"成见"而已，千万别倒置了因果关系。

所以，庄子最后说："未成乎心而有是非，是今日适越而昔至也。是以无有为有。无有为有，虽有神禹，且不能知，吾独且奈何哉。"需要特别注意的是，庄子这里专门提到了"神禹"，即非常有洞察力的大禹，而大禹所扮演的管理角色又是双重的，他既是舜时期的代理人意义上的管理者，又开创了夏这个世袭制王朝，也是该王朝第一位委托人意义上的管理者。像大禹这位既做过代理人，又做过委托人的管理者，在做管理上可谓有洞察力了，故称"神禹"。而"神禹"当然不可能不了解"成乎心而有是非"。也就是说，是非对错的标准并非来自外部，而是人内在的价值判断。这个价值判断的标准只能在"心"中，要么是受生物本能左右的个体偏好，要么是其他更具超越性的标准，这则是后续数章要探讨的内容。至少从庄子所处时代的现实来看，组织中的是非标准很多都来自管理者的个体偏好，也即基于管理者的"成心"的某种"成见"。以此作为是非标准，的确是在"以无有为有"。庄子这句话又是一语双关，既指"今日适越而昔至也"不可能，也指基于"成心"的是非标准并非真标准。

管理别义

做管理，必须以人为本，这是不容置疑的根本原则。但是，如何理解人，又是什么把人与物区别开来，这才是做管理的人必须认真思考和回答的首要问题。管理者如果不认真思考这个首要问题，便很容易一边高喊着"以人为本"，一边却抹杀了人与物的边界，甚至把人等同于物，变成物化工具或实现其抱负的手段。

人当然有身体，自然也有情绪，而身体和情绪又直接影响着认知、言语和行为。没有人会否认这一点。但是，承认身体和情绪所代表的生理机制及生物本能所具有的极其重要的基础作用，并不意味着就要把人等同于身体和情绪，更不意味着人之为人不过就是一系列身体和情绪状态的集合。那样的话，又如何从根本上将人与物、人的组织与动物群体区别开来？特别是在组织管理情境下，之所以要反复强调人只能是目标而不能作为工具或手段，人与人的关系只能是共同创造专属于人的价值的合作伙伴关系而绝不能是强力支配关系，原因恰在于人们坚信，人之为人一定有区别于物的独特本性，而且，这种独特本性一定在身体和情绪所代表的生理机制及生物本能之外，否则，人就没有办法从根本上独立于物而存在，也就摆脱不了被物化和工具化的可能性。

当然，这种坚信不一定能被证明。但或许正因为无法被证明，才需要坚信。有了这样的坚信，人的思维运用及各种各样的创造和创新，才会有坚实的源头起点和逻辑前提。也正是这样的坚信，让人得以超越物，有了更高远的思想或精神追求，并为自己确立起一个理想世界作为审视和完善现实世界的立足点，由此出发，人也才能作为主体而不是被物化的客体，成为组织中平等的合作伙伴。正因为如此，做管理，才必须以人为本，而以人为本，也就是以关于人之为人、区别于物的独特本性的坚定信念为本。人之为人、区别于物的独特本性，一定存在于非物化的思想或精神之中，并以观念形态存在；而且，正是这种观念，成为改变组织和管理现实，开创更加符合理想的美好未来的开端和蓝图。不夸张地说，如果没有关于组织和管理的观念所构成的理想世界的牵引，现实中的组织和管理恐怕还处在同动物群体没有什么太大区别的状态。极而言之，组织的可持续发展便扎根于观念引导下分工协作体系的不断创造和创新。

这充分说明，做管理，必定要观念先行；而且，一定要从关于人自身的独特本性观念出发。一个被生物本能所左右，只相信物化存在的管理者，可能也会有一种"观念"，但那不是关于人自身独特本性的观念，反倒是一种人与物相等同的"观念"。这种所谓"观念"，在根源处，不过是生物本能的趋乐避苦而已。以此来做管理，管理者又岂能实现超越，更遑论以人为本。

2.4　夫言非吹也，言者有言，其所言者特未定也。果有言邪？其未尝有言邪？其以为异于鷇①音，亦有辩②乎，其无辩乎？道恶乎隐③而有真伪？言恶乎隐而有是非？道恶乎往而不存？言恶乎存而不可？道隐于小成，言隐于荣华。故有儒墨④之是非，以是其所非而非其所是。欲是其所非而非其所是，则莫若以明⑤。

物无非彼，物无非是⑥。自彼则不见，自是则知之⑦。故曰彼出于是，是亦因彼。彼是方生之说也，虽然，方生方死，方死方生；方可方不可，方不可方可；因是因非，因非因是。是以圣人不由⑧，而照之于天，亦因是也。是亦彼也，彼亦是也。彼亦一是非，此亦一是非。果且有彼是乎哉？果且无彼是乎哉？彼是莫得其偶⑨，谓之道枢⑩。枢始得其环⑪中，以应无穷。是亦一无穷，非亦一无穷也。故曰莫若以明。以指喻指之非指，不若以非指喻指之非指也⑫；以马喻马之非马，不若以非马喻马之非马也⑬。天地一指也，万物一马也。

字词注释

① 鷇：这里指等待成鸟哺食的幼鸟。
② 辩：这里通"辨"，是分别、辨别的意思。
③ 隐：这里是隐蔽、遮蔽的意思。
④ 儒墨：这里用儒、墨两家指代当时各家执于己见、争论不休的状况，并非实指儒、墨两家。
⑤ 莫若以明："明"，会意字，本义指日月照耀下的光亮，这里引申为内在人性的光辉；"莫若以明"，指不如用内在人性的光辉予以照耀和观察。
⑥ 是：这里是"此"的意思。

⑦ 自是则知之：此句郭庆藩集释本原文是"自知则知之"〔1〕，据陈鼓应引严灵峰的考证，此句中第一个"知"字，应为"是"，才符合上下文中"彼""是"对文〔2〕，特改。

⑧ 由：这里是通过、经由的意思。

⑨ 偶：这里通"耦"，双、对，与"奇"相对，引申为对立。

⑩ 道枢："枢"，形声字，本义指门上的转轴，这里指事物的关键或中心部位；"道枢"，即"道"的关键所在。

⑪ 环：据蒋锡昌的注释，"环者，乃门上下两横槛之洞；圆空如环，所以承受枢之旋转者也"〔3〕。

⑫ 以指喻指之非指，不若以非指喻指之非指也：这句话所针对的，是名家代表人物公孙龙在《指物论》中表达的观点。公孙龙认为，描述事物属性的概念都有所指或内涵，而概念的所指只能代表一类事物的共性，却不能反映具体事物的个性，不能将概念及其所指等同于具体事物。所以，公孙龙才说："指也者，天下之所无也；物也者，天下之所有也。以天下之所有为天下之所无，未可。"〔4〕在这里，庄子引用公孙龙的观点，是为了说明，与其立足于不同派别的不同概念体系，去争论概念与事物之间的关系，以辨别谁对谁错；还不如立足于事物本身来看待事物及其属性，从而寻求各种事物内在的共同本源，而万物的共同本源便是"道"。基于此，庄子这句话的意思是：与其用概念的所指来说明概念所指并不等同于具体事物本身，还不如用具体事物来说明概念所指并不等同于具体事物本身。

⑬ 以马喻马之非马，不若以非马喻马之非马也：这句话承接上句，用公孙龙在《白马论》中的具体示例，对上述观点作进一步说明。这句话的意思是：与其用"马"这个概念，去说明"马"这个概念并不等同于现实中存在的某个具体的马，还不如用现实中存在的某个具体的马，去说明"马"这个概念并不等同于现实中存在的某个具体的马。

今文意译

说话不是吹气，说出来的话总有内容，但内容又是不确定的。这样一来，到底是有说话呢，还是没有说话呢？人们自以为说话不同于鸟叫，是真的有区别，还是没有区别呢？"道"是如何被遮蔽，才有了所谓真假之别？说话是如何被遮蔽，才有了所谓是非之分？"道"又是怎么消失不见的呢？说

---

〔1〕 郭庆藩：《庄子集释》，王孝鱼点校，中华书局2012年版，第71页。
〔2〕 陈鼓应：《庄子今注今译》，中华书局2016年版，第60—61页。
〔3〕 蒋锡昌：《庄子哲学》，上海书店1992年版，第131页。
〔4〕 谭业谦：《公孙龙子译注》，中华书局1997年版，第11页。

话又是怎么不被认可的呢？"道"被自以为是的成见所遮蔽，说话被浮华不实的言辞所遮蔽，所以才会有各家学说关于孰是孰非的争论，他们总是肯定对方所否定的，而又否定对方所肯定的。与其要肯定对方所否定的，又要否定对方所肯定的，还不如用内在人性的光辉予以照耀和观察。

事物总是相对的，互为彼此。从彼物的视角，可能就看不到其自身的存在；而从此物的视角，则很容易理解彼物作为不同于此物的存在。所以说彼物之为彼物，正是因为有了此物的存在；而此物也正是因为有了彼物，才成为此物。这就是事物彼此共存的观点。虽然是这样，但事物彼此共生共灭，共灭共生；这使得人们关于事物的不同观点到底是被认可还是不被认可，也是共存的，这个观点被认可，也就意味着相反的观点不被认可，反之亦然；正因为有了对的，就一定会有错的，而正因为有了错的，也就一定会有对的。因此，理想化的最高组织管理者便不采取这种彼此对立的视角，而是从"道"的视角来进行考察，这也是从事物的本性出发的视角。在这个视角下，此物也就是彼物，彼物也就是此物。关于彼物的是非也就是关于此物的是非，而关于此物的是非也就是关于彼物的是非。如此一来，果真还有彼物此物的分别吗？果真没有彼物此物的分别吗？超越彼物和此物对立的视角，才可以说是把握住了"道"的关键所在。把握住了"道"的关键所在，才能恰当应对各种不同观点及其变化，这就像将门的转轴安放在门槛的孔洞中，门才能转动自如一样。毕竟关于是非、对错的观点各有不同，也变化无穷。所以说不如用内在人性的光辉予以照耀和观察。这就好比名家的学说，与其用概念的所指来说明概念所指并不等同于具体事物本身，还不如用具体事物来说明概念所指并不等同于具体事物本身；与其用"马"这个概念去说明"马"这个概念并不等同于现实中存在的某个具体的马，还不如用现实中存在的某个具体的马，去说明"马"这个概念并不等同于现实中存在的某个具体的马。其实，天地之间只有一个共同的概念所指，那就是"道"，而万物的存在也像现实里各种马的存在一样，看似千差万别，却都有着共同的本性。

分析解读

本章在上一章基础上，开始探讨语言问题，毕竟语言是思维的具体且直观的表现形式,正所谓"言为心声"。

庄子上来便说"夫言非吹也,言者有言,其所言者特未定也",意在表明,人们说话与吹气,甚至与本篇第1章所说的"地籁"或刮风之声,是不一样的。语言要表达思想,必须有内容;但是,"言者"所要表达的思想,与语言表达出来之后可能承载的含义,真的一致吗？更进一步讲,听众借助这种表达出来的语言所能捕捉和理解的意思,与语言所能承载的含义,又真的一致吗？与"言者"所要表达的思想,真的相符合吗？这些问题在现实的人际语言互动中普遍存在,也很难回答,所以,庄子才接着说"其所言者特未定也",即任何人在说话的时候,其言说的内容从这个意义上来看都是不确定的。这样的言说所表达出来的内容到底是什么,在事先和事后都很难确定。

既然如此,人们的言说还有意义吗？还能称为言说吗？极端地看,这样的言说与鸟叫乃至风鸣,又有什么区别呢？由此引申开来,庄子便提出了这样四个深刻的管理问题,即:"道恶乎隐而有真伪？言恶乎隐而有是非？道恶乎往而不存？言恶乎存而不可？"

这里所说的"道",是广义概念,指各种存在者自身赖以存在的自然而然形成的独特根据或本性,既包括天地万物赖以存在的根据,也包括人赖以存在的根据,还包括组织赖以存在的根据,因而,庄子意义上的"道",可以理解为天地之道,以及建基于人的独特本性之上的组织之道的总称。由于"道"共有的特征,是自己使自己成为自身的样子或存在状态,并不需要借助任何外在的条件和力量,也即自然而然,因此,这种广义的"道",也可以理解为自然之道。只不过必须注意的是,庄子的自然之道中的"自然",并非自然界或大自然的意思,而是指自然而然,即自己使自己成为那种独特的存在状态;至于自然界或大自然的概念,庄子习惯上用"天""天地"或"万物"指代。实际上,庄子正是要用天地之道,来隐喻人和组织中内禀之"道",毕竟天地万物的存在不仅是人们的共识,也是人们展开进一步思考和创造的真正前提。

另外,在上述四个问题中,庄子把"言"与"道"并列,专指那些从内在的"道"出发所进行的言语表达,也即由衷之言。这是有着以"道"为核心及逻辑前提的明确言说。这种言说则会随着"道"被遮蔽而同样也被遮蔽。

把握住了"道"和"言"的含义,便不难理解"道恶乎隐而有真伪""言恶乎隐而有是非"的深刻之处。"道"被遮蔽了,也就意味着各种事物的独特本性被遮蔽了,以此为隐喻,同样意味着人和组织的独特本性也都被遮蔽了。既然遮蔽了各类存在者的独特本性,人们也就只能在纷纷扰扰的现象层面看问题,理解不了现象背后的本质特性,必然是真真假假难以分辨,这反而让真伪问题得以凸显出来。当人们如此关心真伪的时候,恰说明人们已经难以分辨真伪了。这都是因为各种各样的存在者的独特本性被遮蔽了,人们只能在现象层面纠缠不休。

由于人们对现象的表征总要借助语言,而一旦脱离了各类存在者的独特本性,人们便无从理解和把握纷繁的现象;相应地,语言的运用也就失去了内在一定之规,那种发自内心、从"道"这个根本前提出发的逻辑一贯的语言表达,必然随着"道"被遮蔽而同样被遮蔽。当这种由衷之言被遮蔽之后,各种言说的内容也就会变得极度不确定,谁说的是,谁说的非,是是非非,便成为一个大问题。人们越是在日常语言运用中纠缠于是非问题,也就越发没办法用语言清楚表达思想。这正是语言运用中非常典型的恶性循环。

那么,到底是什么原因让"道"被遮蔽而消失不见了呢?到底又是什么原因让那些由衷之言也不能被认可呢?这也就是庄子要进一步追问的两个问题,即:"道恶往而不存?言恶乎存而不可?"

对于这两个问题,庄子给出的答案是:"道隐于小成,言隐于荣华。故有儒墨之是非,以是其所非而非其所是。"在庄子看来,"道",是被基于生物本能的个人成心、成见所遮蔽的,而由衷之言,则是被那些华而不实的美丽辞藻所遮蔽的。人们受生物本能驱使,在不断满足各种欲望偏好的过程中,形成了越来越浓厚的成见。这些号称"见识"的成见,不过是人们关于经验现象的各种一己之偏而已,人们却又不自知,还自以为是,硬要推销给别人。特别是管理者,更喜欢将自己的成见强加给别人。要推销和强加成见,都离不开语言的运用,而越是想让自以为是的成见为他人所接受,便越要使用华丽的言辞。如此一来,在华丽的辞藻之下,原本可能存在的真知灼见,也会被这些言辞的多义性和歧义性所掩盖,以至于让人们连那些可能存在的由衷之言也不相信了。或者更直白地说,在那些看似"荣华"的语言表达中,人们压根儿就无法体会到真正的思想。这难道不正是"道隐于小成,言隐于荣华"吗？

这种情况下，无论在组织中还是在社会上，到处都充斥着各色貌似合理却又极度自以为是、总想让别人接受的学说。庄子这里虽然说的是"故有儒墨之是非"，但实际上不过是用当时最为流行、影响也最大的"儒""墨"两家学说作代表，并非实指和专指"儒""墨"两家，而是泛指当时各类流行观点。这些流行学说的共同特点就是"以是其所非而非其所是"，也即总是肯定对方所否定的，而又否定对方所肯定的。简言之，只要是对方所认可的，己方就反对；只要是对方所反对的，己方就认可。一切不过都是己方和对方的立场之争，是各自成见的相互较量。至于到底是否存在超越双方立场的共同立足点，却没有人去关心。如此一来，组织和社会都成了这种立场之争、成见之争的战场，哪里还会有真正的"道"和"言"呢？但问题是，如何才能超越这种不会有任何结果、空耗生命的立场之争、成见之争？庄子给出的建议是"莫若以明"。

"明"的前提，是必须站在一个更高的视野立足点上，那便是"道"，因"道"而"明"。只有从各种存在者自身的本质特性出发，才能洞悉纷繁复杂的现象背后的本质，也才能看清现实组织和管理中各类成见及其纷争背后到底意味着什么，从而超越纷争，在更高层次上达成共识，建立有效且可行的合作机制。毕竟组织中人与人之间的关系，本质上是一种合作关系而非竞争关系，组织绝不可能是你死我活的立场之争、成见之争的战场。

接下来，庄子又从事物彼此依赖、共生共荣的角度，对"莫若以明"的合理性和可行性做出深刻说明。庄子讲："物无非彼，物无非是。自彼则不见，自是则知之。故曰彼出于是，是亦因彼"。这里的"是"，即"此"的意思。也就是说，任何事物都是相对的，互为彼此而又共存。从"彼"的角度，便无法看到"彼"自身的存在；而借助"此"的视角，就容易理解"彼"之不同于"此"的存在性。彼物之所以为彼物，正因为有此物；同样，此物之所以为此物，也正因为有彼物。在天地万物之中，不可能找到一个孤立存在的彼物或此物。这恰说明了事物总是相互依赖，彼此共存的。更进一步，事物之间的彼此共存并不是静态的，而是处于动态的相互转化以及共生共灭之中，因此，也就没有绝对的彼此分别，彼此总是处在生生灭灭、相互转化的过程中。这便是

"彼是方生之说也,虽然,方生方死,方死方生"所要表达的意思。

正因为事物彼此共存又相互转化,人们运用语言所表达出来的关于事物的观点,也必然具有不确定性。毕竟语言是要指称和表征事物的,既然事物是相对且动态变化的,那用语言所表达的观点也就有了相对性和变化性。一种观点到底是被认可还是不被认可,也便不是孤立的,而总是处在与其他观点的相互依存关系中。某个观点被认可,也就意味着相反的观点不被认可;有了所谓正确的观点,也就一定有所谓错误的观点。在现实中,观点被认可或不被认可、错误或正确,都成了相对的,也即"方可方不可,方不可方可;因是因非,因非因是"。这就给组织的管理者带来了巨大挑战。管理者如何才能在这种观点相对性中超越立场之争、成见之争,把握住做管理的根本所在呢?

这就是庄子用"圣人"的做法所要表达的思想。庄子说:"是以圣人不由,而照之于天,亦因是也。是亦彼也,彼亦是也。彼亦一是非,此亦一是非"。这里的"圣人",代表的是理想化的超越者,特别是在做管理上达到了这种超越境界的理想化管理者。这里要说的是,"圣人"或理想化的超越者,根本不会采取这种彼此对立的观点,因为彼此对立不过是从事物存在的表象来看的一种暂时状态而已;如果能立足于"道"的视角,即"照之于天",这里的"天"代表的是天地之道,也就是从事物的共同本性出发,而不是拘泥于看似彼此对立的表象,那么,就不难理解,此物即彼物,彼物亦此物,关于彼物的是非,也就是关于此物的是非。此物与彼物的区别及是非,既不那么重要,也就容易超越了。

以立足于天地之道为隐喻,再来看组织内部的立场之争、成见之争及相应的管理问题,也就豁然开朗了。管理者如果能立足于组织之道,即组织的共享价值和共同利益,来看待组织内部的利益及观点纷争,也就容易达到一种超越的境界。在组织中,组织之道所代表的信念和价值观及由此形成的共同利益认同,才是组织赖以存在的共同前提,而组织内部的不同部门、不同团队及不同个人,不过都是组织这个合作体系的有机组成部分;正因为有了共享的组织之道及共同利益,人们才能结合在一起,成为一个真正的合作共同体。在组织这个合作共同体中,面对暂时的观点分歧、利益纠结,管理者,尤其是最高管理者,只要能站在组织之道及共同利益的立足点上,就能看得更清楚,并找到恰当的解决途径。

所以,庄子才强调指出:"彼是莫得其偶,谓之道枢。枢始得其环中,以应无穷。"这里的"道枢",即"道"的关键所在,而此处的"道",既指天地之道,也指组织之道,更是在以天地之道为隐喻,来帮助管理者更深入地理解组织之道的意义所在。管理者只有超越了组织中彼此对立的立场之争、成见之争,才能说是真正把握住了像天地之道一样的组织之道的关键所在,也才能自如地应对各种各样的观点、事件及其变化。这也是管理者要应对各种突发事件或不确定性的根本立足点。

为了说明这一点,庄子又举了门轴转动的例子。门板的两端都有转轴,只有将门板两端的转轴正确安放在门槛的孔洞之中,门板才能转动起来,开阖自如,否则,一定会卡住不能转动。在组织中,有哪个管理者不希望自己在应对各种变化时,像门的开关那样自如呢?又有谁想在做管理时不断卡壳,导致组织事业停滞不前呢?从这个意义上说,管理者就像组织的门户一样。因此,管理者也必须犹如"枢始得其环中",把握住做管理的关键所在,才能"以应无穷"。对管理者而言,做管理的关键所在,就是如同天地之道一样的组织之道。从组织之道这个关键出发,管理者才有可能自如地应对各种变化,即"是亦一无穷,非亦一无穷也。故曰莫若以明"。庄子这里又说"莫若以明",则专指管理者立足于组织之道所达到的洞见。也就是说,虽然组织中关于各种具体事务的是非、对错的观点很不一样,而且也会不断变化,但是,管理者如果能够超越个人成见,摆脱狭隘的立场之争,立足于组织之道来予以观察和认识,也就会看得清楚、想得明白。

最后,为了更深入地阐述"莫若以明"对于管理者的首要性,庄子又引用和评论了当时非常流行的名家学说关于概念及其所指的观点。

在名家看来,任何概念都有内涵或所指,而概念所指只能代表一类事物的共性,却不能反映具体事物的个性,不能将概念及其所指等同于具体事物。任何学说都离不开概念,而所谓一家之言,实质上就是由概念及其关系所形成的概念体系。不同学说之间的区别,归根到底是概念定义、使用和理解上的分歧。既然如此,那么,所谓学说之争、观点辩论,从根本上说,也就成了概念之争和概念辨析的问题。认识到这一点,便不难理解,庄子举名家的例子,恰恰是要说明,与其从各自派别出发,去争论概念与事物之间的关系,以辨明谁对谁错,还不如立足于事物本身来看待事物及其属性,从而达到对各种事物内在共同本性的认识。各种事物的共同本性便是天地之道。庄子所谓"以指喻指之非指,不若以非指喻指之非指也",正是这个意思。

具体地讲,"以马喻马之非马,不若以非马喻马之非马也",意思是,与其用"马"这个概念去说明"马"这个概念并不等同于现实中存在的某个具体的马,还不如用现实中存在的某个具体的马,去说明"马"这个概念并不等同于现实中存在的某个具体的马。由此,庄子得出的结论是:"天地一指也,万物一马也。"这意味着,天地间只有一个共同且根本的概念所指,那就是天地之道,而天地间的万物,也像现实中各种各样的马一样,看上去千差万别,却有着共同的本性,所以,千差万别的马,都可以用"马"这个概念来指称,而千差万别地存在于天地间的万物,又何尝不能用"道"这个概念来指称呢?

更重要的是,各种各样的马,虽然存在于现实之中,但"马"的概念,却是人用思维创造出来的,只能存在于人的"心"或思维中;而且,正因为有了"马"这个概念,人们才能有意识地将马作为一类对象,进行深入的认识和探索,从而更好地认识马的独特性,发挥马的独特作用。同样,万物千差万别地存在于天地间,但万物的共同本性——"道"或天地之道,却只能存在于人的"心"或思维之中,并通过特定语言表达出来。人们的"心"或思维,只有立足于"道",不受外物及自己的生物本能左右,才能更好地认识万物,并发挥其各自的独特作用。其实,马又何尝不是万物之一呢?所以,庄子才说:"天地一指也,万物一马也"。

管理别义

组织是整体,却由局部构成;管理者代表整体组织,却又身处局部之中。这就使管理者时刻都要面对着局部与整体、局部与局部之间可能存在的分歧乃至冲突,而这种分歧或冲突,往往又以立场或观点之争的形式表现出来。组织内部的立场或观点之争,看似利益使然,实则是由人们关于利益的认知及观念引发的。

如果组织中的管理者和普通组织成员都只立足于生物本能或身体和情绪来运用自己的思维和语言，那么，所谓利益，必然就是以物化资源为基础，用以满足生物本能的趋乐避苦需要，而由此出发所形成的价值尺度便是趋利避害。在趋利避害的价值尺度下，由于物化资源总是稀缺的，组织中的成员也就会处于竞争或冲突状态；最多为了竞争的需要，组织内分化出一些利益群体或小圈子，这将更进一步强化组织内的利益冲突，并以立场或观点之争的形式表现出来。这样的组织表面上看似在合作，实则在激烈竞争，甚至组织内部竞争的激烈程度，比组织间竞争有过之而无不及。之所以会如此，多数情况下是因为组织中存在一个认同和践行那种基于生物本能的趋乐避苦的利益观念及价值尺度的管理者群体。在这样的管理者眼里，人本身就是一种物化存在，与那些物化资源没有本质区别，也只能通过争夺物化资源来实现所谓的价值。

因此，组织要超越立场或观点之争及利益之争，成为一个真正的合作共同体，组织的管理者尤其是高层管理者，就必须从人之为人、组织之为组织的独特本性出发，建立起一种超越生物本能的趋乐避苦的信念和价值观，并由此来审视利益，形成关于利益的全新观念。这种利益观念要求从组织的整体存在和长远发展来考虑物化资源及其使用和创造问题。这就要求管理者必须实现超越。也就是说，管理者虽然身处组织的局部，却能将那看不见的组织整体存在和长远发展内置于"心"或思维中，从而用"心"或思维中的组织的整体存在和长远发展来主导当下局部的行动。这样组织的整体与局部之间可能存在的冲突，便在管理者的"心"或思维的"知"与做管理的"行"的一体化过程中自然解决了。同时，如果身处不同局部中的管理者都能将组织的整体存在和长远发展内置于"心"或思维中，成为行动的内在价值准则，那么，当组织的不同局部之间出现分歧时，因为代表组织整体的管理者们有着共同的价值准则，这种不同局部或部门之间的分歧也能很快得到解决，而不会演变为对抗和冲突。

严格来说，组织的整体和局部是两类不同性质的存在，并不必然构成冲突。组织的整体只能是一种观念，而局部则是非常具体明确的人与物化资源的结合。管理者要代表整体组织，就是要求管理者必须将作为观念存在的组织整体内化于心,成为内在的价值准则。这样当管理者在局部情境中运用物化资源采取行动时,组织的整体这个价值准则自然就会融入具体的管理决策之中。组织中有如此知行合一的管理者,又怎么会出现整体与局部的冲突呢?如果组织中各级管理者都能做到这种意义上的知行合一,那么,一个具有内在整体价值准则的组织分工协作体系也就真正建立了起来。即便是在组织的局部与局部之间,也不会出现带有根本性的冲突。

2.5 可乎可,不可乎不可。道①行之而成,物谓之而然。恶乎然?然于然。恶乎不然?不然于不然。物固有所然,物固有所可。无物不然,无物不可。故为是举莛②与楹③,厉④与西施,恢恑憰怪⑤,道通为一。其分也,成也;其成也,毁也。凡物无成与毁,复通为一。唯达者知通为一,为是不用⑥而寓诸庸⑦。庸也者,用也;用也者,通也;通也者,得也;适得而几矣。因⑧是已。已而不知其然,谓之道。劳神明为一而不知其同也,谓之朝三。何谓朝三?狙公赋芧⑨,曰:"朝三而暮四。"众狙皆怒。曰:"然则朝四而暮三。"众狙皆悦。名实未亏而喜怒为用,亦因是也。是以圣人和之以是非而休⑩乎天钧⑪,是之谓两行⑫。

字词注释

① 道:这里是道路的意思。
② 莛:本义指草茎,这里引申为小。
③ 楹:本义指房屋的柱子,这里引申为大。
④ 厉:这里通"癞",本义指恶疮,这里引申为丑人。
⑤ 恢恑憰怪:"恢",这里是广大的意思;"恑",这里是怪异的意思;"憰",这里是神奇的意思;"怪",这里是奇异的意思;"恢恑憰怪",指各种千奇百怪的事物。
⑥ 不用:这里指不拘泥于成见。
⑦ 庸:这里通"用",是采用、使用的意思。
⑧ 因:这里是顺着、倚靠、凭借的意思。
⑨ 狙公赋芧:"狙",这里指猕猴;"赋",这里是给予、分配的意思;"芧",这里指山栗,又称橡子;"狙公赋芧",即养猕猴的老人给猕猴们分发橡子。这个寓言也曾出现在《列子·黄帝

篇》中[1]。

⑩ 休：会意字，本义是歇息，这里是停止、止住的意思。

⑪ 天钧："钧"，制作陶器所用的转轮，这里引申为均衡、平衡；"天钧"，即自然而然地达到平衡状态。

⑫ 两行：这里是两个方向都可行的意思。

▎今文意译

一种观点被认可，关键在于能被更多人所认可；一种观点不被认可，关键也在于不能被更多人所认可。道路都是走出来的，事物的名称也都是叫出来的。为什么会这样呢？之所以是这样，关键就在于人们认为是这样。为什么不是这样呢？之所以不是这样，关键也在于人们认为不是这样。任何事物都有原本的样子，也都有能被认可的地方。没有什么事物不是其原本的样子，也没有什么事物不存在被认可的地方。所以，就像小草茎与大房柱、丑人与美人，以及那些千奇百怪的事物，若从"道"的视角来看，本质上都是一样的。事物在不断地分化，也在不断地形成；事物在不断地形成，同时也在不断地毁灭。不管具体事物是形成还是毁灭，但回到万物这个整体上，却又是一致的，没有变化的。只有立足于整体的人，才能理解事物本质上的一致性，因此也才不会拘泥于成见，而能将各种事物的独特作用充分发挥出来；这也就是顺其自然的道理。顺其自然而又不知其所以然，这才称之为"道"。费尽心思去追求一致性，却又不知道万物本来就是一致的，那就叫作"朝三"。什么是"朝三"？有位养猕猴的老人，在给猕猴们分发橡子时说："早晨给三个，晚上给四个。"猕猴们都很气愤。老人便说："那就早晨给四个，晚上给三个。"猕猴们都很高兴。三和四这两个数字及它们加起来所代表的橡子数量都没有改变，猕猴们却因老人的表达方式不同而气愤和高兴，这也是顺其自然啊。所以，理想化的最高组织管理者，能够超越那些基于成见的是非之争，顺应各种事物的本性，自然而然地达到一种平衡状态，这就像制作陶器的转轮，为确保陶器成型，在两个方向上都能旋转一样。

---

[1] 杨伯峻：《列子集释》，中华书局2013年版，第90页。

分析解读

本章承接上一章,进一步指出,管理者要想超越立场之争、成见之争,立足于组织之道看问题,还必须时刻留意语言运用可能带来的困扰,毕竟组织中的立场之争、成见之争,都是以语言表达出来的。

正因为人们总是用语言来表达观点,所以,一种观点被认可,也不过是这种观点被更多人所认可,而一种观点不被认可,也不过是这种观点不能被更多人所认可。这就好像道路是被人们走出来的,并非原本就有条路在那里;同样,人们之所以会以特定的名称叫特定事物,也不过是更多人采用了这个名称罢了。这就是庄子在本章开头用"可乎可,不可乎不可。道行之而成,物谓之而然"所要表达的意思。

那为什么会是这样呢?当然是因为人们都认为如此,也就成了这个样子,而如果人们都不认为是如此,也就不会是这个样子了。这是否意味着,一切都取决于人们当下的共识,而没有了根本性的一定之规?若果真如此,那些能操纵人们当下的认可或不认可看法的人,特别是组织中的管理者,岂不是可以任意妄为了吗?当然不是。人们的认识还是有不以个人意志为转移的共同基础,关键在于是否能超越各自的成见,进入这个共同基础。所以,庄子又说:"物固有所然,物固有所可。无物不然,无物不可。故为是举莛与楹,厉与西施,恢诡憰怪,道通为一。"

庄子这里所要表达的意思是,任何事物都有自身的独特性,也都具有能被认可的独特价值,这是不以任何人的意志为转移的;哪怕小草梗与大房梁,看上去大相径庭,丑人与美人,长相更是悬殊,还有那些凡能想象得到的千奇百怪的事物,也都有其自身存在的价值;而且,各种事物作为自身独特的存在,从天地之道的视角来看,本质上都是一样的,并无人们从各自立场或成见出发的所谓优劣、美丑的区别。这恰是立足于天地之道的真正超越。只有立足于天地之道,才能超越某个具体的情境、具象的尺度,平等地看待万物;虽然万物在不断地分化、形成、毁灭、转化,但是,从天地之道和万物整体来看,天地间的万物在整体上却又是一致的、永恒的,并没有发生根本改变。这就是庄子所说的"其分也,成也;其成也,毁也。凡物无成与毁,复通为一"。

认识了天地之道及万物的整体与个别存在物之间的关系，再来看组织之道及组织的整体与局部之间的关系，也就会更加清楚明白。所以，庄子接着说："唯达者知通为一，为是不用而寓诸庸。庸也者，用也；用也者，通也；通也者，得也；适得而几矣。因是已。已而不知其然，谓之道"。

这意味着，在组织管理中，只有那些真正心怀组织整体而又能代表整体组织的管理者，才能理解组织中各项事业、业务及各类资源在本质上的一致性，进而立足于整体及各类资源的独特性，创造出整体大于部分之和的增益效果。也只有那些真正超越了个人成见的管理者，才能将思维的原点置于像天地之道一样的组织之道上，进而运用思维，认识并明确各类资源的合理且恰当的定位。更重要的是，只有从组织之道出发，管理者才能真正理解、尊重和发挥每位组织成员的独特性和创造性，确保组织的可持续发展。

庄子在这里之所以要说"因是已。已而不知其然，谓之道"，恰是在表明，"道"，无论是天地之道，还是组织之道，都只能是人们的信念，是思维得以运用的终极根据或根本前提，而且不可能再继续追问为什么。因为一旦能再追问为什么，又能回答这个为什么，那就说明这还不是最终极的根据，一定还有比这更为根本的理由存在，也就意味着思维要继续去追问，直到找到那个不能再问为什么的终极原因，而那个不能再问为什么的终极原因才是"道"。这充分说明，庄子意义上的"道"，代表的是不依据其他前提条件而存在的其他一切存在的终极原因或根本前提，也即信念。正是这个作为终极原因而又不能再问为什么的信念，让人之为人，有了内在的本质特性，也让思维运用，有了根本前提，更让人与人之间能够达成相互理解。从这个意义上说，"道"才是其他一切存在的终极条件，而"道"自身却又是独立、自足、自然而然的存在。所以，庄子要说"已而不知其然，谓之道"。

相反，若没有"道"这个根本前提，人们只是以自身有限的经验见识和思维能力，却想要把握万物的整体性和一致性，必然会走向极端，不仅会被纷杂的现象所迷惑，还会堕入由语言运用所编织的意义陷阱而不能自拔。为了说明这一点，庄子又举了个"朝三暮四"的例子。一位养猕猴的老人，给猕猴们分发橡子作食物，早上三个、晚上四个，猕猴们不满意，但换个方式，早上四个、晚上三个，猕猴们却很高兴。一天的橡子总量没有变，都是七个，只是早晚的数量调换一下，猕猴们的反应竟然如此不同。原因就在于语言对思维的框定效应，而更深层次的原因，则是成见对思维运用的固化作用。

猕猴们为什么对"朝三暮四"的食物分配方案不满意，而对"朝四暮三"的方案却很满意呢？直观地看，前一个方案为"先少后多"，后一个方案则是"先多后少"。这说明猕猴们很喜欢"先多后少"的方案。虽然食物总量没有变，但"先多后少"，看上去却更可欲，原因是先得到要比预期将会得到更有价值。猕猴们非常现实，很能理解那句通俗的话，即"一鸟在手，胜过两鸟在林"。极端地说，猕猴们可能更希望一大早就将七个橡子都拿到，而不是"朝四暮三"。之所以会这样，实际上正是在日常经验基础上积累起来的成见和偏好使然。在现实中，面对实实在在的物化资源，已有的经验一再表明，先拥有要比预期拥有更好，原因是未来充满不确定性，当下才是能明确把握的，距离当下越近的物化资源效用越大，而距离当下越远的物化资源，效用打折程度就越高。在猕猴们眼里，越早拿到的橡子效用越大，而早晨离当下时点更近，同样一个橡子，早晨拿到的效用要大于晚上才拿到的效用，猕猴们当然就会喜欢"朝四暮三"的方案了。

但是，如果站在养猴人的角度来看，这两种分配方案的成本实际上是一样的，只是变换了表达方式，猕猴们就满意了，结果是双赢，即养猴人没有增加成本，猕猴们又很满意。庄子这里虽然用的是寓言，却具有深刻的管理寓意。在组织的日常管理情境中，使用语言编织起来的意义网罟无处不在，无论是管理者还是普通组织成员，无不身处在这种意义网罟中。由于很多语言运用往往能非常好地契合人们的经验成见或偏好，人们若不能超越生物本能，完全被个人成见或偏好所左右，便容易被语言所编织的意义网罟捕获，而究其根源，就在于人们被生物本能和经验成见牢牢束缚了。试想，如果被牢牢束缚住的人是组织的管理者，尤其是最高管理者，那也就意味着整个组织可能都要为此付出代价。这的确值得管理者深思。当然，在现实的组织管理中，管理者固然要摆脱个人经验成见的束缚，避免陷入用语言编织的意义网罟，但这绝不意味着管理者要像那位养猕猴的老人一样，运用语言来编织意义网罟，以达到特定目标。相反，管理者有责任启发组织成员，努力超越由经验见识和语言运用所构建起来的组织现实，在理想的引领下，不断改变和完善现实，以创造更加美好的未来。这或许正是庄子为什么最后要说"是以圣人和之以是非而休乎天钧，是之谓两行"的原因。

庄子这句话意味着，"圣人"，即理想化的超越者，必定会首先超越那些基于经验成见的是非之争，因为在多数情况下，这种是非之争不过是用语言编织起来的不同意义网罟之间的纷争，实际上也只是不同语言表达方式或语言框架之间的争辩。这就像去辩论"朝三暮四"与"朝四暮三"到底哪个对、哪个好一样。管理者如果不能超越这种语言表达方式或语言框架之争，反而深陷其中，不仅会无谓地消耗大量时间和精力，更重要的是，还会被这些争辩迷住眼睛、占据思维，以至于无法深刻理解组织中各类事业、业务和任务的本质特性及其对组织发展的独特贡献，这无疑会严重阻碍组织发展，甚至让组织发展陷入停滞。

庄子用制陶的例子，来形象地说明这一点。制作陶器的转轮是确保陶器成型的重要工具，在两个方向上都能转动，也即庄子所说的"是之谓两行"。在两边的灵活旋转下，陶器才能更快成型。做管理也是一样。当然，庄子这里讲"两行"，丝毫没有认为在管理中可以不讲原则的意思，而恰恰说的是，在组织之道这个最高原则的基础上，对于那些具体问题的解决，又必须因时因地因人因事做灵活处理。这正是原则性与灵活性的有机结合。犹如制作陶器，转轮才是原则，至于左转还是右转，则是灵活。

管理别义

做管理，不能不运用语言，甚至可以说，管理者正是通过运用语言来做管理，包括口语和书面语。俗话说，"言为心声"。这意味着语言反映思维，而思维也只有借助语言才能更清晰地表达出来；这还意味着语言也能唤起乃至诱发思维的运用，或者更直观地说，语言可以在某种程度上左右思维的运用。这也被称为语言的框定效应。

语言之所以具有框定效应，思维之所以可能被语言所左右，乃至于坠入语言编织的陷阱而无法把握事实真相，根本原因就在于，思维早已经被个体的生物本能束缚。这就像骗子的话术之所以能成功，很重要的原因在于受骗人的思维已为趋乐避苦、趋利避害的本能所掌控，而一旦外部使用语言所编织的苦乐、利害陷阱,正好契合于那个基于本能欲望的想象,人们当然就会陷入其中。组织的管理者若掉进这种语言陷阱,那遭受损失的就不仅仅是管理者个人,更会是组织及其广大的利益相关者。正因为管理这个职业的特殊性,做管理始终伴随着语言的各种运用甚至滥用,管理者必须更努力去超越那个由语言运用构建起来的现实,而且,管理者尤其不能利用自己的资源和信息优势地位,运用语言去刻意构建虚假现实,更不能借语言的框定效应"忽悠"组织成员及更广大的利益相关者。

要避免被语言框定,关键在于两点:一是让思维立足于信念和价值观,以超越生物趋乐避苦的本能;二是训练思维能力,运用各种专业理论工具,让思维超越经验,以达到透过现象看本质的目的。拥有更高思维立足点,具备更强大的思维能力,人们自然就能避免坠入语言编织的陷阱之中。

2.6　古之人[①],其知有所至矣。恶乎至?有以为未始有物者,至矣,尽矣,不可以加矣。其次以为有物矣,而未始有封[②]也。其次以为有封焉,而未始有是非也。是非之彰也,道之所以亏也。道之所以亏,爱[③]之所以成。果且有成与亏乎哉?果且无成与亏乎哉?有成与亏,故昭氏[④]之鼓琴也;无成与亏,故昭氏之不鼓琴也。昭文之鼓琴也,师旷[⑤]之枝策[⑥]也,惠子之据[⑦]梧也,三子之知几乎,皆其盛者也,故载之末年[⑧]。唯其好之也,以异于彼,其好之也,欲以明之。彼非所明而明之,故以坚白[⑨]之昧终。而其子又以文之纶[⑩]终,终身无成。若是而可谓成乎?虽我亦成也。若是而不可谓成乎?物[⑪]与我无成也。是故滑疑之耀[⑫],圣人之所图[⑬]也。为是不用而寓诸庸,此之谓以明。

字词注释

① 古之人:这里是借古喻今,指代理想化的最高组织管理者。
② 封:这里是疆界、边界的意思。
③ 爱:这里指偏爱、私人好恶。
④ 昭氏:这里指下文提到的"昭文",姓昭,名文,擅长弹琴。
⑤ 师旷:古称乐圣,春秋时期晋悼公、晋平公时大臣,太宰,宫廷掌乐太师。

⑥枝策:"枝",这里通"支",是持的意思;"策",本义指竹制的马鞭,这里引申为击打乐器的工具;"枝策",即敲击乐器。

⑦据:这里是倚靠的意思。

⑧载之末年:"载",本义指把东西装上车,这里引申为从事;"末年",即晚年;"载之末年",即终身从事这项工作。

⑨坚白:这里指代名家学说。

⑩纶:这里指琴弦,引申为弹琴。

⑪物:这里指众人、其他人。

⑫滑疑之耀:"滑",这里通"汩",是扰乱的意思;"疑",这里是迷惑的意思;"耀",这里是炫耀、夸耀的意思;"滑疑之耀",即扰乱和迷惑人心的夸耀之辞。

⑬图:会意字,本义指谋划而苦其难,这里引申为舍弃、摈弃的意思。

今文意译

古代那些理想化的最高组织管理者,他们的见识达到了最高境界。这个最高境界是怎样的呢?他们认为,最开始时并不存在万物,这就是见识的最高境界,已经到了思维的终极状态,不可能再追问下去了。见识的境界次一级的人认为,最开始时就存在万物,但万物之间并没有严格的界限。见识的境界再次一级的人认为,万物一开始就有严格的界限,但并没有孰是孰非的固有标准。关于是非标准的观念一旦产生,"道"就会因此受到损害。"道"因此受到损害,私人好恶也就形成了。果真有形成和损害呢?还是确实没有形成和损害呢?若有形成和损害,就像昭文弹琴一样;若没有形成和损害,就像昭文不弹琴一样。昭文弹琴,师旷敲击乐器,惠子靠着梧桐树和人争辩,这三个人的见识,都差不多达到了极高程度,所以,他们都终身从事各自的事业。正因为他们有这样的爱好,才会与别人不一样;也正因为他们有这样的爱好,才要向别人彰显自己的特长。他们所要彰显的这些特长,并非人人共有且能清楚明白的东西,所以,惠子终身被名家学说的各种问题所困扰。而昭文的儿子虽然继续学弹琴,却也终身无所成就。像他们这样,可以说是有所成就吗?若可以这样说的话,那我也算是有所成就了。像他们这样,不可以说是有所成就吗?若不可以这样说的话,那其他人也和我一样,都无所成就了。正因为如此,凡是扰乱和迷惑人心的夸耀之词,理想化的最高组织管理者都要摒弃。这样才不会拘泥于成见,而能将各种事物的独特作用充分发挥出来,这才可以称为用内在人性的光辉予以照耀和观察。

分析解读

本章进一步说明,管理者为什么必须超越语言运用的限制,以及管理工作与非管理工作的本质区别。

当庄子说"古之人,其知有所至矣"的时候,这里的"古之人",是借古喻今,既指理想化的超越者,又指管理情境中理想化的组织管理者,尤其是理想化的最高组织管理者。"古之人"的见识达到了最高境界,虽然这里仍用的是"知"即见识,但是,见识达到最高境界,其隐含的前提则是,这种最高境界的见识早已超越了个体的生物本能的束缚,不再是个体化成见。所以,庄子才接着说:"有以为未始有物者,至矣,尽矣,不可以加矣。"这说的是,"古之人"的见识立足于那个还不存在万物的终极状态,即天地之道,而庄子实际上是在用天地之道这个万物的本源,来类比组织之道这个组织及其事业得以产生的前提。也就是说,"古之人"做管理,是将自己的思维建立在关于组织之道的信念上的,这就为思维的运用找到了超越个人经验的立足点,而有了这样的立足点,思维的运用及其所形成的见识,才有可能达到最高境界。在庄子看来,这才是做管理的真正起点,不可能再往上或往前追溯了,即"不可以加矣"。

但是,"古之人"所代表的这个见识的最高境界,也只能是一种理想状态,现实中要达到这个理想状态并不容易,最多不过是努力向这个理想状态逼近而已。因此,庄子认为,"其次以为有物矣,而未始有封也"。这就意味着,在现实中,有些管理者能够立足于组织的整体来看待组织中各项事业和业务的发展,这就类似于能够立足于万物整体而非个别事物来看问题一样。

现实中再次一级的见识,犹如认为天地间万物原本就不一样、各有严格界限那样,来看待组织及其事业和业务。有些管理者的确会认为,组织中的事业和业务原本就是有界限的,只不过并没有一个能衡量哪个好、哪个不好的标准。在这种见识下,管理者虽然不会厚此薄彼地对待不同的事业和业务,却已经有了比较固定的界限或疆域观念,这将在一定程度上制约不同的事业和业务的转型发展乃至相互转换。

庄子认为,现实中最为糟糕的见识是建立起僵化的是非判别标准,把各种事业和业务乃至部门、团队和人分出三六九等,凡涉及物化资源和发展机会的分配,都按照这个僵化的标准执行。在这种见识下,管理者总希望借助自己所掌握的资源和权力,人为地刺激某个符合标准的好事业或好业务的发展,人为地限制某个依据标准看上去不太好的事业或业务的发展。正因为在这种见识下存在着强烈的人为色彩,管理者的个人经验便会不知不觉渗透其间,越是经验丰富的管理者,越是自信满满地用个体化的见识进行管理的是非判断,以至于到最后管理者个人好恶竟成了评判组织中人和事的标准。在这种情况下,组织之道及其所代表的更广大且长远的共同利益,就必然会受到损害,而组织之道和共同利益不断受到侵蚀的现实,又会诱使更多管理者乃至普通组织成员,运用个人的经验见识和聪明才智、利用组织资源谋求私利,这将导致组织之道和共同利益持续受到侵蚀,如此恶性循环的结果,必然是组织的加速解体。这恰是庄子所说的"是非之彰也,道之所以亏也。道之所以亏,爱之所以成"。这里的"爱",专指个人好恶或偏私,这里的"是非",特指人为设置的好坏对错标准,而这里的"道",则是组织之道及其所代表的更广大且长远的共同利益。

当然,庄子这里只是在强调管理者的个人见识主导管理判断所可能产生的危害,却并没有泛泛地讲一般人或普通组织成员的个人见识问题。为了防止可能的误解,庄子又专门说:"果且有成与亏乎哉?果且无成与亏乎哉?有成与亏,故昭氏之鼓琴也;无成与亏,故昭氏之不鼓琴也。"这里所讲的"成与亏",具有双重含义:一是指组织的"成与亏",二是指个人的"成与亏"。昭氏作为擅长弹琴的专业人员,在这里则代表组织中不同事业或业务的从业者。如果组织的管理者以个人见识主导管理判断,完全从个人好恶出发支持某项事业或业务而否定另一项事业或业务,由此无论是带来收益还是损失,最终都要由组织承担。对于像昭氏那样有专业技能的个人,即便不在这个组织工作,也可以到其他组织工作。春秋战国时期在不同诸侯国中择业,对于专业人员来说也是常态。《论语·微子第十八》曾记载,"大师挚适齐,亚饭干适楚,三饭缭适蔡,四饭缺适秦。鼓方叔入于河,播鼗武入于汉,少师阳、击磬襄入于海"[1]。所以,这里的"有成与亏,故昭氏之鼓琴也"意味着,如果身处特定组织中,伴随管理者个人好恶主导下的管理决策及由此带来的组织兴衰,像昭氏那样的专业人员,会因此而有不一样的资源支撑和发展机会;相反,"无成与亏,故昭氏之不鼓琴也",则意味着,像昭氏那样的专业人员,也完全可以选择离开特定组织,那样的话,个人便不会因特定组织的兴衰而有"成与亏"。

这清楚地表明,管理者的个人见识与其他专业人员的个人见识不可相提并论,其影响所及也是完全不同的。为了进一步说明这一点,庄子又举了昭文、师旷和惠子三人的例子。需要注意的是,惠子在这里不是以管理者的身份出现,而是以名家代表人物的专业身份出现。这三个人在自己的专业领域里可谓经验丰富,造诣高深,必定极具专业见识,所以,庄子才说:"三子之知几乎,皆其盛者也,故载之末年"。即便如此,丰富的专业经验和极高的专业见识,同时也是一种明确的专业限制和见识局限。正所谓"隔行如隔山"。一种专业见识必然会遮蔽对其他专业领域的认识,甚至会影响专业人员看待世界的方式。这对于专业人员从事所在专业领域本身的工作,当然不会有太多负面影响,但是,专业人员如果想把自己的专业见识强加给专业领域以外的人,就会出问题了。严格说来,即便在专业领域内部进行的专业见识的传承,那种一成不变的僵化式强加给后人,也会产生严重负面效应。庄子之所以说"唯其好之也,以异于彼,其好之也,欲以明之。彼非所明而明之,故以坚白之昧终。而其子又以文之纶终,终身无成",就是在用惠子这位名家学说的代表人物,来隐喻那些想把自己的专业见识跨领域强加到别人头上的做法;同时又用昭氏与儿子之间技艺传承的例子,来指代那些一定要把个人的专业见识强行传承下去的做法。前者必然招致逆反,后者则会造成一代不如一代的局面。

试想,如果那些代表组织的管理者,也像这三位专业人员一样,硬要把个人见识推广开来、传承下去,将会对组织的可持续发展带来怎样的影响?对此,庄子一针见血地指出:"若是而可谓成乎?虽我亦成也。若是而不可

---

[1] 张钢:《论语的管理精义》,机械工业出版社2015年版,第524—525页。

谓成乎？物与我无成也。"这里的"我"，暗指现实中的组织管理者。庄子这句话的意思是，如果像这三位专业人员一样，只要个人见识高，便是有成就，那么，每个管理者都可以说是很有成就的，因为管理者至少可以在任期内，借助手中的资源和权力，将个人见识在组织范围内推广开来，也可以在特定时间内找到自己的代理人，把这种个人见识传递下去，但这对组织发展来说，是否意味着成就，则值得怀疑了。

反之，如果这三位专业人员并不能算是有成就，那么，管理者这个代表组织的特殊角色，就更不能用这种个人见识及暂时的个人成就，来代表组织的成就了。组织的生命周期必须超越个人的生命周期，组织的成就一定要通过组织的可持续发展体现出来，因此，组织的发展便不可能锁定在某个特定事业或业务上，更不可能只是依赖于某位管理者或专业人员，那样的话，在不断变化的环境之中，组织的可持续发展也就成了一句空话。

从这个意义上说，组织中的管理工作与非管理工作、管理者与其他专业人员，的确有非常大的不同。做管理，必须超越个人见识。这就要求管理者一定要有更高的思维立足点，而从理想的角度看，这个更高的思维立足点便是组织之道及其所代表的最广大且长远的共同利益。虽然这是一种管理的理想境界，但正因为有了这种理想境界作为参照，人们才能看清楚，在现实中哪些管理者的表现更接近于这种理想境界，哪些管理者的表现离这种理想境界更远。试想，如果没有这种理想境界作为参照，人们或许还会认为，现实中管理者以个人成见甚至个人好恶作为是非对错的标准，去评判组织中的人和事，都是再正常不过的，谁当管理者，都会这么做。

说到底，如果没有庄子意义上的"古之人"的"知有所至"作为参照，现实中的管理者和普通组织成员都会不自觉地坠入用语言所编织的陷阱之中，被各种炫目华丽的言辞所迷惑。所以，庄子最后才说："是故滑疑之耀，圣人之所图也。为是不用而寓诸庸，此之谓以明"。这里的"为是不用而寓诸庸"，与上一章所讲的意思一样，都是强调不拘泥于成见，从组织的各种事业或业务的本身特性出发，推动其发展。这才可以称为立足于组织之道看问题，也才能看得清、看得远，即"此之谓以明"。

管理别义

组织是一个分工协作的体系。在这个分工协作的体系中,不仅有基于特定知识和技能的专业化分工协作,即针对特定事业、业务和任务完成而必须有的分工协作,同时,也有管理工作与非管理工作或其他专业技术工作的分工协作;而且,管理者与其他专业技术人员的分工协作更为根本,也更加重要。正是借助管理者所代表的组织这个平台,才让针对特定事业、业务和任务完成的分工协作得以形成并顺利运行。管理者与其他专业技术人员的分工协作关系表明,管理者并不是更优秀的专业技术人员,不可能代替甚至干预其他专业技术人员的工作,管理者只能支撑和辅助其他专业技术人员更有效地开展工作。管理者是赋能者或使能者。正因为有了代表组织的管理者,其他专业技术人员才能在组织中更好地发挥各自的聪明才智,为自己和组织创造更大的价值。

这充分说明,在组织中,管理者所扮演的角色具有特殊性,其特殊性在于管理者并不是靠个人的经验见识来支撑组织发展的,而是立足于组织的信念和价值观,并以此作为思维运用的内在价值准则。管理工作不同于其他专业技术工作之处,就在于其他专业技术工作所依赖的专业见识更具有个体化色彩,是个人在学习专业技术知识、训练专业技能时形成的,具有鲜明的个人专业经验的印记,而管理工作首先依赖的却是组织的信念和价值观及其在管理者身上的集中体现,这要求管理者必须培养一种超越个人经验见识的组织导向的见识。如果将这种组织导向的见识称为管理见识,那么,管理者只有培养起管理见识,才能胜任管理工作的需要。

2.7 今且有言于此,不知其与是类乎? 其与是不类乎? 类与不类,相与为类,则与彼无以异矣。虽然,请尝言之。有始也者,有未始①有始也者,有未始有夫未始有始也者。有有也者,有无也者,有未始有无也者,有未始有夫未始有无也者。俄而有无矣,而未知有无之果孰有孰无也。今我则已有谓矣,而未知吾所谓之其果有谓乎,其果无谓乎? 天下莫大于秋豪②之末,而大山③为小;莫寿于殇④子,而彭祖为夭。天地与我并生,而万物与我为一。既已为一矣,且得有言乎? 既已谓之一矣,且得无言乎? 一与言为二,二与一为三。自此以往，巧历⑤不能得，而况其凡⑥乎！故自无适有以至于三，而况自有适有乎！无适焉，因是已。

字词注释

① 未始："始"，这里是曾、尝的意思；"未始"，即未曾。
② 秋豪：即秋毫，指极细微的东西。
③ 大山：这里指泰山。
④ 殇：形声字，本义指未成年就死去，这里是夭折的意思。
⑤ 巧历：这里指擅长计算的人。
⑥ 凡：这里指一般人、普通人。

今文意译

　　如今在这里要说的一番话，不知与其他人类似，还是不类似呢？不管类似还是不类似，只要从说话本身的角度来看，就与其他人说话没有什么分别了。即便如此，我还是要尝试说一说。如果说天地有开端，那么，就一定存在一个未曾有开端的状态；而且，在那个未曾有开端的状态之前，也一定还存在另一个未曾有开端的状态，以至无穷。如果说天地间有存在事物的地方，也有不存在事物的地方，那么，就一定有一个原本就不存在事物的地方；而且，在那个原本就不存在事物的地方之外，也一定还有另一个原本就不存在事物的地方，以至无穷。在那个原本不存在事物的尽头处，顷刻间在某个地方有事物出现，而在另外的地方还没有事物出现，也不知道这种有事物存在和没有事物存在的分别，到底是在哪里有事物存在，到底是在哪里没有事物存在。如今我说了这么多，也不知道是说清楚了，还是没有说清楚呢？天地间没有比秋毫更大的东西，相比而言，泰山都是小的；也没有比夭折的孩子更长寿的人，相比而言，彭祖都是短寿的。天地与我一起诞生，而万物与我融为一体。既然我已经与万物融为一体了，还要说什么呢？既然已经说了融为一体，还能说没有说吗？那个融为一体的存在，再加上我所说的话，就成了两个存在；这两个存在，再加上我对这两个存在的认识及表达，就成了三个存在。以此类推，哪怕擅长计算的人都算不清楚，更何况一般人呢！

齐物论第二　113

所以，从无到有，直到有三个存在，已经很复杂了，更何况从有到有啦！不必再往下追究了，顺其自然吧。

分析解读

本章紧接上一章，阐明管理者为什么要确立一个自明的、不能再问为什么、也不能再有前提条件的组织之道，来作为思维的立足点。

要回答管理者为什么需要确立一个自明的思维立足点或逻辑前提这个问题，又不可避免地要运用语言。明明知道语言有局限性，也有框定效应，却又不得不使用语言，去说明语言的局限性和框定效应。这对于说话者来说，尤其是对于那些拥有更大话语权的管理者来说，确实是一个巨大挑战。所以，庄子在本章一开始便说："今且有言于此，不知其与是类乎？其与是不类乎？类与不类，相与为类，则与彼无以异矣。虽然，请尝言之。"

这意味着，庄子很清楚语言所固有的局限性，也知道自己虽然在讲别人说话的局限性，但当自己要说话时，却也避免不了这样的局限性。这也是在暗示那些掌握话语权的管理者，言说时要有自知之明，千万不要以为拥有了话语权，就自动地拥有了正确说话的能力。

接下来，庄子用时间和空间的无限性作类比，说明如果不确立一个理想的逻辑前提作为参照，人们不仅无法言说，也压根儿无法观察，更别说得出结论了。

当庄子说"有始也者，有未始有始也者，有未始有夫未始有始也者"的时候，便是在用时间的无限性作类比，以说明在观察对象和运用语言时，如果不能确立一个不需要再追问的自明前提，就一定会面临无穷后退，以至于无法言说、也无法得出结论。这就好比说，如果天地在时间上有开端，那就意味着在这个开端之前还一定存在一个未曾有开端的状态，再往前追溯，在那个未曾有开端的状态之前，还一定存在另一个未曾有开端的状态，这样追溯下去，必定无穷无尽，又如何能思考和言说呢？

同样，在空间上，"有有也者，有无也者，有未始有无也者，有未始有夫未始有无也者"，也就是说，如果天地间有存在事物的地方，也就有不存在事物的地方，那么，必定有一个原本就不存在事物的地方，这样才可能在这个原本就不存在事物的地方出现了事物，从而有了存在事物的地方和不存在事物的地方的区别；更进一步，在那个原本就不存在事物的地方之外，也一定还有另外一个原本就不存在事物的地方，这样追溯下去，也是无穷无尽的，又如何能想清楚、说明白呢？

如果将时间和空间结合在一起来看，那就是"俄而有无矣，而未知有无之果孰有孰无也"，这意味着，在那个天地间原本不存在事物的时间和空间的尽头处，突然在某个地方有事物出现了，而在另外的地方，这一刻却还没有事物出现。严格来说，人们无法知道这种有事物出现和没有事物出现的区别到底是什么，也就是说，到底是在哪里有事物出现，到底是在哪里没有事物出现。庄子用这种时空及事物的无限性，所要反衬的恰是语言的有限性。人们想要以有限的思维和语言去刻画这种时空及事物的无限性，将会面临巨大的挑战。正因为如此，庄子才有自知自明地讲："今我则已有谓矣，而未知吾所谓之其果有谓乎，其果无谓乎？"意思是，我虽然说了这么多，人们真的听明白了吗？

庄子这话的言外之意是，面对时空及事物的无限性，如果不找到一个可行的参照系，在一定程度上把无限转化为有限，或用有限去逼近无限，人们根本就不可能认清无限，更不要说想用语言去准确表达无限了。庄子进而举了两个形象的例子来说明这一点。"天下莫大于秋豪之末，而大山为小；莫寿于殇子，而彭祖为夭。"一个例子反映了空间上的无限性，另一个例子反映了时间上的无限性或连续性。

人们之所以能判断空间上的大小，就是因为有参照系。在空间尺度上，若没有参照系，又凭什么说秋毫小、泰山大呢？与无穷小相比，秋毫就是最大的，而与无穷大相比，泰山则又小得可怜了。同样的道理，在时间尺度上，若没有参照系，又怎么能说"殇子夭""彭祖寿"呢？在无限短的时光里，"殇子"就是最长寿的，而在无限长的时光里，"彭祖"又变得极其短寿了。这个道理放在对自然物进行观察和表达时，似乎谁都能理解，不太会出问题，但是一旦回到社会环境中，尤其是用到管理问题上，在用语言来表征自己对管理问题的思考时，管理者又忘记了这一点，似乎已经将自己完全等同于对象，以为自己的思维和语言足以把握那无限的对象，完全忘记了思维和语言

齐物论第二 115

的局限性和有限性,也根本就没有想着去寻求一个思维的立足点和参照系,以便在参照系下用不连续的观察去逼近连续且无穷的对象,就像在面对连续且无穷的时空及事物的时候,不得不借助参照系才能观察和表达那样。因此,庄子才深刻地指出:"天地与我并生,而万物与我为一。既已为一矣,且得有言乎?既已谓之一矣,且得无言乎?"

庄子在这里所展现出来的,正是人们以有限的语言面对无限的存在时,要进行言说所必然面临的悖论。如果把自我在时间上和空间上都等同于无限,那就无法用有限的语言进行言说,但自相矛盾的是,既然说了与万物融为一体,这难道不是在言说吗?毕竟,除非通过有限的思维进行想象,运用有限的语言进行言说,否则,人又怎么可能做到"天地与我并生,而万物与我为一"呢?这难道不正是以有限的思维和有限的语言,去思考和表达无限的天地万物时必然要面临的悖论吗?更何况在社会情境中,尤其是在管理情境里,人们不仅要面对需要做这样思考和言说的自然对象,同时还要面对那用语言表达出来的意义对象。也就是说,在管理情境里,物化资源和语言本身都成了思考和言说的对象。这就使得人们运用有限的思维和有限的语言去把握那无限的对象,变得更加复杂。这正是每位管理者所必须面对的严峻挑战。所以,庄子最后要说:"一与言为二,二与一为三。自此以往,巧历不能得,而况其凡乎!故自无适有以至于三,而况自有适有乎!无适焉,因是已。"

庄子这句话中的"一",指的是"万物与我为一",代表具有无限性的万物存在。当人们说"万物与我为一"时,实际上不仅试图用有限的语言去表征无限的存在,同时也创造出一个用语言表达的意义存在形式,也就是这样一句承载着特定意义的话语。其实,任何组织和管理,无不处于这种由物化对象构成的物化情境与由意义对象构成的意义情境的交织之中。更何况,人们还必须对这两个对象及双重情境进行再认知和再表征,这又创造出了一番新意义。以此类推,岂不是无穷无尽?当人们置身其中的组织的历史越长,这种意义叠加意义的多重情境交织就越复杂,简直让人们的有限思维和有限语言不堪重负。这正是庄子说"故自无适有以至于三,而况自有适有乎"的原因。其中,"自无适有以至于三",那不过是刚开始的情形,类似于创业组织从 0 到 1 的过程,已经够复杂了;若再考虑组织的可持续发展,即"自有适有",也就是从 1 到多的过程,那岂不是复杂得无法计算了吗?

既然如此,那又该怎么办?庄子的回答是:"无适焉,因是已。"也就是说,必须充分认识到个体思维和语言运用的有限性,而只有找到参照系,才能变无限为有限。这个参照系即庄子所说的"是",也就是"道"。"因是已",即顺其自然,也就是顺"道"而行。本篇第 5 章的"因是已",也是这个意思。下章则具体阐述"道"所具有的参照系作用。

管理别义

管理者在组织中拥有话语权,而且,职位越高的管理者,拥有的话语权也越大。但是,管理者拥有话语权,并不等于管理者说话就一定正确,更不等于管理者必然是组织中唯一掌握话语权的群体。

语言和思维一样具有局限性。虽然语言能创造意义,能引导人们超越眼前的环境条件,面向未来,实现创造和创新;但是,语言也会框定人们的思维,把人们束缚在某个特定的语境和意义中。特别是当组织中只有管理者在不断言说,而多数组织成员保持沉默的时候,便很容易将个人或少数人的经验见识,放大到整个组织,在不知不觉中影响和引导着其他组织成员的思考和行动。这是一种由管理者的语言运用所产生的框定效应,而这种语言框定效应还叠加了组织中资源和权力的影响,其作用会更大。

要避免组织中管理语言运用所可能产生的框定效应及其意义陷阱现象,就必须建立一种机制,让话语权与管理权力尽量保持一定距离,把话语权交给更多的组织成员。当组织中的话语权适当分散之后,尽管每个人的思维和言说仍有局限性,但在有局限性的思维和言说的相互碰撞、对冲和互补中,却有可能超越这种局限性,更加逼近那个无限的认识对象和言说对象的本来面貌。当然,要实现组织中话语权的适当分散,还有赖于一种确保组织成员能专心思考和由衷言说的组织氛围,而这种组织氛围的本质,则在于建立起一个思维和语言得以运用的共享参照系。在这个共享参照系面前,无论是管理者还是普通组织成员,都能超越个人成见,也能超越组织里的权力地位,独立地思考、平等地言说。借助这样的共享参照系,组织内每个人有限的思考和有限的言说，才有可能逐渐以不连续去逼近连续，并真实反映那些具有无限性的内外部环境条件及其变化。

在组织中，这个共享参照系一定是组织的信念和价值观。从根本上说，组织的信念和价值观也是组织内带有原则性的标准体系，之所以说带有原则性，是因为这种标准不是用来界定具体物化资源运用及其结果，也不是用来规定具体任务得以完成的流程及其效果，而是用来明确每位成员在组织内思考和言说的权利。人们常说，在组织的信念和价值观面前人人平等。这说的就是，组织内所有成员在思考和言说上拥有平等的权利。这也是由内在组织认同而形成的"组织人"身份所必然具有的权利。在组织的各种具体操作标准下，每个具体工作岗位的职责和权利界定并不相同，相应地，每个组织成员所拥有的岗位职权也有较大差异；但是，在组织的信念和价值观这种带有原则性的标准下，每位组织成员都拥有平等思考和言说的权利。这正是组织中话语权与岗位职权相分离的要义所在，也是每个岗位的组织成员都能自觉认同组织，为组织做出自己独有贡献的根本所在。

2.8　夫道未始有封，言未始有常，为是而有畛[1]也，请言其畛：有左[2]，有右[3]，有伦[4]，有义[5]，有分[6]，有辩[7]，有竞[8]，有争[9]，此之谓八德[10]。六合[11]之外，圣人存而不论；六合之内，圣人论而不议。春秋[12]经[13]世先王之志[14]，圣人议而不辩。故分也者，有不分也；辩也者，有不辩也。曰：何也？圣人怀之，众人辩之以相示也。故曰辩也者有不见也。夫大道不称，大辩不言，大仁不仁，大廉不嗛[15]，大勇不忮[16]。道昭而不道，言辩而不及，仁常而不周[17]，廉清而不信，勇忮而不成。五者园[18]而几向方矣，故知止其所不知，至矣。孰知不言之辩，不道之道？若有能知，此之谓天府[19]。注焉而不满，酌焉而不竭，而不知其所由来，此之谓葆光[20]。

字词注释

① 畛：形声字，本义指田间小道，这里是界限、分界的意思。
② 左：这里是下、卑下的意思。
③ 右：这里是上、尊贵的意思。

④ 伦：形声字，本义指次序，这里是人与人之间关系的意思。
⑤ 义：这里同"仪"，是法度、准则的意思。
⑥ 分：会意字，本义指分别、分开，这里是分析、剖析的意思。
⑦ 辨：这里通"辩"，是区分、分别的意思。
⑧ 竞：会意字，本义指激烈的争辩，这里是争辩、辩论的意思。
⑨ 争：会意字，本义指抢夺东西，这里是争执、争论、争辩的意思。
⑩ 德：据成玄英疏，"德者，功用之名也。群生功用，转变无穷，略而陈之，有此八种"[1]。这里可以引申为典型表现形式。
⑪ 六合：本义指上下左右前后六个方向，这里引申为天下这个最大的组织。
⑫ 春秋：这里指历史。
⑬ 经：这里是管理、治理的意思。
⑭ 志：这里是记载、记述的意思。
⑮ 嗛：这里通"谦"，是谦虚、虚心的意思。
⑯ 忮：形声字，本义指违背、不顺从，这里是强硬、刚愎的意思。
⑰ 仁常而不周：这句话的郭庆藩集释本原文为"仁常而不成"[2]，但据郭象注，"物无常爱，而常爱必不周"[3]，这句话中的"成"字，应为"周"字；另据杨柳桥、陈鼓应引奚侗的考证，江南古藏本作"周"字[4]。故将此处的"成"，改为"周"。其中，"常"，这里是固定、不变的意思。这句话的意思是：仁爱固执于特定对象，就没有普遍性。
⑱ 园：这里通"圆"，是完备、齐全的意思。
⑲ 天府：本义指自然的府库，这里引申为心胸博大。
⑳ 葆光："葆"，这里是藏、隐藏的意思；"葆光"，即隐藏光芒而不显露。

今文意译

"道"未曾有明确的界限，说话也未曾有固定的内容，只是为了争个对错，才有了分界，要说有分界的一些表现，至少包括：下卑、上尊、次序、法度、分析、区别、辩论、争执，这些就是有分界的八种典型表现。对于天下这个最大的组织之外的事物，理想化的最高组织管理者承认其存在，但不议论；对

---

[1] 郭象注：《庄子注疏》，成玄英疏，曹础基、黄兰发整理，中华书局2011年版，第46页。
[2] 郭庆藩：《庄子集释》，王孝鱼点校，中华书局2012年版，第90页。
[3] 郭象注：《庄子注疏》，成玄英疏，曹础基、黄兰发整理，中华书局2011年版，第48页。
[4] 杨柳桥：《庄子译诂》，上海古籍出版社2017年版，第45页；陈鼓应：《庄子今注今译》，中华书局2016年版，第84页。

于天下这个最大的组织内部的事物，理想化的最高组织管理者只是发议论，但不评价；对于历史上记载的古代最高管理者做管理的事迹，理想化的最高组织管理者只是做评价，但不争辩。所以，有分别存在，就必然有不能分别的；有争辩存在，就必然有不能争辩的。为什么这样说呢？理想化的最高组织管理者能包容各种事物的存在，而一般组织成员则通过争辩显示自己的专长。所以说，有争辩存在，恰表明争辩者有认识不到的地方。真正的"道"没有名称，真正的争辩不用语言，真正的仁爱没有偏私，真正的廉洁不用刻意谦虚，真正的勇敢不必故作强硬。"道"一经宣贯便不再是真正的"道"，用语言争辩反而达不到目的，仁爱固执于特定对象就没有普遍性，廉洁过分反倒不够真实，勇敢到强硬必定无所成就。这五个方面本来是齐备周全的，但如果走向极端，就有问题了，所以，一个人若能认识到自己的局限性，并立足于这种认识去进行探索，见识就极高了。又有谁能认识那种不用语言的争辩，不用宣贯的"道"呢？如果谁能有这样的认识，就可以称为心胸博大。这样博大的心胸，注之不满，取之不竭，还没有谁能知道为什么会这样，则可以称为藏而不露。

▎分析解读

上一章讲人们要想以有限去认识和表征无限，必须有参照系，那个根本的参照系便是"道"；而本章则说，当人们运用参照系去认识和表征无限时，又会走向另一个极端，即把无限的对象用语言进行人为地切割，这又会导致关于对象的认识和表征支离破碎，更加无法认清对象，因此，理想化的超越者做管理，首先就要超越这种极端化的思维方式，以组织之道作为参照系，真正理解组织环境的多样性及管理上兼容并蓄的重要性。

庄子深刻地指出："夫道未始有封，言未始有常，为是而有畛也，请言其畛：有左，有右，有伦，有义，有分，有辩，有竞，有争，此之谓八德。"这说的是，无论是天地之道还是组织之道，凡是"道"，都没有明确的界限，而是一切有分别的事物的开端和本源，因此，如果立足于"道"来看待事物，原本是没有好坏之分的。同样的道理，如果从组织之道来看待组织中的人和事，则具有平等性，不宜人为地划分各种等级界限。更进一步讲，如果立足于"道"来运用语言,也没有那些人为设定的绝对化内容。也就是说,如果是从"道"的角度来进行表达,语言反而能建立起一种共同理解。例如,在组织中,如果以组织之道作为参照系,对各种变化的事业或业务及其与环境的关系进行刻画,就会让语言的表达随着对象或所指的变化而变化,反倒不会用固执己见的所谓分界及由分界所产生的彼此对立来框定某项事业或业务。但是,当人们尤其是组织的管理者要实现个人抱负、达到个人目标时,就要争个所谓孰是孰非,为此则需要建立一些人为的分界,以体现各自见识和表达的独特存在。这就像天地间万物的诞生一样,彼此的界限和各自的独立性都是在相互竞争中逐渐形成的。所以,组织中的各种分界,如下卑、上尊、次序、法度、分析、区别、辩论、争执等,不过都是组织内部和外部竞争的结果。

　　人类组织内及组织间的这种竞争,在相当程度上超越了自然界中物与物的竞争,已经不再是纯粹物化的竞争了,还内含了意义因素,那就是使用语言进行意义创造的竞争。这种意义创造的竞争,还会进一步加强纯粹物化的竞争,导致更为惨烈的生存竞争。在庄子所处的时代,各诸侯国之间以战争形式表现出来的竞争,远比自然界生物间的生存竞争惨烈得多,而诸侯国之间的残酷战争,往往还打着冠冕堂皇的旗号,看似很有理由、很有意义,实则不过是诸侯国国君个人成见和意志的反映而已,却让普通成员为此付出生命的代价,也让诸侯国组织发展面临生死存亡的考验。恰是针对这种情况,庄子才用"圣人",即作为理想化超越者的最高组织管理者,来提醒现实中的管理者到底应该怎么做。庄子说:"六合之外,圣人存而不论;六合之内,圣人论而不议。春秋经世先王之志,圣人议而不辩"。

　　这里的"六合",本义指四方上下,用来表示天地间,而这里则指代的是组织,极而言之,即指天下这个当时最大的组织。这样来看,"六合之外",便相当于组织之外,而"六合之内",也就相当于组织之内。这里的"春秋",指代的是历史。当时的历史主要记载着诸侯国及周王朝的管理事迹,包括管理政策及管理者的具体做法等。对于组织外部的事务,由于信息不完全和非对称,也由于变化的不断发生,管理者很难完全把握和准确理解,所以只能承认其存在,却不加以议论,更不依赖神秘力量进行所谓的预测,这体现了管理者的严谨性。如果管理者对没有充足信息的事乱发议论,很可能产生错误导向,反而容易引导组织走向错误的方向。在这种情况下,管理者不乱发议论,正是要给组织中身处各事业或业务领域中的普通成员的自主探索留下更大的空间和可能性。

对于组织内部事务,理想化的最高组织管理者只发议论,却不评价。这是因为组织内的各项事业或业务具有异质性,难以使用简单化的标准进行统一评价,若硬要人为地对于原本各有特点的事业或业务进行一刀切式评价,反而会抑制相关事业或业务的发展;但是,管理者尤其是最高管理者发表意见,却是可能的,也是合理的。这恰表明,管理者只是给出意见和建议,却不以绝对权威的身份做出对错好坏评价。管理者这样做,有助于包容不同的事业或业务在探索中可能出现的错误,也能更有效地促进各项事业或业务的发展,为组织的可持续发展创造条件。

对于历史上记载的古代管理事迹,理想化的最高组织管理者只做评价,却不争辩。这是因为历史事件已经发生,不像正在进行中的事业或业务及相关的部门和个人,还有着面向未来各种各样变化的可能性,若过早评价、下定论,反而会限制其发展;但对于历史,则不存在这样的问题,并且对于历史人物和历史事件的评价,是为了进行历史案例分析,从中汲取经验教训,做到以史为鉴。从这个意义上说,评价是为了更好地认识历史,并引申出对现实有益的启示。面对历史人物和历史事件,理想化的最高组织管理者之所以不争辩,原因则在于历史信息的不完全、不充分,虽然从某个视角,为了引申现实启示意义,完全可以对其做评价,而且,存在关于评价的不同认识,甚至有完全不同的评价,都是可能的,毕竟看待历史的视角多有不同,加之历史不可假设,也不能重复,信息又不完全,如果硬要去争论,想捍卫某种评价而反对另外的评价,反而容易陷入争执不休、没有结论的局面。对管理者而言,首先要明确的是,进行历史案例分析和评价都是为了借鉴历史、做好当下的组织管理,而不是要专门研究历史,做历史领域的专业人员。既然管理者评价历史只是为了借鉴历史,那么,如果有不同评价存在,管理者便只需看这种评价对组织管理是否有启发即可,而没有必要为不同评价做争辩,更不必替古人担忧,为历史人物和历史事件争短长。

在庄子看来,面对组织内部和外部的事物及历史上的人和事,理想化的最高组织管理者之所以能有这么豁达的态度、博大的心胸,就是因为能够充分认识到"故分也者,有不分也;辩也者,有不辩也"。也就是说,有分别存在,就必然有不能分别的;有争辩存在,就必然有不能争辩的。所有的分别和争辩,都建立在人为的标准之上,而一旦建立起人为的标准,就必然有取舍,根据标准做出了"取"的选择,也就会因标准的运用而有所舍弃;为了特定的标准而争辩,便看不到或无法将注意力投放到那个标准以外,被争辩者所忽略的各种可能性的探索上。对于组织中各项事业或业务的创办和成长,以及对于组织的可持续发展来说,现有标准以外的无限时空可能恰是一系列机会的来源,而管理者如果过度关注现有标准下的区分,甚至为了维护现有标准还不断卷入争辩之中,那么,管理者有限的时间和精力就会被耗费在这些从根本上看并不利于组织发展的事情当中,这对组织整体而言,无疑是一种更大的损失。

所以,庄子才说:"圣人怀之,众人辩之以相示也。故曰辩也者有不见也。"在这里,庄子把"圣人"与"众人"并列,正像老子将"我"与"众人"[1]并列一样,都意指管理者与一般组织成员所扮演的工作角色有本质区别。如果说组织是一个分工协作的体系,那么,一般组织成员主要扮演的是分工者或分门别类、专业化地从事特定具体工作的角色,而管理者则扮演的是协作者的角色,也即借助规则和自由裁量权的使用,将分工体系下的不同岗位及具体任务整合在一起的角色。在这样的角色分工下,理想化的最高组织管理者或"圣人",当然要"怀之",也就是包容组织中各类不同事务乃至观点的存在,这样才能起到协作或整合的作用;而一般组织成员则需要借助自己的专业特长,从事某个特定的专业化分工的具体岗位工作,这些具体岗位工作都是有明确标准的,一般组织成员只有通过捍卫这种标准,或者说为这种标准辩护,才能表明自己有专长,也才能将自己的专长恰当地展示出来。正因为组织中必然存在基于专业特长的专业化分工,所以只要出现围绕特定标准的争论,恰表明争辩者有认识不到、理解不了的地方,这也是专业化分工必然带来的"隔行如隔山"的遮蔽效应。

---

[1] 张钢:《老子的管理要义》,浙江大学出版社 2023 年版,第 90—96 页。

但是，组织的管理者尤其是最高管理者，却不能让自己深陷于这种专业化分工之中，不能只是从某个专业化岗位本身去考虑问题，而必须立足于组织之道和组织整体，为组织的分工协作体系的可持续运行做谋划。一旦管理者能够真正立足于组织之道和组织整体，便不难理解一个道理，即"夫大道不称，大辩不言，大仁不仁，大廉不嗛，大勇不忮。道昭而不道，言辩而不及，仁常而不周，廉清而不信，勇忮而不成"。这其实是从正反两个方面，论证了管理者立足于组织之道和组织整体所应有的管理意识。

庄子关于上述五种特征的刻画，意在提醒管理者，应立足于组织整体来整合局部，让组织之道和组织的规则体系发挥作用，从而达到一种平衡，不能走极端。做管理若不能达到平衡，走了极端，那么，本来看上去很周全的观点，也会变得极其偏颇，这就是庄子所讲的"五者园而几向方矣"的深刻之处。这句话中的"园"，通"圆"，是周全齐备的意思，"而几向方"，则说的是走向极端化，即"几"变成"方"，有了棱角，不再是周全齐备的圆形了。在组织管理现实中，管理者经常是意愿很好，力求完美，结果却背道而驰，其根本原因就在于观察问题的立足点出了偏差，没有让思维立足于组织之道，而是从个人经验见识出发，这种个体化的观察视角，很容易受自我经验局限性的遮蔽，不知道自己的无知在哪里，甚至以无知为有知。所以，庄子才有针对性地指出："故知止其所不知，至矣。"也就是说，管理者若能认识到自我经验的局限性，知道自己的无知所在，并立足于这种认识去探索更大的未知世界，那才能说有极高的见识。

但是，在现实中，"孰知不言之辩，不道之道"。尤其是管理者，总觉得自己在组织中拥有话语权，总想让别人都认同自己的观点，稍有不同声音和观点，轻则要极力争辩，重则要动用权力予以惩戒，其结果必然是让组织成员都默不作声，只剩下管理者在言说，即只有管理者在用语言不断宣贯组织的价值观。但是，在这种情形下，组织中又有多少人真正听进去了管理者的言说，又有谁真正把宣贯的价值观落到实处？庄子之所以要发出"孰知不言之辩，不道之道"这样的拷问，正是对于当时各诸侯国组织管理现实的有感而发。在当时各诸侯国中，又有哪位管理者能认识到那种不用语言的争辩，不用宣贯的组织之道呢？如果真有管理者能认识到这一点，那才可以称为心胸博大,即"若有能知,此之谓天府"。

这里的"天府",指的是天然的府库,也就是将天地间比喻为一个巨大的仓库,万物全被收藏于其中。想象一下,这种天然府库的容量会有多大,那简直比海量还要大,即便是浩瀚的大海,也被容纳在了天地间。这样的"天府",才是真正"注焉而不满,酌焉而不竭,而不知其所由来,此之谓葆光"。天地间有如此大的包容性,还从来不向外去张扬为什么会有这样大的包容性、这样大的容量,这才叫真正的藏而不露,也即"葆光"。要能包藏光而又不外泄,那是多么难的一件事。天地包容万物绝不遗漏,就像谁能将光完全收纳其中一样。

庄子用"葆光"作类比,是要告诫管理者,尤其是组织的最高管理者,只有自己做到了"葆光",才能让拥有各种各样专长的人,在组织中分工协作,探索不同的事业或业务发展的可能性,从而为组织的可持续发展奠定坚实的基础。没有人和事的多样性,没有新事业的不断诞生和旧事业的成功转型,组织要实现可持续发展只能是不切实际的空想,而要避免这种空想,真正夯实组织可持续发展的基础,管理者及其所代表的组织就必须像天地一样善于"葆光"。

管理别义

组织中不可能没有分工,也不可能不借助分工建立起各种相应的边界,如业务边界、部门边界、团队边界、岗位边界等。但是,如果因为这些边界的存在而割裂了组织,肢解了组织的信念和价值观,甚至让管理者都固守特定边界,成了某个边界内的利益代言人而不是整个组织的代表,那么,这就会让原本是为提高效率而建立起来的组织分工体系,极端化为离散和分解组织的力量。问题是,怎样才能在组织中做到虽有分工却没有分界,让组织始终是一个有机整体,而不是分散的独立边界下不同板块的拼凑呢?这就要依靠由管理者代表组织所从事的协调与整合工作。

虽然组织中不同层次的管理者都身处于不同边界之上,比如,高层管理者身处于组织的边界上,兼顾组织内外,中层管理者身处于部门或业务边界上,兼顾业务或部门内外,而基层管理者则身处于任务或团队的边界上,兼顾任务或团队内外；但是，之所以要突出强调各级管理者都是身处于特定边界之上而不是边界之内，其核心要旨，便在于强化各级管理者的内外兼顾角色，代表的是整体组织的共同利益，而非某个边界之内的局部利益。各级管理者应该成为在各个层次上让组织的信念和价值观得以贯彻始终的纽带桥梁。无论组织的共同利益还是组织的信念和价值观，都必须通过管理者才能发挥作用。毕竟共同利益和价值观念都看不见、摸不着，也不会言说，只有借助管理者的言行才能体现出来，而管理者的言行要发挥承载共同利益和价值观念的功能，管理者就必须在内心认同价值观念，超越边界和局部利益，真正代表共同利益。

2.9 故昔者尧问于舜曰："我欲伐宗、脍、胥敖①，南面②而不释然。其故何也？"

舜曰："夫三子③者，犹存乎蓬艾之间。若④不释然，何哉？昔者十日并出⑤，万物皆照，而况德之进⑥乎日者乎！"

字词注释

① 宗、脍、胥敖：相传为尧时期的三个小国。
② 南面：本义指君位，这里引申为临朝听政。
③ 三子：这里指宗、脍、胥敖三个小国的国君。
④ 若：这里是人称代词你的意思。
⑤ 十日并出：这里隐喻阳光普照、没有偏爱。
⑥ 进：这里是超出、超过的意思。

今文意译

从前尧曾问舜："我想征伐宗、脍、胥敖，但临朝听政时，却总感到内心不安。这是为什么呢？"

舜说："这三个小国的国君，就像蓬蒿艾草之间的小生物一样微不足道。您却心有不安，这是为什么呢？听说过去有十个太阳同时普照大地，更何况您德性的光辉还超过太阳呢！"

分析解读

本章以具体事例说明，人的心中原本就具有人性的共同前提，管理者只要能认真倾听那发自内心的声音，就能避免很多错误的决策。

尧和舜都是管理者，只不过当年尧扮演的是委托人意义上的最高组织管理者角色，而舜则扮演的是代理人意义上的职业管理者。当尧问舜"我欲伐宗、脍、胥敖，南面而不释然。其故何也"的时候，其隐含的前提是，宗、脍、胥敖这三个小国，作为天下这个最大组织的附属组织，即当时的附属国，必定是在某些方面违反了当时的相关规定。也就是说，作为当时天下这个最大组织的最高管理者，尧完全有理由去攻伐这三个小国。这既是对三个小国的国君不当行为的惩戒，也是对当时其他附属国的警示。在这种情况下，尧想攻伐这三个小国应该是当时历史条件下比较正常或合理的选择，但是，为什么尧又会在临朝听政时感到不能释怀，内心很不安呢？这让原本可以果断下决心的最高管理者尧，无法自我说服，便询问舜。

舜的回答很委婉，先是重述了尧的问题，但又特别强调了这三个小国及其国君是多么微不足道，即"夫三子者，犹存乎蓬艾之间"。这里的"三子"，指的便是那三个小国的国君，当然也代表那三个小国，而"犹存乎蓬艾之间"，则是极言其在整个天下最大的组织中是多么渺小，不值一提，就像蓬蒿艾草之间的小生物一样，没有人会去注意。但是，即便如此，"若不释然，何哉"，意思是，作为最高管理者，您却又对此于心不安，这到底是为什么呢？舜在这里对尧的问题进行重述，其实具有深刻的管理寓意。

联系第一篇第1章中关于蜩、学鸠和斥鷃这些小动物的描述，便不难理解，庄子在把这些小动物与鹏作对比时，用的就是"蓬蒿之间"，而鹏却是在九万里高空，简直可以说是一个天上，一个地下，两者相差悬殊。这实际上是在暗喻当时诸侯国组织中普遍存在的上下严重割裂的状况，管理者只是从自身的抱负和意志出发，全然不去考虑基层成员的所思所想和实际情况；反过来，基层成员也完全不能理解管理者们到底要干什么。在庄子看来，这种上下割裂的根源，便在于高层管理者只是从个人经验见识出发，做管理不过是要实现个人抱负和意志，根本没有立足于组织之道，更不可能扎根于有关人性的理想，毕竟组织首先是人的共同体，组织之道必定深深扎根于人性的共同性之中，而人性的共同性，在本章则由舜明确地提了出来，即德性。

作为历史上伟大的管理者，尧的伟大之处正在于内心的德性从未泯灭，总有一个内在的声音在提醒着他，即便作为天下这个最大组织的最高管理者，也不能从个人成见和好恶出发去做出选择，而必须立足于组织之道和人之为人的共同前提，即德性去做出选择。严格来说，组织之道与德性是完全一致的，那种违背人性的德性前提的"组织之道"，根本就不可能持续存在下去。实际上，舜正是在用"犹存乎蓬艾之间"来暗示尧，虽然三个小国的国君与天子的关系看上去有着像地下与天上那样的巨大反差，但也都是人，有着共同的人性，恰是因为这种人性的相通性，尧才会不释然。这与鹏同斥鹦等小动物之间的关系完全不一样。鹏是想象出来的，根本就不是现实中的生物，因此鹏不可能与斥鹦等小动物有同感，而这些小动物压根儿也不可能知道、更不可能理解这种假想的鹏。其实，庄子用假想的鹏与斥鹦等小动物相对并举，恰是在讥讽当时的很多管理者，特别是诸侯国的国君们，已经成了不食人间烟火的"怪物"，根本就理解不了基层民众的疾苦。同时，庄子在这里又用尧的"不释然"，借古讽今，更进一步反衬出了这一点。

舜在重新表述了尧为什么"不释然"的问题之后，才以反问的方式，极其委婉而又非常深刻地回答了这个问题。舜说："昔者十日并出，万物皆照，而况德之进乎日者乎"。值得注意的是，舜这里用"十日并出"设喻，绝不是要从负面说明十个太阳的强烈光照所产生的不利影响，而恰是要从正面强调"万物皆照"所带来的广泛的惠及效应。这也暗指管理者，尤其是最高组织管理者的职责，就是要让组织的发展惠及每个组织成员，犹如"十日并出，万物皆照"那样。更重要的是，在舜看来，人之为人、区别于物的独特德性光辉，要比那本身也是物的太阳更伟大，即"而况德之进乎日者乎"。这意味着，连作为物的太阳，都能让"万物皆照"，没有遗漏，何况比太阳更伟大的德性，就更要照亮组织中的每个地方，让组织中的每个角落都泽被德性的光辉。言外之意是，哪怕那三个微不足道的小国，也同样是人的共同体，其中每个成员都有着相同的人性，绝不能因国君的错误而让普通民众蒙受灾难；毕竟一旦展开攻伐，必然会有人员伤亡和财产损失，这对于普通民众来说无疑是一场灾难。也正因为如此，凡是立足于德性和组织之道的最高管理者，在做出这种攻伐决策的时候,一定会心有不安。

到底要不要攻伐这三个小国,舜在这里并没有给尧提出明确的建议,而只是委婉地提醒尧,为什么会"不释然"。至于历史上尧是否攻伐了这三个小国已经不重要了,重要的是,最高管理者在做出动用硬实力去攻伐的决策时,立足点和核心考量因素到底应该是什么。即便后来历史上有过对这三个小国的攻伐,但只要有了德性这样的立足点,攻伐也是为了将三个小国的民众从国君的残暴管理下解救出来。

管理别义

组织的信念和价值观必须进入管理者的内心,变成管理者内在的价值尺度,才会在组织管理中真正发挥作用,成为管理决策不可缺失的价值前提。

管理决策离不开信息,正是各种各样关乎内外部环境及相关任务本身的信息线索,构成了管理决策的事实前提;但是,管理者只有信息和事实,并不能自动做出恰当决策,还必须对各类信息和事实进行比较、鉴别、判断和筛选,在这个信息加工的过程中,除了要有与领域相关的专业知识和技能之外,更重要的是,管理者还必须具有如何运用专业知识和技能对信息进行加工的价值尺度,而正是这个价值尺度,从根本上决定了管理者到底应当怎么做管理决策。信息、事实、知识、技能都只能用来解决是什么、为什么及在信息加工过程中如何操作的问题,但无法回答到底应当如何做出正确管理决策的问题。更进一步讲,信息、事实、知识、技能都有某种外在化特征,甚至都可以用机器来替代,或外包给别人来完成;但做出正确的管理决策所依赖的价值尺度,一定是内化于心的,没有办法外在化、工具化,也无法外包给别人。即便像买衣服这样的个体决策,其他像搜集信息、询问价格等,都可以由他人代劳,唯独喜欢什么样的衣服这种品位偏好,是无法由别人做出判断的。如果连自己到底喜欢什么样的衣服都不知道,只能靠别人来决定,那还能算是自己买衣服吗?从更一般的意义上讲,那还能叫作"人"在买衣服吗?简直就成了给塑料模特或机器人买衣服了。其实,做管理决策也一样,价值前提不可能由机器或他人代劳,而只能由管理者来确立,只不过管理决策的价值前提,绝不是管理者的个人好恶,而是组织的价值观。也就是说,管理者在代表组织做出管理决策的时候,必须让组织的价值观超越个人好恶,成为主导管理者进行决策选择的内在价值尺度。

但是,正因为价值前提只有内化于心,才能真正发挥作用;也正因为价值前提具有这种内隐性,他人只是通过观察一两次决策行为,很难把握管理者的内在价值尺度到底是什么;而且更重要的是,管理者还常常借助话语权优势,在管理决策前后不断用语言声称某种决策的价值前提,所以,要准确判断价值前提在管理决策中是否发挥作用以及到底发挥了多大作用,就变得异常困难。既然如此,那又如何才能确保管理决策的价值前提是立足于组织的价值观而不是管理者的个人好恶呢?无外乎从管理决策的事前、事中、事后三个角度来寻求解决之道。事前关键在于用组织的价值观去选择管理者,这样才能从源头处确保管理者真正认同组织的价值观,这也是建立志同道合的管理团队的必然要求。事中则尽量避免由管理者个人做出决策,特别是那些重大决策,应该由管理团队做出,团队决策至少可以传递出更充分的信息,让外界清楚,组织的关键决策是如何做出的,这在一定程度上可以避免管理者对决策价值前提的随意解说。事后要建设问责体系,可以比较有效地防止管理者关于决策后果的自说自话。

2.10　啮缺问乎王倪[①]曰:"子知物之所同是[②]乎?"

曰:"吾恶乎知之!"

"子知子之所不知邪?"

曰:"吾恶乎知之!"

"然则物无知邪?"

曰:"吾恶乎知之!虽然,尝试言之。庸讵[③]知吾所谓知之非不知邪?庸讵知吾所谓不知之非知邪?且吾尝试问乎女:民湿寝则腰疾偏死[④],鰌[⑤]然乎哉?木处[⑥]则惴栗恂惧[⑦],猿猴然乎哉?三者孰知正处?民食刍豢[⑧],麋鹿食荐[⑨],蝍蛆甘带[⑩],鸱[⑪]鸦耆[⑫]鼠,四者孰知正味?猿猵狙[⑬]以为雌,麋与鹿交,鰌与鱼游。毛嫱丽姬[⑭],人之所美也;鱼见之深入,鸟见之高飞,麋鹿见之决骤。四者孰知天下之正色哉?自我观之,仁义之端,是非之涂,樊然殽乱⑮,吾恶能知其辩⑯!"

啮缺曰:"子不知利害,则至人固不知利害乎?"

王倪曰:"至人神矣!大泽⑰焚而不能热,河汉冱⑱而不能寒,疾雷破山飘风振海而不能惊。若然者,乘云气,骑日月,而游乎四海之外。死生无变于己,而况利害之端乎!"

字词注释

① 啮缺、王倪:均为庄子虚构的人物。

② 是:本义为对的、正确的,这里引申为标准。

③ 庸讵:这里是怎么的意思。

④ 偏死:这里指半个身子不能动了,即半身不遂。

⑤ 鳅:这里指泥鳅。

⑥ 木处:这里指在树上。

⑦ 惴栗恂惧:"惴",恐惧;"栗",害怕得哆嗦;"恂",惧怕;"惧",害怕;"惴栗恂惧",形容胆战心惊、极其害怕的样子。

⑧ 刍豢:"刍",指食草的牲畜;"豢",指食五谷的牲畜;"刍豢",即家畜。

⑨ 荐:这里指动物吃的草。

⑩ 蝍蛆甘带:"蝍蛆",这里指蜈蚣;"带",这里指小蛇;"蝍蛆甘带",即蜈蚣喜欢吃小蛇。

⑪ 鸱:这里指猛禽。

⑫ 耆:这里通"嗜",是爱好的意思。

⑬ 猵狙:这里指一种猿类动物。

⑭ 毛嫱丽姬:这里指美人。

⑮ 樊然殽乱:"樊",会意字,本义指篱笆,这里引申为错综交织的意思;"殽",形声字,本义指混杂错乱在一起;"樊然殽乱",这里是错综复杂的意思。

⑯ 辩:这里通"辨",是区分、分别的意思。

⑰ 泽:这里指草木丛生的沼泽地。

⑱ 冱:这里是冻结的意思。

今文意译

啮缺问王倪:"您知道万物有共同标准吗?"

王倪说:"我怎么知道!"

啮缺又问:"您知道您不知道的原因吗?"

王倪说:"我怎么知道!"

啮缺再问:"那样的话,万物就无法认识吗?"

王倪说:"我怎么知道!虽然如此,我还是要尝试说说。怎么知道我所说的知道不会是不知道呢?怎么知道我所说的不知道又不会是知道呢?让我来问你:人睡在潮湿的地方,就会伤腰甚至半身不遂,但泥鳅会这样吗?人在树上,就会胆战心惊,害怕得要命,但猿猴会这样吗?人、泥鳅和猿猴三者,谁待的地方才算是正确的呢?人吃家畜,麋鹿则吃草,蜈蚣却喜欢吃小蛇,猛禽又喜欢吃老鼠,人、麋鹿、蜈蚣和猛禽四者,谁吃东西的口味才算是正确的呢?猿猴与猵狙为伍,麋与鹿一起,泥鳅与小鱼同游。像毛嫱、丽姬那样的人,是人认为美,鱼见了则要深潜入水,鸟见了则要高飞上天,麋鹿见了则要疾驰而去。人、鱼、鸟和麋鹿四者,谁的视觉感受才算是天下正确的呢?在我看来,仁义产生的端绪,是非评价的方式,都错综复杂,我又怎么能知道如何区分!"

啮缺说:"您不知道做出利害判断,那么,理想化的超越者原本也不知道做出利害判断吗?"

王倪说:"那些理想化的超越者太神奇了!即便沼泽地的草木焚烧,也不能让他们感到热;即便江河冻结,也不能让他们感到冷;即便迅雷炸倒山峰、暴风掀起海浪,也不能让他们感到怕。像这些理想化的超越者,能凭借云气,骑着日月,游走于四海之外,生死对他们都没有影响,更何况利害那点微不足道的端绪呢!"

分析解读

本章承接上一章,进一步阐述管理者超越个人好恶和利害,以德性和组织之道为立足点做出管理决策的重要性。

本章的论述以对话形式展开。王倪对啮缺提出的问题,三问三不知,其深刻寓意在于,作为管理决策的内在价值前提,即组织之道,以及组织之道的人性根源,都不能只是靠语言来说或宣贯就可以的。

啮缺问的三个问题分别是:"子知物之所同是乎""子知子之所不知邪"

"然则物无知邪"。这三个问题看似都涉及人与物的关系,也即人是否能认识物之为物的共同性,但实际上,却是在用人与物的关系,来隐喻管理者与组织中人及事的关系。例如第一个问题"子知物之所同是乎",该问题的管理寓意是:管理者尤其是最高管理者,知道组织中的各种人和事有共同标准吗?第三个问题"然则物无知邪",其隐含的意思是:既然你不知道,那么,组织中的各种人和事就无法认识和管理了吗?

王倪之所以对这样的问题不予回答,原因正在于,这样的问题,涉及的都是管理决策的内在价值前提,也是做管理的根本问题,如果只是将这样的问题诉诸语言,变成管理者的一种言说方式,那将会传递出不恰当的信号,让人们只是去追求用有限的语言表达出来的关于根本问题的片面解答,反而遮蔽了组织之道和人性德性前提的完整而深刻的内涵。因此,王倪的不回答,恰是在告诫啮缺,语言有局限性,像这种带有根本性的问题,不回答要比用语言去回答或解说更加意味深长,也更能启发人们深刻认识其内在特性而非外在表现、行动导向而非语言表征。

但是,不能用语言去直接表达这种带有根本性的、涉及组织之道和人性前提的管理问题,却不等于不可以用语言去表达那些天地间万物存在和变化的各种现象,并以此为隐喻,启发人们去联想和感悟,这恰是一种极具魅力的类比式语言表达方式。在这里,庄子便借王倪之口,使用类比的表达方式,深刻揭示了组织之道及其人性的德性前提与人们直观的物化存在之间的本质区别,人们若只是拘泥于个人成见和个人好恶,反倒理解不了不同的人、不同的物存在的内在相通性。

这里所做的跨物种比较,虽然会给人一种可比性低、不足以说明问题的感觉,但庄子借这种反差极大的对比,恰恰要启发人们思考,如果只是从个人见识和个人好恶去做判断,结果会有多么荒谬。从某种意义上说,使用类比的表达方式,并不一定非要用那看似可比性强的对象。类比本身并不是要证明什么,而只是启发思考。从启发思考的角度看,反倒是跨度越大,越没有可比性的对象,给人的直观常识冲击越大,启发性越强。所以,这里使用人、泥鳅、猿猴三者的居住场所作类比,提出了"三者孰正处"的问题;又用人、麋鹿、蝍蛆、猛禽四者的饮食习惯作类比,提出了"四者孰知正味"的问题；再以人、猿猴、麋鹿、泥鳅四者的审美趣味作类比，提出了"四者孰知天下之正色"的问题。这些类比看似有些荒唐，却能让人们在震惊于这种荒唐比较的同时，深刻思考一个问题：既然人都不能把自己的好恶强加给自然之物，如麋鹿、泥鳅、猿猴等，那么，在组织中，管理者又怎能将个人的好恶和意志强加给其他组织成员呢？这正是借这三组跨物种的看似荒诞的类比，所要引申出的更为深层次的管理问题，用王倪的话说就是："自我观之，仁义之端，是非之涂，樊然殽乱，吾恶能知其辩。"

需要特别指出的是，这里所说的"仁义之端""是非之涂"，并不是指人性的德性前提和组织之道，而是指由管理者宣称的策略层面的"仁义"，以及操作标准意义上的"是非"。对于现实中那些服务于管理者个人抱负和意志、看上去错综复杂、甚至令人眼花缭乱的管理政策措施和指标体系，庄子笔下的王倪又说："吾恶能知其辩"，言外之意或许是，这又何足挂齿，简直就不值得去分辨。

在现实组织管理中，那些看上去不作为、也不关心考核指标的管理者，常被认为"不知利害"，也就是不懂管理，所以，啮缺又做出这样的追问："子不知利害，则至人固不知利害乎？"这里的"至人"，仍指的是理想化的超越者，在管理情境中，也就是指实现了自我超越的理想化管理者。

这里的回答与第一篇第 3 章的相关描述一样，都讲的是真正的管理者必须实现超越，进入由思维构建起来的理想世界，而在这个理想世界中，当然是"大泽焚而不能热，河汉冱而不能寒，疾雷破山、飘风振海而不能惊"。管理者只有立足于这个理想世界，才能超越对眼前短期利害的考量，尤其是那种源自生物本能的趋乐避苦的利害考量，真正从组织可持续发展的长远和全局去考虑问题。能这样做的管理者，仿佛达到了一种"乘云气，骑日月，而游乎四海之外"的境界。在这种境界下，管理者个人的见识及所谓已知和未知都不再是组织发展的障碍，因为管理者的自我超越，恰可以让其他组织成员参与到组织各项事业、业务和任务的创设及发展之中，从根本上超越管理者个人经验见识的局限性，大大拓展组织已知的边界，使组织成员即使面对未知，也无所畏惧，直面探索，勇敢前行。这正是本章最后所说的"死生无变于己，而况利害之端乎"的意义所在。这里所讲的"生死"，是隐喻那基于个人经验见识的已知和未知领域的分界,而"死",则不过是人所面对的最大未知和不确定性的象征。管理者若能超越经验见识和个人好恶的局限性,也便意味着超越了狭隘的已知和未知的分界,那样的话,利害的意义也就完全不同了。

管理别义

做管理,当然不能不权衡利害,趋利避害也是管理决策所要遵循的重要原则。但是,怎么理解利害、如何达到趋利避害,这才是最为根本的问题。

首先,组织管理中的利害,绝不意味着管理者个人的好恶。不能用管理者个人的好恶作为标准,来界定利害、权衡利害;而必须将利害的标准建立在组织的价值观和规则体系之上。这就要求管理者必须超越个人的好恶及本能的趋利避害倾向,将组织的价值观内置于心、外化于行,成为做管理决策的价值前提,这样才有可能通过管理决策,让组织趋利避害,而不是让管理者个人趋利避害。

其次,组织管理中的利害,也并不仅指眼前和局部的纯粹物化利益的得失,而必须从组织的价值观和规则体系赖以扎根的社会文化传统出发,在更长远和更广大的时空尺度上去权衡利害,尤其是要从组织可持续发展的角度,将面向未知的不确定领域的探索,作为权衡利害的重要考量内容。这又要求管理者必须超越当下的物化现实,包括已知的熟悉领域和相应的物化资源及利益,在更高层次上进行探索。

管理者要实现这双重超越,仅靠个人的力量远远不够,必须借助历史上的伟大管理者所积累起来的丰厚思想传统,正所谓一定要站在巨人的肩膀上;同时,还要借助全体组织成员的创造潜能的充分发挥。这都要求管理者必须拥有更加宽广和包容的心胸格局。

2.11 瞿鹊子问乎长梧子①曰:"吾闻诸夫子②,圣人不从事于务,不就利,不违③害,不喜求,不缘道;无谓有谓,有谓无谓,而游乎尘垢之外。夫子以为孟浪④之言,而我以为妙道之行也。吾子以为奚若?"

长梧子曰:"是黄帝之所听荧⑤也,而丘也何足以知之!且女亦大早计,见卵而求时夜⑥,见弹而求鸮炙⑦。

"予尝为女妄言之,女以妄听之。奚旁⑧日月,挟⑨宇宙?为其吻合,置其滑涽⑩,以隶相尊⑪。众人役役,圣人愚芚⑫,参万岁⑬而一成纯。万物尽然,而以是相蕴。

"予恶乎知说⑭生之非惑邪!予恶乎知恶死之非弱丧⑮而不知归者邪!丽之姬⑯,艾封人⑰之子也。晋国之始得之也,涕泣沾襟;及其至于王所,与王同筐床,食刍豢,而后悔其泣也。予恶乎知夫死者不悔其始之蕲⑱生乎!

"梦饮酒者,旦而哭泣;梦哭泣者,旦而田猎。方其梦也,不知其梦也。梦之中又占其梦焉,觉而后知其梦也。且有大觉而后知此其大梦也,而愚者自以为觉,窃窃然⑲知之。君乎,牧⑳乎,固哉!丘也与女,皆梦也;予谓女梦,亦梦也。是其言也,其名为吊诡㉑。万世之后而一遇大圣,知其解者,是旦暮遇之也。

"既使我与若辩矣,若㉒胜我,我不若胜,若果是也,我果非也邪?我胜若,若不吾胜,我果是也,而㉓果非也邪?其或是也,其或非也邪?其俱是也,其俱非也邪?我与若不能相知也,则人固受其黮暗㉔。吾谁使正之?使同乎若者正之?既与若同矣,恶能正之!使同乎我者正之?既同乎我矣,恶能正之!使异乎我与若者正之?既异乎我与若矣,恶能正之!使同乎我与若者正之?既同乎我与若矣,恶能正之!然则我与若与人俱不能相知也,而待彼也邪?

"何谓和之以天倪㉕?曰:是不是,然不然。是若果是也,则是之异乎不是也亦无辩;然若果然也,则然之异乎不然也亦无辩。化声㉖之相待,若其不相待。和之以天倪,因之以曼衍㉗,所以穷年也。忘年忘义,振于无竟㉘,故寓诸无竟。"

字词注释

① 瞿鹊子、长梧子:均为庄子虚构的人物。

② 夫子:这里指孔子,但庄子只是借孔子来表达自己的观点,因此,这里与其他篇章所出现的孔子和儒家其他代表人物,如颜回,以及他们的观点,并非实指孔子和儒家的观点。

③ 违:这里是避开、躲避的意思。

④ 孟浪：这里指轻率、不切实际。

⑤ 荧：本义指微弱的光，这里引申为使人迷惑、疑惑的意思。

⑥ 时夜："时"，这里通"司"，是掌管的意思；"时夜"，即司夜，指报晓的公鸡。

⑦ 鸮炙："鸮"，指猫头鹰一类的猛禽；"鸮炙"，指烤熟的鸟肉。

⑧ 旁：这里通"傍"，是依傍、靠近的意思。

⑨ 挟：这里是夹着、拥有、拥抱的意思。

⑩ 滑涽："滑"，这里通"汩"，是扰乱、混乱的意思；"涽"，指混乱的样子；"滑涽"，即纷杂混乱。

⑪ 以隶相尊："隶"，指奴仆，这里引申为卑贱；"以隶相尊"，意思是把卑贱和尊贵同等看待。

⑫ 芚：这里是浑然无知的样子。

⑬ 参万岁："参"，这里是调和的意思；"万岁"，指古今各种不同的事物及其变化；"参万岁"，意思是调和古今各种不同的事物及其变化。

⑭ 说：这里通"悦"，是高兴、欢喜的意思。

⑮ 弱丧："弱"，这里指幼小、年少；"丧"，这里是走失的意思；"弱丧"，即小孩走失。

⑯ 丽之姬：这里指骊姬，春秋时期晋献公妃子。

⑰ 艾封人：这里指春秋时期骊戎国艾地守边人。

⑱ 蕲：这里通"祈"，是求的意思。

⑲ 窃窃然：这里指清楚明白的样子。

⑳ 牧：这里指地方官或主管某一专业领域的官，即一般管理者或臣。

㉑ 吊诡：这里是诡异、怪异的意思。

㉒ 若：这里是你的意思。

㉓ 而：这里通"尔"，是你的意思。

㉔ 黮暗："黮"，指黑、黑色；"黮暗"，即黑暗不明，引申为遮蔽。

㉕ 天倪："倪"，这里是边端、头绪的意思；"天倪"，即自然而然形成的分辨。

㉖ 化声：据郭象注，"是非之辩为化声"[1]。

㉗ 曼衍："曼"，这里是展开、延伸的意思；"衍"，这里是蔓延的意思；"曼衍"，即自行变化、自然发展。

㉘ 无竟："竟"，这里同"境"，是边界的意思；"无竟"，即没有边界。

---

[1] 郭象：《庄子注疏》，成玄英疏，曹础基、黄兰发整理，中华书局2011年版，第58页。

今文意译

瞿鹊子问长梧子:"我曾听孔子说过:'理想化的最高组织管理者不做具体事务,不谋取私利,也不躲避危害,不以目标追求来满足个人喜好,也不以组织之道来粉饰自我形象,虽然没有说什么,却好像说了;虽然说了什么,却又好像没有说,总是游走于尘世之外。'孔子认为这是轻率不实之言,而我却认为这正是融入组织之道的典型表现。您认为怎么样呢?"

长梧子说:"这些话就是黄帝听了也会迷惑不解,孔子又怎么能理解呢!况且你也太着急了点,简直像是看见鸡蛋,就想有报晓的公鸡,看见弹弓,就想有烤熟的鸟肉。我尝试给你随便一说,你也随便一听。怎么才能做到依傍日月,拥抱宇宙?那就要与万物融合,搁置纷杂混乱,同等看待卑贱和尊贵。一般组织成员忙于日常事务,理想化的最高组织管理者显得愚笨昏聩,却又能将古今各种不同的事物及其变化调和成一个纯粹的整体。各种事物的独特性都能在这个纯粹的整体中得到包容和同等对待。我怎么知道欢喜活在世上不是一种迷惑呢?我怎么知道厌恶死亡不是像小孩走失而不知回家呢?骊姬是骊戎国艾地守边人的女儿。晋国国君刚迎娶她时,她哭得衣服都湿了;但到了王宫,与国君同吃同住之后,又后悔当初那么哭了。我怎么知道去世者会不会后悔当初不该那么求生呢?晚上做梦喝酒取乐的人,早晨醒来可能就会因伤心事而哭泣;晚上做梦伤心哭泣的人,早晨醒来可能就会兴冲冲地去打猎。还在睡梦中的时候,并不知道自己在做梦,说不定在梦中还梦到在占卜梦的吉凶呢,等到醒来时,才知道原来是个梦。只有真正觉醒的人,才能理解人生不过是一场大梦啊!那些愚昧的人则自以为觉醒,仿佛什么都清楚一样。人们所说的最高管理者和一般管理者,都不过是徒有其名而已!孔子和你,都还在梦中啊;我说你们在梦中,我也是在梦中啊。这些话可以称为诡异之词。如果万世之后有伟大的理想化最高组织管理者可以理解这番话,那就好像平时遇到的知己一样了。

"假如我和你辩论,你胜过我,我没有胜过你,那你果真就是对的,我果真就是错的吗?我胜过你,你没有胜过我,那我果真就是对的,你果真就是错的吗?还是其中有一个人是对的,另一个人是错的呢?抑或是两个人都对,两个人都错呢?对于此,我和你都不知道,其他人则囿于成见,更无从知道了,我们又能找谁做出评判呢?如果找与你的观点相同的人做评判,既然观点与你相同,又怎么能做评判呢?如果找与我的观点相同的人做评判,既然观点与我相同,又怎么能做评判呢?如果找与我们两人的观点都不相同的人做评判,既然观点与我们两人都不相同,又怎么能做评判呢?如果找与我们两人的观点都相同的人做评判,既然观点与我们两人都相同,又怎么能做评判呢?这样看来,我与你与其他人都不能相互理解、做出评判了,还能等待谁呢?

"看来也只能等待自然而然形成的分辨了。什么叫用自然而然形成的分辨来进行调和呢?这就是说:任何观点有对的地方,就一定有错的地方;能说明一种存在状态,也就一定不能说明另一种存在状态。假设对果真是对的,那么,对与错便明显不同,也就不用再辩论了;能说明一种存在状态,假设果真如此,那么,能说明与不能说明一种存在状态,也就再明显不过了,同样无须辩论。关于是非对错的争辩,都是由于人为的对立。如果没有人为的对立,而是用自然而然形成的分辨来进行调和,使各种观点得以自行变化、自然发展,这样组织整体反而可以可持续发展。最高管理者如果能忘却人为设定的期限和意义,在广阔无边的理想世界中奋发进取,那才有可能让组织及其各项事业顺利进入广阔无边的发展空间。"

分析解读

本章紧接上一章,进一步说明理想化的超越者会怎样做管理。

庄子在本章仍是借对话来进行阐述,虽然其中引用了孔子的话,但庄子只是借用孔子之名,而非实指孔子其人,更不代表孔子本人的观点。这也是庄子除了寓言外的又一种独特的语言表达方式,即"重言",就是借历史上有影响力的人物来表达自己的观点。所以,本章开头便引用孔子的话,表达了上一章所隐含的观点,即"圣人不从事于务,不就利,不违害,不喜求,不缘道;无谓有谓,有谓无谓,而游乎尘垢之外";但同时又加上一句"夫子以为孟浪言,而我以为妙道之行也",意思是孔子认为这话不切实际,而我认为这恰是最高管理者与组织之道融为一体的典型表现。

其实,在当时的历史条件下,绝大多数人都会认为这种观点完全不切实际，纯属"孟浪言"，而庄子只不过是借孔子之口表达出来罢了。在现实中，有哪位组织的最高管理者不关心眼前的事业或业务，又有哪位最高管理者不是趋利避害，要求人们必须达到特定的目标和指标要求？更别说现实中的最高管理者总会千方百计用组织之道对其行为进行粉饰和包装，把个人好恶和意志美化成组织的利害得失，期望通过不断宣贯，将人们吸引到对这种现实利益的追求之中。即便是庄子虚构的人物瞿鹊子，虽然嘴上说"我以为妙道之行也"，但心里面却很可能是在想"圣人不从事于务"，还"游乎尘垢之外"，既逍遥自在，又不用担责，该有多么惬意。这反倒是一种更加急功近利的认识。可以想象，在庄子所处时代，一定会有很多诸侯国国君在做如是想。

或许正因为如此，庄子才借长梧子之口，深刻地指出："是黄帝之所听荧也，而丘也何足以知之！且女亦大早计，见卵而求时夜，见弹而求鸮炙。"庄子正是借黄帝这位历史上伟大的管理者，来说明对于那些现实中的管理者来说，想要真正理解这种观点是非常不容易的。即便是像瞿鹊子所代表的那类人，虽然表面上很欣赏这种观点，但实际上不过是从个人趋乐避苦的功利角度来理解这种观点，而急功近利思维方式的典型表现，就像看到鸡蛋，马上想有报晓的公鸡；看见弹弓，则马上想有烤熟的鸟肉吃一样。因此，不要以为瞿鹊子所代表的那类人是在赞赏这种观点，其实他们骨子里与认为这种观点不切实际的人一样，所持有的都是一种功利化的思维方式，而这种观点本质上恰恰是要摆脱这种功利化的思维方式，其典型表现便在于"游乎尘垢之外"。

从根本上说，"游乎尘垢之外"，恰恰要求管理者必须超越现实。但问题是，如何才能超越现实？这就是庄子借长梧子之口提出的"奚旁日月，挟宇宙"这个问题。其实，这里所说的依傍日月、拥抱宇宙，与"游乎尘垢之外"是同一个意思，都强调要超越现实世界，但关键是怎样才能超越现实世界？

这里给出的答案是："为其吻合，置其滑涽，以隶相尊。众人役役，圣人愚芚，参万岁而一成纯。万物尽然，而以是相蕴。"在这句话中，庄子仍是以天地间的万物来比喻组织中的各项事业、业务和任务及相应的部门、团队和岗位，而这里所说的"圣人"，则指的是作为理想化超越者的最高管理者，也就是理想化的最高组织管理者。作为组织之道的化身和共同利益的执着追求者,理想化的最高组织管理者当然要同所有事业、业务和任务相兼容,不能厚此薄彼,更不能用个人好恶和意志作为标准,对不同事业、业务和任务进行评判;即便组织中确实有关于人和事的各种不同声音,理想化的最高组织管理者也必须搁置乃至超越这些不同声音及观点,否则,必然会引发组织内无休止的争辩,无谓地消耗大量时间和精力,又不能解决实际问题。这就是"为其吻合,置其滑涽,以隶相尊"所要表达的意思,而这句话的主语则是"圣人"或理想化的最高组织管理者。

另外,考虑到管理工作与非管理工作的分工,尤其是最高组织管理者工作的特殊性,庄子这里才专门强调指出:"众人役役,圣人愚芚,参万岁而一成纯。万物尽然,而以是相蕴。"这意味着最高组织管理者要代表组织整体,而不能只从事某个特定领域中的具体事务,这在很大程度上说明了本章开头所述的"圣人不从事于务"的合理性。从事具体事务的人,一定有专业的知识和技能,总显得聪明能干,尤其是当通过特定事务创造出业绩的时候;但是,最高组织管理者虽然代表组织整体,而这个组织整体却又看不见、摸不着,因此,表面上看,最高组织管理者终日无所事事,显得愚笨昏聩。这也正是老子早已指出的,由于分工的原因,最高组织管理者与一般组织成员在工作及其成果上存在巨大反差,即"众人皆有余,而我独若遗。我愚人之心也哉!沌沌兮!俗人昭昭,我独昏昏;俗人察察,我独闷闷"[1]。其实,恰是这种反差的存在,让组织这个看不见的整体得以包容各种看得见的具体事业、业务和任务,并让组织面向未来进入未知领域、拥抱不确定性、实现可持续发展成为可能。这也是庄子用"万物尽然,而以是相蕴"所要表达的意思。

实际上,任何组织的发展,都是一个从无到有、从已知到未知、不断将不确定性转化为确定性的过程。如果组织的最高管理者只是盯着现在的事业、业务和任务,而且自己也热衷于从事某项具体的事业、业务甚至任务,厌恶未知,不想面对不确定性,那么,组织也只能被锁定在现有的事业或业务中,失去进一步拓展事业或业务边界、实现事业或业务不断转型和创新的可

---

[1] 张钢:《老子的管理要义》,浙江大学出版社2023年版,第90—96页。

能性。一旦环境发生剧烈变化，组织生存的根基就会动摇，更遑论发展了。所以，在庄子看来，组织的最高管理者只有勇于面对不确定性，敢于从已知向未知探索，才能真正推动组织的可持续发展。

为了说明这一点，庄子以生与死，来隐喻已知与未知、确定性与不确定性的关系，即"予恶乎知说生之非惑邪！予恶乎知恶死之非弱丧而不知归者邪"。这里的"予"，即我，用以暗指组织的最高管理者，而"生"与"死"则隐喻着组织所面临的已知与未知、确定性与不确定性。如果组织的最高管理者只知道立足已知、喜欢确定性，看上去可以让组织在当下活着，但不一定能保证组织的可持续发展，也就是不一定能保证组织在变化的环境中仍继续活着。这种意义上的"悦生"，也可以说是一种迷惑。更进一步讲，组织的最高管理者不愿意承认自己的无知，也不想去探索未知，厌恶不确定性，就像一般人厌恶死亡一样；但是，殊不知正是在不确定性中蕴藏着发展的无限机会，从已知向未知的持续探索，才是组织可持续发展的前景所在。这就好像有谁能知道死亡不是犹如小孩子出去玩不愿意回家呢？很可能是因为家以外有更诱人的景色和无限生机。这种意义上的"恶死"，就像当年骊戎国艾地守边人的女儿骊姬一样，刚开始嫁到晋国，哭得衣服都湿透了，不愿意面对一个未知的陌生世界，这是人的规避不确定性的典型表现；但是，等到了晋国王宫，与国君一起生活之后，是否又该后悔自己当初不应该那么无知，竟哭成了泪人呢？那些面对组织发展的不确定性，想极力规避，就是不想进入未知领域的最高管理者，事实上和骊姬是一样的。这正是庄子所说的"予恶乎知夫死者不悔其始之蕲生乎"的深刻之处。

紧接着，庄子又举了睡梦与清醒的例子，进一步说明已知未必可靠，未知充满机会的道理。很多人可能都有过这样的经历，"梦饮酒者，旦而哭泣；梦哭泣者，旦而田猎"。也就是说，睡梦与清醒的感觉会有很大反差，好像在梦中什么荒唐事都会出现，很多时候梦境与清醒时正好相反。这似乎在告诉人们，睡梦是无法把控的，极具不确定性，而现实中清醒的人似乎仅凭感觉经验就能掌控一切，因此，清醒时的现实是确定的，不像做梦那么离奇，根本就无法提前认识和把握，即"方其梦也，不知其梦也。梦之中又占其梦焉，觉而后知其梦也"。果真如此吗？实际上，在清醒时，当人们面对各种感觉对象的时候,无不是依赖现有的经验见识去进行认知和把握。但问题是,人们现有的经验见识就一定可靠吗?尤其是在管理情境下,管理者立足于现有的经验见识,一定能确保对组织内外部环境条件的认识和把握吗?在巨变的环境面前,已有的经验见识很可能会欺骗管理者,使其如梦游一般却不自知,这就是"且有大觉而后知此其大梦也,而愚者自以为觉,窃窃然知之"所要表达的意思。

所以,庄子这里才更有针对性地指出:"君乎,牧乎,固哉!丘也与女,皆梦也。"这里的"君",专指组织的最高管理者;"牧",则指一般管理者;"固",则是浅陋的意思,意指现实中的最高管理者和一般管理者往往都自以为高高在上,必定有比别人更高的见识,实际上都很浅陋,不过是徒有虚名而已;如果人们把这些浅陋且徒有虚名的管理者及其管理实践看成组织管理的现实情况,立足于这种现实,反倒去说本章开头那种"不从事于务""游乎尘垢之外"的观点不切实际,那么,这恰恰说明如此看的人不够清醒,还在梦呓中。这里虽然用"丘也与女",但并非实指孔子,而是指这些没有清醒认识、仍像在梦中一样的人,同时也是在暗示,像孔子这样的伟大人物如果有这样的认识,都如同在做梦,更何况其他人呢。

当然,庄子自己也不例外,所以才说:"予谓女梦,亦梦也。是其言也,其名为吊诡。万世之后而一遇大圣,知其解者,是旦暮遇之也。"意思是,像我这样说别人在梦中的人,就未必不是在梦中,如果只是想用个人的经验见识去评价别人的话,那又怎么知道这种评价不是建立在偏见甚至无知的基础上呢?凡是用语言去评价语言,都难免产生这种逻辑自指的悖论。一旦别人将同样的逻辑指向说话者本人,这样的"吊诡"便出现了。比如,当你在说别人说的话是梦话的时候,别人马上就可以反问一句,你又怎么知道你说我说梦话这句话它不是梦话呢?所以,要清楚理解语言的所指及其意义并不是一件容易的事,或许只能等待历史的检验,而一旦被历史所检验了,才算真正找到了知己。这就是庄子"万世之后而一遇大圣,知其解者,是旦暮遇之也"所要表达的意思。这里的"万世之后",指的便是历史的进程,而"大圣",则不一定是指某位实现了对语言和现实的双重超越者,而是指那些有着同样超越经历的管理者们的共同体。这也是历史检验的真正含义所在。

历史检验绝不是靠一个人来检验,而是靠历史上出现的管理者们的共同检验。一旦经历了这种共同检验,这些管理者便形成了一个跨时空的志同道合者的共同体,成为那个真正的理想世界的共同创造者及维护者。这也是理想化的超越者并不孤单的原因。

为了进一步说明一个人的经验见识及其语言表征,无法评价他人的经验见识及其语言表征,这里又举了两个人辩论的例子。对于A、B两个人的辩论,到底该如何做出评判？显然不能由当事双方来评判,而只能引入第三方,但是,这个第三方也必定是有个人的经验见识的。这个第三方的经验见识,要么同A相关,要么同B相关,要么与A、B都相关,要么与A、B都不相关。不管是这四种情况中的哪一种,都无法客观地对A、B双方的争辩做出正确的评判,也都会面临用个人的经验见识及其语言表征,去评判他人的经验见识及其语言表征所必然带来的"吊诡"现象。在现实的组织管理中,那些掌握着话语权的管理者们,总是在用自己的个人经验见识及其语言表征去评判他人,其中的"吊诡"可谓层出不穷。既然如此,那又该如何对各种各样的争辩做出评判,以避免语言运用中的"吊诡"呢？庄子给出的解决方案是"和之以天倪"。

所谓"和之以天倪",指的就是"是不是,然不然。是若果是也,则是之异乎不是也亦无辩；然若果然也,则然之异乎不然也亦无辩"。意思是,任何观点都有其自身的合理性,在观点的相互碰撞中,自然而然就能选择出真正有价值的观点,而不需要人为地、刻意地确立一种权威,去评价哪个对、哪个错,哪个有价值、哪个没有价值。这里的"天倪",指的就是一种自然而然的选择机制,或自然地做出了分辨。这就如同天地间的万物,到底哪种更适合生存,哪种要被淘汰,都不是由谁来刻意做出的判断和选择,哪怕是天地本身,也根本不会去干预万物的生生灭灭,都是万物在生存竞争中自然而然地适应性选择的结果。以此类推,在组织中,各种观点或思想,到底哪个对、哪个错,哪个有价值、哪个没有价值,也不是由管理者的个人意愿所决定的,而是在自然而然的此消彼长中选择出来并付诸实施的,这便是犹如天地间的自然生态系统那样的组织中的观点或思想生态系统。这样一来,在组织中,便不需要由管理者人为地确立是非对错标准来进行选择,而是让各种观点或思想得以自然涌现，自行变化和发展，这样组织整体上却可能会源源不断地涌现出有意义的新观点、新思想，也会有更多创新的可能性。这就像天地间万物的整体一样，虽然个别物种总有生灭，但天地间万物的整体又总是那么生机勃勃。这也正是"化声之相待，若其不相待。和之以天倪，因之以曼衍，所以穷年也"所要表达的深刻管理寓意。

最后，庄子又回到本章开头的观点，即最高管理者必须超越具体的事务，进入那个由思维创造的理想世界，在其中不仅能够同历史上那些伟大管理者为伍，避免陷入由个人经验见识及语言运用所构建起来的虚假现实里，更重要的是，只有实现了这种超越，才能摆脱现实中那些关于语言运用本身所形成的人为的对错纷争，从而给各种新观点或新思想的涌现、发展、自然选择留下更为广阔的空间。这恰是组织实现创新发展的真正思想源泉。因此，庄子最后要说："忘年忘义，振于无竟，故寓诸无竟。"

这里的"年"和"义"，代表的都是人为设置的评判标准，"年"，代表的是时间标准；"义"，则代表的是规范标准；而"无竟"，即"无境"，指的是一种没有边界的境界。试想，在现实世界中，如何能找到这种无边界的境界？恐怕也只有在那个由观念或思想构成的理想世界中，才有这种可能性。这意味着，最高管理者必须忘却在组织中设置的那些标准，包括时间标准和规范标准。当然，这绝不是说不要各类标准，而是说，这些具体标准不能成为最高管理者评判组织整体发展的标准，最多作为评价各项具体事业和业务乃至任务的标准；更重要的是，最高管理者不能用这些具体标准去衡量各种新观点、新思想，而应该让它们在组织的思想空间中自发地交流、碰撞和选择，这样才能让组织整体的发展扎根于思想世界之中，以理想来引领现实，用思想的创造来支撑组织的创新发展。

管理别义

规避不确定性是人之常情，但是，管理者，尤其是高层管理者，却不能一味地规避不确定性，或厌恶不确定性。如果管理者总想退缩在确定的已知世界之中，组织的发展一定会失去创新的动力，也一定会丧失不确定性所带来的发展机遇。

不确定性同时也意味着无限的可能性。组织只有在不确定性的环境中，才有动力去创造新知识，以转化不确定性，从而实现创新发展，因为"知识就是不确定性的排除"。越是在不确定性的条件下，组织就越需要不断创造出新知识。一方面，用新知识转化不确定性，从而认识、理解、适应乃至改变环境；另一方面，当把新知识转变为新产品、新服务、新业务、新事业并带来新价值时，这便是真正意义上的创新。也正是创新，让那些在不确定性环境中首先转化了不确定性的组织，获得了走在发展前列的竞争优势，而那些持续不断创造新知识又能实现价值转化的组织，便赢得了可持续的竞争优势。这才是创新驱动发展的真正含义。

因此，那些能够实现创新驱动发展的组织，一定拥有一大批不畏惧不确定性，敢于拥抱不确定性的管理者。这样的管理者不满足于已知，勇于承认自己的无知，不断地由已知向未知探索；更重要的是，他们能超越个人的经验见识，鼓励组织成员都参与到这样的探索之中，用观念和思想构成的理想世界，来引领和推动现实的行动，从而让现实时刻处在与理想的不断互动之中，而不是让现实成为纯粹个人成见甚至偏见的扭曲反映。立足于已被成见甚至偏见扭曲了的现实，永远不会有突破，也总是会厌恶不确定性。原因很简单，待在经验成见的舒适区里永远最安全、最省心。管理者如果只想着安全和省心，也只会用现有成熟事业或业务中的标准，去衡量那些面向新事业或业务开创的思想或观点，那就必定要挥舞起否定的大棒，以眼前的绩效、活在当下为借口，排除一切看似没有现实收益的新思想、新观念和新项目，其结果必然是让组织发展深陷绩效陷阱，锁定现有路径。

管理者想要避免以个人成见阻碍组织的创新发展，就必须回归组织的信念和价值观及由此所形成的理想世界，并坚信只有新思想才是创新的真正源泉。没有鼓励和激活新思想不断涌现的组织机制，理想世界也会失去依托，而这种组织机制恰是让更多组织成员能进入这个理想世界的主要途径。如果组织的理想世界只是由管理者构建而来的，那与成见又有何区别呢？组织的理想世界如果不能与历史上那些伟大组织、伟大管理者的理想世界相连接，便不能获得源头活水，更不可能源远流长；组织的理想世界如果不能广泛吸引组织成员参与其中，也就无法把理想变成现实，更难以以理想来引领现实、借现实来完善理想。组织的理想世界必须是开放的,包括向历史开放、向现实开放,更向未来开放,这样才能吸收越来越多的新思想、新观念,让理想变得日益丰满,并因有了理想,让现实不再骨感,反而同步变得丰满美好起来。这就要求管理者必须从自我做起,进而正向影响其他组织成员,使其不仅成为组织的岗位职责履行者和绩效贡献者,还必须成为有理想的"组织人"和思想贡献者。

2.12　罔两[1]问景[2]曰:"曩[3]子行,今子止;曩子坐,今子起;何其无特操[4]与?"

景曰:"吾有待而然者邪?吾所待又有待而然者邪?吾待蛇蚹蜩翼[5]邪?恶识所以然!恶识所以不然!"

字词注释

① 罔两:这里指影子外的影子,郭象注称"景外之微阴也"[1]。
② 景:这里同"影",是影子、身影的意思。
③ 曩:这里指从前、过去。
④ 特操:"特",这里是独特、独立的意思;"操",这里指操守,即一种能坚持自己认为正确行为的品质;"特操",指独立的操守。
⑤ 蛇蚹蜩翼:"蚹",指蛇腹下的横鳞,可代替脚来行走;"蜩",即蝉;"蛇蚹蜩翼",意思是蛇靠腹下横鳞走、蝉靠两个翅膀飞。

今文意译

影子外的影子问影子:"刚刚你还在走,现在又停了;刚刚你还坐着,现在又站起来了;怎么会这样没有独立操守呢?"

影子说:"我因为必须依赖其他存在才会是这个样子吧?我依赖的那个存在又必须依赖另外的存在才会是这个样子吧?我必须依赖其他存在才能行动,就像蛇靠腹下横鳞走、蝉靠两个翅膀飞一样吧?我怎么知道为什么会

[1] 郭象:《庄子注疏》,成玄英疏,曹础基、黄兰发整理,中华书局2011年版,第59页。

是这样？我又怎么知道为什么会不是这样？"

分析解读

本章阐述了语言、经验与现实之间的关系问题，更进一步强调了管理者实现经验和语言的双重超越的重要性。

经验反映现实，而语言则要表征现实。但是，语言所能表征的现实，并非独立于人而存在的那种现实，而是被人的感官所体验到的现实。从这个意义上说，语言跟在经验后面，经验则跟在现实后面。这就好像影子外的影子跟在影子后面，而影子又跟在特定的物体后面一样。所以，庄子在本章便用物体、影子、影子外的影子之间的关系作隐喻，启发人们思考现实、经验和语言之间的关系。影子外的影子，指的是"影外微阴"或影子的二次方，也就是由影子带来的次级影子。

影子外的影子问影子："曩子行，今子止；曩子坐，今子起；何其无特操与？"这里的"景"即影子，隐喻为经验。影子总是离不开特定物体，经验也同样离不开要反映的对象或现实。正如影子无法自己决定自己的行为，而总是要反映特定物体的变化一样，经验也无法自己决定自己能体验到什么，而总要反映特定对象或现实。这表明，经验必然要随着现实对象的变化而变化，而影子显得没有独立的操守，即"何其无特操"，也就隐喻着经验并不具有独立性。

更进一步，当影子外的影子这样问影子的时候，实际上是在埋怨自己之所以"无特操"，是因为影子"无特操"，因为影子外的影子不过是由影子带来的，没有影子，哪有影子外的影子。既然影子"无特操"，影子外的影子当然也就"无特操"了。在这里，影子外的影子隐喻的是语言，毕竟语言是对经验到的现实对象的表征，也可以视为对感觉经验进一步提炼和抽象的结果，这又让语言具有了比经验更高的抽象性和普遍性；但是，既然语言运用是基于感觉经验的一种提炼和抽象，也就意味着语言运用会随着经验的变化而变化。正如影子外的影子因影子"无特操"也变得"无特操"一样，语言运用也会因经验所具有的不确定性而变得不确定。这种不确定性的传递效应，在影子的回答中说得很清楚："吾有待而然者邪？吾所待又有待而然者邪？吾待蛇蚹蜩翼邪？恶识所以然！恶识所以不然。"

这里讲的是,想要看清和把握住影子的变化,必须直接去观察影子所赖以存在的特定物体,即"有待",而那个特定物体或"有待"之所以会有如此变化,是因为与其他物体相互作用,因此,只有进入那个超越影子的现实物理世界的相互作用之中,才有可能认清和理解影子为什么这样变化,而不能只是局限于影子本身。这就好比看到蛇在地上游走,蝉在空中飞翔,如果不去探索蛇的腹下横鳞与地面的相互作用,蝉的双翼与空气的相互作用,而只是盯住蛇和蝉本身,也就根本理解不了蛇为什么以这样的姿态在地上爬,蝉为什么会那样在空中飞一样。最后,当影子说"恶识所以然！恶识所以不然"的时候,其含义正是,单就影子本身来看,当然搞不清楚了,又不是影子能决定那个特定物体为什么会如此变化。这里隐喻的是,单凭经验本身又如何能理解现实的变化？更何况组织和管理的现实还在经验与语言的互动中同步发生着改变。

正如影子并不能准确地反映特定物体,很容易出现扭曲一样,感觉经验及其语言表征也不可能是现实的副本,同样容易出现扭曲,更何况感觉经验还会受语言运用中框定效应的影响。这让扭曲似乎变得更加不可避免。既然如此,那是否意味着管理者根本就无从理解和把握现实,也只能凭借运气来做管理呢？当然不是。庄子借助影子与影子外的影子的对话,已经暗示了一条超越这种扭曲的道路。

为什么会有影子存在？除了影子所赖以存在的特定物体之外,还必须有光源。在漆黑一片中,任何物体都不会有影子,更遑谈影子外的影子了。所以,光源是让物体有影子的重要前提之一。当有了光源,不仅处在光源照耀下的物体会有影子,而且也会清晰地显露自身。在这种情况下,要认识该物体及其与环境条件的相互作用,何必还要依赖于该物体的影子,只要在光源照耀下直接探索该物体就可以了。这或许就是影子对影子外的影子所提问题"何其无特操与"的回答,即："恶识所以然！恶识所以不然。"言外之意是,你为什么不直接去考察那个"我"所依赖的特定物体,既然在光源照耀下它也清晰可见,何必又来问"我","我"不过是它的影子,又不一定能准确反映它,还不可避免地要受到光源与它的关系及环境中其他不同因素的干扰。

齐物论第二　149

这其实也是在提醒管理者,要清晰地认识现实、准确地把握现实,同样离不开光源。正如光源才是认识和把握特定物体存在状态的关键所在一样,组织之道也是管理者认识和把握组织现实的关键所在。组织之道正如光源一样,照亮了组织现实、经验见识与语言运用之间的关系。管理者只有借助组织之道,才有可能超越经验见识和语言运用,直面组织现实,完善组织现实。

管理别义

管理者不能只是置身于现实的影子即个人经验之中,面对现实的经验影像来做管理。那种影子式管理,虽然感觉上好像有效,但实际上却大相径庭。

当人们说管理者脱离实际时,有时不是因为管理者拥有理想、追求理想,而是因为管理者有太多经验,却压根儿就不相信还有理想这种东西。太过务实、太迷信经验见识的管理者,反倒可能是最脱离实际的管理者。道理很简单,组织内外部的现实并非简单的物理存在,一是一,二是二,只要看一看、摸一摸,就可以了。组织与管理的现实,既有物理的因素,更有社会的成分,而社会成分中又有相当多是由语言刻画出来的,根本无法用感官经验直接触达,比如面向未来的竞争战略选择问题,既无从直接触及未来,也没有办法直接触摸到组织及业务的边界。面对这种物理与社会因素错综交织的现实,管理者如果只想凭借感觉经验去反映,再用语言对这种反映作表达,期望以此引导人们的行为,谋划组织的发展,那就必然会陷入扭曲了的影子世界而不能自拔。

管理者要想避免感觉经验和语言运用对现实的双重扭曲,就必须立足于源自组织的信念和价值观的理想,借助理想之光照亮现实,再运用来自专业领域的理论和方法去分析现实,这样才有可能超越经验,真正认识和理解现实的本质特征。

2.13 昔[①]者庄周梦为胡蝶,栩栩然[②]胡蝶也,自喻适志[③]与!不知周也。俄然觉,则蘧蘧然[④]周也。不知周之梦为胡蝶与,胡蝶之梦为周与?周与胡蝶,则必有分矣。此之谓物化[5]。

字词注释

① 昔:这里通"夕",是夜晚的意思。
② 栩栩然:这里指活泼畅快的样子。
③ 自喻适志:"喻",这里同"愉",是快乐、高兴的意思;"志",本义为心意所向,即意念;"适志",指符合自己的心意,即适意、快意;"自喻适志",意思是自得其乐。
④ 蘧蘧然:据林希逸的注解,指"僵直之貌"[1];根据憨山的注解,指"偃卧之貌"[2];综合起来看,"蘧蘧然",意思是刚睡醒时身体僵直的样子。
⑤ 物化:这里指消融人与物的界限,将人变成物。

今文意译

晚上庄周在梦中变成了蝴蝶,活泼畅快地飞舞,自得其乐,竟忘记自己是庄周了。他忽然醒来,身体僵直地躺在那里,分明又是庄周呀。不知是庄周做梦变成了蝴蝶,还是蝴蝶做梦变成了庄周呢?庄周与蝴蝶必定是有区别的。这种做梦的情况,就是在消融人与物的界限,将人变成物。

分析解读

本章总结全篇,并与开篇第1章相呼应,点明"坐忘"不等于"物化","坐忘"恰是要让思维超越经验与语言的束缚,进入洞悉各种事物本质特性的理想世界,而"物化"则是要把思维屏蔽,抹杀人与物的界限,而且,"物化"通常还是经由语言的符号化过程来完成的。

庄周做梦变成蝴蝶这个形象的例子说明,在梦中,人与物的界限被打破,人可能变成物,如蝴蝶。这是为什么呢?更进一步,即便在清醒时,人真的就不会变成物了吗?

尝试做一下延伸思考,人们之所以在读到"昔者庄周梦为胡蝶,栩栩然胡蝶也,自喻适志与!不知周也"这一段时并不感到奇怪,很可能是因为人

---

[1] 林希逸:《南华真经口义》,陈红映点校,云南人民出版社2002年版,第45页。
[2] 憨山:《庄子内篇注》,梅愚点校,崇文书局有限公司2015年版,第57页。

们也有过在梦中变成物的经历,只是不一定变成了蝴蝶。但是,在现实生活中,人们为什么并不期望亲眼看到这种情况发生呢?这个问题又包含两个侧面:一是现实生活中会不会有这种情况发生;二是即便真有这种情况发生,人们会不会相信。说到是否相信,便涉及思维运用。感官经验是一回事,思维运用之后愿不愿意接受是另一回事。这就像人们观看魔术表演,确实用感官体验到了各种奇妙的无中生有的现象,如大变活人,但人们并不相信现实中真会有这种事发生,那只不过是魔术师使用了高级的障眼法,让观众无从觉察而已。即便观众确实觉察不到魔术师的手法,但思维能力正常的观众,没有人会相信现实中真会发生这样大变活人的事。

但是,在睡梦中,当人们经历像变魔术一样变成蝴蝶或化为他物的时候,却"不知周也",这又是为什么呢?原因很明显,在睡梦中,人的思维能力无法有效发挥作用,只有内部的身体感受器官还在运行,并继续把身体的基础代谢信号及环境变化信号传递到大脑,而大脑在没有思维有效监控的情况下,将这些即时信息与已有的各种内部经验见识乃至知识背景进行随机组合,便有可能产生各种各样千奇百怪的结果。这些结果在工作记忆中呈现,待到醒来时若还会有痕迹,就能被清醒了的思维检测到。一些梦可能还会被记得,但大部分梦是记不得的,因为在思维清醒后,那些梦境早已从工作记忆中消失了,无从回忆。像"庄周梦为胡蝶"这个梦,应该就属于醒来后还能记得的梦。所以,庄子才写道:"俄然觉,则蘧蘧然周也。"庄子醒来,虽然僵直地躺在那里,但脑海中还能清晰地浮现出那个自己变成蝴蝶的梦。

人在梦中之所以能变成像蝴蝶这样的"物",关键就在于思维被暂时屏蔽,思维能力无法有效发挥作用,而现实生活中之所以不可能出现这种物化现象,哪怕在魔术表演的特殊场景下出现了人变为物或物变为人的现象,仍没有人会相信果真如此,原因也正在于人的思维处于清醒状态时,人可以运用思维能力来加以分析辨别。

但是,如果再追问一句,在现实中,人真的不会变为物吗?虽然人的身体形状并没有发生改变,但是,如果被刻意屏蔽了思维的作用,现实中的人照样可以变为物,只是自己觉察不到而已。当然,这时的物化,并不是像庄周在梦中"看到"的"栩栩然胡蝶也"那样改变形体的物化,而是形体虽未变,实质却变成了物化工具。这种情况在组织管理情境中并不少见,其出现的原因和人在睡梦中屏蔽思维、抑制思维能力的运用一样,只不过在睡梦中是自动进行,在现实组织管理中则是被诱导的,而诱导的方式便是语言的运用。在语言的诱导下,当事人犹如被催眠一样,进入"梦乡",完全像是一个物化工具,按照指令完成着各种各样的工作。这实际上与"庄周梦为胡蝶"没有什么本质区别,甚至自己也感觉"自喻适志与",乐在其中,丝毫没有觉察出自己被他人诱导而变成了物化工具。

关于语言在屏蔽思维、抑制思维能力上所起的作用,庄子接下来讲得很清楚,那就是:"不知周之梦为胡蝶与,胡蝶之梦为周与?周与胡蝶,则必有分矣。此之谓物化。"庄子从睡梦中醒来后,之所以会产生这样的疑问,又能将这样的疑问表达出来,变成千古谜题,原因都在于,人能够运用语言进行思考和追问,这使人们不仅能发出疑问,也能将自己的梦境表达出来。做梦本来是私人的事,但是,当人们运用语言把梦境表达出来,就变成了一个具有公共性的话语现象。人们可以借此相互参照和比较,从而发现梦境中共有的成分及这样的梦所具有的现实启发意义。动物也会做梦,像蝴蝶,说不定也能梦到自己变成了人,但是,由于蝴蝶没有符号化语言,不管蝴蝶梦到的是什么,其他蝴蝶恐怕都无从知晓,更不要说被人知晓了。你可以说是蝴蝶做梦变成了庄子,而不是庄子做梦变成了蝴蝶,但是,最终将其表达出来并让人知晓,还是庄子运用语言的结果,而不是蝴蝶使用某种神秘方式与人沟通的结果。

所以,当庄子说"周与胡蝶,则必有分矣",这里的"必有分",也只是人而非蝴蝶在思考和表达着这样的分别。只有当蝴蝶以物的形式进入属于人的现实,人要对之进行思考和表达时,蝴蝶与人的分别,才在人的视野中呈现了出来。在人的视野之外的纯粹自然界中,物与物也必定会有分别,但那种分别并没有被人所认知,更不可能用语言去表征,也就不可能引发庄子关于蝴蝶的醒后思考。当然,如果将人以外的所有存在都笼统地称为"物",那么,也可以将"周与胡蝶,则必有分矣",由作为个别人的"周"与特殊物的"蝴蝶"之间的分别,上升到更为一般的分别,那就是人与物的分别,也即"人与物,则必有分矣"。虽然人与物必定有相通之处,比如人也具有生物属性,但是，人之所以能称为人，则必定有生物属性所不能涵盖的独特之处。正是这种不能被生物属性所涵盖的独特之处，成为人得以独立于物而存在的根本属性，也就是人之为人、区别于物的独特本性，即德性，也即人性。

人性与物性确有不同。从"庄周梦为胡蝶"这个例子不难看出，人性与物性的不同，集中体现在思维和语言的运用上。在梦中，人与物的界限之所以会被抹杀，就在于思维被屏蔽，思维能力受到抑制；而梦醒时分，庄子之所以会用语言追问"不知周之梦为胡蝶与，胡蝶之梦为周与"，恰说明，人的思维及语言的运用，才能使人与蝴蝶区别开来。也就是说，正是因为庄子用语言追问了这样的问题，才说明"周与胡蝶，则必有分矣"。如果一定要抹杀这种区别，也即庄周与蝴蝶的区别、人与物的区别，那就必须屏蔽人的思维，抑制人的思维能力和语言运用。一句话，不让人思考，不让人说话，这样也就在现实中把人与物的界限抹杀掉了，最终让人变成了物。这就是本章最后所说的"此之谓物化"的深刻之处。

联系本篇第1章中南郭子綦提到的"人籁""地籁""天籁"三种语言运用方式的区分，便不难理解，作为"比竹之声"的"人籁"，在组织管理情境下，就是指管理者要人为地宣贯某一种观点时，借助语言的巧妙运用，诱导人们接受这种观点，并让这种观点占据人们的思维，成为人们运用思维的一种外部准则。作为大风刮过各种孔穴而被动地发声的"地籁"，意味着管理者以强制的指挥命令和政策措施乃至惩罚的方式，让组织成员被动地接受某种自上而下的观点，进而保持各种语言运用的一致性，虽然发出的声音大小不一，但本质上一样，不过都是上级管理者口风的传达者而已。

与"人籁""地籁"不同，"天籁"是天地间万物的自然发声，不同性质的物，当然会发出完全不同的声音，这才构成了天地间极其和谐的"天籁"。在组织管理情境中，"天籁"隐喻的是组织营造出的一种和谐的氛围，鼓励成员独立思考、自由表达，让新思想源源不断地涌现出来，从而推动组织的创新发展。像"天籁"一样的组织氛围，虽然是一种理想状态，但只有借助这种理想状态，管理者才能更清晰地看到现实组织管理中的不足和缺陷，并找到改变现实的途径，朝着理想，努力前行。

本篇第1章用南郭子綦的"坐忘"，意在提醒管理者，只有擅长忘却个人的经验见识及受经验见识束缚的语言运用,才能进入思维得以自由展开的理想世界,借助理想,回望现实,方能理解"人籁""地籁""天籁"的本质区别及其深刻的管理寓意。

本篇的最后一章,又用庄子的"梦为胡蝶",深刻地揭示了当时历史条件下组织管理中普遍存在的"物化"现象,即抹杀人与物的界限,将人变为物,并警示人们,在现实中,"物化"必定要借助语言的运用,而为了防止被刻意"物化",就要时刻警惕"人籁"和"地籁",主动参与组织的"天籁"氛围的创造。

管理别义

在组织管理中,的确存在将人物化的倾向。管理者总是要面对人和物来做管理。管理者如果不能首先将人与物严格区别开来,而是同等看待,将两者都视为实现特定目标的资源,只不过一个是人力资源,另一个是物质资源,且认为两者并无本质区别,那么,人力资源不过是另一种形式的物质资源,也就成了物化资源。当人成为一种物化资源,那就意味着组织中的人已经被物化了。人的物化之所以成为可能,一个重要的原因就是管理中语言的滥用,包括诱导式运用和强制式运用。

语言是思维的外在表现形式,而作为一种符号化存在,语言本身,无论是书面语还是口语,都可以说是一种物化存在。但是,语言既能承载思想,也能部分地反映精神。人的精神不完全是借助语言,以思想的形式表现出来,还可以通过其他形式,如面部表情、身体姿态、行为动作及绘画、音乐等多种载体传达出来,这就让"人的精神状态"成为一个广义的概念。但是,思想必须通过语言来表达,思维与语言密不可分。思维既可以运用语言来表达思想,同时也会受语言影响。可以说,语言承载着思想,既可以作为一个人思维加工的输入,也可以作为一个人思维加工的输出,而且,作为输入的承载特定思想的语言,还有可能左右一个人思维加工的进程,甚至关闭一个人自主的思维加工,让输入的信息未经加工,至少是未经自主的深度加工就输出了,成为别人思想的"传声筒",这就是常说的"人云亦云"或"鹦鹉学舌"。这个过程既有可能是自己不自觉情况下主动选择的结果,也可能是被外界操纵的结果,既包括诱导式操纵,也包括强制式操纵。

在管理情境中,管理者有时便扮演了组织成员信息加工的操纵者角色,既有可能是极尽诱导之能事的操纵,也有可能是利用权力的强制式操纵,多数情况下是两者综合运用的操纵。在组织管理中,这种操纵一旦出现并奏效了,也就意味着组织成员失去了自主运用思维和语言进行判断、选择和行动的能力,变成了别人的工具或手段;而且,由于思维被屏蔽,语言的自主运用被抑制,这时的组织成员便成为物化资源,是一种可以随时被使用的物化工具或手段。在这种情况下,人之为人的独特创造力和其他潜能,也都会因思维被屏蔽而不能发挥作用。这对于组织成员个人成长和组织共同利益的实现,都极为不利。毕竟物化的人是无法实现人所独有的价值;同样,由物化的人所构成的组织,也无法实现人的共同利益。

因此,在组织管理中,必须避免人的物化,这也是管理以人为本这个永恒主题的必然要求。问题是,怎样才能做到这一点呢？首先,应把人与物严格地区别开来,这也是说人性是做管理的起点的根本原因;其次,在明确了人性前提的基础上,需要建立起一种组织机制,让话语权与岗位职权相分离,从而在组织中做到话语权的对称分布,这样每位组织成员才能在话语权的使用中强化思维能力,不断成长,避免被物化,以人为本也才能在组织管理中真正落到实处。

养生主第三

本篇导读

本篇以个体养生隐喻组织的可持续发展。无论是个体人还是个体生物，其生命周期或许都可以直接观察；但是，组织的发展和生命周期却无法直接观察。组织一旦建立起来，恐怕没有哪位创始者和继任者不希望自己的组织能持续发展。然而，良好的愿望是一回事，让组织真正实现可持续发展又是另外一回事。在庄子所处的那个时代，又有多少诸侯国组织毁在了管理者手中，给民众带来灾难性的影响。面对严酷的组织现实，庄子用个体养生作隐喻，以探寻组织可持续发展之道。因此，"养生主"包括双重含义：一是表面含义，即个体养生的宗旨；二是深层含义，也就是组织可持续发展的宗旨。

本篇承接上两篇，明确指出，只有当组织的管理者尤其是最高管理者，实现了双重超越，即对个人的经验见识和语言运用的超越之后，才有可能认识到像天地之道一样的组织之道对于实现组织可持续发展的根本作用，进而才能从培植根基入手，确保组织实现可持续发展。

本篇分为五章。第1章深刻指出，管理者个体的职业生涯和生命周期总是有限的，如果单靠管理者个人的经验见识，要确保组织的可持续发展是不可能的；管理者必须立足于组织之道，建立起超越个人经验见识和语言运用的组织规则体系，才能通过培养一代又一代的"组织人"，让组织的生命周期远远超过个体的生命周期，实现可持续发展。

第2章以"庖丁解牛"为例，进一步阐述了组织可持续发展的根基在于组织之道和规则体系，而管理者必须像庖丁一样，既要认同并融入组织之道，又要遵从规则体系，才能有效解决组织的各类问题。庖丁不以"目视"而以"神遇",说明已与牛融为一体,隐喻着管理者必须融入组织之道,成为组织的代表、组织之道的代言人;庖丁总能在骨缝里行刀,却又游刃有余,则象征着管理者必须遵从规则,以规则为前提,来解决组织的各类问题。

第3章则着重强调,尽管组织之道和规则体系让组织中的人和事具有了同一性,但不能否认的是,组织中特定的人和不同的事又具有独特性,而正是每个人的独特个性及不同的事业或业务的特色定位,成为组织得以持续创造和创新的真正源泉,所以,组织永远是同一性与独特性的有机结合,管理者必须时刻注意保持两者的平衡。

第4章在第3章的基础上,用典型事例进一步说明,每一代"组织人"虽然都在传承组织之道和规则体系,但传承过程中必然有变化,也正是因为有了这种传承中的变化,才让组织具备更强的适应性,在不断变化中实现可持续发展。因此,每一代管理者都要尊重这种变化,不可强求一致。

第5章以"薪火相传"为例表明,组织之道正像"火"一样,是通过犹如"薪"那样不断变化的组织中的人和事进行传递的,这意味着,组织之道才是组织之为组织的灵魂,也是组织实现可持续发展的真正根基,管理者必须从培植根基入手,确保组织的可持续发展。

3.1 吾生也有涯[①],而知也无涯。以有涯随[②]无涯,殆已;已[③]而为知者,殆而已矣。为[④]善[⑤]无近名,为恶[⑥]无近刑。缘督[⑦]以为经[⑧],可以保身,可以全生[⑨],可以养亲,可以尽年。

字词注释

① 涯:这里是极限、边际的意思。

② 随:这里是追随、追逐的意思。

③ 已:这里是"此"的意思。

④ 为:会意字,本义是做,这里是管理、治理的意思。

⑤ 善:会意字,在金文中,由上面的羊和下面的两个言组成,表示共同利益,也可以引申为追求或符合共同利益的人、事、行为。

⑥ 恶:形声字,本义指罪过,这里引申为损害共同利益的人、事、行为。

⑦ 缘督："缘",这里是沿着、顺着的意思;"督",指统率、统领,这里引申为像天地之道一样的组织之道。

⑧ 经:这里是管理、治理的意思。

⑨ 生:这里同"性",是本性的意思,可以引申为组织赖以存在和发展的根基。

今文意译

个体的生命是有限的,而关于大千世界的见识则是无限的。用有限的生命去追逐无限的见识,那就危险了！既然如此,还要再去追逐,那就更危险了！管理那些追求共同利益的行为,不要过分倚靠荣誉奖励;管理那些损害共同利益的行为,也不要过分倚靠惩罚威胁;要遵循组织之道来做管理,这样才可以让组织的事业免受损害,让组织的根基得以保全,让组织的成员得到成长,让组织本身能够可持续发展。

分析解读

本篇以个体养生作隐喻,阐明管理者尤其是最高管理者,如何确保组织实现可持续发展。本章开篇明义,以个体养生为例,阐明组织可持续发展的根基。

庄子说:"吾生也有涯,而知也无涯。以有涯随无涯,殆已！已而为知者,殆而已矣。"这句话中的"吾",暗指组织中的管理者,尤其是最高管理者。从管理的视角来看这段话,便很容易理解,而且能看到其中深刻的管理寓意。这句话说的是,管理者个人的经验见识乃至生命都是有限的,要以自身的有限性去保证组织的可持续发展,那不仅存在巨大风险,而且是不可能的。组织要实现可持续发展,不仅意味着组织的生命周期要远远超过管理者个体的生命周期,而且意味着组织层次上的经历和见识,必须从根本上超越所有管理者个体的经验见识。难以想象,一个组织压根儿就没能建立起关于环境变化及自身事业、业务和任务的雄厚知识基础,却能很好地适应环境而实现可持续发展。正因为组织的生命周期相比个体生命周期,可以无限延长,所以支撑组织可持续发展的知识基础就一定是开放的、无限的,这样才能以知识基础的无限开放,确保组织生命周期的无限延续,实现可持续发展。

相比组织知识基础的无限性和开放性，任何个体，哪怕是组织的最高管理者，都无法望其项背。这就是庄子所说的"吾生也有涯，而知也无涯"的管理意义所在。因此，管理者即便是最高管理者，要以个体的经验见识去代替组织所需要的无限知识，其结果必然是用个体有限的生命限制了组织无限发展的可能性。这对于组织的可持续发展来说，不是很危险吗？这就是庄子所说的"以有涯随无涯，殆已"的管理深意所在。

这句话通常被理解为，人用有限的生命去追逐无限的知识，那就危险了。其实，个体意义上的人在世界面前，无论是身处自然还是社会之中，都是在以有限去面对无限，而为了生存和发展，当然就必须以有限去探索无限，并不断适应无限。这个过程本身也可以说是"随"，适应过程就是"随"的过程。当人们说适应环境，就是"随"环境；说适应他人，也即"随"他人。这也是生存和发展的必然要求，又怎么会"殆"或危险呢？如果这个过程是"殆"或危险的，那么，从自然选择的角度看，人要么已被淘汰，要么早就改变了这种"随"或适应的方式。所以，仅就个体层次而言，说"以有涯随无涯"，只能是别无选择，无所谓"殆"。

然而，值得注意的是，人在适应环境时，尤其是在适应自然环境的过程中，并不是以个体层次、单打独斗的方式。个体人在自然面前的适应能力并不强，甚至远不如动物，而人之所以能超越动物，在适应能力上产生质的飞跃，就是因为个体人能够融入组织之中。人的个体有限性只有通过组织的无限发展可能性，才会具有更强的适应自然界的能力。当然，组织要发挥整体更强的适应能力，以克服个体适应能力的不足，就必须有管理及管理者。但是，一旦有了管理及管理者，组织在整体适应能力的无限发展可能性上，既有明显优势——超越个体适应能力的简单相加，实现了整体大于部分之和的增益效果，也有潜在风险——管理者可能会用个体有限的生命和经验见识，去代替组织层次上的无限适应能力，也即把管理者个人的经验见识、意志和偏好，强加到组织和组织成员身上，用个体的思考代替了所有组织成员的思考，那才是组织发展的真正危险所在。

正因为个体是有限的，所以才要结成组织，用组织的无限发展可能性，去更好地适应环境的无限性,这样才能从根本上降低以个体有限去适应环境无限的风险;但是,如果管理者尤其是最高管理者,想使个体凌驾于组织之上,这岂不是让每个组织成员都面临很大的风险?如果管理者还自以为高人一等,自己的见识就是正确的,强迫所有组织成员必须按照管理者的意志去面对环境、采取行动,那岂不是更加危险?说不定组织的生命周期反倒要大大短于个体的生命周期。这就是庄子所说的"已而为知者,殆而已矣"的深刻管理寓意。管理者强不知以为知,用个体有限的经验见识甚至严重偏见,代替组织知识基础的无限发展可能性,导致组织早早夭折的例子,在庄子所处的时代举不胜举。

既然管理者用个体有限的经验见识代替组织知识基础的无限发展可能性具有巨大危险,那么,管理者的职责便不在于自己能贡献多少经验见识,而在于鼓励更多组织成员运用各自的聪明才智,为组织的知识基础做贡献。同时,管理者还必须着力培养"组织人",让一代又一代"组织人"成长起来,持续贡献于组织的知识基础。一旦组织的知识基础有了无限发展的可能性,组织的可持续发展也就具有了坚实的基础。

针对如何调动组织成员的积极性以为组织知识基础做贡献的问题,庄子又说"为善无近名,为恶无近刑"。这里的"为",是治理、管理的意思。这句话讲的是管理中的激励问题。要激励组织成员将聪明才智贡献于组织知识基础的不断创造,实际上就是激励组织成员追求和创造组织的共同利益,即"善"。组织的共同利益不一定非指物质利益,如组织的知识基础,是帮助组织更好地适应环境,实现可持续发展的重要前提,同时也是物质利益得以产生的源泉,当然也就是组织的共同利益。但是,在激励组织成员运用自己的创造潜能为组织的知识基础做贡献时,不宜过度采用物质奖励和荣誉奖励的办法,因为人的创造潜能的发挥,更多依赖的是内在兴趣和内部动机,若过度设置外部奖励措施,反而会扭曲内部动机,促使人们为了获得外部奖励而从事某项活动,这样反倒会抑制其创造潜能的发挥,虽然也能产生相应结果,却难以创造新知识、新思想。所以,庄子才说"为善无近名",意思是,管理那些追求共同利益的行为,不要过分依靠荣誉奖励乃至物质奖励,而应给予人们更多自由空间,让人们基于内部动机,来运用自己的聪明才智,自主、自发地进行多样化探索,这才更有利于各类新思想和新知识的创造。

既然是探索,犯错误便是常态,有时恰是在无心所犯的错误中,蕴藏着巨大的新机会,成为创造和创新的起点。但是,如果管理者只是从错误意味着损失、错误是必须降低的成本、错误对共同利益有损害的角度考虑问题,在组织中制定过多关于错误的惩罚措施,尤其是对各种无心的错误也进行严厉惩罚,那就会严重抑制组织中的探索行为,看似节约了试错成本,却塑造起组织成员循规蹈矩的惯例行为,而一旦环境条件发生改变,就没有办法以新知识探索和创造的储备去应对新变化,到了这个时候,管理者再拼命鼓励组织成员去创造和创新,就为时已晚。因此,庄子才深刻地指出,"为恶无近刑",即管理那些损害共同利益的行为,不要过分依赖惩罚威胁,这样才会有利于营造鼓励探索、勇于创造的组织氛围。

针对组织可持续发展所不可或缺的"组织人"培养,庄子则强调指出:"缘督以为经,可以保身,可以全生,可以养亲,可以尽年。"在这里,庄子正是在用个人养生来隐喻如何保证组织的可持续发展。个人养生必须把握根本,那就是"督",而"督",既可以理解为"督脉",即人体的重要经络,也可以理解为精神。"缘督以为经",则说的是,个人养生必须从"督脉"或精神入手。以此隐喻组织要实现可持续发展,同样要从根本入手,而组织是由人构成的,一代又一代"组织人"共有的信念和价值观,才是组织的"督脉"或精神,这便是组织之道。所以,从实现组织可持续发展的角度来看,"缘督以为经",则是要求管理者必须遵循组织之道来做管理,特别是培养"组织人",这样才能确保组织之身的健康,而组织之身也就是组织的各项事业或业务。组织的各项事业或业务总是由人来做的,有了一代又一代"组织人",组织各项事业的发展才能免受损害。另外,"可以全生"中的"生",同"性",即本性。组织之性,即组织赖以发展的根本特性,便在于对共同利益的追求,也即立足于人之为人、区别于物的独特本性,去追求共同利益,即"善"。这才是人之所以要结成组织,以共同应对不确定性、更好地适应环境的根本原因。

最后,从组织层次上来看,"可以养亲,可以尽年"中的"养亲",即让组织成员及更广泛的利益相关者都得到成长,而组织成员及更广泛的利益相关者才是组织之亲,离开了组织成员及更广泛的利益相关者,组织也就失去了存在的价值,连存在都不可能,又如何实现可持续发展？这里的"可以尽年",则是让组织本身得以更好地适应环境变化,真正实现可持续发展。

只有从组织层次上来理解,庄子这两句话才能给人以更深刻的启迪。如果只是从个人养生的角度来看这两句话,反而不容易理解。单纯从个人养生的角度来说,"可以养亲",是否意味着个人养生的同时也可以让双亲或亲人都跟着延年益寿？或许会有这种效应,个人将自己的养生经验传播出去,并因此而更懂得如何奉养双亲,但庄子要表达的真是这个意思吗？另外,"可以尽年",难道意味着养生只是为了"尽年"吗？如果养生只是为了"尽年",又何必要养生呢？既然要养生,至少从个体生命周期来看,恐怕总想"延年"而不仅仅是"尽年"吧。所以,如果只是从个体层次上来理解庄子这两句话,总觉得有些费思量,但如果放到组织层次上来看,便一下子豁然开朗了。组织有无限的发展可能性,组织实现可持续发展能惠及更广大的人群,组织也才有可能走上一条永葆生机活力的康庄大道。

▌管理别义

管理者必定会有自己独特的经验见识和知识背景,这也是组织的共同知识基础所不可缺少的重要组成部分。但是,管理者特别是那些高层管理者,如果因为自己拥有权力,便不自觉地认为自己的经验见识和知识背景是组织中更重要的甚至最重要的,想用自己的经验见识和知识背景代替组织的共同知识基础,让其他组织成员都成为纯粹的执行者,完全按照自己的意愿和想法做事,那组织的发展将会面临比外部环境风险大得多的内部管理风险。

人们之所以要结成组织,不仅是因为人多力量大,更是因为集体智慧潜能的充分发挥才能让人有效地适应环境。从这个意义上说,组织绝不仅是一种物化资源的配置方式,更是创造力和新思想得以持续激活和产生的保证机制；而且,正是依赖于每位组织成员的智慧潜能的充分发挥,不断贡献出新思想、新知识,才让组织的共同知识基础得以丰富和成长,进而用这种共同知识来配置物化资源,才有可能实现组织中各项事业、业务和任务的不断创设及转型,最终推动组织的可持续发展。

所以，在组织实现可持续发展的过程中，管理者绝不可能用个人的经验见识和知识背景来代替组织的共同知识基础，也不可能用个人有限的经验见识和知识背景来支撑组织的可持续发展。管理者的职责，既是要创建有效的组织机制，激励每位组织成员都能贡献出自己的聪明才智，不断为组织创造新思想、新知识；更是要认同和践行组织的信念和价值观，不断培养"组织人"，确保组织的生命周期远超个体的生命周期。

3.2 庖丁[①]为文惠君[②]解牛，手之所触，肩之所倚，足之所履，膝之所踦[③]，砉然向然[④]，奏[⑤]刀騞然[⑥]，莫不中音[⑦]。合于桑林[⑧]之舞，乃中经首[⑨]之会[⑩]。

文惠君曰："嘻[⑪]，善[⑫]哉！技盖[⑬]至此乎？"

庖丁释[⑭]刀对曰："臣之所好者道也，进[⑮]乎技矣。始臣之解牛之时，所见无非全牛者。三年之后，未尝见全牛也。方今之时，臣以神遇而不以目视，官知止而神欲行。依乎天理[⑯]，批大郤[⑰]，导大窾[⑱]，因其固然。技经肯綮[⑲]之未尝，而况大軱[⑳]乎！良庖岁更刀，割也；族庖[㉑]月更刀，折也。今臣之刀十九年矣，所解数千牛矣，而刀刃若新发于硎[㉒]。彼节[㉓]者有间，而刀刃者无厚；以无厚入有间，恢恢乎其于游刃必有余地矣，是以十九年而刀刃若新发于硎。虽然，每至于族[㉔]，吾见其难为，怵然[㉕]为戒，视为止，行为迟。动刀甚微，謋然[㉖]已解，如土委[㉗]地。提刀而立，为之四顾，为之踌躇满志[㉘]，善[㉙]刀而藏之。"

文惠君曰："善哉！吾闻庖丁之言，得养生[㉚]焉。"

字词注释

① 庖丁："庖"，这里指厨师；"庖丁"，即姓丁的厨师。

② 文惠君：即梁惠王，魏国国君，名䓖，"惠"为谥号，公元前370年继位，公元前362年，将魏国都城由安邑迁往大梁，故又称梁惠王。

③ 踦：这里通"倚"，是撑、抵的意思。

④ 砉然向然："砉"，疾速运动时皮骨分离发出的声音；"向"，这里通"响"，是回声、回音的意思；"砉然向然"，指牛的皮骨分离时发出的各种响声。

⑤ 奏:这里是进、推进的意思。

⑥ 騞然:"騞",指破裂的声音;"騞然",指快速进刀时所发出的声音。

⑦ 中音:"中",这里是符合的意思;"中音",即符合音乐的节拍。

⑧ 桑林:商汤时的乐名。

⑨ 经首:尧时之乐《咸池》中的乐章名。

⑩ 会:这里是音节、节奏、节拍的意思。

⑪ 谞:这里通"嘻",表示赞叹。

⑫ 善:这里是应答之词,表示同意。

⑬ 盖:这里通"曷",是何、怎么的意思。

⑭ 释:这里是放下的意思。

⑮ 进:这里是超过的意思。

⑯ 天理:这里指自然的纹理。

⑰ 批大郤:"批",这里是削、劈的意思;"郤",这里是间隙、空隙的意思;"批大郤",指从大的空隙处劈削。

⑱ 导大窾:"导",这里是循着、顺着的意思;"窾",这里指孔穴、空隙;"导大窾",意思是循大的孔穴处进刀。

⑲ 技经肯綮:"技",这里同"枝",指支脉;"经",指经脉;"肯",指贴附在骨上的肉;"綮",指筋与肉结节的地方;"技经肯綮",即牛的支脉、经脉、骨肉、筋肉等不同部位。

⑳ 軱:这里指大骨。

㉑ 族庖:"族",这里是众多的意思;"族庖",指普通厨师。

㉒ 硎:这里指磨刀石。

㉓ 节:这里指骨骼的衔接处,即骨节。

㉔ 族:这里是聚集、集中的意思,指牛的筋骨交错聚集的部位。

㉕ 怵然:这里指警惕的样子。

㉖ 謋然:形容牛的身体分解开的声音。

㉗ 委:这里是堆积的意思。

㉘ 踌躇满志:"踌躇",指从容自得的样子;"满志",指心满意足;"踌躇满志",即从容自得、心满意足。

㉙ 善:这里同"缮",是擦拭的意思。

㉚ 养生:"养",会意字,本义指供养,即供给生命以生存和成长发展所需,这里引申为培育;"生",这里同"性",即本性,引申为组织赖以发展的根基;"养生",这里引申为培育组织可持续发展的根基。

养生主第三　167

▍今文意译

庖丁给文惠君分解牛，手的接触、肩的倚靠、脚的踩踏、膝的抵压等动作，再加上快速进刀和牛的皮骨分离所发出的各种声响，无不符合音乐的节奏，与《桑林》的舞步、《经首》的节拍完全一致。

文惠君说："啊，太好了！怎么才能让技艺达到这么高超的水平呢？"

庖丁放下刀，回答说："我爱好的是解牛之道，已经超出技艺层次了。刚开始解牛时，我看到的不过就是一整头牛；三年之后，便没有再看到完整的牛了。现如今，我解牛靠心领神会而不用眼睛看，感官知觉停下来而心神却在自主运行。顺着牛的自然纹理，从大的空隙处劈削，循大的孔穴处进刀，随着牛身体结构固有的状态而动，连支脉、经脉、骨肉、筋肉等部位都没有碰到过，更何况大骨头呢！好厨师每年换一把刀，因为要用刀割筋肉；普通厨师每月换一把刀，因为要用刀砍骨头。如今我这把刀已经使用了十九年了，分解过几千头牛，但刀刃还像刚在磨刀石上磨过一样。牛的骨节有空隙，而刀刃却薄得像没有厚度一样，用几乎没有厚度的刀刃进入有空隙的骨节，那不就绰绰有余、活动自如了嘛。所以，这把刀虽然已经使用了十九年，但刀刃还像刚在磨刀石上磨过一样。即便如此，每当遇到牛的筋骨交错聚集的部位，我知道难处理，便倍加小心，注意力高度集中，动作放缓，用刀更轻。当牛'謋'的一声解体，像泥土一样堆积在地上，我才提刀站立，看看四周，从容自得，心满意足，将刀擦拭好收起来。"

文惠君说："太好了！听了庖丁的话，我懂得如何培育组织可持续发展的根基了。"

▍分析解读

本章以庖丁解牛的经典案例，深刻指出，管理者必须从培育组织可持续发展的根基入手，来解决组织的各类问题。

要实现组织的可持续发展，管理者除了构建激励机制，让新思想、新知识源源不断地涌现出来，并致力于培养"组织人"之外，还要解决组织中各种各样的问题，让组织得以平稳有序地运行。这就像个人养生一样，不仅要在平时保持机体活力，尽量不生病，还要在生病时，从根源处治愈病灶，使机体快速地恢复有序状态。这意味着,对组织的可持续发展来说,解决日常面临的问题同样重要,而本章则以生动案例,阐述了组织问题的解决之道。

像牛这种大型动物,将其直接宰杀是一回事,而将其有效肢解,让各个部位都得以充分利用则是另一回事。这就让解牛成为当时一项专业性非常强的工作。庖丁可以说是这个行当中的佼佼者,不仅技艺高超,而且简直让解牛工作变成了一门艺术。所以,庄子在本章一开始便说:"庖丁为文惠君解牛,手之所触,肩之所倚,足之所履,膝之所踦,砉然向然,奏刀騞然,莫不中音。合于桑林之舞,乃中经首之会。"这说的是庖丁解牛的动作、解牛过程中所发出的声响,竟然都符合音乐的节奏,同《桑林》的舞步、《经首》的节拍完全一致,观看庖丁解牛,就如同欣赏配乐的舞蹈。难怪文惠君会发出由衷的感叹,并好奇地问:"技盖至此乎?"

但是,庖丁的回答却是:"臣之所好者道也,进乎技矣。"原来庖丁早已超越了解牛的技艺层面,进入"道"的境界。那么,解牛之道与解牛之技到底有什么区别,如何才能达到解牛之道的境界呢?庖丁的解释是:"始臣之解牛之时,所见无非全牛者;三年之后,未尝见全牛也。方今之时,臣以神遇而不以目视,官知止而神欲行。"

庖丁讲得很清楚,解牛之道与解牛之技的本质区别,便在于前者是"神遇",让"神"自主运行,即"神欲行";而后者以"目视",让感觉器官发挥引导行为的作用,即"官知"。达到这种解牛之道的境界,庖丁用了三年时间。三年前,庖丁以感官面对牛,"所见无非全牛者";而三年后,他对牛的生理结构已烂熟于心,对牛的各个部位及相互联系都了如指掌,再面对牛时,庖丁则"未尝见全牛也",仿佛有了透视能力,心神穿透牛的外形,进入其内在生理结构之中。这也就意味着把握住了"天理",这里的"天理",即牛的自然生理结构。庖丁"依乎天理"而解牛,自然会不一样,那便是"批大郤,导大窾,因其固然。技经肯綮之未尝,而况大軱乎"。

这种顺着牛的生理结构来解牛的方式,让解牛工作变得轻松自如且有美感,其典型表现或许就在解牛必备工具——刀的消耗上。好厨师一年换一把刀,因为经常要用刀去切割;而一般厨师一个月换一把刀,因为经常要用刀来砍削。可是庖丁的刀已经用了十几年,分解过几千头牛,刀刃却还像刚在磨刀石上刚磨过一样锋利。为什么会这样？很明显，就是因为"彼节者有间，而刀刃者无厚；以无厚入有间，恢恢乎其于游刃必有余地矣"，所以，关键还在于了解和掌握牛的天然生理结构，以此为前提，再以几乎没有厚度的刀刃，在有缝隙的筋骨间游走，自然也就既不用割，也不用砍了，又怎么会折损刀刃。当然，即便了解和掌握了牛的天然生理结构，也有一些特殊部位，需要特别注意，那便是"每至于族"，即牛的筋骨交错部位。对此，庖丁也需要倍加小心，才能顺利完成解牛，即"怵然为戒，视为止，行为迟。动刀甚微，謋然已解，如土委地"。

听完庖丁的介绍，文惠君说领悟到了"养生"的真义。从文惠君所扮演的管理者角色出发，不难推断，文惠君所说的"养生"真义，必定有其深刻的管理内涵，那便是"养组织之生"，实现组织的可持续发展。组织要实现可持续发展，既要有动力和活力，又要有免疫力，以预防和解决各种妨碍组织日常运行的故障或问题。对于管理者来说，排除组织日常运行中存在的故障或问题，和谋求组织发展一样重要。但问题是，怎样才能从根本处入手解决问题，而不只是头痛医头，脚痛医脚，治标不治本呢？庄子借庖丁解牛这个寓言，给那些像文惠君一样要"养组织之生"的管理者，提出了如下有针对性的建议。

第一，管理者必须透过人、事、物等组织中看得见、摸得着的表象，深刻理解和把握组织的内在结构，包括人员结构、事业结构、物化资源结构及三者的关系结构。其实，组织管理中出现的很多问题，都是由于结构不良乃至结构错位而造成的。这就需要管理者必须从结构视角看问题，而不能仅从某些具体的人、事、物本身来处理问题。这就如同庖丁解牛首先要"依乎天理"一样。

第二，组织的各类结构本质上都是规则，而规则除了激励作用外，也有限制和约束作用，为的是防止问题发生，这就让规则具有一定刚性和权威性。组织中的规则确实是人为设定的，管理者更是在其中发挥了极大的作用。但是，管理者又必须带头维护规则的刚性和权威性，不能随意触碰规则，凡是能利用规则或援引规则来解决的问题，严格来说，就不需要管理者个人再做出判断、选择和解决。因此，组织中真正需要管理者来解决的问题或排除的故障,实际上都应该出现在规则的空白处,也即规则之间的缝隙,这恰是管理者可以运用岗位职权来解决问题的自由裁量空间。这就相当于庖丁在骨缝里行刀,显得游刃有余一样。也正因为如此,庖丁的刀才可以用了十几年,仍像新磨过一样锋利。在这里,庄子是用刀来隐喻管理者的权力。如果管理者使用权力来解决问题,就像庖丁使用刀一样,那么,权力的威严就会常葆常新,而不会因为权力总是被用来触碰乃至抵触刚性的规则,很快便失去了人们的认可。权力的有效性在于人们发自内心的认可。一旦权力的运用与规则打架,也即管理者的自由裁量权与规则本身的权威相抵触,必然会使双方受损,最终威胁到组织的结构稳定性及可持续发展的制度基础。

第三,管理者即便是在规则的空白处行使自由裁量权来解决问题,也并非处处畅行无阻,总会有一些不同规则交叉重叠的领域,甚至还可能出现规则之间相互矛盾冲突的情况。这些地方往往也是问题丛生的地带。当管理者在解决这些地方的问题时,更应倍加小心,既要梳理清楚规则,又要认清问题的症结所在,才能既有针对性地解决现有问题,又不至于引发新的问题,甚至有可能做到,一旦解决了一个顽症类问题,其他相关问题也能迎刃而解,犹如庖丁"动刀甚微,謋然已解,如土委地"。

第四,管理者成功解决了问题,确实也可能会像庖丁那样"提刀而立,为之四顾,为之踌躇满志",但是,一定要马上"善刀而藏之"。庖丁永远不会忘记,刀才是解牛的工具,没有工具,赤手空拳,无法完成解牛的任务;只有珍惜工具,爱护工具,保管好工具,才能让工具长久而有效地为完成任务服务。没有哪位能工巧匠不爱惜自己的工具。同样,管理者赖以解决问题的工具便是岗位权力,管理者运用岗位赋予的权力去解决问题时,一定要善于反思解决问题时权力的运用,并明确权力运用的合理性和合法性及其运用边界。从某种意义上说,管理者的权力也来自组织的规则,或者说,管理岗位的权力本身就是由相关规则界定并赋予的,因此,管理者要利用问题解决来完善规则,进而明确权力界限。这恰是庖丁"善刀"的重要管理启示。当然,管理者运用权力面对组织结构或规则体系,又与庖丁拿着刀面对牛的生理结构有着本质区别。管理者本就身处于组织结构或规则体系之中,运用的是由组织结构或规则体系所赋予的权力，解决的是组织结构空白处出现的问题。这就需要管理者必须更深刻地理解权力，恰当地运用权力，并善于反思权力运用的合理性和合法性，进而确保权力的有效性和可持续性。

第五，从庖丁解牛所具有的艺术性，也不难理解，组织问题的解决同样具有艺术性。如果那些具有刚性和权威性的组织规则可以自动解决所有问题，也就不需要管理者了。所有需要管理者来解决的问题，都是在组织规则的空白处，无法利用规则或援引规则自动解决的问题。如此一来，是否意味着管理者在组织规则的空白处，可以凭借个人的好恶和意志，随意运用自由裁量权呢？当然不是。这恰需要管理者超越个人经验见识，进入组织之道，在组织的信念和价值观层次来审视组织规则空白处的问题。严格来说，组织的信念和价值观就是组织的核心原则，是用来指导各类规则的制定的。组织的信念和价值观作为核心原则要发挥作用，则只能内化于管理者心中，成为管理者的内在价值准则，以此为基础，管理者运用自由裁量权，解决组织规则空白处的各种问题才能有一定之规。否则，如果管理者心中没有组织之道或对组织的信念和价值观的认同，完全凭个人好恶和意志来运用自由裁量权，那必定会导致权力的滥用，让自由裁量权的使用不断与组织规则的权威相抵触。所以，管理者自由裁量权的运用实际上并非没有规矩可循，只是这种规矩不是来自组织结构或规则体系，而是来自管理者心中对组织之道或组织的信念和价值观的认同。这样看来，管理者在解决问题时的"以神遇而不以目视，官知止而神欲行"，便体现在两个层次上：一是规则层次，二是原则层次。在规则层次上，管理者的"神欲行"，意味着能准确地把握住组织结构的空白处，而只有深刻理解了规则，才能认清规则的空白处；在原则层次上，管理者的"神欲行"，则又意味着能用组织之道来主导自由裁量权的运用，以解决规则空白处所出现的问题，只有心中有对组织信念和价值观的认同，才能正确运用权力来解决问题。正是这两个层次上的"神欲行"，让管理者在解决组织问题的过程中体现出鲜明的艺术风格，正像庖丁解牛的动作和声音，"合于桑林之舞，乃中经首之会"一样。

管理别义

　　组织中很多问题都出现在组织结构的空白处、缝隙间。组织结构本质上是规则体系，当规则体系明确了不同部门、不同团队和不同岗位的责权利边界之后，凡是在这样的责权利边界内出现的问题，自然就可以由各部门、各团队的相关岗位人员通过援引规则来解决，这称为常规问题解决。但是，还有一些问题会出现在规则所界定的责权利边界以外或规则与规则的空白处，这些问题可以称为例外问题。对于例外问题，则需要管理者运用权力予以解决。组织中之所以需要管理及管理者，便是因为这些例外问题需要解决，而管理的艺术性，也常体现在例外问题的解决之中。

　　管理者要有效解决例外问题，首先必须对例外问题做出准确判断，只有准确地判断问题，才能有针对性地解决问题。要想准确判断一个问题是否属于例外问题，管理者必须非常熟悉组织的各类规则，对组织结构及其变化了然于胸。难以想象，一个根本就不了解组织现有规则体系的管理者，能发现哪些问题属于常规问题，哪些问题属于例外问题。他若连问题的性质都无从判断，就更别说有效解决了。其结果必然是眉毛胡子一把抓，什么问题都想自己解决，既无视规则，又不懂授权，自由裁量权的运用不断与规则的权威相冲突。这不仅破坏了规则，也损害了权力。所以，管理者的规则意识非常重要。做管理，必须了解规则、遵守规则，以此为基础，才有可能准确识别问题，正确解决问题。

　　对于例外问题，管理者必须超越个人好恶和意志，立足于组织的信念和价值观来寻求解决方案。严格来说，组织的信念和价值观正是在组织规则的空白处发挥作用的，而这种作用的发挥，又是通过各级管理者自由裁量权的运用来实现的。换句话说，组织的信念和价值观只有进入管理者内心，并通过自由裁量权的运用、例外问题的解决，才能发挥作用。组织的信念和价值观在例外问题的解决中所发挥的作用，同时也传递出一种正向信号，即：组织的信念和价值观已切实融入具体管理行为之中。这会让组织成员更自觉地认同组织的信念和价值观，并主动落实到自己的日常工作行为上。

　　从这个意义上说，组织的信念和价值观要真正付诸实施，而非仅停留在纸面和口头，就必须成为选择管理者的根本标准。各级管理者必须认同和践行组织的信念和价值观,越是高层管理者,就越要成为信念和价值观的认同者、践行者和代言人。这样才能确保组织的信念和价值观通过规则制定和自由裁量权的运用,贯穿于组织的日常运行之中。

3.3　公文轩①见右师②而惊曰:"是何人也?恶乎介③也?天与,其④人与?"

曰:"天也,非人也。天之生是使独也,人之貌有与也。以是知其天也,非人也。

"泽雉十步一啄,百步一饮,不蕲⑤畜乎樊⑥中。神虽王⑦,不善也。"

字词注释

① 公文轩:姓公文,名轩,宋国人。
② 右师:官名,这里指担任此职位的人。
③ 介:这里指一足,即只有一只脚。
④ 其:这里表示选择的连词,即抑或、还是的意思。
⑤ 蕲:这里通"祈",是求的意思。
⑥ 樊:会意字,本义指篱笆,这里引申为笼子。
⑦ 王:这里同"旺",是繁盛、旺盛的意思。

今文意译

公文轩见到右师,惊疑地说:"这是什么人呢?怎么会只有一只脚?是天生的,还是后天人为造成的呢?"

公文轩又自语道:"恐怕是天生如此,不是后天人为造成的。天生仅有一只脚,人的样貌都是天生的。因此可以知道这是天生如此,不是后天人为造成的。

"山泽里的野鸡要走十步才能找到一口食物,走百步才能喝到一口水,但它并不期望被养在笼子里,那样的话,精力虽然旺盛,却并不符合野鸡的本性。"

分析解读

本章用两个事例说明，谋求组织可持续发展与个体养生一样，都要从根本处入手，不能被外在形式所迷惑。

庄子首先以形体有缺陷者为例，表明"养生"的根本所在。公文轩见到右师这位管理者很吃惊，因为这位管理者仅有一只脚，公文轩不禁要问："是何人也？恶乎介也？天与，其人与？"

这样的问题，极有可能是公文轩在心中向自己发问的，毕竟当面询问一位形体有缺陷者是天生如此还是因后天事故造成的，非常不礼貌。所以，接下来的回答，也只能是公文轩在心中的自问自答，即："天也，非人也。天之生是使独也，人之貌有与也。以是知其天也，非人也。"意思是，人的样貌是天生的，缺一只脚也是天生的样貌。虽然这种样貌在多数人看来不正常，因为多数人都有两只脚，但是，如果从天生的角度看，也就是从自然而然形成的角度看，那同样是正常的。只要是自然形成的，都是常态。只有在人们的经验见识基础上，这好像才显得不正常。因为在人们的经验见识中，绝大多数人都有两只脚，也就形成了人要有两只脚的所谓见识，以此为标准，再去看人的样貌，才有了所谓正常与不正常之分。

但是，这种对于人的样貌的经验见识，以及由此所形成的评判人是正常还是不正常的标准，真能反映人之为人的根本特性吗？或者说，真能恰当地把人与物区别开来，从而体现出人之为人的独特本性吗？如果能，那么，很显然，样貌便成了个体"养生"的关键。对于一个样貌不正常的人，如右师这位管理者，"养生"又有何意义呢？更重要的是，既然样貌是人之为人的根本特性，那么，一个样貌都不正常的人，也就意味着其作为人不能反映人之为人的根本特性，因此，必然是无法融入正常人的群体之中的。这种不正常、不合群的人，又怎么可能做得了管理者，而且还做到"右师"这样的高级管理职位呢？

在这里，庄子把公文轩吃惊并自问自答的评论对象，设置为"右师"这样的管理者，别有深意。在当时普遍识字率比较低、知识积累和传播效率不高的历史条件下，能做管理者，尤其是做到高级管理者，则一定是在个人素养、知识和能力上非同一般的人。一位形体有缺陷者能做到"右师"这样的高级管理职位，不管在当时是否是事实，至少表明，在庄子眼里，样貌绝不是一个人的根本特性，而内在的精神，才是人之为人、区别于物的独特本性。因此，"养生"，哪怕是个体"养生"，都要从这种能体现人之为人的本质特性的精神入手，而不能只是注重样貌。哪怕身体有缺陷的人，同样需要"养生"。或者说，人体是否有缺陷并不是能否考虑"养生"的必要条件。要"养生"，压根儿就不必在意样貌和身体条件。这才是庄子所讲的"养生"的要旨所在。

当然，庄子讲"养生"，哪怕是讲个体"养生"，也都是要隐喻组织"养生"，即实现组织的可持续发展。正如个体"养生"，关键在于"养精神"而非样貌、形体一样，组织要实现可持续发展，也必须从组织的精神，即组织之道或组织的信念和价值的培育入手，而要培育作为组织可持续发展根基的组织精神，当然就要从选择和培养管理者入手。难以想象，没有精神追求、没有坚定信念和价值观的管理者，能带出一个有精神的组织。所以，组织要实现可持续发展，就必须有一批既致力于追求理想和精神，又能脚踏实地，切实践行的管理者。这样才有可能培育出一代又一代的"组织人"，传承组织的精神，实现基业长青。这或许正是庄子以一位身体有缺陷的人作为高级管理者"右师"的深刻之处。组织在选择管理者的时候，千万不要以貌取人，而一定要从人之为人、组织之为组织的根本处入手，这样才能为组织的可持续发展筑牢根基。

为了进一步说明这一点，即精神才是个体"养生"和组织实现可持续发展的根基所在，庄子又用另一个例子来作补充说明。在山泽里生活的野鸡，条件当然艰苦，可能要"十步一啄，百步一饮"，也就是走十步才能啄到一口食物，走百步才能喝到一口水。但即便如此，野鸡也不愿意被捉住后关在笼子里，因为生活在笼子里的野鸡，虽然生活条件很好，被养得很肥胖，精力也旺盛，却并不符合野鸡之为野鸡的天然本性，即"神虽王，不善也"。这里的"神"，不是精神的意思，而是指精力。意思是，笼子里的野鸡虽然吃喝都很好，精力很旺盛，但"不善也"，即不符合野鸡的本性，而野鸡的本性便是在大自然自由生活，虽然条件艰苦，形体和精力会受影响，但野鸡的本性却得到充分张扬。大自然才是野鸡的生存舞台，在人为的环境中，即便养了形体，也养不了本性，仍"不善也"。

庄子以"泽雉""不蕲畜乎樊中"作隐喻,暗指组织要实现可持续发展,就绝不能把组织变成束缚人们本性的牢笼。组织如果只是一种物化资源的积聚,成为实现最高管理者个人抱负和意志的工具,那的确有变为束缚人们精神和创造力的牢笼的危险。果真如此,人们必然要想方设法逃离这样的组织,而这样的组织还能实现可持续发展吗?组织作为人的共同体,必须体现人的本质特性而非物的特性。如果认同人之为人、区别于物的独特本性在于精神,尤其是德性所必然具有的向善的精神价值追求,那么,要让组织成为人的共同体,而不是人的牢笼,就必须首先把组织营造为一个人们愿意居住在其中的精神家园,进而再以精神价值追求激活人们的创造潜能,实现物化资源的汇聚、配置和持续创新。必须明确的是,在组织管理的优先序中,永远是人在先,物在后;精神优先,资源随后。这样才能确保是人在使用物,是人在用精神价值引领资源创造;而不是反过来,把物凌驾于人之上,甚至要用物来压迫人,更有甚者,还要把人变成物;也不是要用物的资源价值抹杀人的精神价值,甚至要把精神的价值也还原为资源的价值。在错置了人与物、精神与资源的优先序的组织中,组织便不可能是人们愿意选择并持续贡献自己的聪明才智的精神家园,而只能成为束缚人们自由创造精神的牢笼。

本章通过两个互补的例子,意在阐明,组织实现可持续发展的根本之处,便在于人之为人、区别于物的独特本性;组织必须营造出让人的独特本性得以自由发挥的氛围,组织也必须成为人的独特本性得以充分发挥的天然舞台。这既需要管理者超越经验见识对样貌和形体的执着,更需要管理者首先成为精神价值的追求者。

管理别义

离开了人,便不可能有组织;而离开了人的独特本性,即便有人的群体,那也不是严格意义上的组织,而只是物的积聚,最多不过是一个高级动物群体。当有物化资源可以维系这个群体时,还能以物化资源为依托,让这个群体存在下去;一旦环境动荡,物化资源转移或流失,这个群体便不复存在了。更糟糕的是,这种以物化资源为纽带联结起来的群体,其中恐怕只存在动物群体共有的支配关系,也即谁拥有更多物化资源,谁就可以去支配他者,甚至把他者也变成物化资源和工具。在这样的群体中,人的精神价值和创造潜能不可能得到体现,这样的群体也不可能在不断创造和创新的基础上实现可持续发展。

因此,人的组织要区别于动物群体,就必须扎根于人之为人、不同于物的独特本性;而管理要区别于支配,就必须让人的独特本性得到充分彰显和全面成长。组织要实现可持续发展,不可能只依赖物化资源,而必须让人在组织中真正成为人而非沦落为物。这就要求管理者首先要坚信人之为人、不同于物的独特本性,并将这种信念融入日常行为情境,通过自己切实的管理实践昭示出来。

3.4 老聃①死,秦失②吊之,三号而出。

弟子曰:"非夫子之友邪?"

曰:"然。"

"然则吊焉若此,可乎?"

曰:"然。始也吾以为其人也,而今非也。向③吾入而吊焉,有老者哭之,如哭其子;少者哭之,如哭其母。彼其所以会④之,必有不蕲言而言,不蕲哭而哭者。是遁天倍情⑤,忘其所受,古者谓之遁天之刑⑥。适⑦来,夫子时也;适去,夫子顺也。安时而处顺,哀乐不能入也,古者谓是帝之县解⑧。"

字词注释

① 老聃:即老子,姓李,名耳,字聃,楚国人,曾任周守藏室之史。

② 秦失:庄子虚构的人物。

③ 向:这里是刚才的意思。

④ 会:这里是聚集、聚会的意思。

⑤ 遁天倍情:"遁",这里是回避、躲避、逃避的意思;"天",这里是自然、天然的意思;"倍",这里是背离、违背的意思;"情",这里是实情、情况、情态的意思;"遁天倍情",即远离自然状态,显得不够真实。

⑥ 遁天之刑:"刑",这里通"型",是示范、典范的意思;"遁天之刑",即远离自然状态的典

型表现。

⑦ 适：这里是刚好、恰好、正好的意思。

⑧ 帝之县解："帝"，这里指天、自然；"县"，这里是挂、悬挂的意思，为"悬"的本字；"帝之县解"，即自然地解脱了悬挂之困。

今文意译

老子去世，秦失去吊唁，哭了三声就出来了。

弟子问："他不是您的朋友吗？"

秦失说："是朋友。"

弟子又问："既然是朋友，这样吊唁可以吗？"

秦失说："可以。开始时我以为是在吊唁老子，但现在看来不是了。刚才我进去吊唁，有年长者哭他，像哭自己的孩子；有年少者哭他，像哭自己的母亲。这些人之所以聚集到这里来吊唁老子，一定有些不是要说给老子听的话，也一定有些不是为了老子而哭的原因。这样做就远离了自然状态、显得不够真实，忘记了自己与老子之间关系的原本样子，古时候称之为远离自然状态的典型表现。对于老子来说，该来就来，该去就去，适时变化，自然顺遂，无论悲哀还是喜悦，都已经没有影响了，古时候称之为自然地解脱了悬挂之困。"

分析解读

本章以虚构的老子去世后被哀悼的场景，阐明组织要实现可持续发展，关键在于思想和精神的传承，而不在于物化资源的积聚。

本章虚构的人物秦失，是老子的朋友，在老子去世后，前去吊唁，而吊唁时也只是哭了三声便离开了，看上去很不恭敬、也不悲痛，所以，秦失的弟子才会疑惑地问："非夫子之友邪""然则吊焉若此，可乎"。

秦失的回答很干脆，当然可以。在秦失看来，现在已经去世的老子及人们正在吊唁的老子，都已经不再是原来活着时的那个老子了。原因在于，如何看待人之为人，又如何看待一个人之为特定的主体而独立存在？如果按照庄子一以贯之的观点，人之为人的独特本性，不在于形体而在于精神，一个人的独特主体存在性，也在于其独特而又带有共同性的精神价值追求，那么，当一个人去世后，那个纯粹的形体便不能再代表这个人。这里且不管精神与形体之间的关系如何，这种关系可能是另外一个复杂问题。至少直观地看，一个人去世后，便无法自主地表达思想，也无法与他人作精神交流，而他人也只能单向地去追忆和联想这个人在世时的思想和精神状态。这至少表明，那个去世的人的形体已经切断了与仍在世的人的直接思想和精神交流渠道。既然如此，那个只有纯粹形体的存在，还能借助思想和精神的交流，体现出其作为人的独特精神存在吗？显然已经不能。去世后的老子，只不过变成了一个物化符号，就像老子的名字"老聃"一样，最多起到能使他人联想并追忆活着时那个老子的精神风貌的作用，却已经不再是那个曾经有思想、有精神的老子了。所以，秦失才说："始也吾以为其人也，而今非也"。意思是，秦失刚开始还带着一种惯性思维，认为来吊唁的是那个原来的老子，但到了现场，面对只有纯粹形体存在的"老子"，秦失才恍然大悟，现在的"老子"，已非昨日有精神风貌的老子了。因此，即便那些来吊唁的人看上去在悲痛地哭泣，实际上并不是在为现在作为纯粹形体的"老子"哭泣，而是在追忆和联想自己心中昔日那个有精神风貌的老子及其与自己互动的场景。既然是追忆和联想，便存在大量重构的成分；而且，自己所领略和认可的当年作为思想和精神存在的老子的那个侧面，是否就是老子原本的思想和精神样态呢？外人无从得知。不过，至少从形式和外在表现上，每个吊唁老子的人，都在悲痛地哭泣，这可能会让来吊唁的人们从中找到老子思想和精神的某些共同印记，而正是那些超越个体经验感受和经验见识的共同思想和精神，维系了人的共同体的整体精神价值的可传承性。

所以，秦失又进一步解释说："向吾入而吊焉，有老者哭之，如哭其子；少者哭之，如哭其母。彼其所以会之，必有不蕲言而言，不蕲哭而哭者。是遁天倍情，忘其所受，古者谓之遁天之刑。"这表明，人们相聚来吊唁老子，既是在追忆和联想老子本人当年的精神风貌，也是借当年与老子的思想和精神交流来抒发自己的情感，表达自己的思想，进而体现自己在特定组织和社会中作为一种精神的存在。这里的"有老者哭之，如哭其子；少者哭之，如哭其母"，说的就是，吊唁者看似来吊唁老子，但因为今日的"老子"已非昨日的老子,已没有办法再进行双向沟通,相互影响,而只能是面对纯粹的形体进行单向沟通,表达自己的追忆和联想。因此,这种追忆和联想就明显带有私人色彩,老者像哭自己的孩子,少者像哭自己的父母;而且,在这种吊唁氛围中,即便说话,也不是要说给现在作为纯粹形体存在的"老子"听,即便哭泣,甚至都不一定是为今日的"老子"而哭泣。这种情形普遍存在,古已有之,即"是遁天倍情,忘其所受,古者谓之遁天之刑"。

值得注意的是,这里所说的"遁天倍情""遁天之刑",并非要指责这种情况,而只是说从常识的角度看,这似乎不恰当,既然来吊唁老子,当然要为老子而悲痛、而哭泣,要把悲伤的情感表达给老子,要把想说的话说给老子听;但是,这样的常识是建立在去世后的"老子"应该与去世前的老子一样的前提上,而这个前提却很难成立。另外,在无法直接与去世后的"老子"进行双向沟通的情况下,吊唁者也很难再追忆和联想起自己与去世前的老子之间原本的关系状态,并回到其中。既然这种情形古已有之,就说明"遁天倍情,忘其所受"是极其普遍的;而且,这种情形无论对于去世前的老子,还是去世后的"老子",真会有什么影响吗?当然不会。正像秦失所说的那样,"适来,夫子时也;适去,夫子顺也。安时而处顺,哀乐不能入也,古者谓是帝之县解。"

这里的"夫子",指去世前作为思想和精神存在的老子。这意味着,那个作为思想和精神存在的老子,一旦去世,无论别人是悲哀还是喜悦,都已经没有影响了,这就像是自然地解脱了倒悬之困一样,即"古者谓是帝之县解"。也就是说,对于那个去世前的老子来说,这说不定是一种解脱,只是那些仍在世的人并不理解罢了。所以,这里才用"古者"来指代这种未知状态,这与前文用"古者谓之遁天之刑"是一样的,都是指不能确定的未知状态。

庄子所使用的"古者"或"古之人",既可能是指理想状态下的人,也可能是指未知世界中的人。其实,那些身处理想状态和未知状态的人,都有一个共同特征,即相信思想和精神的力量,因为只有思想和精神才能创造理想,也只有思想和精神才能探索未知,而只有勇于面向未知,才能为创造理想留下无限的空间和可能性。所以,这里用"古者谓之遁天之刑",是来暗喻那些面对死亡这个未知世界的理想探索者,对吊唁者在现实世界的"遁天之刑"

的同情,而用"古者谓是帝之县解",则是指那些面对死亡这个未知世界的理想探索者眼中的去世人的一种解脱状态。前者是讲在世者的必然情形,而后者则是说去世者的可能状态。两者相互参照,有着深刻的管理寓意。

本章用老子代表的是有思想和精神的最高管理者的形象,毕竟老子是公认的既有思想内涵,又有精神追求的智慧之人。组织的可持续发展,首先是最高管理者的职责。既然组织可持续发展的根基在于组织之道,即组织的信念和价值观这样的精神追求,就要求组织的最高管理者必须具有思想和精神追求。但一个不容回避的问题是,最高管理者的个人精神追求与组织的精神传统之间是怎样的关系?到底是最高管理者的个人精神追求变成了组织的精神传统,还是组织的精神传统通过最高管理者的个人精神追求体现出来?如果处理不好两者的关系,反而可能会让组织的生命周期锁定于最高管理者的职业生涯。

在庄子看来,像老子这么有思想和精神的人物,随着生命的终结,都无法保证其思想和精神不走样地被传承,更何况一般人。所以,任何管理者都不能期望让组织的精神传统带上过多个人色彩,这反而会严重阻碍组织的可持续发展。组织作为人的共同体,必须建立在人之为人的共有的信念和价值观的精神传统之上,但又绝不能以任何个人的信念和价值观来代替这种共有的信念和价值观的精神传统,而共有之所以成为可能,恰在于组织的信念和价值观拥有更大的包容性,能支持更多人在这个共同精神传统中发展自己独特的思想和精神,并为组织的共有信念和价值观贡献未来发展的可能性。

管理别义

管理者不能把组织变成实现个人抱负和意志的工具,也不能在组织发展中过多附加个人的想法,更不能将个人的好恶强加到组织之上,以组织价值观为名兜售个人好恶。组织发展固然要扎根在信念和价值观之中,但组织的信念和价值观绝不等同于个人好恶。即便是创业者,也不能用个人好恶代替组织的信念和价值观,而只能让自己成为认同和践行组织的信念和价值观的第一人。

组织的信念和价值观必定要融入主流社会文化传统之中,并形成一种组织层次上的独特性,这样才能为更多人所认同,并借助一代又一代"组织人"的培养,实现代际传承。如果组织的信念和价值观只是反映管理者的个人好恶,由于个人好恶的私人专有性特点,便很难吸引和包容更多有不同特点的人加入组织、发展组织,这反倒让管理者成为组织可持续发展的最大瓶颈。

3.5 指[①]穷于为薪,火传也,不知其尽也。

字词注释

[①] 指:这里作"脂"字解,即动植物所含的油质。

今文意译

木柴中的油脂能燃尽,但火却可以一直传下去,没有穷尽。

分析解读

本章在上一章的基础上,以薪火相传的隐喻,既总结全篇,又再次说明组织要实现可持续发展,关键在于那种能超越个体的组织精神传统的不断传承。

木材之所以能燃烧,除了空气中的氧气这个重要条件之外,还因为木材中有油脂这种可燃物。一旦木材中的油脂燃尽,火也就会熄灭。但是,如果在现有木材中的油脂燃尽之前,再向火中添加新的木材,则火就会因有新的油脂这种可燃物而继续燃烧;如果每次能在现有木材的油脂将要燃尽之前,都添加新木材进去,那么,虽然每根木材都有燃尽的时候,但火却可以一直燃烧下去。这也就是常说的"薪火相传"。

在这里,庄子是用"火"来隐喻组织之道,也即由信念和价值观构成的精神传统,而用"柴"或"薪"来类比一代代组织成员。每一代组织成员的职业生涯都有一定的周期。一个组织的创业,就相当于由创始者点燃了组织事业的发展之火,而最早的一批创业者,则相当于让火能够燃烧或支撑组织事业发展的第一批"薪"。当然，这里的火，并不仅是指事业或业务本身，更是指孕育在事业或业务之中的组织独有的信念和价值观这样的精神传统。毕竟随着一个组织的创建和第一批创业者对特定事业或业务的探索，一种独特的组织而非个人的精神传统就萌生了。虽然个体意义上的精神是产生组织层次上精神传统的重要前提，就像木柴或"薪"中的油脂是火能够燃烧起来的前提，但是，当火燃烧起来之后，由"薪"中油脂所燃烧起来的"火"，便是不同于油脂的独立存在，是从木柴中的油脂燃烧过程中涌现出来的新存在形式，既不能以之代替油脂，也不能被木柴中的油脂所代替。这就意味着，哪怕是对创业者而言，也不能简单地将个人的精神追求当成组织的精神传统。既然创立了组织，组织就有了超越个人的存在形式，包括事业的存在形式、管理的存在形式，以及精神传统的存在形式；并且，精神传统这种存在形式，又是组织赖以存在和发展的根基。这就要求第一代创业者必须将组织的精神之火和事业之火传下去，为此就不能局限于个体和第一代创业者这个群体的职业生涯本身，而必须能吸引那些认同组织的精神传统、愿意参与到组织的事业创造的下一代组织成员加入进来，并点燃他们潜在的认同感和创造激情。这才相当于向火堆中增添了新的可燃物，即有油脂的木材。如此一来，借助一代代新加入的"组织人"对组织的精神传统和事业发展的持续贡献，才有可能让组织的精神之火和事业之火一直燃烧下去，从而实现组织的可持续发展，让组织的生命周期远远超过个体的职业生涯。这才是各类组织实现薪火相传式可持续发展的奥秘所在。

在本篇的最后一章，庄子用"薪火相传"作隐喻，也与本篇第 1 章提出的"吾生也有涯，而知也无涯。以有涯随无涯，殆已"的问题前后呼应。的确，如果每根木材只是想以极其有限的油脂含量就让火不熄灭，那又怎么可能，而这对于传承火种来说，不是太危险了吗？但是，如果有一根又一根木材接续上去，虽然每根木材的油脂含量是有限的，但无限根木材的油脂含量却是无穷的，这种有限油脂含量的木材的无穷接续，便有可能让超越每根木材燃烧之上的那不灭的火种得以传承下去。同样的道理，每个人的职业生涯和生命周期必定是有限的，哪怕是管理者，哪怕是让如同老子那样伟大的思想家来做管理者，都改变不了"吾生也有涯"的局限性，这也是上一章用老子的去世来作隐喻的深刻之处。要想以每个人如此有限的职业生涯和生命周期,去获得关于大千世界的无穷见识,那简直是痴人说梦。所以,管理者要以个体职业生涯和生命周期,去寻求和支撑组织的可持续发展,那必定是荒谬的。这不仅对个人来说是危险的,而且,如果明知如此,还硬要给组织打上个人烙印,把组织变成实现个人抱负和意志的工具,那岂不是更危险了吗?简直可以说是对组织及其可持续发展的最大危害。这正是庄子在开篇第1章中讲"已而为知者,殆而已矣"的深意所在。

结合本篇最后一章"薪火相传"的深刻寓意,似乎不难理解,人们尤其是管理者要跳出"以有涯随无涯"的危险怪圈,就必须依赖组织和融入组织。只有在组织中,才能借助一代又一代"组织人"的培养,让个体的"有涯"变成组织的"无涯",进而借助组织的"无涯"式探索和发展,积累起人类关于大千世界的无穷见识和能力。这在人类组织的发展史上早已被反复证明了。人类在组织整体层次上所达到的知识和精神传统的持续积累,以及所取得的成就,不正是任何个人都无法企及的"无涯"吗?因此,要打破以个体的"有涯"职业生命去追求"无涯"的知识创造的困境,就必须结成组织,而且,正是在组织整体层次上的可持续发展中,人们才能实现精神和事业的薪火相传。而每一代人,包括管理者,只需要以自身有限的生命和知识能力融入组织的精神传统和事业传承之火中即可。

▍管理别义

组织要实现可持续发展,一定离不开薪火相传,而组织要真正做到薪火相传,管理者就必须具有"功成不必在我"的意识,自觉肩负起文化责任与"组织人"培养的职责。组织只有培养出真正认同组织的信念和价值观并创造性地贡献于组织事业的人,才能做到薪火相传,而培养"组织人"对于管理者来说,责无旁贷。

组织中各级管理岗位的职责特点不同于非管理岗位之处,就在于带队伍、做人的工作,至于从事特定的事业或业务,完成具体的任务,则主要是各类专业技术岗位的职责。各类专业技术岗位之所以能够整合在某个组织中,并具有不同于在其他组织和市场里的独特性,往往并不是因为这些岗位所需要的专业知识和能力不同。实际上，同一类专业技术岗位，不管在哪个组织，对专业知识和能力的要求都是一样的，这也是专业技术岗位设置具有跨组织的通用性的原因。在某个组织中，专业技术岗位之所以具有不同于在其他组织和市场里的独特性，恰是由专业技术人员的非专业素养或非技术因素决定的，而这便是超越个体成员之上的"组织人"特征，植根于组织的文化氛围、工作氛围及培养机制。这种"组织人"特征，不仅会让同类专业技术岗位在不同组织间产生完全不同的工作效果，也直接影响着不同组织的可持续发展水平。

直接决定"组织人"特征的文化氛围、工作氛围乃至培养机制，恰是管理者所要承担的文化责任。要肩负起这份文化责任，管理者必须成为"组织人"的典范，通过管理者的以身作则、率先垂范，才有可能潜移默化地影响更多组织成员自觉认同和践行组织的信念和价值观，并将之融入自己所承担的岗位职责之中。当组织成员把组织的信念和价值观作为履行岗位职责的内在价值准则，并能自觉而非刻意地在岗位职责外去承担更大组织职责的时候，"组织人"的主人翁意识和行为才能真正建立起来，组织的精神之火和事业之火才能得到切实传承；否则，便会出现一种奇特现象——人们只是在非工作日的某种"纪念活动"中，刻意表演着组织薪火相传的节目，而在日常的工作岗位职责履行时，包括管理者在内，谁也不去想如何才能实现组织的薪火相传。

人间世第四

本篇导读

如果说前三篇是阐述在理想状态下,组织的管理者尤其是最高管理者如何通过对自身经验见识和语言运用的双重超越,以确保组织可持续发展的话,那么,从第四篇开始,则回到现实世界,用理想照亮现实,以期让人们看到,在现实世界里,管理者不仅没有实现双重超越,甚至可以说成为生物本能左右下经验见识和语言运用的奴隶,而这也正是当时历史条件下组织管理问题的症结所在。

没有前三篇所建立起来的理想世界,没有立足于理想来审视现实,人们或许还会认为,现实中管理者的行为表现及组织管理存在的问题,都再正常不过,根本无法改变,也不需要改变。但是,当有了理想世界这个参照系,人们就会质疑现实,对现实不满,以至于要改变现实。问题是,在庄子所处的时代,如何才能用理想引领现实的改变?既然现实中的管理者已被生物本能左右下的经验见识和语言运用所束缚而不能自拔,靠管理者自己来实现双重超越已几乎不可能,那就必须依靠外部力量,而这个外部力量的真正源泉,便在于广大组织成员,特别是那些早已实现了双重超越的人。在庄子看来,组织中率先实现双重超越的人,不一定是管理者,但从当时组织现实着眼,一般组织成员的超越,恰是带动乃至逼迫管理者超越的潜在力量。

本篇分为六章。第1章以颜回与孔子的对话,深刻揭示了在当时的历史条件下,作为最高组织管理者的诸侯国国君,所普遍具有的行为方式,而面对这样的最高组织管理者,如何才能谋求组织现实的改变?特别是对于那些致力于实现双重超越的一般管理者来说,这的确是一个既现实又紧迫的问题,也是庄子想要从不同于前人的视角去努力探索的问题。

第 2 章则以叶公子高与孔子的对话进一步说明,当现实中的最高组织管理者被情绪化语言运用所左右的时候,一般管理者连自我保全都困难,更不要说寻求现实的改变了。在这种情况下,那些致力于实现双重超越的一般管理者,只能是努力修养自身,履行职责,除此之外还能干什么?这或许是当时情境下必须思考的基本管理问题。

第 3 章以颜阖与蘧伯玉的对话,更深刻地指出,在诸侯国组织中的最高管理者根本不可能超越被生物本能所左右的经验见识和语言运用的时代背景下,想从改变最高组织管理者入手,来寻求改变诸侯国组织管理现实的手段,已经没有可能性,必须转变思路,这便是本篇后面几章要着重阐述的内容。

第 4 章通过"栎社树"的寓言,将改变组织现实的切入点,从最高组织管理者转换到普通组织成员。庄子之所以会选择用树这种植物作隐喻,意在表明,植物是被动的,难以做出自主选择,这正象征着当时现实条件下普通组织成员所处的被动状态,但即便是处在这种完全被动的状态,普通组织成员也可以像"栎社树"那样通过保全自我,以促成组织现实的改变。

第 5 章在上一章的基础上,又使用三个层层递进的例子,深刻阐明了从组织底层寻求改变现实的可行路径,这就意味着,普通组织成员只能使自己不符合组织的标准和管理者的意图,让自己显得没有用,而当组织的大多数成员在现有标准下都变得无用时,组织的标准和管理者的意图也就不得不改变,否则,组织便无法维持。

第 6 章总结全篇,用接舆对孔子的告诫,指明了一条改变组织现实的新路径,那就是从基层的普通组织成员开始,借助广大普通组织成员的觉醒和自我超越,来影响乃至推动组织现实的改变。庄子提出的这条改变组织现实的新路径,实际上蕴含着一个基本前提,即:组织并非管理者的组织,而是所有成员的组织,当广大组织成员觉醒并团结起来之后,才有可能从根本上推动组织现实的改变。

4.1　颜回[①]见仲尼,请行。

曰:"奚之[②]?"

曰："将之卫。"

曰："奚为焉？"

曰："回闻卫君，其年壮，其行独；轻用其国，而不见其过；轻用民死，死者以国量③乎泽若蕉④，民其无如⑤矣。回尝闻之夫子曰：'治国去之，乱国就之，医门多疾。'愿以所闻思其则，庶几其国有瘳⑥乎！"

仲尼曰："譆！若⑦殆往而刑耳！夫道不欲杂，杂则多，多则扰，扰则忧，忧而不救。古之至人，先存诸己而后存诸人。所存于己者未定，何暇至于暴人⑧之所行！

"且若亦知夫德之所荡⑨而知之所为出⑩乎哉？德荡乎名，知出乎争。名也者，相札⑪也；知也者，争之器也。二者凶器，非所以尽行也。

"且德厚信矼⑫，未达人气，名闻不争，未达人心。而强以仁义绳墨之言术⑬暴人之前者，是以人恶有其美也，命之曰菑⑭人。菑人者，人必反菑之，若殆为人菑夫！且苟为悦贤而恶不肖，恶用而求有以异？若唯无诏⑮，王公必将乘人而斗其捷。而目将荧⑯之，而色将平之，口将营之，容将形之，心且成之。是以火救火，以水救水，名之曰益多。顺始无穷，若殆以不信厚言，必死于暴人之前矣！

"且昔者桀杀关龙逢⑰，纣杀王子比干⑱，是皆修其身以下伛拊⑲人之民，以下拂其上者也，故其君因其修以挤⑳之。是好名者也。昔者尧攻丛、枝、胥敖㉑，禹攻有扈㉒，国为虚厉㉓，身为刑戮，其用兵不止，其求实㉔无已。是皆求名实者也，而独不闻之乎？名实者，圣人之所不能胜也，而况若乎！虽然，若必有以㉕也，尝以语我来！"

颜回曰："端而虚，勉而一，则可乎？"

曰："恶！恶可！夫以阳为充孔扬㉖，采色㉗不定，常人之所不违，因案㉘人之所感，以求容与㉙其心。名之曰日渐之德㉚不成，而况大德乎！将执而不化，外合而内不訾㉛，其庸讵可乎！"

"然则我内直而外曲，成而上比。内直者，与天为徒。与天为徒者，知天子之与己皆天之所子，而独以己言蕲乎而人善之，蕲乎而人不善之邪？若然者，人谓之童子，是之谓与天为徒。外曲者，与人之为徒也。擎跽曲拳㉜，人臣之礼也，人皆为之，吾敢不为邪！为人之所为者，人亦无疵焉，是之谓与人为徒。成而上比者,与古为徒。其言虽教,谪③之实也。古之有也,非吾有也。若然者,虽直而不病,是之谓与古为徒。若是则可乎?"

仲尼曰:"恶!恶可!大多政,法而不谍㉞,虽固亦无罪。虽然,止是耳矣,夫胡可以及化!犹师心者也。"

颜回曰:"吾无以进矣,敢问其方。"

仲尼曰:"斋,吾将语若!有心而为之,其易邪?易之者,皞天㉟不宜。"

颜回曰:"回之家贫,唯不饮酒不茹荤者数月矣。如此,则可以为斋乎?"

曰:"是祭祀之斋,非心斋也。"

回曰:"敢问心斋。"

仲尼曰:"若一志,无听之以耳而听之以心,无听之以心而听之以气!听止于耳,心止于符㊱。气也者,虚而待物者也。唯道集虚。虚者,心斋也。"

颜回曰:"回之未始得使㊲,实自回也;得使之也,未始有回也;可谓虚乎?"

夫子曰:"尽矣。吾语若!若能入游其樊㊳而无感其名,入则鸣,不入则止。无门无毒㊴,一宅而寓于不得已,则几矣。

"绝迹易,无行地难。为人使易以伪,为天使难以伪。闻以有翼飞者矣,未闻以无翼飞者也;闻以有知知者矣,未闻以无知知者也。瞻彼阕㊵者,虚室㊶生白,吉祥止止。夫且不止,是之谓坐驰。夫徇㊷耳目内通而外于心知,鬼神将来舍,而况人乎!是万物之化也,禹舜之所纽㊸也,伏戏㊹几蘧㊺之所行终,而况散焉者㊻乎!"

字词注释

① 颜回:孔子的弟子,姓颜,名回,字子渊。庄子这里只是借用颜回之名,并非实指颜回本人及发生在他身上的事,更不是在转述他和孔子的观点。

② 奚之:"奚",相当于何、哪里;"之",这里是往、到的意思;"奚之",即到哪里去。

③ 量:本义指称轻重,这里引申为堆满、填满的意思。

④ 蕉:本义指还没有沤治的生麻,这里引申为多,即多如麻的意思。

⑤ 如:这里是前往、依归的意思。

⑥ 瘳:这里是救治、治理的意思。

⑦ 若：这里是你的意思。

⑧ 暴人：即暴君，这里指卫国国君。

⑨ 荡：这里是洗掉、失去的意思。

⑩ 出：这里是显现、显露的意思。

⑪ 札：这里同"轧"，是倾轧的意思。

⑫ 信矼："矼"，指坚实的样子；"信矼"，即诚信坚实。

⑬ 术：根据钟泰的注释，"术"，同"述"，这里是陈述的意思。〔1〕

⑭ 菑：这里通"灾"，是害的意思。

⑮ 诏：这里是告诉、劝诫的意思。

⑯ 荧：这里是使人头昏目眩的意思。

⑰ 关龙逢：夏桀时期的大臣，因进谏而被暴君桀所杀。

⑱ 王子比干：商王太丁之子，名干，也称王子比干，为王室重臣，因直言劝谏，被暴君纣所杀。

⑲ 伛拊："伛"，这里是躬身、弯腰的意思，表示恭敬；"拊"，这里是抚慰、保护的意思；"伛拊"，即尽心保护。

⑳ 挤：这里是排斥、排挤的意思。

㉑ 丛、枝、胥敖：即《齐物论》第9章中提到的宗、脍、胥敖，是传说中尧时期的三个小国。

㉒ 有扈：即夏朝时的一个小国。

㉓ 虚厉：据成玄英疏，"宅无人曰墟，鬼无后曰厉"〔2〕，这里的"虚"，同"墟"，即废墟，而"厉"，则指没有后代，极言屠杀之残酷；因此，"虚厉"，指的是房屋成废墟、民众被屠杀。

㉔ 实：本义为富裕，这里引申为利益、所得。

㉕ 以：这里是原因、缘故、因由的意思。

㉖ 孔扬："孔"，这里是很、甚的意思；"扬"，这里是张扬、骄横的意思；"孔扬"，即很张扬。

㉗ 采色："采"，这里指神色、神态；"采色"，即神色。

㉘ 案：这里是压抑、阻止的意思。

㉙ 容与：据林希逸的注释，"容与，自快之意"〔3〕。

㉚ 日渐之德：这里指小德行。

㉛ 訾：据陈鼓应引王闿运的注释，"訾，资借字也。外与之合，内而不见取也"〔4〕。

---

〔1〕 钟泰：《庄子发微》，上海古籍出版社2022年版，第74页。
〔2〕 郭象：《庄子注疏》，成玄英疏，曹础基、黄兰发整理，中华书局2011年版，第76—77页。
〔3〕 林希逸：《南华真经口义》，陈红映点校，云南人民出版社2002年版，第58页。
〔4〕 陈鼓应：《庄子今注今译》，中华书局2016年版，第122页。

㉜擎跽曲拳:"擎",本义指向上托起,这里引申为执笏;"跽",本义指跪,这里引申为跪拜;"曲拳",指鞠躬;"擎跽曲拳",即执笏跪拜和鞠躬。

㉝谪:这里是谴责的意思。

㉞谍:据成玄英疏,"谍,条理也,当也"[1],即适当、恰当的意思。

㉟皞天:"皞",这里通"昊",即大的样子;"皞天",指博大的自然之理。

㊱符:这里是符合的意思。

㊲得使:据林希逸的注释,"得使,言得教诲也"[2]。

㊳樊:这里同"藩",即篱笆,这里引申为边界、边境。

㊴无门无毒:据杨柳桥的引证,"门",隐喻闭藏自固;"毒",隐喻暴怒;[3]"无门无毒",指勿固闭、勿暴怒。

㊵阒:这里同"阙",是空的意思。

㊶室:这里隐喻人心或思维。

㊷徇:据成玄英疏,"徇,使也"[4],即使得的意思。

㊸纽:这里是根本、关键的意思。

㊹伏戏:即伏羲,传说中的古圣王,三皇之一,华夏人文始祖,创八卦。

㊺几蘧:传说中的古圣王。

㊻散焉者:即普通人,这里暗指现实中像卫国国君那样的管理者。

今文意译

颜回拜见孔子,并向他辞行。

孔子问:"要去哪里?"

颜回说:"要去卫国。"

孔子问:"去干什么呢?"

颜回说:"我听说卫国国君自恃勇猛,独断专行;草率地做管理,还认识不到自己的错误;轻易用兵,不顾民众死活,诸侯国中死者多如麻、填满沟壑,以至于民众都无所归依了!我曾听您说过:'那些管理得好的诸侯国,就可以离开了,而那些管理得不好的诸侯国,则一定要去帮助,这就像医生门

---

[1] 郭象:《庄子注疏》,成玄英疏,曹础基、黄兰发整理,中华书局2011年版,第79页。

[2] 林希逸:《南华真经口义》,陈红映点校,云南人民出版社2002年版,第61页。

[3] 杨柳桥:《庄子译诂》,上海古籍出版社2017年版,第75页。

[4] 郭象:《庄子注疏》,成玄英疏,曹础基、黄兰发整理,中华书局2011年版,第83页。

前必定患者很多一样。'我想用从您这里学到的东西,琢磨一套可行的办法去帮助卫国,说不定还能让卫国民众免除苦难!"

孔子说:"唉!你恐怕去到卫国会有杀身之祸啊!要解决问题,指导思想就不能杂乱,杂乱了就会多事,多事则会搅扰,搅扰又会带来忧患,一旦有忧患,便很难挽救了。古代那些伟大的管理者,都是先在心中形成稳定一贯的指导思想,再去影响别人。若连自己都还没有一以贯之的指导思想,又怎么可能去影响暴君的行为呀!

"况且你了解德行之所以会被扭曲、见识会被认为是卖弄的原因吗?德行被扭曲,就是因为追求名声;见识被认为是卖弄,则是因为喜欢争胜。名声,是人们相互倾轧的原因;而见识,又成了人们相互争胜的工具。这两者都极为凶险,不能靠它们来为人处世啊。

"再说,你虽然德行淳厚、诚实守信,却并不了解对方;即便你不想与别人争夺名声,但对方又不清楚。在这种情况下,你若硬要在暴君面前大讲仁义规范,则相当于是用别人的恶行来反衬自己的美德,这就叫害人。害人者,自己一定反倒被害,你恐怕就要被别人害了呀!况且,如果卫国国君喜欢那些贤能的管理者,讨厌那些用心不良的管理者,那他身边一定有很多贤能的管理者,怎么会用得着你去显得与众不同呢?除非你不进谏劝诫,否则,卫国国君一定会乘机抓住你的纰漏,施展他的诡辩。届时你又会被弄得头昏目眩,却要努力保持面色平静,还想在口头上弥补纰漏,不知不觉中容貌早已表现出恭顺,内心也屈就其观点了。这就好比用火去救火,用水去救水,只会多上加多,解决不了问题。反之,如果你坚持自己的立场,一直争辩下去,那么,你恐怕又会因那不被相信的忠厚之言而必定为暴君所害啊!

"从前夏桀杀关龙逢、商纣王杀王子比干,都是因为他们修养自身、爱护民众,以在下位者违逆了在上位者,所以,国君反倒会因他们的行为修养而排斥他们。这也是追求名声带来的结果。当年尧攻打丛、枝、胥敖这三个小国,禹攻打有扈这个小国,导致这些小国里房屋成废墟、民众遭屠杀,国君也身首异处,原因则是尧和禹在不断用兵,贪求眼前利益。这都是追求名声、贪求实利造成的啊。你难道没有听说过吗?名声和实利,连历史上那些伟大的管理者都不能克制自己不去追求,更何况你呀!虽然如此,你也一定有自己的想法,说来听听!"

颜回说:"端庄谦逊,勤勉专一,这样行吗?"

孔子说:"啊!这怎么行!卫国国君自恃勇猛,甚是骄横,喜怒无常,人们都不敢违背他的意志,他也因此抑制了人们对他的劝谏,只求自我逸乐满足。像这种人,即便用小德行每日潜移默化地影响都不可能,更不要说想用大德行一下子改变了!他必然会固执己见、拒不改变,即使外表随和,内心也不会接受,你的想法又怎么行得通呢!"

颜回说:"如果是这样,那我就内心正直,外表恭顺,引用公认的观点,并以古人作类比。内心正直,就是与人的本性相一致,而与人的本性相一致,在人的本性面前,哪怕是天子,都与我是平等的,这样我哪里还用去祈求别人认同我的话或不认同我的话呢?能做到这样,就是人们所说的赤子,也就是说与人的本性完全一致了。外表恭顺,就是与人所扮演的社会角色相一致。执笏跪拜和鞠躬,这是做大臣的礼节,人们都这样做,我怎敢不这样做呢!扮演好自己的角色,别人也就不会指责了,这也就是说与社会角色相一致。引用公认的观点,并以古人作类比,就是与历史传统相一致。这样一来,说话虽然有教诲的意思,也有谴责的内容,但这些话早在古时候就有了,并不是我说的。像这样说话,虽然很直率,却没有毛病,这也就是说与历史传统相一致。像这样可以吗?"

孔子说:"啊!这怎么行!这么多纠正别人的方法,用哪一个都不合适。这些方法虽然不至于得罪卫国国君,但也仅此而已,又怎么可能达到改变他的目标!原因是这些方法还是来自于你心中的成见啊。"

颜回说:"我没有更好的方法了,请问您有什么方法吗?"

孔子说:"先斋戒,我再告诉你!心中已有成见,又想刻意而为,哪有那么容易做成的呢?如果你把这件事看得容易,那就不符合上天的自然之理了。"

颜回说:"我家里穷,已有几个月不喝酒、不吃肉了。这样也可以算是斋戒了吧?"

孔子说:"这是为祭祀而做的斋戒,并不是心中的斋戒。"

颜回说:"请问怎样做才算是心中的斋戒。"

孔子说："让你心中的信念专一，不要用耳朵听，要用心去听；不要用心去听，要用信念的一致性去感受。耳朵的作用在于听，心的作用则在于判断是否与对象相符合。信念的一致性，却是以虚空来承载各种对象的。'道'就是一种虚空的信念。坚守这种虚空的信念，就是心中的斋戒。"

颜回说："我还没有听到这样的教诲时，自认为是一个实实在在的存在；但听了这样的教诲后，好像自己不存在了。这可以说是在坚守这种虚空的信念吗？"

孔子说："好极了！我来告诉你，这样你就能在进入卫国境内后，不为名声所动，卫国国君愿意接纳你，你就说说你的看法；卫国国君不愿意接纳你，你就不说。既不固执，又不急躁，心无二念，等到迫不得已的时候才发表看法。这样的话，就差不多了。

"离群索居倒还容易，但要行于世上，又不留痕迹，就难了。受生物本能的驱使就容易作伪，从人的本性出发就难以作伪。只听说有翅膀能飞，还未听说没有翅膀也能飞的；只听说有见识能理解，还未听说没有见识也能理解的。若能把外部一切看成空的，那内心就会虚空，只有信念在熠熠生辉，当信念止于应该止的地方，各种美好的事物就会在心中呈现出来。如果没有信念这个根本的立足点，思维就会被外物吸引而走失，这就是说，人还坐在那里，思维却早已不知跑到哪里去了。如果能使耳目等感觉器官都受内在信念的主导，并能排除心中的成见，那么，连鬼神都会来归附，更何况是人呢！这样的话，各种事物都能被改变。这正是禹、舜做管理的关键所在，也是伏羲、几蘧贯彻始终的管理准则，更何况是那些现实中的管理者呢！"

分析解读

前三篇讲的是管理者如何通过对个人经验见识和语言运用的双重超越，进入以思维构建的理想世界，为组织的可持续发展奠定思想观念和精神价值之基，而第四篇则立足理想，直面现实，明确问题，寻求改变。

本章通过颜回与孔子的对话，深刻揭示了当时诸侯国组织管理的问题所在。本章上来便借颜回之口，点明了以卫国为代表的诸侯国所面临的管理困境，即："卫君，其年壮，其行独；轻用其国，而不见其过；轻用民死，死者以国量乎泽若蕉,民其无如矣。"这说的是,像卫国国君这样的诸侯国最高管理者,自恃年富力强而独断专行,在诸侯国管理上任意妄为,还自以为是,认识不到自己的问题所在,动辄便找外部原因,转移矛盾,轻率用兵,根本不管民众死活,导致卫国死者多如麻,填满沟壑,民众无所适从。

在庄子所处的战国时代,何止一个卫国,哪个诸侯国的管理不是如此。面对诸侯国管理的乱象和民众的疾苦,像颜回这样不能无动于衷的有识之士,也不在少数。因而颜回要奔赴卫国,解民众倒悬之苦。真正有责任感的职业管理者像医生一样,正所谓"医门多疾",哪里有病患,哪里就是医生要去的地方;而"治国去之,乱国就之",也应该是职业管理者义不容辞的责任。

但是,孔子却坚决反对颜回贸然前往卫国。孔子不同意颜回去卫国的理由有三:

第一,颜回此去的指导思想尚不明确,即"道不欲杂,杂则多,多则扰,扰则忧,忧而不救"。这里的"道",指的是做事的指导思想,颜回要去卫国这件事,也必须有明确的指导思想或宗旨,但颜回陈述的理由,都只是自己的美好意愿,并没有说明白卫国管理问题的症结所在,虽然知道"卫君,其年壮,其行独""轻用其国""轻用民死",但还没有真正了解卫君为什么会这样,更不清楚自己是否有能力改变卫君和卫国的管理。在做事的指导思想或宗旨不明确的情况下,贸然去卫国,颜回当然会面临巨大风险。在孔子看来,理想化的管理者,总能做到"先存诸己而后存诸人",也即先有内在稳定的一贯指导思想,然后才有可能去影响别人;否则,"所存于己者未定,何暇至于暴人之所行"。

第二,颜回此去很可能被严重误解。也就是说,在自己都还没有形成明确的指导思想或宗旨,也不很清楚去卫国到底要解决什么问题的情况下,颜回的卫国之行,很容易被别人误解为沽名钓誉之举,毕竟"德荡乎名,知出乎争。名也者,相轧也;知也者,争之器也"。颜回本人是否真的有德行、有见识,别人并不清楚,即便要搞清楚,也需要经历很长时间,正所谓"日久见人心";但对于眼前的某件具体的事来说,别人却很容易从名利的角度去看待、去判断。这就会导致别人对颜回德行的扭曲认识,以为颜回不过是在追求名声,而颜回的见识在别人眼里,也不过是为了争胜而卖弄罢了。毕竟在现实中,名声早已成为人们相互倾轧的手段,见识也退化成彼此争胜的工具。凡涉及名声和见识,莫不引发各种猜忌,似乎两者都变成了害人的凶器。颜回此去卫国,也不可能摆脱这种世俗成见的误解。

第三,颜回此去,对卫君及其管理群体并不了解。颜回既不了解卫国国君这个人,也不了解卫国那些大臣或管理者们。哪怕颜回德行淳厚、诚信实在,难道真能与卫君的个性特点相匹配吗?哪怕颜回确实不想与任何人争夺名声,但卫国上下的管理者们真能理解颜回吗?当颜回真要到卫君面前大讲仁义道德的时候,在别人眼里,那岂不明显是在用自己的高风亮节反衬卫君的卑鄙猥琐,就像用自己的美德去放大别人的恶行一样,简直就是在害人,而害人者也必被人所害。这样看来,颜回此去卫国,的确是太危险了。况且,卫君也并非孤立一人,他还有庞大的管理团队。如果卫君是个"悦贤而恶不肖"的人,那他身边一定有不少德才兼备的管理者,也就不需要颜回再去多此一举了。反之,卫君可能早就在排斥身边德才兼备的管理者的过程中练就了本领,像颜回这种初出茅庐的年轻人,根本不是他的对手。那结果必然是"若唯无诏,王公必将乘人而斗其捷。而目将荧之,而色将平之,口将营之,容将形之,心且成之"。本来是要去改变卫君,自己却先败下阵来,不仅没能改变,反倒助长了卫君的气焰,不仅没能救卫国民众于水火,反而将卫国民众推向更严重的水深火热之中。这难道不是典型的"以火救火,以水救水"的"益多"行为吗?

当然,颜回更可能自始至终坚持自己的原则,不向卫君妥协,一直争辩下去,而结果又必然是被这样的暴君所害。历史上这样的例子不胜枚举,昔日"桀杀关龙逢,纣杀王子比干",都是因为他们修养德行,又爱护民众,却触怒了国君,反而招致了杀身之祸。还有像尧、禹这些历史上伟大的管理者,也因为要追求以硬实力为代表的权力,维护自身的权威和利益,大动干戈,造成"国为虚厉,身为刑戮"。

总体来看,孔子认为,颜回此去卫国,必定凶险异常,所以坚决反对。但是,颜回要去卫国,虽然还没有想清楚此行的指导思想或宗旨,却也思考过要怎么做的问题。颜回准备采取的总原则是"端而虚,勉而一"。也就是说,既不卑不亢,又谦虚谨慎;既积极进取,又立场坚定。

颜回此去卫国在于救民众于水火，而不是为自己谋私利，也就没有必要刻意讨好卫君。但要改变卫国的现状，改善卫国的民生，却又只能依赖于卫君本人的改变，所以，颜回还不能得罪卫君，这就需要在直面卫君时，必须做到庄重与谦逊，将不卑不亢与谦虚谨慎有机结合起来。另外，颜回此去既然是为卫国民众谋利益，当然就要据理力争，积极进取，同时又不能忘记初衷，保持立场始终如一。

在孔子看来，颜回这个总原则根本不可行。原因是像卫君这样自以为是、刚愎自用的人，即便想潜移默化地影响都不可能，更别说想用大道理一下子改变他了。即便颜回还准备使用三种具体方法来改变卫君，即"内直者，与天为徒""外曲者，与人之为徒也""成而上比者，与古为徒"，也徒劳无益。原因很简单，这些方法都来自颜回的个人意愿和经验见识，即"犹师心者也"，并没有达到对人之为人的独特本性的把握，并立足于此来理解管理情境中人与人之间的关系，特别是与上级之间的关系。

要达到对人之为人、区别于物的独特本性的把握，就必须首先超越个人经验见识所形成的思维定式，也即成见。这就是孔子要说"斋，吾将语若！有心而为之，其易邪？易之者，皞天不宜"的用意所在。这句话说的就是，一个人心中早已有了成见，又想按照自己的成见刻意而为，哪有那么容易做成的事？尤其是像处理与国君这样的最高组织管理者之间的关系这样的事，必须首先破除个人成见或思维定式，立足于人之为人的本质特性，才能看清各种世事。所以，孔子才让颜回"心斋"，以破除思维定式。

孔子所说的"心斋"，严格来说是思维的斋戒，而非身体的斋戒。如果说身体的斋戒关键在于作为身体的输入，即吃的食物，要素朴洁净，不能有酒肉荤腥的话，那么，"心斋"或思维的斋戒，也可以从"心"或思维的输入角度来理解，因为"心"或思维也可以视为一个信息加工系统，无时无刻不依赖于外部各种信息的输入。在孔子看来，"心斋"或思维的斋戒，便是要暂时屏蔽外部信息的输入，进而在不受外在信息干扰的情况下，才有可能清理和体察内在的信念、价值观和已有的用以加工输入信息的认知结构。只有切实清理和体察了自己内在的思维状况之后，才能找到思维最底层的信念，那就是人之为人、区别于物的独特德性前提，以此为基础再重新组织和系统化思维中现有的经验及知识,才有可能形成一以贯之的思维结构,让关于德性的坚定信念成为思维运用的主导者,这样才能破除个人成见或思维定式的束缚。这时候再来接受外部信息,认知各种事及其背后的人与人之间的关系准则,去做人和做事,便有了内在价值准则和专有思维能力,而这个内在价值准则又具有人之为人、区别于物的共同特性,正所谓"人同此心、心同此理"。专有思维能力则同特定的社会分工联系在一起,对于管理者来说,那就是管理领域的专有知识和技能。当有了内在价值准则之后,专有思维能力的培养、运用和提升,也就有了内在一定之规,并能服务于人之为人的独特德性前提所必然具有的向善倾向性。这正是孔子所讲的"心斋"或思维斋戒的核心内涵,即:"若一志,无听之以耳而听之以心,无听之以心而听之以气!听止于耳,心止于符。气也者,虚而待物者也。唯道集虚。虚者,心斋也。"

这里的"志",指的就是关于人之为人、区别于物的独特本性的坚定信念。只有确立起这种坚定信念,才有动机和动力借"心斋",向内"心"或思维中去寻求这个人之为人所共有的独特本性;若没有这样的信念,又有谁会相信孔子说的"心斋",并向内寻求人之为人的独特本性?更别说将孔子的"心斋"付诸实践了。

有了这种专一的坚定信念,人们才可能做到"无听之以耳而听之以心,无听之以心而听之以气"。这里用"听"指代的是所有感觉器官的功能,获取外部信息的感觉器官,无时无刻不在吸收、捕捉、传递着外部信息,并输入思维系统中进行加工,再输出指令到身体各个部位,以采取行动,从而形成感觉经验;这些感觉经验又会不断反馈到思维系统,慢慢形成内在认知结构,用以预期和适应外部环境的变化。这种基于信息反复输入及加工和反馈调整所形成的内在认知结构,就是个人的经验见识,而经验见识中那些不自觉地固化成思维定式和行为习惯的部分则是成见。实际上,大部分人的日常言行,都是在这种成见的主导下完成的,也称为惯例化言行。孔子所说的"心斋",首先就要破除这种成见,进而才有可能超越经验见识。如果连已经固化为惯例化言行的成见都无法破除,那所谓的超越经验见识和语言运用的束缚,也只能是一句空话。因此,在孔子看来,只有借助"心斋",破除成见,找到思维中固有的人之为人、区别于物的独特本性这个原点,才能立足于这样的思维原点，重构已有思维结构，让这个原点，即人之为人的独特本性，成为思维运用的主导者，而不是让生物本能左右的感官偏好成为思维运用的主导者。这样的话，一个人才可以说是找到了自己的"真君"或"真宰"，也才有可能立足于"真君"或"真宰"，来实现个人经验见识和语言运用的双重超越。

所以，孔子说的"无听之以耳而听之以心"，实际上说的就是要暂时屏蔽各种感觉器官带来的外部信息输入，去清理和体察内在的认知结构，这样才有可能在不受外部信息干扰的情况下，把握住自己的内在认知结构和信息加工的独特方式，从而发现自己固有的思维方式乃至思维定式。

更进一步，当孔子说"无听之以心而听之以气"时，这里的"气"，指的是一致性或一以贯之的内在同一性，而这句话讲的是，在向内清理和体察自己内在认知结构过程中，能找到构成认知结构底层逻辑前提的思维原点，那就是关于人之为人的独特本性的坚定信念，它也是不能再问为什么，也无法再向前追溯的逻辑起点，即具有内在一致性的坚定信念。当立足于这种信念的一致性，即"气"，再重新组织和系统化思维中现有的经验及知识，才有可能破除思维定式或成见，形成崭新的一以贯之的认知结构，以此来认识外部世界，才能还原其本来面目，而不是以固有成见来肢解或涂抹这个世界。所以，孔子才说："听止于耳，心止于符。气也者，虚而待物者也。唯道集虚。虚者，心斋也。"这说的就是，耳朵这种感觉器官的作用就是获取外部声音等信息，而"心"或思维的作用，则是对各种输入信息进行加工，并判断认识是否与对象相符合。但是，信念的一致性或一以贯之的内在同一性，看似不涉及任何外部对象，也没有什么具体信息内容，是虚空的，却能主导思维关于各种对象的认识、理解和把握，因为只有这种信念，才是对任何外部信息进行取舍选择的内在价值准则的根本所在，而庄子所说的"道"，实际上就是一种看似虚空的信念。"心斋"或思维的斋戒所要做的，正是排除一切外在干扰，找到并坚守住这个看似虚空的信念。

颜回经孔子点拨，恍然大悟，说道："回之未始得使，实自回也；得使之也，未始有回也，可谓虚乎？"这句话意味着，颜回原本像大多数人一样，本能地认为由感觉经验构成的自己就是自己，而自己不过就是感觉经验的主体；

这个主体拥有对各种感官输入信息进行加工的能力，而且，这种加工能力也是自己难以觉察到的，既然都不自觉，也就无所谓什么经验见识或者成见；认识不到的成见，又谈何成见。但是，听完孔子讲"心斋"，颜回一下子领悟到，那个感觉经验主体的"我"，很可能一直都在扭曲自我和世界，因此，必须重新找回真正的"我"；而要找回真正的"我"，则先要放下那个作为感官经验主体的"我"。颜回说"得使之也，未始有回也"中的"回"，指的就是原来那个作为感官经验主体的"我"，这个"我"在听了孔子的"心斋"后仿佛一下子消失了。

关于"心斋"，认识和理解了是一回事，真正付诸实践则是另一回事。认识和理解可能发生在谈话中，如颜回与孔子的对话，也可能发生在独自思考中，像第二篇第一章中南郭子綦的"坐忘"；但是，真正的实践，必定要与具体做事、处理特定关系融为一体。如果要将关于人之为人、区别于物的独特本性的坚定信念，作为内在价值准则的根本立足点，付诸各种各样的实践活动之中，那一定要经历事上磨炼的自我修养过程，绝不能只是一时说说、想想就可以了。所以，孔子才会将去卫国这件事作为假想案例，进一步帮助颜回分析，如何才能将这种信念落实到做事之中。

而孔子说的"若能入游其樊而无感其名，入则鸣，不入则止。无门无毒，一宅而寓于不得已，则几矣"意味着，立足于人之为人所共有的独特本性来运用思维，审视自己去卫国、面对卫君这件事，便能超越个人好恶，不为名声和利害所动，能做到不以个人意愿强求一定有什么样的结果。以这样的心态直面卫君，才能看得更清楚：如果他能体现出人之为人的独特本性，愿意接受不同意见，就有针对性地表明自己的观点；如果他已经完全被生物本能所左右，一意孤行，不接受任何不同意见，那再说也无用。由此可见，只有立足于人之为人的独特本性来运用思维，才能做到既不固执，也不急躁，即"无门无毒"；而思维除了立足于这个坚定信念之外，不再受任何其他干扰，在应对和处理各种信息线索时，才能做到心无旁骛，来者必还原其本来面目，而不施加个人成见，这就是"一宅而寓于不得已，则几矣"所要表达的意思。其中，"一宅"，指的就是立足于信念的一致性、超越了个人经验见识之后的那种"心"或思维的空虚状态，而"不得已"，便是指从各种对象的特性或本来面

人间世第四　203

目出发予以应对，不强加任何个人成见和刻意动机，"则几矣"，也就意味着差不多达到将"心斋"付诸实践的效果了。

为了更进一步说明"心斋"绝不是要人们离群索居或避世隐居，孔子又强调指出："绝迹易，无行地难。为人使易以伪，为天使难以伪。"这里的"绝迹"，即离群索居或避世隐居，像当时的隐士那样生活。但是，管理者不可能成为隐士，脱离了现实，无法做管理；"无行地难"则说的是，又要走路，又想要脚不踩地，那可就不容易了。这隐喻的是，管理者既要行于世上，就不可能不留痕迹。因此，管理者如果完全在生物本能左右下运用思维、采取行动，却又想做好本质上要求超越一己之私、追求共同利益的管理工作，那必然是难上加难。在这种情况下，那些被生物本能所掌控的管理者，也就不得不作伪、掩盖，表面上宣称要追求共同利益，私底下却做着以权谋私的勾当，战国时期各诸侯国中这类管理者可谓比比皆是。但是，管理者从人之为人的独特本性及其向善的倾向性出发做管理，自然就会表里如一，既不会作伪，也无须作伪。这就像"闻以有翼飞者矣，未闻以无翼飞者也；闻以有知知者矣，未闻以无知知者也"一样。这个比喻说的是，要想在管理工作中不作伪，就必须超越生物本能，而一旦超越了生物本能，就如同没有了翅膀、没有了见识，又怎么会去飞、又怎么会自以为是地耍聪明作伪掩饰呢？这恰是从根本处入手，解决管理中作伪问题的思路，而"心斋"则是从根本处入手解决管理问题的方法。可以想象，通过"心斋"实现了超越的管理者，必定会进入这样的境界，即"瞻彼阕者，虚室生白，吉祥止止"。也就是说，超越了经验见识，"心"或思维中只有那一致性的信念在熠熠生辉，而当信念止于应该止的"心"或思维底层的原点处，各种对象的本来面目才会在"心"或思维中呈现出来，从而得到更准确的认识、理解和把握。否则，"心"或思维若没有信念这个根本立足点，就会追逐着各种对象，被对象吸引而走失，这就好比说人仍坐在那里，"心"或思维早已不知跑到哪里去了。这便是典型的"坐驰"。

正是在这个意义上，孔子才说："夫徇耳目内通而外于心知，鬼神将来舍，而况人乎！是万物之化也，禹舜之所纽也，伏戏几蘧之所行终，而况散焉者乎。"这里的"徇"，是"使"的意思，也就是说，要使耳目等感觉器官都受内在信念的主导；"外于心知"，则指的是排除"心"或思维中固有成见的影响。

若能做到使耳目等感觉器官都受内在信念的主导，并且排除了"心"或思维中固有成见的影响，那么，鬼神都会来归附，更何况是人呢？

因此，做管理，要想改变各种内外部环境条件，就必须首先改变管理者自己，也就是必须超越个人经验见识的束缚，尤其是对于组织的最高管理者来说，改变自己更为重要。包括禹、舜、伏羲、几蘧在内，那些历史上伟大的管理者，他们做管理，都是首先从改变自己，实现自我超越开始的。管理者若不能超越个人经验见识，尤其是成见，要想改变现状、做好管理，绝无可能。

在这里，孔子用"是万物之化也，禹舜之所纽也，伏戏几蘧之所终，而况散焉者乎"来做总结，其中的"散焉者"，暗指卫国国君，而不是像颜回这样学管理、做管理的代理人意义上的职业管理者。因为在历史上，无论是舜、禹，还是伏羲、几蘧，都是以委托人意义上的最高组织管理者被载入史册，并留在人们的共同记忆中，成为伟大管理者典范的。这里之所以要用这些最高组织管理者来说明自我超越的重要性，恰是要表明，如果组织的最高管理者不能实现这种自我超越，进而站在人之为人、组织之为组织的独特本性之上来看待人、看待事、看待物、做好管理，那么，其他管理者即便能超越自我，又怎么可能从根本上改变最高组织管理者呢？

毕竟"心斋"是自己的事，别人无法强迫，更无法代替，而自我超越也只能是自己去努力达到的一种超越，不可能被动地由别人推着实现这种超越。即便别人可以给予启发和辅助，也必须当事人有这种内在愿望才行。这就像孔子之所以能启发颜回领悟"心斋"，也是因为颜回原本就有这个意愿，而且，孔子也知道颜回"德厚信砥""名闻不争"，即颜回原本就有实现自我超越的内在基础，只须稍加点拨，便能达到效果。但是，像卫国国君那样"采色不定，常人之所不违，因案人之所感，以求容与其心"的最高组织管理者，真能接受"心斋"建议，领略"心斋"真义，从自我做起，努力实现对生物本能和个人经验见识的超越吗？答案显然是否定的。即便孔子假设颜回通过"心斋"达到自我超越，再去卫国，也只是"入则鸣，不入则止"。也就是说，卫君愿意接纳就说出自己的看法，不愿意接纳就不说，而很显然，卫君不接纳的可能性要远大于接纳。既然如此，又如何才能改变当时像卫国那样问题丛生的诸侯国管理现实状况呢？这的确是庄子提出的一个悬而未决的根本问题。

管理别义

组织要实现可持续发展，当然离不开组织管理水平的不断提升，也就是组织管理本身的可持续发展，而组织管理本身的可持续发展，却又建立在管理者自我超越的基础上。可以肯定地说，没有管理者对个人好恶和经验见识的持续超越，要实现组织管理本身的持续发展，从而支撑组织成员成长和组织事业发展，实现组织的可持续发展，几乎是不可能的。

但是，管理者对个人好恶和经验见识的超越又谈何容易，尤其是对于那些高层管理者来说，则更加困难。原因看上去很直观，管理者之所以能成为管理者，管理者之所以能不断晋升而成为高层管理者，都在不断验证着自己的知识、能力、经验、见识和思维方式的有效性，这种职位变迁带来的有效性检验，必定让管理者志得意满。特别是在前期的成功非常耀眼的时候，管理者的自信甚至能达到爆棚的程度。这让管理者自我感觉必定是组织内最优秀群体的代表，其他组织成员都需要从管理者这里汲取经验，而管理者自己又何须"忘却"乃至超越成功的经验。

恐怕阻止管理者尤其是高层管理者实现这种超越的最大障碍，还不是过往成功经验的自我陶醉，而是岗位职权所造成的放大强化效应。因为管理者掌握着组织的公共资源和权力，会直接影响其他岗位人员的工作效果乃至个人利益，这会让管理者在组织中自然拥有一种优越地位，成为其他组织成员关注的中心；再加上管理者要代表不能说话的组织来说话，这又让管理者掌握着组织的话语权。由于管理者有资源优势、信息优势、权力优势、语言优势等，这些优势累加在一起，就会让管理者的知识、能力、经验、见识和思维方式乃至整个人被放大、被强化。这种岗位职权所造成的放大强化效应，让管理者尤其是高层管理者更难清醒地认识到自身的局限性，也更难实现自我超越。

从某种意义上说，正是管理者对过往成功的自我陶醉，以及管理权力所固有的放大强化作用，导致组织管理止步不前、难以实现可持续发展，并制约着组织成员成长和组织事业发展，进而阻碍组织可持续发展。各类组织的兴衰史反复印证了这一点,而且,往往正是那些曾经带领组织取得巨大成功的管理者,在后来的职业生涯中又把组织带进了衰败的深渊。产生这种情况的组织,都有一个共同特点,那就是组织的高层管理者很难被其他管理者及普通组织成员所影响,更不要说改变了。

也就是说,在这类组织中,高层管理者可以直接影响中层和基层管理者,决定他们在组织中的职业发展机会;但是,中层和基层管理者及普通组织成员,根本就没有影响高层管理者的途径。当然,这并不排除有些高层管理者会主动向下听取意见和建议,但那不过是个人的意愿和选择,并非组织的机制设计。概言之,当组织的体制机制及相应的权利和权力安排,都只是自上而下的设计,却没有自下而上以及水平方向的可能渠道时,下位者影响上位者,只能是个别或偶尔出现的例外,而组织管理的常态,永远是上位者影响乃至决定下位者。在这种运行体系中,组织成员只能向上仰视,想办法建立向上的联系,以努力寻求更好的发展机会,又怎么可能坚守价值立场,向上位者据理力争,甚至影响和改变上位者呢?久而久之,上位者都会在不断被下位者仰望和追捧的过程中变得自我陶醉起来,哪还有动机和动力去自我反思、自我超越。即使有反思,那也是在反思自己是多么厉害,不能只待在现有岗位上,还应该继续向上;即便有超越,那也是不断谋求对现有职位的超越,绝无可能是对个人经验见识和个体利益的超越。只能激励各级管理者追求职位超越和个人利益增长的管理体系设计,确实难以保证组织的可持续发展。

4.2 叶公子高[①]将使于齐,问于仲尼曰:"王使诸梁也甚重,齐之待使者,盖将甚敬而不急。匹夫犹未可动,而况诸侯乎!吾甚栗[②]之。子常语诸梁也曰:'凡事若小若大,寡不道以欢成[③]。事若不成,则必有人道之患[④];事若成,则必有阴阳之患[⑤]。若成若不成而后无患者,唯有德者能之。'吾食也执粗而不臧[⑥],爨[⑦]无欲清之人。今吾朝受命而夕饮冰,我其内热与!吾未至乎事之情[⑧],而既有阴阳之患矣;事若不成,必有人道之患。是两也,为人臣者不足以任之,子其有以语我来!"

仲尼曰:"天下有大戒二:其一,命也;其一,义也。子之爱亲,命也,不可解于心;臣之事君,义也,无适而非君也,无所逃于天地之间。是之谓大戒。是以夫事其亲者,不择地而安之,孝之至也;夫事其君者,不择事而安之,忠之盛也;自事其心者,哀乐不易施⑨乎前,知其不可奈何而安之若命,德之至也。为人臣子者,固有所不得已。行事之情而忘其身,何暇至于悦生而恶死!夫子其行可矣!

丘请复以所闻:凡交近则必相靡⑩以信,远则必忠之以言,言必或传之。夫传两喜两怒之言,天下之难者也。夫两喜必多溢美之言,两怒必多溢恶之言。凡溢之类妄,妄则其信之也莫⑪,莫则传言者殃。故法言⑫曰:'传其常情,无传其溢言,则几乎全。'

且以巧斗力者,始乎阳,常卒乎阴,泰至则多奇巧;以礼饮酒者,始乎治,常卒乎乱,泰至则多奇乐。凡事亦然。始乎谅⑬,常卒乎鄙⑭;其作始也简,其将毕也必巨。

言者,风波也;行者,实丧⑮也。夫风波易以动,实丧易以危。故忿设⑯无由,巧言偏辞。兽死不择音,气息茀⑰然,于是并生心厉⑱。克核⑲大至,则必有不肖之心应之,而不知其然也。苟为不知其然也,孰知其所终!故法言曰:'无迁令,无劝成,过度益也。'迁令劝成殆事,美成在久,恶成不及改,可不慎与!且夫乘物以游心,托不得已以养中,至矣。何作为报也!莫若为致命⑳。此其难者。"

字词注释

① 叶公子高:楚庄王玄孙尹成子,名诸梁,字子高,楚国大夫,封在叶,僭称公,也称"叶公子高"。

② 栗:这里指害怕得哆嗦,形容很害怕。

③ 欢成:这里指圆满成功。

④ 人道之患:本义指人为造成的祸患,这里指来自国君的惩罚。

⑤ 阴阳之患:本义指身体上的祸患,这里指因情绪激动而导致的疾病。

⑥ 臧:这里是善、好的意思。

⑦ 爨:本义指烧火煮饭,这里指代做饭的人。

⑧ 情:这里是实情、情况、情态的意思。

⑨ 施：形声字，本义指旗子飘动的样子，这里是施加、移动的意思。
⑩ 靡：这里同"縻"，是维系、联络的意思。
⑪ 莫：据成玄英疏，"莫，致疑貌也"[1]，这里是怀疑、疑惑的意思。
⑫ 法言：据成玄英疏，"夫子引先圣之格言，为当来之轨辙也"[2]，这里是格言的意思。
⑬ 谅：形声字，本义指诚信，这里是诚信的意思。
⑭ 鄙：根据钟泰的注释，"鄙，诈也"[3]，这里是欺诈的意思。
⑮ 实丧：根据郭嵩焘的解释，"实丧，犹言得失。实者，有而存之；丧者，忽而忘之"[4]，这里是得失的意思。
⑯ 忿设："忿"，形声字，本义指急躁、暴躁，这里是愤怒的意思；"设"，会意字，本义指布置、安排，这里引申为发作的意思；"忿设"，即愤怒爆发。
⑰ 茀：这里通"勃"，指喘气急促的样子。
⑱ 心厉：这里指欲伤人的恶念。
⑲ 克核："克"，这里通"刻"，是苛刻的意思；"核"，这里是考核、要求的意思；"克核"，即苛求。
⑳ 致命：据林希逸的注释，"致命者，言以真实而致君命于齐也"[5]，即据实传达君命。

今文意译

叶公子高将出使齐国，来向孔子请教说："楚王安排给我的任务很重大，而齐国对待使者表面很尊重，实际却怠慢。连一般人都很难被说动，更何况诸侯国国君了！我很害怕承担这个任务。您曾对我说过：'事情无论大小，很少有不合正规而能圆满成功的。事情若办不成，就会受到惩罚；事情若办成了，又会因情绪激动而生病。无论成与不成，都不会遭遇祸患，只有那些有德行的人能达到。'我平日里粗茶淡饭，不求甘美，因此家里做饭的人都很清闲，不用被烟熏火烤。现在我是早上接受任务，晚上就得喝凉水，我的内心实在太焦灼了！出使的任务还没有正式开始，我已经因情绪激动而生病了；事若办不成，又一定会受到惩罚。这两种祸患加在一起，作为大臣，我实

---

[1] 郭象：《庄子注疏》，成玄英疏，曹础基、黄兰发整理，中华书局2011年版，第86页。
[2] 郭象：《庄子注疏》，成玄英疏，曹础基、黄兰发整理，中华书局2011年版，第87页。
[3] 钟泰：《庄子发微》，上海古籍出版社2022年版，第86页。
[4] 郭庆藩：《庄子集释》，王孝鱼点校，中华书局2012年版，第166页。
[5] 林希逸：《南华真经口义》，陈红映点校，云南人民出版社2002年版，第70页。

在是承受不了,还请先生开导我吧!"

孔子说:"世上有两个根本法则:一是人的本性,二是人要遵从的职责规范。子女敬爱父母双亲,这是人的本性,不可能从心中除去;大臣服务于国君,这是必须尽的职责,无论到什么地方,都不可能没有国君,这也是在诸侯国及天下这个最大的组织里所无法逃避的。这就是所说的根本法则。所以,子女侍奉父母,不管在什么地方,都要让父母安心舒适,这就是最高意义上的孝;大臣服务国君,不管做什么事,都要让国君放心无忧,这就是最高程度上的忠;注重自我修养的人,不会受悲哀喜乐等各种情绪的影响,明知道世事艰难,仍安心做应该做的事,这就是德行的最高境界。作为大臣,本来就身不由己,一定有不得不做的事,但只要按照实际情况、忘我地去做就是了,哪里还有时间去贪生怕死!你只要去做就可以了!

我还听说,凡是与距离近的诸侯国交往,一定要靠行为互信来维持睦邻关系;与距离远的诸侯国交往,则一定要靠语言表达来强化彼此的忠诚,而语言表达又必须有人传递。要传递两个诸侯国国君的喜怒言辞,那是世上最难办的事。两个国君若高兴,言辞就会过分夸奖;两个国君若愤怒,言辞便会过分谴责。凡是言辞过分,都会虚妄不实,而虚妄不实,对方就会不相信,一旦不相信,传话的人就要遭殃了。所以,格言才说:'要传递反映实际情况的言辞,不要传递过分的言辞,这就差不多可以圆满完成任务了。'

再比如,那些参加角力游戏的人,一开始都是在明面上竞争,到最后则是暗地里使坏,以至于什么诡异的招数都拿出来了;还有那些遵循酒桌礼数喝酒的人,一开始还很守规矩,到最后就胡乱来了,以至于什么荒唐的行为都会出现。任何事都是这样。刚开始讲诚信,到最后就相互欺诈;开始做时很简单,越到后来就越复杂。

言辞就像风波,起伏不定;传递言辞的行为才会有得有失。风波容易变化,得失之间就容易面临危险。所以,发怒没有别的原因,就是因为言辞失当。兽类被置于死地,也会发出惨叫,喘息急促,想要最后一搏。对别人的苛求太过分,就会引发别人用不好的念头来应对,而自己却还不知道怎么会这样。如果连自己都不知道怎么会这样,那又有谁能知道将产生什么后果呢?所以,格言又说:'不要改动所传命令,不要勉强把事做成,超过限度,就会走向反面。'改动所传命令、勉强把事做成，反倒把事搞砸了；好事要做成，往往需要花很长时间，而坏事一旦做下，再要悔改就来不及了。这能不慎重么！只需要借助各种外部条件，便可以让思维自由畅行，正好可以利用这些不得不做的事，来修养自己的内在本性，这就达到了最高境界。何必在意最后的结果呢！不如据实传递君命，这样做真就那么难嘛。"

分析解读

本章通过楚国使者叶公子高与孔子的对话，阐明了管理者超越语言束缚的重要性，同时也暗示了，组织的最高管理者必须首先超越个人好恶对语言运用的左右。

叶公子高要替楚国国君出使齐国，感到压力很大，来向孔子请教。在当时的历史条件下，使者是两国国君之间极其重要的沟通渠道，责任重大，但这不过是叶公子高感到压力大的外部原因，真正的原因还在于他自己的患得患失。叶公子高既担心"人道之患"，又害怕"阴阳之患"，以至于"朝受命而夕饮冰"，可见其心急如焚到什么程度。还没出使，便得了"内热"的毛病，已有"阴阳之患"；如果任务完成得不好，再加上"人道之患"，岂不是双重祸患加身，这让叶公子高难以承受。由叶公子高的表现不难推测，当时包括楚国在内的各诸侯国大臣或一般管理者，可能都有类似心态，即自我保全是第一位的，每当接受任务、履行职责，先从自身利益得失考量一番，患得患失、谨小慎微，鲜有站在诸侯国组织的立场、以管理者的角色意识去勇于担责的情况。

正是针对这种具有普遍性的心态和行为表现，孔子才一般性地阐述了管理者的责任意识及应有的行为表现。孔子说："天下有大戒二：其一，命也；其一，义也。子之爱亲，命也，不可解于心；臣之事君，义也，无适而非君也，无所逃于天地之间，是之谓大戒。"

这里的"大戒"，指根本法则；"命"，指人之为人、区别于物的独特本性，也即人的本性；"义"，即宜或应当，这里引申为管理者所应当遵从的岗位职责规范。在孔子看来，这个世界上有两个根本法则：一个来自人的本性，另一个来自岗位职责规范。前者即"孝"，体现为敬爱双亲；后者即"忠"，对管理者而言，就是要服务于组织及当时作为诸侯国组织最高管理者的国君。敬爱双亲是人的本性，无法从心中去除，若能去除，那恐怕就不再是人了；而服务于诸侯国组织及国君，则是当时管理者的职责所系，若离开了这样的组织，便无所谓管理者了。正是作为人之本性的"命"，决定了人之为人；也正是作为管理职责的"义"，决定了管理者之为管理者。

管理者首先是人，当然要遵从第一个法则，那就是要做到"事其亲者，不择地而安之，孝之至也"。这意味着，子女侍奉父母，不管在什么地方，都要让父母安心舒适。这包括两方面内涵：一是不管自己到了什么地方，都要及时向父母通报信息，报平安，以让父母能及时了解自己的行止，对自己放心，不能让父母整日为自己提心吊胆；二是不管将父母安置在哪里，都要以父母舒适安心及能实现父母的愿望和志向为准，而不能只是自己一厢情愿，来安排父母的生活。只有能做到这双重意义上的"不择地而安之"，才可以称为"孝之至也"。

管理者要有责任意识，切实履行职责，还必须遵从第二个法则，也就是还要做到"事其君者，不择事而安之，忠之盛也"。这意味着，当时大臣这样作为代理人意义上的管理者，要服务于诸侯国及国君这样作为委托人意义上的最高组织管理者，不管做什么事，都要让国君放心无忧，这也包括两层含义：一是岗位职责内的分内之事，管理者必须按规则办事，不管结果如何，都能援引规则处理，并及时让上级了解规则与事务的匹配情况，从而得以不断调整优化各种规则及办事流程；二是岗位职责外的临时任务，作为管理者，除了承担分内之事外，接受各种临时任务也是很正常的，面对各种例外任务，更需要及时反馈任务进展，无论任务的完成情况如何，都要及时总结得失，并将之与例行任务进行比较，看是否可以在未来将类似任务纳入已有的岗位职责，或者为其建立一套新的规则和流程，以备后续完成此类任务时更加有章可循。代理人意义上的管理者，如果能够做到这两个层次的"不择事而安之"，则可谓"忠之盛也"。需要特别注意的是，这里的"忠"，并不是指对个人，哪怕是国君这样的最高组织管理者个人的"忠"，而是指对人之为人、组织之为组织的独特本性的"忠"，也是对岗位职责的"忠"，也即将人之为人的独特本性，即"中"[1]，作为"心"或思维中的坚定信念，牢牢坚守住，进而落实到岗位职责的履行过程，这才是"忠"的尽己尽责含义。

那些能够将这两个法则内化于心、外化于行，也即做到了"自事其心者"的管理者，自然也就能达到"哀乐不易施乎前，知其不可奈何而安之若命"的境界。这种境界也就是，在完成任务和履行职责的过程中，能不受各种情绪的影响，即便遇到再大的困难，也能安心地做自己应该做的事。能达到这种境界的管理者，才可以称为"德之至也"，也即在做人和做管理上，都达到了最高的德行境界。这种"德之至也"的境界虽然只能是一种理想，但至少可以启示现实中的管理者朝着什么方向努力，并反衬出现实中组织管理问题的症结所在。正是从这样的理想出发，孔子给叶公子高的建议是："为人臣子者，固有所不得已。行事之情而忘其身，何暇至于悦生而恶死！夫子其行可矣！"

这句话里的"情"，是实情或实际情况的意思，"行事之情"，即按照任务的实际情况去做；而这句话中的"悦生而恶死"，仍是在用人们都非常熟悉的生死问题，来隐喻任务完成中的确定性和不确定性。这句话要说的就是，作为大臣这样的管理者，一定会有很多身不由己、不得不做的事，但只要按照实际情况，去忘我地做就可以了，哪里还有时间顾及其中存在的对个人而言的不确定性和风险。

毕竟叶公子高这次的任务是做国君的使者，孔子除了从管理者的责任意识出发，给予一般性的开导和建议外，还专门就使者的责任履行，给出了具体的、有针对性的分析和建议。

在当时的历史条件下，诸侯国与诸侯国之间的交往，"凡交近则必相靡以信，远则必忠之以言，言必或传之"。这也是诸侯国间交往的两个基本原则，即：邻国靠行为互信，远交则靠语言示诚。靠语言来相互传递诚意，当然就离不开使者。这也从一个侧面反映出，使者在当时建立诸侯国间关系上所起的重要作用。尤其是当使者要传递国君受情绪主导的语言时，即"传两喜两怒之言"，那简直是"天下之难者也"。原因很直接，"两喜必多溢美之

---

[1] 张钢：《大学·中庸的管理释义》，机械工业出版社2017年版，第86—88页。

言,两怒必多溢恶之言",不管是"溢美"还是"溢恶",只要是"溢",便容易让听者觉得虚妄不实,而一旦听者觉得这是些虚妄不实之言,自然就不会相信,那么,使者所要履行的"远则必忠之以言"的职责也就无法完成了,而这正是"凡溢之类妄,妄则其信之也莫,莫则传言者殃"所要表达的意思。所以,孔子才引用古时候的格言即"法言",告诫叶公子高:"传其常情,无传其溢,则几乎全"。这句话中的"情",仍是实情、实际情况的意思。

为了说明语言与情绪的关系,以及由语言所引起的人与人之间的误解,孔子又举了两个例子:一个是角力游戏,类似于对抗性的体育比赛或游戏;另一个是饮酒。在竞争性的角力游戏中,一开始双方争斗时会遵循规则,在游戏规则之下面对面地竞争,而慢慢地,争胜怕输的情绪会越来越强烈,便开始违反游戏规则,暗地里搞小动作,以至于到最后什么诡异的招数都会使出来。同样,在正式场合饮酒,刚开始,人们也都会遵循酒桌礼数,守规矩地喝酒、敬酒,到后来酒喝多了,酒精抑制了思维的自控力,把人的生物本能和情绪释放了出来,便开始胡来,以至于到最后什么荒唐的行为都会出现。又岂止是角力游戏和饮酒会出现这种"始乎谅,常卒乎鄙;其作始也简,其将毕也必巨"的情况,其实,任何有人参与的事,都有这种特征。原因正在于,语言与情绪的关系会直接影响人与人的关系,从而让那些需要人与人合作才能完成的事,因语言与情绪的交织变化而发生改变。语言的运用是双刃剑,既让人们做事,包括做管理,变得容易、高效和有创造性,又会让人们在做事过程中面临"始乎谅,常卒乎鄙,其作始也简,其将毕也必巨"的局面。这就对管理者如何才能正确、有效地运用语言,提出了更高要求。

孔子所说的"言者,风波也;行者,实丧也。夫风波易以动,实丧易以危",便是从负面来阐明语言运用的影响及其与行为之间的关系。的确,在人与人之间通过分工协作共同做事的过程中,无论是管理者对普通组织成员的影响,还是普通组织成员之间的相互影响,都是借助言和行实现的。言辞如同风吹波浪,起伏不定,原因就是人很容易受情绪影响,而正像第二篇第2章所讲的那样,情绪时刻处于变化中,连当事人自己都很难把握,以至于很多人的言行都成了受生物本能掌控的情绪的奴隶。正因为言辞受情绪的影响,像风波一样起伏不定,也就让使者传递言辞的行为可能有得有失,也会随着情绪和言辞的变化而面临危险。比如,在人与人之间的交往当中,包括使者向对方国君传话的过程中,有时当事人会突然不高兴或发怒,那不过是因为言辞失当,激发了情绪使然。即便是动物,也会在面临死亡时狂呼乱叫,这正是生物本能主导下极端情绪发泄的典型表现。在这种情况下,彼此伤害也就难以避免,特别是在权力高度不对称时,拥有绝对权力的一方,便可能给他人带来致命的危险。所以,在当时的历史条件下,面对拥有绝对权力的国君,使者所承担的也是一种极度危险的任务。这正是孔子要再次引用"法言"告诫叶公子高的原因。

"法言"说的是"无迁令,无劝成,过度益也"。这里的"迁令",便是改动所传命令,而"劝成",就是要勉强把事做成。这都超越了使者的责任边界,最终会走向反面,不仅做不成事,反倒会把事搞砸。毕竟"美成在久,恶成不及改",意思是,好事不是一下子就做成的,管理者必须超越个人得失的考量,要有功成不必在我,为后续成事打基础的心态,这样就不会急于"迁令""劝成"了;而果真把事搞砸了,特别是像两国交往这样的使者之事,再后悔可就来不及了。所以,那些承担使者重任的管理者,"可不慎与"。

孔子最后又对叶公子高说:"且夫乘物以游心,托不得已以养中,至矣。何作为报也!莫若为致命。此其难者"。如果说孔子前面提的两条建议,即"夫子其行可矣""可不慎与",都还是针对叶公子高完成这次使者任务的具体建议的话,那最后这番话的用意,则超出了使者的职责履行,是在告诫像叶公子高这样的一般管理者或代理人意义上的管理者,应该如何做管理。

孔子这句话中的"物",既可以理解为外部物化的条件,也可以理解为各种各样的具体管理事务,而两者又必然是结合在一起的,因为只要做具体管理事务,便一定离不开外部物化条件的匹配。管理者必然要做管理事务,也只有在做具体管理事务的时候,管理者的"心"或思维才能得到磨砺,也才有可能实现对个人经验见识的超越,这便是"游心"的深刻内涵。管理者只有在做具体管理事务的时候,能超越个人经验见识乃至患得患失的趋利避害本能,这才是真正的超越;否则,在无所事事中空想超越,在高谈阔论中放言超越,那岂不是太容易了。

管理者借助做具体管理事务而实现超越的过程,同时也是一个不断"养中"的过程，即"托不得已以养中"。这里的"中"，即人之为人、区别于物的独特本性，而"不得已"，指的就是，管理职责所系，一定有管理者必须做的或不得不做的工作，只有借助这些必须做的或不得不做的工作，才能让人之为人、区别于物的独特本性得到彰显和修养。管理者的"心"或思维要超越个人经验见识，又必须借助于"中"这个内在独特本性的立足点。"游心"与"养中"两者相互支撑，交替上升。只有通过"游心"与"养中"的循环往复过程，管理者才有可能达到做人、做管理的最高境界，那就是前面提到的"至孝""至忠""至德"；而且，这里使用"养中"，也充分表明，"至忠"绝不是对个人的"忠"，而是对人的独特本性和岗位职责的"忠"，即尽己尽责。对于管理者来说，这种"游心"与"养中"互动以达"至矣"的过程才更为重要，又何必太在意某项任务完成的具体结果，即"何作为报也"；只要有任务来，就以这样的心态去完成好了，又为什么要那样患得患失？这才是做管理的真谛。

管理别义

管理工作的特点决定了在很多情况下，管理者都是先说后做，而且，往往还是管理者说，被管理者做。职位越高的管理者，说的时候越多，做的时候越少，甚至对于高层管理者来说，说就是做。更重要的是，这里的做，还不是个体或少数人的行为，而是整个组织的行为。因此，管理工作中的语言运用，也就具有了非比寻常的意义。

管理者在工作中运用语言，必须超越个人好恶，才有可能让语言反映组织的价值观、规则体系、事业、业务乃至任务的要求。虽然语言运用不可避免要带上个人色彩，直接同人们的情绪机制和思维方式联系在一起，也必然会受个人情绪、经验见识等的影响，但是，如果管理者，尤其是高层管理者，在管理工作中运用语言太过情绪化、具有很明显的个人色彩，将给下属的行为带来困扰，毕竟管理者的语言很多时候是要变成下属的工作行为和实际成果的。过于情绪化和充满个人色彩的语言运用，很可能让下属无法准确理解管理者的工作要求；更有甚者，情绪化的语言往往极其不确定，场景变了，情绪可能就跟着变，情绪改变，语言的含义也可能就完全不同，下属又如何去执行呢？这不仅严重影响任务的可执行性和工作效率，而且更糟糕的是,下属还要花大量时间和精力去揣摩管理者语言表达背后的用意,也只能谨小慎微地避免触发管理者的情绪,甚至会在管理者的情绪化语言下无所适从。一直处于这种情绪化语言"暴力"之下的组织成员,对组织的认同及其创造潜能的发挥,都会受到抑制。一定不要小看语言"暴力",它带来的伤害,不亚于实实在在的权力运用所带来的惩罚;而且,这种语言"暴力"还有累积效果,一旦累积起来,就会从根本上割裂上下级的信任关系,进而威胁到组织可持续发展的文化根基。

管理者如何才能避免过于情绪化和个体化色彩的语言运用所带来的负面影响呢?这同样要求管理者必须实现超越,立足于组织价值观而不是个人好恶来运用语言。作为组织的代言人,管理者必须认同和践行组织的价值观,这样才能在管理工作中确立起语言运用的内在价值尺度。同时,管理者还必须锤炼自己的专业化语言的运用能力。毕竟管理也是一种职业,对管理者同样有专业化知识和技能的要求。只要是专业化的知识体系,其中必有专业概念和术语,也即通常所说的"行话"或专业用语,使用由这些专业概念和术语构成的专业语言,比使用日常语言,常常能更准确地表征和交流特定专业领域中的事务;而运用专业语言的能力,也就成了特定领域的专业技能之一。正是在这个意义上,管理者才必须超越个体化的日常语言运用,而管理者也只有学会正确运用管理专业语言,才有可能在管理工作中确保语言运用的合理性、有效性。

4.3 颜阖①将傅卫灵公太子,而问于蘧伯玉②曰:"有人于此,其德天杀③。与之为无方④,则危吾国;与之为有方,则危吾身。其知适足以知人之过,而不知其所以过。若然者,吾奈之何?"

蘧伯玉曰:"善哉问乎!戒之,慎之,正女⑤身也哉!形莫若就⑥,心莫若和⑦。虽然,之二者有患。就不欲入,和不欲出。形就而入,且为颠为灭,为崩为蹶⑧。心和而出,且为声为名,为妖为孽。彼且为婴儿,亦与之为婴儿;彼且为无町畦⑨,亦与之为无町畦;彼且为无崖⑩,亦与之为无崖。达之,入于无疵。

"汝不知夫螳螂乎?怒⑪其臂以当车辙,不知其不胜任也,是其才之美者

人间世第四 217

也。戒之，慎之！积伐而美者⑫以犯之，几⑬矣。

"汝不知夫养虎者乎？不敢以生物与之，为其杀之之怒也；不敢以全物与之，为其决⑭之之怒也；时⑮其饥饱，达其怒心。虎之与人异类而媚养己者，顺也；故其杀者，逆也。

"夫爱马者，以筐盛矢⑯，以蜄⑰盛溺。适有蚊虻仆缘⑱，而拊⑲之不时，则缺衔毁首碎胸⑳。意有所至而爱有所亡，可不慎邪！"

字词注释

① 颜阖：鲁国贤人。庄子这里是托其名，非实指其人其事。

② 蘧伯玉：姬姓，蘧氏，名瑗，字伯玉，春秋时期卫国著名管理者，曾服务于卫献公、卫殇公、卫灵公三代国君。庄子这里同样是托其名。

③ 其德天杀："杀"，这里是衰败、衰竭的意思；"其德天杀"，意为德性天生衰竭，即天生缺德、为人刻薄。

④ 方：象形字，本义指和圆相对的方形，这里引申为规矩。

⑤ 女：这里通"汝"，是你的意思。

⑥ 形莫若就："就"，这里是接近、亲近的意思；"形莫若就"，意思是外表上最好表现出亲近。

⑦ 心莫若和："和"，这里是调和、引导的意思；"心莫若和"，意思是内心里最好坚持做引导。

⑧ 蹶：这里是失败、受挫折的意思。

⑨ 町畦："町"，这里是田界，田间小道的意思；"畦"，这里指田园中分出的小区；"町畦"，即田界，可引申为界线、边界。

⑩ 无崖：这里是无拘束的意思。

⑪ 怒：这里是振作、奋发的意思。

⑫ 积伐而美者："积"，形声字，本义指积聚谷物，这里是多、过分的意思；"伐"，会意字，本义是击刺、砍杀，这里是炫耀、自夸的意思；"而"，你；"积伐而美者"，即过分炫耀你自己的才能。

⑬ 几：据成玄英疏，"几，危也"[1]，即危险的意思。

⑭ 决：形声兼会意字，本义是分开，这里引申为断裂、撕裂、撕咬的意思。

---

[1] 郭象：《庄子注疏》，成玄英疏，曹础基、黄兰发整理，中华书局2011年版，第91页。

⑮ 时:这里通"伺",是侦察、探听的意思。

⑯ 失:这里同"屎",是马粪的意思。

⑰ 蜄:形声字,本义指一种比蛤蜊大的蚌类,这里指饰有蜄形的祭祀器具,引申为精美的器皿。

⑱ 仆缘:这里是附着的意思。

⑲ 拊:形声字,本义是抚摸,这里是轻击、拍打的意思。

⑳ 缺衔毁首碎胸:"缺衔",即咬坏马嘴里的嚼子;"毁首",即挣断马头上的缰绳;"碎胸",即撕碎马胸前的络辔。

今文意译

颜阖要去做卫灵公太子的老师,向蘧伯玉请教说:"有这样一个人,他天生缺德,为人刻薄。如果任由他不守规矩,就会危害我们诸侯国;如果用规矩约束他,又会危及我自己。他的见识足以看到别人的过失,却理解不了别人有过失的原因,更看不到自己的过失,也就不可能有同情心了。像这样的情况,我该怎么办呢?"

蘧伯玉说:"问得很好!要警惕,要谨慎,更要端正你自己的行为!外表上最好表现出亲近,内心里最好坚持做引导。虽然是这样,这两种态度也有隐患。亲近不要太过分,引导也不能太明显。外表亲近得太过分,就可能被他左右,反而让自己迷失;内心引导太明显,他会认为你追求名声,反而会带来危险。他若表现得像婴儿般天真,你也和他一样像婴儿般天真;他若做事无边界,你也和他一样做事无边界;他若行为不拘束,你也和他一样行为不拘束。顺着他,就不会有问题。

"你不了解螳螂吗?奋起两只前臂,要去阻挡前进的车轮,根本就不知道自己无法胜任,这就是因为它把自己的才能看得太高了。要警惕,要谨慎!若过分炫耀你自己的才能而触犯了他,那就危险了。

"你不了解养虎的人吗?不敢用活物喂虎,就怕它在扑杀活物时激发残暴的本性;也不敢用一只完整的动物喂虎,又怕它在撕咬整只动物时激发残暴的本性;喂养虎要把握住它饥饱的时机,顺着它的本性才行。虎与人不是同类,虎却依恋养虎的人,就是因为人能顺着它的本性;而它之所以要伤人,又是因为人违逆了它的本性。

"那些喜欢马的人，用精致的筐子去接马粪，用精美的器皿去盛马尿。当有蚊虻叮咬在马身上时，那些喜欢马的人定会赶紧去拍打，而拍打得不巧，却让马受惊，结果咬坏了嚼子、挣断了缰绳、撕碎了络辔。用意虽然好，却适得其反，这能不谨慎么！"

分析解读

本章阐明管理者若被生物本能所左右，将会给下属带来极大困扰，下属只能以全部精力去应付管理者，根本不可能以个人的聪明才智，为组织的可持续发展做出贡献。

本章用一个虚构的历史案例来说明问题。颜阖这位贤人被请去做卫灵公太子的老师，倍感困扰，便向卫国的著名管理者蘧伯玉请教。颜阖之所以对做太子老师深感不安，原因是这位太子"其德天杀"。只四个字，就将这位完全受生物本能所左右的太子，活灵活现地刻画了出来。"杀"，这里是衰败、衰竭的意思，而"天杀"意味着，这位太子天生德性衰败，即"缺德"。既然缺乏德性，那么，这位太子离正常的、区别于物的人就有距离了。也就是说，这位太子已经被生物本能所掌控，基本上与动物无异；更重要的是，太子"其德天杀"，隐含的意思非常明显，即其父卫灵公这位国君也好不到哪里去。太子是未来的国君，由此可以预测，卫国的管理及可持续发展确实堪忧。这是本章所设置的案例背景。在这个背景下，随着对话的展开，自然就能理解，为什么说作为最高组织管理者的诸侯国国君，如果"其德天杀"，那么，诸侯国的管理及组织的发展就一定会出问题。

面对这位"其德天杀"而又拥有巨大权力的学生，颜阖的确左右为难，"与之为无方，则危吾国；与之为有方，则危吾身"。也就是说，如果任由太子不守规矩，显然对诸侯国不利，尤其是未来诸侯国的管理将会面临巨大风险；而如果要用规矩去约束他，努力将他培养成一位合格的国君，则会对当老师的人造成威胁，弄不好会有杀身之祸，因为这位太子"其知适足以知人之过，而不知其所以过"。这说的是，他的见识也只能停留于表面现象，虽然可以看到别人有过错，却理解不了别人犯错的原因，更看不到自己的过错，也就不可能有同情心。这样一来，如果因约束他而开罪于他，他完全可以抓住老师的某个过错不放，不问三七二十一，无来由地对老师进行惩罚。面对这样一位拥有巨大权力的学生，颜阖确实很紧张，不知道该怎么办。

蘧伯玉曾服务于卫献公、卫殇公、卫灵公三代国君，是一位极富经验的高级管理者。他深有感触地说："善哉问乎！戒之，慎之，正女身也哉"。言外之意，这个问题恰是卫国管理的根本问题，自己也有颇多体会。总原则是"戒之，慎之，正女身也哉"，即慎之又慎，行为端正，这样才不会让太子抓到把柄，避免引祸上身。毕竟这位太子从来不能理解别人为什么会犯错，一旦让他抓住某个过错或把柄，便不会容许别人解释，他也从来都听不进去、理解不了任何解释。所以，不犯错才是底线。

在这个底线原则之上，还必须做到"形莫若就，心莫若和"。也就是说，外表上一定要与他保持亲近，但内心却要坚持履行老师的职责，努力引导。即便如此，也还要善于把握"就"与"和"的分寸。亲近不可太过分，一旦亲近到不分彼此，就可能被他所左右，无法履行老师的职责。这便是"形就而入，且为颠为灭，为崩为蹶"所要表达的意思。同样，引导也不能太明显，否则，他会认为老师要改变他，并想借此获得名声。如果被他这样看待，那可就危险了。所以，蘧伯玉才说："心和而出，且为声为名，为妖为孽。"

既然如此，那又如何才能把握"就"与"和"的分寸，真正做到"就不欲入，和不欲出"呢？蘧伯玉给颜阖的具体建议是："彼且为婴儿，亦与之为婴儿；彼且为无町畦，亦与之为无町畦；彼且为无崖，亦与之为无崖。"这里的"婴儿"，代表天真无知；"町畦"，指的是边界；"崖"，形容拘束。这句话说的是，你只需要察言观色，随着他的性子及行为表现来应对，而内心又不失自己的原则就可以了。具体地说，他如果表现得天真无知，你也和他一样表现得天真无知；他如果做事无边界，你也当面和他一样无边界；他如果行为不受拘束，你在他面前也不用拘束。只要顺着他，就不会有过错，也就保住了底线，不至于惹祸上身，即"达之，入于无疵"。

也许人们会问，既然是老师，肩负着教育和改变人的职责，为什么反倒要如此小心翼翼，非得迎合并顺着这位太子呢？为了回答这样的疑问，蘧伯玉举了"螳臂当车"的例子。很明显，在当时的历史条件下，颜阖与太子之间的权力极度不对称，即便颜阖扮演的是老师角色，但想要改变拥有巨大权力

人间世第四 221

的太子，也只能是螳臂当车，不自量力了。所以，蘧伯玉又再次重申"戒之，慎之！积伐而美者以犯之，几矣"。这就是在反复告诫颜阖，千万不要期望通过炫耀自己的才能而影响和改变他，那样只会适得其反，触怒他，危及自身。

当然，即便是面对残暴如老虎这样的动物，人也是有办法的。蘧伯玉又举了"养虎"的例子，说明"顺"的重要、"逆"的危害。养虎者之所以不用活物和整只动物喂养老虎，就是怕激发其野性，而喂养老虎的关键，则在于掌握其饥饱的时机，顺着老虎的性子来。虽然老虎与人并非同类，但人却能让老虎依恋自己，原因就是人能摸清老虎的性子，顺其性子来饲养，而若违逆其性子，老虎可是要伤人的。面对"其德天杀"的卫太子，道理不是一样吗？

但是，"顺"也不能过分。任何事情都一样，过分就会有偏颇，有偏颇反倒不顺了。就像那些"爱马者"，用精致的筐子接马粪，用精美的器皿去盛马尿，可谓爱之甚，唯恐马有一点不舒服；当看到有蚊虻叮咬在马身上时，又会赶紧去拍打，而不巧却让马受惊，结果则是马咬坏了嚼子、挣断了缰绳、撕碎了络辔。之所以会适得其反，便是"顺"得太过了。

蘧伯玉用养虎者和爱马者的例子，意在表明，面对"其德天杀"的权力拥有者，下属只能"顺"，而不能"逆"，但又不能"顺"得过分。这个"度"的把握何其难也。这实际上也是在暗示，当管理者的德性泯灭，被生物本能所左右的时候，由于权力本身具有对生物本能的诱致和放大功能，管理者的生物本能会更加充分彰显乃至肆无忌惮，这将大大增加下属与管理者共事的风险。下属也只能用全部精力，去小心翼翼地琢磨如何顺应上级，哪里还有可能去创造性地履行岗位职责，贡献于组织发展。

管理别义

管理者拥有权力，而权力又离不开资源。虽然组织中的权力和资源都具有公共性，但管理权力和资源运用又存在很大的自由空间。这意味着，管理者运用权力和资源并非完全受外在规则的限制，在很大程度上还是由内在价值准则所决定的。在现实的组织管理中，管理者宣称的价值准则不一定会真正影响权力和资源的使用，反倒是源自生物本能的趋乐避苦和趋利避害倾向起着决定作用;况且,权力和资源之所以有可能成为一种诱惑,也恰恰是因为生物本能驱使下的欲望。没有欲望,就不会有诱惑。所有的诱惑,不过都是因生物本能所激发出的欲望,才成了诱惑。管理岗位由于具有权力和资源运用的更大自由空间,也就更容易放大乃至强化生物本能。

更重要的是,因为管理者掌握着组织中的权力和资源,也就在相当程度上决定了其他组织成员的注意力和行为选择。如果管理者只是想利用权力和资源,将其他组织成员的注意力吸引到自己身上,以达成个人目标而不是组织目标的话,那就会从根本上抑制其他组织成员的创造潜能,阻碍组织的可持续发展。因此,管理岗位的特殊性,也就决定了管理职业要求的特殊性。这或许正是千百年来各类组织在选择管理者时,都非常强调"德才兼备,以德为先"的一个重要原因。

4.4　匠石①之齐,至于曲辕,见栎社树②。其大蔽数千牛,絜之百围③,其高临山④十仞而后有枝,其可以为舟者旁⑤十数。观者如市,匠伯⑥不顾,遂行不辍。

弟子厌⑦观之,走及匠石,曰:"自吾执斧斤以随夫子,未尝见材如此其美也。先生不肯视,行不辍,何邪?"

曰:"已⑧矣,勿言之矣!散木⑨也,以为舟则沉,以为棺椁则速腐,以为器则速毁,以为门户则液樠⑩,以为柱则蠹⑪。是不材之木也,无所可用,故能若是之寿。"

匠石归,栎社见梦曰:"女⑫将恶乎比予哉?若⑬将比予于文木⑭邪?夫柤⑮梨橘柚,果蓏⑯之属,实熟则剥⑰,剥则辱⑱;大枝折,小枝泄⑲。此以其能苦其生者也,故不终其天年而中道夭,自掊⑳击于世俗者也。物莫不若是。且予求无所可用久矣,几死,乃今得之,为予大用。使予也而有用,且得有此大也邪?且也若与予也皆物也,奈何哉其相物也?而㉑几死之散人,又恶知散木!"

匠石觉而诊㉒其梦。弟子曰:"趣㉓取无用,则为社何邪?"

曰:"密!若无言!彼亦直寄焉,以为不知己者诟厉也。不为社者,且几有翦㉔乎!且也彼其所保与众异,而以义喻之,不亦远乎!"

人间世第四

字词注释

① 匠石:这里指名叫石的木匠。

② 栎社树:"栎",树名,俗称柞树;"社",会意字,本义指对土地神的祭祀,这里指祭祀土地神的地方,而在这个地方,则会栽种象征土地神的树,称"社树";"栎社树",即以栎树为社树。

③ 絜之百围:"絜",形声字,本义指一束麻,这里指用绳子度量周长;"围",双臂合抱为一围;"絜之百围",即度量周长达百围,形容树粗。

④ 临山:"临",这里是靠近、接近的意思;"临山",即树干之高都接近山头了,形容树高。

⑤ 旁:这里指树的旁枝。

⑥ 匠伯:即匠石。"伯",这里指木匠中资历深者或木匠之长,而匠石作为木匠之长,也称匠伯。

⑦ 厌:这里是够、满足的意思。

⑧ 已:这里是停止的意思。

⑨ 散木:这里指无用之木。

⑩ 液樠:"樠",渗透流出;"液樠",即树的脂液外渗。

⑪ 蠹:形声字,本义指吃木头的虫子,这里是蛀蚀、损害的意思。

⑫ 女:这里通"汝",是你的意思。

⑬ 若:这里是你的意思。

⑭ 文木:这里指纹理细密的树木。

⑮ 柤:这里指山楂树。

⑯ 果蓏:"蓏",指瓜类等蔓生植物的果实;"果蓏",即果瓜。

⑰ 剥:这里通"扑",是击打的意思。

⑱ 辱:据章炳麟的注释,"辱,衄也,言折衄也"[1],意指折衄、损伤。

⑲ 泄:这里同"抴",是托、拉、牵引的意思。

⑳ 掊:这里是击破的意思。

㉑ 而:这里是你的意思。

㉒ 诊:这里通"畛",是告、告知的意思。

㉓ 趣:形声字,本义指快速向某一方向奔去,即疾走,这里是意向、旨趣的意思。

㉔ 翦:这里是砍伐的意思。

---

[1] 章炳麟:《庄子解故》,载《章太炎全集》,上海人民出版社2014年版,第154页。

今文意译

匠石去齐国，到了曲辕这个地方，遇到一棵用作社树的栎树。树荫之大，可遮蔽数千头牛；树干之粗，可达到上百围；树身之高，快要接近山头，十仞高以上才生出旁枝，而旁枝也很粗大，能用来制成独木舟的旁枝就有十几个。看这棵树的人像在集市上一样多，匠石却不看一眼，继续不停步地往前走。

弟子看够之后，跑着追上匠石说："自从我跟您学木匠活以来，还没见过这么好的材料。您不肯看，不停步地往前走，为什么呢？"

匠石说："罢了，别说它了！没用的材料，用来造船就会沉，用来做棺椁则会很快腐烂，用来做器皿也会很快毁坏，用来做门板还会有脂液外渗，用来做房梁又会被虫蛀，这是一棵不能用作任何材料的树。正因为没有用，这棵树才能如此长寿。"

匠石回来后，晚上梦见了那棵用作社树的栎树对他说："你要拿什么与我相比呢？你要把我与那些有用的树木相比吗？像那些山楂树、梨树、橘子树、柚子树等瓜果树之类，果实熟了，就会被采摘敲打，而被采摘敲打，就免不了扭折损伤，结果大树枝被折断，小树枝被扯掉。这就是因为它们有用，才把自己害苦了，所以不能尽享天年，竟至中途夭折，这都是自己招来的世俗之祸呀。任何事物都是这样。我追求无用已经很长时间了，也曾面临差不多要被砍伐的危险，但仍活到了今天，这才是我的大用。假设我确实有用，我还能长得这么大吗？况且你和我不过都是一种存在物，为什么要这样审视我这个存在物呢？你也是要面临死亡的无用之人，又怎么能了解我这棵无用之树！"

匠石醒来将梦的事告诉了弟子。弟子说："既然意在追求无用，为什么又要做社树呢？"

匠石说："停下！你不要说了！这棵栎树通过做社树，也只不过是让那些不了解它的人去议论讥讽一下罢了；而如果它不做社树，恐怕早已被砍伐了呀！这棵栎树用以保全自己的办法与众不同，你却想借常理弄明白，不是差得太远了么！"

分析解读

　　本章表明,当组织的最高管理者乃至各级管理者都被生物本能所左右,只是追求私利时,普通组织成员由于完全处于被动状态,既没有权力,也没有资源,甚至连自主选择都困难,只能千方百计以无用来保全自我,这样的组织是难以实现可持续发展的。

　　本章开始便描写了一棵奇特的大树。作为社树,这棵大树象征当地的土地神,以至于"观者如市"。但是,本章的主人公匠石,却连看也不看一眼。因为从木匠的专业视角来看,这棵树的木材毫无用处:用来造船,就会沉;用来做棺椁,则会很快腐烂;用来做器皿,也会很快毁坏;用来做门板,还会有脂液外渗;用来做房梁,又会被虫子蛀。恐怕也正是因为这棵树不能用作任何木匠工作的材料,才能活这么久,长这么大。

　　匠石作为职业木匠,当然只是从人的需要出发,以当下的有用性来看待各种树木;他既不会立足于树木本身的视角,也不会立足于包括人和树木在内的整体自然生态系统的视角来看问题。虽然树作为植物,不能移动,无法主动选择其生活的地点和方式,但是,树作为自然生态系统中非常重要的组成部分,却从根基上保障着整个自然生态系统的可持续发展。

　　其实,本章正是在用树这种看似不能移动、完全被动的植物,来隐喻那些处于组织最底层的普通成员,而用匠石及其对有用性的追求,来隐喻组织中的管理者,同时又用整个自然生态系统,也即天地万物,来隐喻组织。当管理者被生物本能所左右,只是将组织成员和整个组织都看成其追求私利的工具时,岂不就像那匠石一样,完全从个人的需要和当下有用性来看待树木,根本不可能从整体自然生态系统的角度去考虑问题,更不会关心树木本身的特性及其发展。在庄子所处的时代,各诸侯国组织中又有多少管理者会真正关心普通组织成员的特点、需求和成长呢?

　　所以,本章才用"栎社树"给匠石托梦的方式,将管理者追求私利,并以是否有用来看待组织成员所带来的严重后果,深刻揭示了出来。那些符合木匠的有用标准的树木,即所谓的"文木",遭受了难以想象的盘剥和摧残,早早就夭折了,即"此以其能苦其生者也,故不终其天年而中道夭,自掊击于世俗者也。物莫不若是"。这里用"物莫不若是",也是在暗示,当时各类组织中的现实情况莫不如此。对于满足管理者尤其是最高管理者的个人欲求来说,那些看似有用的所谓"人才",又有哪个不是被扭曲地使用,以至于身遭厄运,就像本篇第 2 章所讲的叶公子高、第 3 章提到的颜阖,他们都是当时诸侯国的有用之才,但同时也面临着难以想象的风险,正所谓"伴君如伴虎"。正因为如此,这棵大树才说:"且予求无所可用久矣,几死,乃今得之,为予大用。使予也而有用,且得有此大也邪?"

这句话的意思是,这棵大树虽然想求无用,但也面临着被砍伐的危险,这就像在诸侯国的连年征战中,又有多少无辜民众被屠杀;而这棵大树之所以能活到如今,则是因为它做了社树,毕竟在当时的人看来,做社树可是具有神圣性的大用处,这才能让这棵大树存活了下来。换个角度看,这棵大树如果很早就能满足人的某种木材需要,显得很有用,也就不可能有机会长这么大,以满足当时人的祭祀需要,被选作社树,实现对这棵大树本身特点及其发展的保全。这实际上也是在暗示,那些只是满足管理者当下需要的所谓有用,并不一定能满足组织本身可持续发展的需要。这里所说的祭祀土地神的社及社树,恰恰象征的是组织未来可持续发展的需要,因为当时的人们普遍相信,土地神能保佑组织排除面向未来的不确定性,以实现组织的可持续发展。

从这个意义上讲,这棵大树所说的话,一方面清楚地表明,满足管理者当下需要,常常与满足组织可持续发展的需要相矛盾,因为前者只关注眼前,后者则代表长远,前者是个体化的,后者则代表全局性的;另一方面也深刻阐明,只有那些能够满足组织可持续发展需要的"大用",才会与组织成员自身的特点及发展相融合,因为组织是组织成员及更广泛利益相关者的共同体,而只有组织成员及更广泛的利益相关者的共同利益,才真正代表组织的整体和长远利益,也是组织可持续发展必然要追求和达到的目标。所以,那些满足组织可持续发展需要的"大用",必然也是每位组织成员立足于自身独特性的"大用"。这样才能从根本上激活每位组织成员的创造潜能,让组织成员的个人成长与组织的可持续发展融为一体,实现良性循环。这正像只有当每棵树木都融入自然生态系统之中,而不只是为了满足人的当下需要,才能真正实现人与自然的和谐及可持续发展一样。

在托梦的最后，这棵大树又说道："且也若与予也皆物也，奈何哉其相物也？而几死之散人，又恶知散木！"这句话的深刻之处在于，让匠石站在这棵大树的角度看问题，这既隐含着人必须学会站在树所代表的生物的角度，进而上升到自然生态系统的角度来看问题，也暗示着管理者必须学会站在被管理者的角度，进而上升到组织整体和可持续发展的角度来看问题。从自然生态系统的角度来看，人和树都只是一种存在物，而人的需要和有用性，对自然生态系统而言，同样是微不足道的。以此为隐喻，从组织整体和可持续发展的角度来看，管理者哪怕是最高管理者，与普通组织成员一样，不过都是"组织人"，而一旦组织都不存在了，又有哪个"组织人"能幸免？在战国时代，诸侯国的亡国之君，同样也会死无葬身之地。那些受生物本能左右，一味地追求私欲满足，并以此来衡量人和物的有用性的管理者，时刻都在面临着亡国败家的潜在危机。这些恰是"而几死之散人，又恶知散木"的生动写照。

匠石犹如大梦方醒，但弟子仍无法理解，故有此问——"趣取无用，则为社何邪"，意思是说，这棵大树既然意在追求无用，那又为什么还要做社树呢？匠石对此问题的回应，寓意在于，这恰是当时的管理者和普通组织成员所无法理解的现象。这棵大树做社树，虽然看似招来了不明真相的人们的围观议论乃至讥讽，但仍能为天地万物，也即组织未来的可持续发展做出贡献，更能保全自身。这棵大树如果不做社树，或许早被砍伐了。实际上，这棵大树是在用与众不同的方式，既保全了自己，又成全了天地万物，也即组织。这意味着，组织的可持续发展必须以组织成员的可持续成长为前提，但遗憾的是，当时的管理者尤其是最高管理者，很少有人能认识到这一点。

管理别义

组织成员是人不是物，只能是目标而不能做工具或手段，因而，组织的各级管理者只有将组织成员的个人目标融入组织的终极目标，并让组织成员的个体成长与组织发展融为一体，才可以说尽到了管理职责。如果说组织成员有什么"用"的话，那也只能是对于组织终极目标的实现来说的"大用"，而绝不是用以满足管理者个人抱负和意志的工具或手段的那种

"小用"。

在组织管理中,"大用"和"小用"的本质区别在于,"大用"总是相对终极目标而言的,当每个组织成员都真正融入终极目标之后,那种自我实现和自我超越之"用",并因此而贡献于组织这个人的共同体的可持续发展之"用",才是"大用",而"大用"必然是关乎终极目标和人本身的,不是为了满足一个外在的他者存在之"用";"小用"则永远是借助外在的尺度或标准来衡量的所谓有用性,是工具或手段意义上的"用",带有鲜明的物化色彩,刻意要把人变为物,以满足一个外在的他者存在的需要。

从"大用"和"小用"的本质区别出发,管理者必须清楚地认识到,做管理虽然会同时面对人和物,但是,人和物对于做管理来说的"用",却是完全不同的。物之"用"只能是工具或手段意义上的"小用",而只有人,才具有关乎组织可持续发展的终极目标价值意义上的"大用",也只有人之"大用",才能创造性地发挥物之"小用"。在做管理中,管理者如果抹杀了人与物的本质区别,只关注"小用",而无视"大用",最终连"小用"也会丧失。也就是说,即便是物之"小用",要发挥得好,也离不开人之"大用"。

4.5 南伯子綦[①]游乎商之丘[②],见大木焉有异,结驷千乘,隐将芘[③]其所藾[④]。子綦曰:"此何木也哉?此必有异材夫!"仰而视其细枝,则拳曲而不可以为栋梁;俯而视其大根,则轴解[⑤]而不可以为棺椁;咶[⑥]其叶,则口烂而为伤;嗅之,则使人狂酲[⑦],三日而不已。

子綦曰:"此果不材之木也,以至于此其大也。嗟乎神人,以此不材!"

宋有荆氏[⑧]者,宜楸柏桑。其拱把[⑨]而上者,求狙猴之杙[⑩]者斩之;三围四围,求高名之丽[⑪]者斩之;七围八围,贵人富商之家求樿傍[⑫]者斩之。故未终其天年,而中道之夭于斧斤,此材之患也。故解[⑬]之以牛之白颡[⑭]者与豚之亢鼻[⑮]者,与人有痔病者不可以适河[⑯]。此皆巫祝[⑰]以知之矣,所以为不祥也。此乃神人之所以为大祥也。

支离疏[⑱]者,颐[⑲]隐于脐,肩高于顶,会撮[⑳]指天,五管[㉑]在上,两髀[㉒]为胁。挫针治䋐[㉓],足以糊口;鼓筴播精[㉔],足以食十人。上征武士,则支离攘臂[㉕]而游于其间,上有大役,则支离以有常疾不受功;上与病者粟,则受三钟⑳与十束薪。夫支离其形者,犹足以养其身,终其天年,又况支离其德者乎!

字词注释

① 南伯子綦:指南郭子綦。

② 商之丘:指商丘,为宋国都城。

③ 芘:这里通"庇",是荫蔽的意思。

④ 蘟:据成玄英疏,"蘟,阴也"〔1〕,即遮荫的意思。

⑤ 轴解:据成玄英疏,"轴解者,如车轴之转,谓转心木也"〔2〕,即中间开裂、纹理散乱。

⑥ 咶:这里通"舐",是舔、食的意思。

⑦ 酲:这里指因醉酒而呈现的病态。

⑧ 荆氏:这里指地名。

⑨ 拱把:"拱",这里指两手合围,用来表示物体的大小、粗细;"把",这里指一只手能握过来,用来衡量物体的粗细;"拱把",指一两把粗的物体。

⑩ 杙:这里是木头桩子的意思。

⑪ 高名之丽:"高名",这里是高大华美的意思;"丽",这里通"欂",是栋梁、屋梁的意思;"高名之丽",即高大华美的栋梁。

⑫ 檈傍:"檈",树木名,也叫白理木,白纹,坚硬;"檈傍",据成玄英疏,"棺材也,亦言棺之全一边而不两合者谓之"〔3〕,也就是指每边用整块木板做成的棺椁。

⑬ 解:这里是解除、消除的意思,也即祭神求免罪。

⑭ 牛之白颡:"颡",额;"牛之白颡",指白色额头的牛。

⑮ 豚之亢鼻:"豚",小猪;"亢",通"抗",是高的意思;"豚之亢鼻",即鼻高过额的小猪。

⑯ 适河:这里是投进河里的意思。

⑰ 巫祝:这里指巫师。

⑱ 支离疏:庄子虚构的人物。

⑲ 颐:这里指下巴。

⑳ 会撮:这里指发髻。

㉑ 五管:这里指五脏。

---

〔1〕 郭象:《庄子注疏》,成玄英疏,曹础基、黄兰发整理,中华书局2011年版,第96页。

〔2〕 郭象:《庄子注疏》,成玄英疏,曹础基、黄兰发整理,中华书局2011年版,第96页。

〔3〕 郭象:《庄子注疏》,成玄英疏,曹础基、黄兰发整理,中华书局2011年版,第97页。

㉒ 胁：这里指大腿。
㉓ 挫针治繲："挫针"，这里指缝衣服；"繲"，这里指洗衣服；"挫针治繲"，即缝洗衣服。
㉔ 鼓筴播精：据成玄英疏，"筴，小箕也。精，米也"[1]。"鼓筴播精"，即打谷去糠。
㉕ 攘臂："攘"，这里是撩起、挽起的意思；"攘臂"，这里指抱着双臂、悠闲自在的样子。
㉖ 钟：这里指古代容量单位，六石四斗为一钟。

今文意译

南伯子綦在商丘一带游历，看到一棵大树与众不同，树荫面积之大，可以容纳千乘车马。子綦说："这是什么树呢？一定具有特殊的材质！"抬头看树的细枝，弯曲得不能做栋梁；低头看树的主干，木质松散得不能做棺椁；舔舔树叶，则口舌生疮；闻闻气味，就会像醉了一样，三天都醒不了。

子綦说："这果然是一棵不能做任何材料用的树呀，以至于能长这么大。理想化的超越者之所以是理想化的超越者，原来就是因为像这棵树一样，不能做任何材料用！"

在宋国荆氏这个地方，适宜于楸、柏、桑等树木生长。这些树刚长到一两把那么粗，就被养猴子的人砍伐，用来做拴猴子的木桩；能长到三四围那么粗，又被那些寻找高大华美房梁的人砍伐；若能长到七八围那么粗，则会被富贵人家砍伐，成了做棺椁的好材料。这些树不能尽享天年而中途遭砍伐，都是因为有用惹的祸。所以，在祭神求免罪时，那些白色额头的牛、鼻高过额的小猪及患痔病的人，都不能投入河中祭神。因为巫师知道，用这些祭神不吉利。但是，这些却又是理想化的超越者认为最吉利的。

有个叫支离疏的人，下巴能碰到肚脐，两肩高过头顶，发髻朝向天空，五脏弯在背上，大腿紧靠两胁。支离疏靠帮人家缝洗衣服，足够糊口；替人家打谷去糠，足够养活十人。诸侯国征兵时，支离疏抱着双臂，悠闲自在地从征兵处走过；诸侯国有大规模劳役时，支离疏则因为有残疾而不用参加；诸侯国给有病的人发放救济品时，支离疏又能领到三钟粟和十捆柴。那些像支离疏一样形体不全的人，还足以养活自己，尽享天年，更何况那些德性不全的人呢！

---

[1] 郭象：《庄子注疏》，成玄英疏，曹础基、黄兰发整理，中华书局2011年版，第98页。

分析解读

本章承接上一章，先以树木设喻，再以一位形体不全的虚构人物作结，明确指出，管理者判断和区别不同性质的"用"，关键不在于反映眼前私利的工具指标，而在于体现人之为人的独特本性的价值尺度。

本章又举了一棵奇异的大树的例子，与上一章的"栎社树"类似，都大到世上罕见的程度。当然，这也说明它们的寿命都很长，原因则都是它们相对人的需要来说"无用"，只不过上一章的"栎社树"是因做社树才安全地存活下来，本章这棵大树却可能是因为对人有害才如此长寿，即"咶其叶，则口烂而为伤；嗅之，则使人狂酲，三日而不已"。这让一般人不敢靠近这棵有奇异功能的大树，它才可以安全地存活下来，一直长到这么大。

这个隐喻更进一步表明，在组织里，如果管理者争相为满足私利而寻找有用的工具或手段，那么，组织成员要想不被物化、不被盘剥，仅是"无用"恐怕还不行。原因很简单，当有用之"材"都被抢夺殆尽的时候，即便表面上看似无用者，也会被千方百计地开发出某种用途来，而只要能被物化为工具或手段，总有办法"物尽其用"。因此，在这种极端物化的组织里，组织成员也只能用"有害"而不仅是"无用"来保全自身。树木这种植物，是没有办法像动物那样四处游走以躲避侵害的，但是，当树木受到侵害的时候，却可以被动地防卫，就像本章的这棵大树一样，这也能让来犯者清楚，它是"有害"而非有益、有用的，以使自己远离侵害。

其实，在组织里，看上去对管理者"有害"的组织成员也是存在的。这类组织成员并不会主动顶撞管理者、违抗命令，也能完成自己的分内工作，但是，管理者如果想要这类组织成员服务于其个人的需要，付出额外的努力，则会遭到拒绝；而且，这类组织成员还会有一大堆理由，让管理者无言以对。毕竟管理者理亏，再有权，气也难壮，也只好不去招惹这类组织成员，并给他们带上一顶"刺头"的帽子，归于"不可用"一类，反而让这类组织成员有更充分的空间和时间去发展自己，得以保全人之为人的独特本性和尊严。这或许正是南伯子綦自言自语"此果不材之木也，以至于此其大也。嗟乎神人，以此不材"的深刻管理寓意。

这里的"神人",即理想化的超越者。如果说现实中的人只能存在于特定组织的现实情境之中,难以脱离现实去离群索居的话,那么,身处特定组织的现实情境之中的人,又如何才能实现超越,以达到理想化超越者的那种境界呢?这恐怕就必须首先挣脱现实中那些将人物化、使用各种物化标准来衡量人的有用性的种种束缚。一个人只有先挣脱这些所谓有用性的束缚,才有可能超越经验见识;否则,只是在那些作为工具或手段意义上的物之"用"中挣扎,又如何能成为理想化的超越者呢?所以,也只有那些理想化的超越者,才能真正理解这棵大树能活到现在所蕴含的深刻管理寓意。

为了说明这一点,本章又举了个反例。宋国荆氏这个地方,适宜楸、柏、桑等这些有用的"文木"生长,结果怎样?这些有用的"文木",有的刚长到一两把那么粗,就被养猴子的人砍伐,做了拴猴子的木桩;有的虽能长到三四围那么粗,却又被那些寻找高大华美房梁的人砍伐;即便有幸存者能长到七八围那么粗,又会被富贵人家砍伐,成了做棺椁的好材料。这些有用的"文木",之所以被人不断砍伐而过早夭折,就是因为它们能满足不同人的需要,显得很有用;而这里的"求狙猴之杙者""求高名之丽者""贵人富商之家",看似需要的层次不一样,有的只要"拱把"粗的树,还有的是要"三围四围"乃至"七围八围"的树,但本质上相同,都是从满足个人欲求出发,既不可能站在树木的角度,更不可能站在自然生态系统及其长远发展的角度考虑问题。从这个意义上来看,可以将"求狙猴之杙者"视为隐喻组织的基层管理者,将"求高名之丽者"看作隐喻组织的中层管理者,而将"贵人富商之家"视为隐喻组织的高层管理者。当组织的各级管理者都在争相把组织中的人和物变成满足个人欲求的工具或手段时,所谓有用性的大小,不过是不同层次管理者个人胃口的大小而已,并无本质区别,最终都是要把人物化,把组织成员变成各级管理者谋求私利的工具。

更有甚者,组织的各级管理者犯了错误,怕被惩罚,想要推卸责任、寻求解脱,就会用普通组织成员去当替罪羊和挡箭牌,让普通组织成员变成无辜的牺牲品。在这种情况下,普通组织成员也只能寄希望于"无用""有害",或有"缺陷"。就像在当时的历史条件下,当管理者想祭神以求免罪的时候,便要向河里投牺牲品,以表达祭神的所谓"诚意",而祭神用的牺牲品,不仅可以是猪、牛等动物,甚至有时还会把人当成祭品投入河中。在选择祭品的时候,白色额头的牛、鼻子高过额的小猪、"有痔病者",被认为不吉利,便不会被选择,但也恰因为如此,这些看似有"缺陷"的动物和人,才可以避免这种荒唐无谓的牺牲。对此,也许只有那些理想化的超越者才能深刻理解吧。所以,庄子才会说:"此乃神人之所以为大祥也。"

尽管在以那棵奇特大树设喻、用那些有"缺陷"的祭品举例之后,庄子都会用"神人"来暗示其中所蕴含的管理意义,但是,毕竟这两种情形与当时的实际管理活动还是有区别的,由此联想到诸侯国组织中管理的现实状况并不那么容易,所以,庄子在本章最后,又用一位虚构人物支离疏的境遇,更直接地反映了当时诸侯国组织管理的现实状况。支离疏代表诸侯国组织中最底层的成员,而从底层组织成员的视角,来审视当时诸侯国组织的管理现实,正好与本篇前三章从管理者视角进行审视,形成了鲜明对比。

庄子虚构了支离疏这个人物,"颐隐于脐,肩高于顶,会撮指天,五管在上,两髀为胁"。即便让人再怎么大胆想象,恐怕也很难想象出在现实中还有这样的人。庄子或许正是要通过这种极度夸张的手法,希望人们能在巨大的反差对比中,更加清晰地认识现实。支离疏靠替人家"挫针治繲,足以糊口",帮人家"鼓筴播精,足以食十人"。从生存的角度看,支离疏虽然形体不全,但自食其力绰绰有余。在这样的前提下,庄子所要突出的重点则是"上征武士,则支离攘臂而游于其间,上有大役,则支离以有常疾不受功;上与病者粟,则受三钟与十束薪"。这意味着,支离疏不仅可以因身体残疾而免除诸侯国的征兵和劳役,还能偶尔得到若干救济。在当时诸侯国之间连年征战,各诸侯国国君只为一己私利,便"轻用其国""轻用民死"的大背景下,像支离疏这样的最基层民众,只有让国君及各级管理者觉得"无用"甚至"有残疾",才有可能保全自己作为人而非物的精神价值,也才有可能在像本篇第1章所讲的"死者以国量乎泽若蕉"的卫国那样的诸侯国里,得以保全性命。

所以,庄子在本章最后才精辟地总结道:"夫支离其形者,犹足以养其身,终其天年,又况支离其德者乎!"这里的"支离其形者",指的是像支离疏这样的形体不全者,或身体有残疾的人,而"支离其德者",则指的是德性不全者,或德性有残缺的人。这意味着,那些身体有残疾的人,都能自食其力,在当时的现实条件下保全自己的生命,那么那些德性有残缺的人,或许更会不择手段地在当时的现实中谋求生存空间了。这里的"支离其德者",也即德性残缺的人,又何尝不是在暗示本篇前三章提到的如卫国国君、卫国太子那般"其德天杀"的最高管理者。

管理别义

当组织被彻底工具化之后,组织成员便难逃被物化的厄运。在工具化的组织里,组织成员将被物化为一种"有用"的资源,即人力资源;哪怕是组织的文化价值观,也同样可以被物化为一种"有用"的资源,那就是文化资源。既然所有的物化资源都可以借助开发而体现出其市场价值,变成一种可以用金钱来衡量的、不断增值的资本,那么,人力资源和文化资源也当然可以借助开发而变成人力资本和文化资本。

但是,严格来说,无论是称为资源还是资本,都不是在抬高组织成员和组织文化的价值,反倒是在贬低其价值,不是让其变得更重要,而是让其变得更加微不足道。因为无论是在资源还是资本视角下,组织成员和组织文化都变成了一种物化工具,都是为谋取物质利益服务而已。当组织的最终目标只是可以用金钱衡量的物质利益时,组织中的一切都将自动变成为实现这一目标而服务的工具。在彻底工具化的组织里,不可能有真正意义上的超越者和有精神追求的"组织人"存在;而一旦失去了组织的精神传统及其传承,也没有了一代接续一代的"组织人",组织的可持续发展只能是天方夜谭般的想象。

4.6 孔子适楚,楚狂接舆游其门①曰:"凤兮凤兮,何如德之衰也!来世不可待,往世不可追也。天下有道,圣人成②焉;天下无道,圣人生③焉。方今之时,仅免刑焉。福轻乎羽,莫之知载④;祸重乎地,莫之知避。已乎已乎,临人以德!殆乎殆乎,画地而趋!迷阳⑤迷阳,无伤吾行!吾行郤曲⑥,无伤吾足!"

山木自寇⑦也,膏⑧火自煎也。桂⑨可食,故伐之;漆可用,故割之。人皆知有用之用,而莫知无用之用也。

字词注释

① 楚狂接舆游其门:接舆对孔子说的这段话,也曾出现在《论语·微子第十八》中,原文为:"凤兮,凤兮!何德之衰?往者不可谏,来者犹可追。已而,已而!今之从政者殆而!"[1]对比之下,便不难看出,本章的文字已有很大不同,不仅对内容做了扩展,而且含义也不一样。所以,庄子这里只是借此来表达自己的思想,而非实指接舆其人其观点。

② 成:这里是成功、成就功业的意思。

③ 生:这里同"性",即本性,这里引申为恪守本性。

④ 载:这里是承载、承受的意思。

⑤ 迷阳:据王先谦的注释,"迷阳,谓棘刺也,生于山野,践之伤足。至今吾楚舆夫遇之,犹呼'迷阳踢'也"[2],这里即指荆棘。

⑥ 郤曲:"郤",这里是间隙、空隙的意思;"郤曲",即寻找空隙、迂回曲折。

⑦ 自寇:"寇",这里是砍伐的意思;"自寇",即自己引来的砍伐。

⑧ 膏:这里是油脂的意思。

⑨ 桂:一种常绿乔木,即肉桂,树皮通称桂皮,可做调味料。

今文意译

孔子去楚国,楚国狂人接舆来到孔子门前说:"凤鸟凤鸟,德行为何如此衰落啊!未来不可期待,过往又追不回来。天下兴旺发达、治理有方,那些伟大的管理者才能成就功业;天下混乱衰落、治理无方,那些伟大的管理者也只能恪守本性而已;如今这个时候,只能做到免于刑罚。福报比羽毛还轻,却不知道如何承受;灾祸比大地还重,却不知道怎么避免。罢了,罢了,在别人面前显示德行!危险,危险,画地为牢而自我设限!荆棘,荆棘,不要妨碍我走路!我走路非常小心,不要伤了我的脚!"

山上的树木,是自己引来了砍伐之灾;油脂燃的火,把自己给烧光了。桂树因为可以做调味料,所以会遭砍伐;漆树也因为有用,所以才被割破取

---

[1] 张钢:《论语的管理精义》,机械工业出版社2015年版,第518—519页。
[2] 王先谦:《庄子集解》,上海书店1987年版,第29页。

漆。人们都知道有用的作用,却不知道无用的作用啊。

分析解读

本章总结全篇,阐明面对现实世界中存在的管理问题,到底应该如何做。对于现实中管理问题的解决来说,人们如果只是朝符合现实中最高组织管理者需要的方面去努力,反而会强化现实的管理困局,并不能做到从根本上解决问题。

本章先用孔子去楚国见国君,而楚国隐士、狂人接舆拦住孔子的车驾进行劝阻的故事,引出要解决当时存在的现实管理问题,到底应该从何处入手的话题。这个故事曾记载于《论语》第十八篇第 5 章中,但这里的内容已大大扩展,而且核心思想也发生了很大变化,主要体现在思考现实管理问题的视角,已经从作为代理人意义上的管理者,转向整体组织,特别是普通组织成员。这种视角的转换,与时代背景的变化有关。身处春秋晚期的孔子,仍寄希望于组织的最高管理者,希望通过改变最高管理者,来改变组织的管理现状。在当时的历史条件下,孔子从作为代理人意义上的管理者的视角看问题,试图到各诸侯国去影响和说服国君以解决现实管理问题,既正常又合理。但是,到了庄子所处的战国中期,环境已经发生了根本改变,各诸侯国组织的管理现状一再表明,要想让作为最高组织管理者的国君认识到自己才是诸侯国管理的症结所在,实现自我超越,改弦更张,已完全没有可能性。只需回顾本篇前三章的内容,便很容易想象得到当时各诸侯国国君都有着什么样的心理状态和管理表现;而那些处在"伴君如伴虎"状态下的管理者,能像"养虎者"那样顺其生物本能来服务其需要,已实属不易,又何谈改变。所以,至少在庄子看来,想要通过改变国君来解决诸侯国组织的管理问题,绝无可能性,不仅当时没有,将来恐怕也不会有。

既然如此,那些像孔子一样,既有德行、又有才能的管理者,要致力于解决现实管理问题,应该怎么做呢?庄子暗示了一条经由普通组织成员来实现改变的路径,即需要让普通组织成员认识到,不能用那些人为的标准来定义自己及才能,更不能只是为了符合那些人为的标准而显得"有用";虽然不能符合那些人为的标准,会看似"无用",却可能有真正的"大用",也才有可能从根本上改变现状,建立起符合人之为人、组织之为组织的独特本性及其独特价值的新模式。也正因为如此,庄子才借楚国狂人接舆之口,表达了三层意思。

首先,对当时的现实世界作出了明确的基本判断,即"何如德之衰也"。也就是说,在当时德行衰落已成为不争的现实。面对这样的现实,既不能只是寄希望于未来,也不能只想回到美好的过去,这便是"来世不可待,往世不可追也"所要表达的意思。即便像孔子那样拥有如凤鸟般高尚德行的人,也必须直面现实,找准定位。所以,"天下有道,圣人成焉;天下无道,圣人生焉"。

这里的"圣人",指的是理想化的超越者,而庄子所说的理想化的超越者,既可指委托人意义上的最高组织管理者,又可指代理人意义上的职业管理者,还可指普通人或隐士,到底在何种意义上使用,关键看语境。在本章中,接舆这段话是说给孔子听的,那么,这里的"圣人",就是指孔子理想中的伟大管理者,也即代理人意义上的管理者。对于代理人意义上的管理者来说,要想发挥作用,创建功业,除了受自身的德行境界、才能水平的影响之外,还受组织本身及环境状态的影响;职业管理者固然有可能改变最高组织管理者,乃至让组织走上追求共同利益、实现可持续发展的道路,但这要有一个重要前提,那便是最高组织管理者有意愿做出改变,而这个意愿必须建立在认同职业管理者所信奉的管理之道的基础上。正所谓"道不同,不相为谋"[1],一旦失去了"道"这种重叠共识,职业管理者也就失去了发挥作用的舞台,便不可能创建真正有利于组织更广大的利益相关者及未来发展的功业。这正是"天下有道,圣人成焉"的意义所在。

这里的"天下",指的是组织,而在当时的历史条件下,也只有最高管理者才能代表组织,因此,这里的"天下有道",即暗指组织的最高管理者有"道",这才是那些作为职业管理者的理想化超越者,即"圣人"建功立业的基本前提;否则,"天下无道",即组织的最高管理者"无道","圣人"也只能坚守本性,使自己不被那些"无道"的最高管理者及其组织所利用以强化其不合

---

[1] 张钢:《论语的管理精义》,机械工业出版社2015年版,第467页。

理的管理模式而已。到了庄子所处的时代,对于解决当时的现实组织问题,代理人意义上的管理者早已无能为力,只能是要么回避做管理,不去助纣为虐,要么则同流合污,利用做管理谋求私利,加速组织衰亡。

其次,当时的现实状况非常残酷,不仅对于代理人意义上的管理者而言是这样,对于普通组织成员而言更是如此,也即"方今之时,仅免刑焉。福轻乎羽,莫之知载;祸重乎地,莫之知避"。这恰是庄子对当时的现实状况的精准刻画。可以想象,当一个组织的最高管理者乃至各级管理者都把组织当成谋取私利的工具,无不从个人好恶出发来对待组织中的人和事的时候,普通组织成员所面临的最大不确定性,已经不再是自然环境的未知变化,而是组织中各级管理者在生物本能和情绪左右下的管理措施。在充满这种不确定性的组织里,普通组织成员能免于惩罚已属万幸,哪里还会奢望所谓福报,每日里"灾祸"倒是成了常态,想规避都规避不了。这就是"福轻乎羽,莫之知载;祸重乎地,莫之知避"所要表达的意思。当各诸侯国组织的现状都是如此的时候,普通组织成员又能做何选择?

再次,面对这种残酷的现实,那些真正有德行和才能的代理人意义上的管理者,还能像孔子那样,以期通过见诸侯国国君,利用德行感召来寻求改变吗?其实,本篇第1章已经借孔子阻止颜回去卫国,暗示了这条路不可能走得通,而这里则再次强调指出"已乎已乎,临人以德"。这里的"临人以德",就是指用德行去感召和影响别人,而这里的别人,则专指组织的最高管理者,因为孔子到楚国去,显然是要见国君,并希望对他产生影响。在庄子看来,这条路注定是行不通的,像孔子那样有德行和才能的人,便不要再自我设限,一条路走到黑,而必须超越个人的经验见识,由只想看"天"或头顶的上层发生改变,转变为注意看"地"或脚下的基层如何觉醒,以认识到人之为人、区别于物的独特本性,不要被那些人为设置的各种标准所束缚。因此,当庄子借接舆之口说出"迷阳迷阳,无伤吾行!吾行郤曲,无伤吾足"的时候,恰是在暗示像孔子那样有德行和才能的人,不要再"画地而趋"了,是时候好好注意现实世界的脚下之路了。

这里的"迷阳迷阳",有双重含义:一是指现实道路上荆棘丛生,并不好走,行路当加倍小心;二是象征着组织中普通成员尤其是底层成员的生活和工作状态艰辛困苦,需要像孔子那样真正有德行和才能的人低头留意,不要只是一味地向上看,妄图改变高层,更需要向下看,思考如何改变底层。

其实,"吾行郤曲,无伤吾足"这句话,也是一语双关:一方面说明要关注脚下的不容易,处处可能隐藏着风险,一不小心就会受伤;另一方面则是在说,底层成员的生活和工作状况已经是脆弱得不能再脆弱了,虽然要去关注脚下的底层成员,但务必小心,否则会好心办坏事,让底层成员雪上加霜。人在走路时踩到荆棘,固然会伤到脚,但从荆棘的角度看,荆棘也会因此而遭践踏,甚至被铲除。这对荆棘来说,难道不是让原本恶劣但尚能维持生存的环境更为不利了吗?荆棘丛生,既隐喻着危险,又隐喻着环境的恶劣。往往只有在恶劣的环境条件下,才会长荆棘,而荆棘这种植物之所以有刺,也是一种保全自我的方式,就像上一章所说的那棵能让人口舌生疮、沉醉不醒的大树一样。如果说因为关心荆棘生长的这种恶劣环境,结果却又让荆棘赖以生存的这点空间也没有了,那对于荆棘来说岂不是更糟糕?这确实是如孔子那般有德行和才能的人必须深思的问题,更是代理人意义上的管理者,身处委托人意义上的最高管理者与普通组织成员之间,所必须认真对待的问题。如果组织中上下完全一致,那么,做管理反倒容易了。而在庄子所处的时代,诸侯国组织中上下还不仅是割裂和不一致的,简直就是冲突甚至完全相反的。这确实给代理人意义上的管理者提出了莫大挑战。要迎接挑战,改变现实,谈何容易。庄子也只能给出不要迎合现实,而要以"无用之用"去唤醒普通组织成员,进而实现自下而上改变的某种暗示。

所以,在本章最后,庄子总结全篇道:"山木自寇也,膏火自煎也。桂可食,故伐之;漆可用,故割之。人皆知有用之用,而莫知无用之用也。"这里使用了一种正话反说的极端表达方式。明明树是被人砍伐的,火也是人点燃的,调味料也是人所需要的,割树取漆的也是人,这里却把这一切都归于对象本身的咎由自取,跟人一点关系都没有。这种说话方式确实给人一种强词夺理之感,但庄子正是要借这种极端表达方式提醒人们注意,当时的诸侯国组织的管理现状,就是这么荒诞。在诸侯国组织中,普通成员尤其是底层成员,就像山上的树、有油脂的木材、能做调味料的桂树、被用来割取油漆的漆树一样,完全是被动的,任由国君及各级管理者为满足个人需要而加以利用,看上去别无选择。植物之为植物,连自主移动都办不到,当然不可能像动物那样用逃跑和躲藏来免受人的猎杀。植物只能老老实实待在那里任人摆布。这深刻暗示了当时各诸侯国组织底层成员的生存窘境。

正是在当时的诸侯国组织中不可能实现自上而下改变的情况下,庄子才暗示了一条自下而上寻求改变的路径,而要实现这种自下而上的改变,就必须首先破除当时自上而下人为设置的所谓"有用"标准。为此,需要让普通组织成员清楚地认识到,若要摆脱当下的生存窘境,就不能去迎合那些人为设置的外在的所谓"有用"标准,而必须回归内在的人之为人的独特本性,立足本性,以在现实中看似"无用"的努力,争取人之为人的"大用"。这正是"人皆知有用之用,而莫知无用之用也"所要表达的深刻内涵,也是下篇所要重点讨论的话题。

管理别义

组织通常会有两类管理者,一类是作为所有者或委托人意义上的管理者,另一类是作为职业从业者或代理人意义上的管理者。这两类管理者的权力来源是不一样的。第一类管理者的权力来源是物化资源和硬实力,而第二类管理者的权力来源,是第一类管理者的转授或委托,但这种转授或委托之所以能发生,则是因为第一类管理者代表组织,要实现组织的可持续发展,便对管理的专业知识和技能有需求,而第二类管理者因拥有特定知识和技能,可以满足这种需求。

在现实中,一个人拥有管理知识和技能是一回事,怎样运用管理知识和技能又是另一回事。因此,在第一类管理者与第二类管理者进行权力转授或委托时,便有可能出现各种问题,包括事前的信息隐藏和事后的道德风险等。但是,这些问题又都隐含着一个基本前提,即:第一类管理者是信息弱势一方,很可能会被第二类管理者所欺骗。也正因为如此,以往人们更关注的是站在第一类管理者的立场上,如何有效地设计各种机制,以防止第二类管理者的机会主义行为。

然而,不应该忘记的是,第一类管理者拥有物化资源和硬实力,特别是当这种物化资源和硬实力高度集中,以至于让拥有者有了生杀予夺的大权时,即便第一类管理者处在知识和信息相对弱势的地位,也完全可以凭借物化资源和硬实力的绝对强势,来弥补这种知识和信息的相对弱势,甚至可以无视任何知识和信息而一意孤行,哪怕令组织衰亡也在所不惜。在这种情况下,反倒是第二类管理者需要认真思量,到底应该接受什么样的第一类管理者及其组织的授权,才可能做好管理。

严格来说,第二类管理者要做好管理,不单单是要处理好同第一类管理者的关系。有一种观点认为,只要能得到授权,管理做得好坏,完全看第二类管理者的知识和技能水平。这种关于做管理的理解,有点过于简单化。管理成功必须建立在组织成功的基础上,这也是管理工作不同于其他专业技术工作的独特之处。做管理就是要立足于组织成功来看待管理成功,而组织成功又必定离不开组织成员的分工协作,以产生整体大于部分之和的增益效果。组织整体增益效果的取得,在很大程度上取决于组织成员的共同努力,尤其是第一类管理者和普通组织成员的目标及利益的一致性。如果组织中存在上下割裂,第一类管理者只是把组织成员乃至整个组织都当成谋求私利的工具,那么,身处其中的第二类管理者,又怎么可能通过组织的成功来获得管理的成功?

从这个意义上说,第二类管理者永远处在第一类管理者和普通组织成员之间,其作用恰在于弥合上下的裂痕,努力让双方的共同利益和共享价值得到实现。以此为前提,第二类管理者才有可能正确运用自己的管理知识和技能,做好管理,让组织走上可持续发展的道路,并借助组织的成功,取得管理的成功。

第二类管理者立足于组织,真正履行让第一类管理者和普通组织成员达到双赢的职责,说起来容易,做起来难。道理很简单,直观地看,是第一类管理者雇佣了第二类管理者,并把来源于物化资源和硬实力的权力转授给第二类管理者,因而,第二类管理者会不自觉地成为第一类管理者的代理人,而不是整个组织和普通组织成员的代理人。第二类管理者甚至还会想,组织本身也是第一类管理者的,组织的代理人也就是第一类管理者的代理人。如果第一类管理者完全从个人利益出发,将普通组织成员当成谋求私利的工具,那是否意味着第二类管理者也必须这样做?确实有不少第二类管理者唯第一类管理者马首是瞻,其结果往往是第二类管理者自己也变成了工具,只不过是被第一类管理者利用来达成私人目标的高级一点的工具而已。在很多情况下,第二类管理者身为工具,要么不自知,乐此不疲;要么知道了,也会自嘲谁都是工具,做工具又何妨?

或许正因为如此,第二类管理者的职业操守才变得特别重要,其重要性甚至要远超个人所拥有的知识和技能。

德充符第五

本篇导读

第四篇最后提出了一条从组织的底层入手,来改变当时的组织管理现状的路径,但问题是,这种解决现实问题的路径有可行性吗?本篇则致力于回答这个问题。

"德充符"中的"德",即德性;"充",是充实、充满的意思;"符",则是征兆、反映、表现的意思。"德充符"的含义是,德性由内而外地体现出来,即德性的光辉得到充分彰显。

本篇的核心思想是:人之为人、区别于物的独特本性是德性。只有让德性而不是生物性成为人之为人的主导,人方能成为真正意义上"大写的人",拥有主体性、主动性和创造性。由这样的人所结成的组织,才不会盲目地受外部力量的支配,而是会自主地进行选择;更重要的是,德性既然是人之为人、区别于物的独特本性,也就意味着其为人所共有,自然会形成人与人之间的相互吸引和影响。从根本上说,由德性而产生的影响力,才是超越由生物本能所左右的经验见识和语言运用的人际的正向影响力。这才是管理者必须具有的领导力,而不是基于物化资源和硬实力的岗位权力。当然,具有源于德性的领导力的人,不一定同时拥有岗位权力;但是,没有拥有岗位权力,却丝毫不会减损这样的人在组织中所具有的影响力。当拥有这种影响力的人自下而上发挥作用的时候,反而能借助众人的力量改变组织的现状。这也可以称为德性的力量。本篇正是通过讲述这种德性的力量,以阐明自下而上改变当时的诸侯国组织现状的可能性。

本篇由六章构成。其中,第1章以一位虚构的断足者王骀为例,借孔子与常季的对话,说明从人所共有的德性出发,一定能正向影响他人;而且,这种影响并不依赖于物化资源和硬实力,还能让人完全忘却形体和外貌。这充分表明,德性才是人之为人的独特本性,像王骀那样的德性典范,更容易唤醒人们心中的德性,产生由内而外的改变。

第2章则将子产这位管理者与作为德性典范的断足者申徒嘉作对比,一方面说明,不一定非要是管理者才能成为德性的典范,反倒是那些成为德性典范的人,能够影响管理者,特别是当这样的人吸引和改变了更多人的时候,便有可能引发组织及管理者的改变;另一方面也暗示,那些看似违反了现行规则并受到惩罚的人,如当时受"刖刑"而断足者,未必是违背源于德性的信念和价值准则的人,有时还可能相反。

第3章在上一章的基础上,再次使用了一个受"刖刑"而断足者的例子,意在表明,在当时的诸侯国现实条件下,当国君及各级管理者都被生物本能所左右而无法自拔的时候,遵循规则反而有可能是在助纣为虐,这时要想改变现状,必须改弦更张,从底层入手,让更多人认识到自身作为人而不是物的价值所在;只有当更多人都能认识到自身作为人的价值所在,并能以内在信念和价值准则来决定行为时,才有可能推动诸侯国组织的现实向着理想状态发生改变;虽然个体和少数人的力量非常有限,但这些分散的力量一旦在人所共有的德性基础上凝聚起来,就会爆发出无与伦比的伟大力量,而这恰是一切组织和管理发生改变的真正动力源泉。

第4章又以具体实例说明自下而上的改变是可能的,因为人在共同的德性面前不可避免地会受到影响。本章的主人公哀骀它之所以能深刻影响普通人,并因影响了大多数普通人而最终影响到鲁国国君这位最高管理者,用孔子的话说,便是因为他"才全而德不形",而这恰是人之为人、区别于物的独特本性,即人性的集中体现。哀骀它所具有的源于德性的影响力,既不需要物化资源和硬实力的加持,也不需要姣好容貌的吸引,甚至都不必靠语言的运用,只要置身于人与人之间,便能够让他人自然感受到,这正是自下而上发生改变具有可能性的内在原因,也是鲁哀公说他与孔子"非君臣也,德友而已矣"的深刻之处。

第5章进一步阐明人与人之间源于德性的正向影响既可能、又可行,只是要产生这种正向影响,当事人必须首先实现对经验见识和语言运用的双重超越;一个自己都不能实现超越的人,要想正向影响他人,让他人实现超越是不可能的。

第6章总结全篇,再次强调指出,在当时的历史条件下,要想让诸侯国组织的现状发生改变,无论是采取自上而下的途径,还是采取自下而上的途径,从根本上说,都取决于人们能否实现超越。当然,庄子意义上的超越,并不是要进入一个不食人间烟火的彼岸世界,而只是要人们回归人之为人、区别于物的独特本性,即德性,并以此为基础,建立起一个理想的参照系,直面现实,改变现实。

5.1 鲁有兀者王骀[①],从之游者与仲尼相若。常季[②]问于仲尼曰:"王骀,兀者也,从之游者与夫子中分鲁[③]。立不教,坐不议,虚而往,实而归。固有不言之教,无形而心成者邪?是何人也?"

仲尼曰:"夫子,圣人也,丘也直[④]后而未往耳。丘将以为师,而况不若丘者乎!奚假[⑤]鲁国!丘将引天下而与从之。"

常季曰:"彼兀者也,而王[⑥]先生,其与庸亦远矣。若然者,其用心也独若之何?"

仲尼曰:"死生亦大矣,而不得与之变;虽天地覆坠,亦将不与之遗。审乎无假[⑦]而不与物迁,命物之化而守其宗也。"

常季曰:"何谓也?"

仲尼曰:"自其异者视之,肝胆楚越也;自其同者视之,万物皆一也。夫若然者,且不知耳目之所宜,而游心乎德之和;物视其所一而不见其所丧,视丧其足犹遗土也。"

常季曰:"彼为己以其知,得其心以其心。得其常心,物[⑧]何为最[⑨]之哉?"

仲尼曰:"人莫鉴于流水而鉴于止水,唯止能止众止。受命于地,唯松柏独也在冬夏青青;受命于天,唯舜独也正,幸能正生[⑩],以正众生。夫保始之征[⑪],不惧之实[⑫]。勇士一人,雄入于九军。将求名而能自要者,而犹若是,而况官天地[⑬],府万物[⑭],直寓六骸[⑮],象耳目[⑯],一知之所知,而心未尝死者乎!彼且择日而登假[⑰],人则从是也。彼且何肯以物为事乎!"

字词注释

① 兀者王骀:"兀",这里指断足、缺一只脚;"王骀",庄子虚构的人物。

② 常季:庄子虚构的人物。

③ 中分鲁:这里是平分在鲁国的学习者的意思。

④ 直:这里同"特",是只、仅、不过的意思。

⑤ 奚假:这里是何止、岂止的意思。

⑥ 王:这里是胜过、超过的意思。

⑦ 假:这里是借助、凭借的意思。

⑧ 物:这里是众人的意思。

⑨ 最:这里是聚合的意思。

⑩ 生:这里同"性",是本性的意思。

⑪ 保始之征:"始",本义指开端,这里引申为原初的、根本的;"征",即征兆、特征;"保始之征",即保持原初的特征。

⑫ 不惧之实:"实",本义指种子,这里引申为根本所在;"不惧之实",即无所畏惧的根本所在。

⑬ 官天地:"官",本义指房屋、房舍,这里引申为包容、怀抱;"官天地",即包容天地。

⑭ 府万物:"府",这里是储藏、包藏的意思;"府万物",即包藏万物。

⑮ 直寓六骸:"直",这里同"特",是只、仅、不过的意思;"寓",这里是寄居、寄托的意思;"六骸",即身体、头颅、四肢,这里指代形体;"直寓六骸",即只是把形体作为居所。

⑯ 象耳目:"象",本义指形象,这里引申为表象;"耳目",这里指代感觉器官的感受;"象耳目",即以各类感受为表象。

⑰ 登假:"登",本义指从低处向高处升,这里引申为超越;"假",本义指借助、凭借,这里引申为各种凭借对象;"登假",即超越各种凭借对象,也就是超越一切有形物的意思。

今文意译

鲁国人王骀只有一只脚,但跟随他学习的人像孔子的门徒一样多。常季向孔子请教:"王骀只有一只脚,而他和您的学生数,各占在鲁国求学者的一半。他既不教授,也不讨论,求学者却能迷茫而来,满意而归。果真有不使用言语进行教育、不露痕迹却能由内而外地改变人这种情况吗?他到底是怎样一个人呢?"

孔子说:"这位先生是理想化的超越者,我也只能望其项背,远未达到他的境界。我也要以他为师,更何况那些还不如我的人呢!岂止是鲁国,我还要引导天下人一起向他学习。"

常季说:"他只有一只脚,却超过您,那普通人和他相比,差距就太大了。果真如此,那他的内心或思维有什么独特之处呢?"

孔子说:"生死之事虽然很大,但并不能对他产生影响;即便是天翻地覆,也不会让他为之动心。他已经达到一种超越的境界,不会受外物的影响,反而能够把握住外物的变化,坚守人之为人的独特本性。"

常季说:"这又是指什么呢?"

孔子说:"若从差异的视角看,肝胆之间的差异,就像楚国和越国之间的距离一样大;但若从同一的视角看,任何事物都有内在的同一性。像王骀这样的人,并不在意不同感官适合什么样的表象,而只是用心或思维去达到德行的和谐境界。这样也就能体验到各种事物的内在同一性,而不在乎有什么缺失,因此,在他看来,缺失一只脚就像掉下一块泥土一样,没什么大不了的。"

常季说:"王骀只是修养自己,把握自己的内心或思维,并通过自己的内心或思维去理解人之为人共同的内心或思维,那为什么众人会聚集到他这里来呢?"

孔子说:"人们不能用流动的水而只能用静止的水当镜子照,因为只有静止的水,才能让各种形象清楚地显现出来。大地上林木丛生,但只有松柏很独特,无论冬夏,树叶常青;天下的芸芸众生,也唯有像舜那样的人,能正确地坚守人之为人的独特本性。也幸亏有像舜那样的人在坚守人的独特本性,才有可能引导众人去正确地坚守人的独特本性。只有保持本初的人之为人的独特本性,才是无所畏惧的根本所在。单枪匹马的勇士,也敢深入千军万马的敌阵中。那些立功心切的勇士,尚且能做到英勇无畏,更何况是那些心怀天地、包容万物,只把形体作居所,以各类感受为表象,把握住了各种见识背后的同一性,又从未失去心或思维中人的独特本性的人呢!这样的人很快就会达到超越一切的境界,人们当然愿意追随他了。他又怎么会把吸引众人追随当成一回事呢!"

德充符第五

▎分析解读

本篇专门探讨人之为人、区别于物的独特本性及如何使其得到唤醒和彰显的问题。本章则重点说明人之为人、区别于物的独特本性就是德性,以及德性可能产生的广泛而深刻的影响。

在本章,庄子用一位形体上有残缺的虚构人物王骀,展示出德性的巨大感召力;又以孔子与常季的虚构对话,从侧面揭示了德性之所以会有如此巨大影响力的内在原因。在庄子笔下,一位断足的鲁国人王骀,竟然有众多追随者,弟子数量与孔子"相若",而且,王骀还做到了"立不教,坐不议,虚而往,实而归"。也就是说,他既不讲课,也不与人讨论,却能使来求学的人迷茫而来,满意而归。这种神奇的教育模式及效果,确实让人觉得不可思议。这才引出常季向孔子请教:"固有不言之教,无形而心成者邪?"在现实中,真有这种不露任何痕迹,却又能让人由内而外地发生改变的教育方式吗?该不是因为王骀本人是个特殊的、神秘的人物吧?这既是常季的疑问,相信也是千百年来所有人的疑问。

庄子借孔子之口说:"夫子,圣人也,丘也直后而未往耳。丘将以为师,而况不若丘者乎!奚假鲁国!丘将引天下而与从之。"这里的"夫子",是对王骀的敬称,而"圣人",则专指理想化的超越者,不一定非要担任某种管理职务。这意味着王骀已经达到了真正意义上的超越,既超越了个人的经验见识,又超越了语言运用的意义网罟的束缚。实现了双重超越的王骀,已成为德性的化身,举手投足之间,无不是德性的自然流露,也即自然而然地由德性外化为德行。这种境界也就是庄子反复强调和描绘的那种理想境界。即便是当年的孔子,在庄子看来,也只能代表那些在现实中持续不断追求和逼近这种理想境界的人,所以,孔子这里才会说"丘将以为师,而况不若丘者乎",隐含的意思是,不管是谁,都有达到这种理想境界的内在基础,也有经过持续努力达到这种理想境界的现实可能性,而当更多人能自觉地从人之为人的独特本性出发,持续努力追求这种理想境界时,组织便会自下而上地发生改变。这也是孔子所说的"奚假鲁国,丘将引天下而与从之"的深刻管理寓意所在,同时还呼应了第四篇最后一章所提出的自下而上来实现改变的路径。这种改变必须从每个人内在的人之为人、区别于物的独特本性的觉醒开始。

在以常季为代表的普通人看来,这似乎不大好理解。因为无论面对谁,普通人首先看到的都是外形,而在外形上,王骀有残缺,失去了一只脚。在当时的历史条件下,残缺一只脚很可能是受过"刖刑",这说明他曾触犯了刑法。第四篇最后一章曾说:"今之世,仅能免刑而已。"一个受过"刖刑"的人,怎么会比孔子这位公认有德行、有才能的人影响更大?如果说王骀比孔子的影响还大,那王骀与普通人相比,差距岂不更大?像王骀这种理想化的超越者,到底有什么神秘之处呢?这或许是以常季为代表的那些尚未与王骀直接接触而受其影响的人必然有的疑惑。

对此,孔子解释说:"死生亦大矣,而不得与之变;虽天地覆坠,亦将不与之遗。审乎无假而不与物迁,命物之化而守其宗也。"孔子这里说得很清楚,即便像生死这么大的事,也不能对王骀产生影响;哪怕是天翻地覆,也不会让他为之动心。这说明王骀已经实现了真正意义上的超越,既超越了个人的经验见识,又超越了语言运用所产生的截然相反的意义。这里的"生死"代表的是对确定性与不确定性的认识,体现的是个人的经验见识。从个人的经验见识出发,人们总是喜欢确定性而想规避不确定性,这就像人们本能地"悦生恶死"一样。如果不能超越个人经验见识的束缚,人们必然会"悦生恶死",不可能达到"死生亦大矣,而不得与之变"的境界。既然王骀已经达到这种境界,说明他已经超越了个人的经验见识。

另外,天地又怎么可能"覆坠"呢?像天翻地覆这种巨变,只会发生在观念中。自然界中的变化往往是渐进的,甚至让人感觉不到,哪怕有突发的变化,那也是转瞬即逝,让人来不及反应。因此,这里的"天地覆坠",不过是一种隐喻,暗指语言运用中的极度夸张甚至是截然相反的说法,给人带来了意义的困扰,甚至面临着一种在意义网罟中不能自拔,情绪为语言所左右,进而思维又被情绪所俘虏的情况。既然王骀能做到"虽天地覆坠,亦将不与之遗",说明他已经超越了语言运用中的意义陷阱,能够不被各种各样看似截然相反的说法所左右。这样一来,王骀才能不受各种外在事物及其变化的影响,反而能把握外物变化的节奏,坚守人之为人的独特本性,这就是"审乎无假而不与物迁,命物之化而守其宗也"所要表达的意思。其中,"宗",便是

德充符第五

人之为人的独特本性，即接下来要明确阐述的德性。

　　为了进一步说明王骀所达到的这种理想境界，孔子从同异两个方面做了解释。这里所谓的"异"，指的是从人与人之间、物与物之间，甚至人与物之间的表面差异去看问题。如果仅是从这种差异的视角去看问题，那么，即便是人身体内部的器官，如肝和胆之间，也会有巨大的功能差异，而这种功能差异，可以说不亚于楚国和越国之间在空间距离上的差异，即"自其异者视之，肝胆楚越也"。但是，如果从"同"或内在相通性的角度去看问题，不仅人与人之间有共同的本性，物与物之间有共同的本性，即便人与物之间，也会有内在的相通性。一方面人与物各有其自足的存在根据，而这种根据的自足性，就是不需要借助他者而存在的一种独特本性；另一方面，由于人的形体本身也有物化的成分，这又是人与物相通的具体表现。强调人之为人、区别于物的独特本性，并不等同于非要抹杀人与物的这种相通性。正如人们虽然也强调养马和养虎的差别，却并不等同于要否认喂养动物有共同点一样。王骀这样的超越者，恰是能够超越不同感官所带来的看似不同的信息线索，如眼睛看到的形象及耳朵听到的声音。这种信息反差看似在不断强化差异，而一旦人们能超越这单纯感官的差异，便能用"心"或思维去把握不同感官所获得的差异信息的同一来源。同样道理，当超越了人的表观形象差异，立足于人之为人所共有的德性来认识人、理解人和影响人的时候，反而可以充分感受到人与人之间的根本之"同"。以此为基础，人的形体上的残缺和差异反而不重要了，这便是说，当"物视其所一而不见其所丧"时，"视丧其足犹遗土也"。在那些过于关注外表差异的人看来，王骀比别人少了一只脚，是残疾人，与正常人差异很大，而在像王骀那样能立足于人与人之间的根本之"同"的人看来，失去一只脚就像掉下一块泥土一样，并没有改变泥土的本性，没有什么大不了的。

　　经孔子点拨，常季现在虽然可以大致理解王骀所达到的这种理想境界，但仍然理解不了为什么众人会对这种理想境界心向往之，自愿接受王骀的感召和影响。这就是常季用"彼为己以其知，得其心以其心。得其常心，物何为最之哉"所要表达的困惑。这里的"物"，即众人，而"最"，即聚集。王骀自己修养身心，不管达到什么境界，或许都容易理解，但为什么王骀所达到的那种境界会对众人有如此吸引力,这似乎并不容易理解。

孔子用了两个形象的例子来说明这个问题。第一个例子是"人莫鉴于流水而鉴于止水,唯止能止众止"。如果要用水来当镜子,只有静止的水才可以,流动的水自身都处在不断变化之中,又怎么可能还原出各种形象本来的样子。人之为人,不仅有外在形象,可以借"止水"反照出来,还有精神形象。这或许才是更能反映人之为人的独特本性的形象,而这种精神形象也只有在那些德性已充分彰显出来的人面前,才可能映照对比出来。正像"止水"能照物一样,也只有那些已达到这种理想境界的人,如王骀,才可能吸引人们前来照出自己的人性,真正认识自己目前所处的状态。这才是本章开始所讲的王骀"立不教,坐不议",却又能让学习者"虚而往,实而归"的根本原因。王骀只要在那里,就能让人们认识和感受德性的光辉。

第二个例子是"受命于地,唯松柏独也在冬夏青青;受命于天,唯舜独也正,幸能正生,以正众生"。这说的是,大地上林木丛生,但只有松柏,无论冬夏,树叶长青,从而可以作为树木的代表,让人们一看到松柏,就能联想到树木的共同特性,即象征生机的"长青"。同样,天下之人虽极其多样,但像舜那样的人,却能始终坚守人之为人的独特本性,即德性,让人们一看到舜,就能认识到人所共有的德性,更会被舜所表现出来的德性所感染,不仅愿意回归德性,坚守德性,还能因坚守德性而实现超越,具备无所畏惧的勇气。这便是"夫保始之征,不惧之实"所要表达的意思。甚至连那些立功心切的勇士都能做到英勇无畏,更何况像王骀这样实现了对经验见识和语言运用的双重超越的人呢!这样的人已经真正做到了"官天地,府万物,直寓六骸,象耳目,一知之所知,而心未尝死者乎"。

这意味着,真正实现了双重超越的人,能做到心怀天地,包容万物;并能深刻认识到,身体不过只是精神的居所罢了,感官经验也只是提供表面信息。只有立足于人的独特本性来运用"心"或思维,才能透过各种表象,看到不同事物内在的相通性和同一性;以此来处理人、物、事的关系,便能让人性的德性内涵得到充分彰显,也能对越来越多的人产生深深的吸引和影响。无论是王骀的双重超越,还是越来越多的人被吸引和影响,都不是刻意而为,反倒是自然而然的结果,即"彼且择日而登假,人则从是也。彼且何肯以

德充符第五 255

物为事乎"。"登假",即超越。正是王骀的超越,彰显了人性的德性内涵,也正是人所共有的德性在吸引着人们,引发着人们内心的共鸣。严格来说,是德性在吸引人们,而人们愿意追随的也只是德性,王骀不过是由于他自己的超越,一时成为人们心中固有德性的外化象征而已。这也是王骀"立不教,坐不议",人们反而能"虚而往,实而归"的根本原因。如果只是学知识、习技能,的确要"教",也要"议",但若要"为道",则关键要向内发现、认同和坚守,外部不过是启发而已。这也是老子所讲的"为道日损,为学日益"[1]的深意所在。

本章用王骀的德性感召作为典型案例,试图回答第四篇最后一章留下的问题:怎样才能自下而上地改变当时诸侯国组织的管理现实,如何才能做到"无用之大用"?本章给出的初步答案是:回归人之为人的独特本性,即德性。为此,就需要像王骀那样实现了双重超越的德性典范,以自身的德行来吸引、感召和影响普通组织成员,唤醒他们心中原本就有的德性。当人们能够回归德性、坚守德性、实现超越的时候,也就是组织真正回归人的共同体而不是物化工具的时候。一句话,只有当普通组织成员能够清醒认识自身作为人的独特本性的时候,整个组织才有可能从工具化状态转变为人性化状态,而只有人性化的组织和管理,才能激活人之为人独有的主体性、能动性和创造性,也才能实现组织的共同利益和可持续发展。

管理别义

组织并不是用物化资源及其所有权来界定的,而是由人之为人、区别于物的独特本性及建基其上的人与人之间关系,特别是合作关系来界定的。管理作为让组织中人与人之间的合作成为可能的重要保证,同样必须首先面对人而不是立足于物;而且,管理必须从人之为人、区别于物的独特本性出发,而不能从人与物的共同性出发,更不能刻意抹杀人与物的界限,将人混同于物,以至于把人变成物化工具。人的组织中的管理,必须与动物群体中的支配严格区别开来,也必须与机器的程序化运行严格区别开来。

---

[1] 张钢:《老子的管理要义》,浙江大学出版社2023年版,第207—211页。

组织管理之所以强调"以人为本",而"以人为本"又之所以成为人类亘古不变的追求,就在于管理必须为人及其组织服务,绝不能把人物化为工具。为此,管理者必须首先成为人之为人、区别于物的独特本性的信奉者、坚守者、践行者,并以此来激活每位普通组织成员作为人的内在本性。这才是真正意义上的领导力。领导力本质上就是人性的影响力。人们是被人性所吸引,而不是被某个人所吸引。吸引人的是内在的人性而不是外在的形象和语言。

所以,在组织管理中,因人性的光辉而产生的"不言而教"是完全可能的。管理即教育。管理教育即"不言而教",是让人性的光辉照亮每个人的内心。这才是培养领导力的真谛所在。

5.2　申徒嘉①,兀者也,而与郑子产②同师于伯昏无人③。子产谓申徒嘉曰:"我先出则子止,子先出则我止。"其明日,又与合堂同席而坐。子产谓申徒嘉曰:"我先出则子止,子先出则我止。今我将出,子可以止乎,其未邪?且子见执政④而不违⑤,子齐执政乎?"

申徒嘉曰:"先生之门,固有执政焉如此哉?子而说⑥子之执政而后⑦人者也?闻之曰:'鉴明则尘垢不止,止则不明也。久与贤人处则无过。'今子之所取大者,先生也,而犹出言若是,不亦过乎!"

子产曰:"子既若是矣,犹与尧争善,计子之德不足以自反邪?"

申徒嘉曰:"自状⑧其过以不当亡者众,不状其过以不当存者寡。知不可奈何而安之若命,唯有德者能之。游于羿之彀中⑨。中央者,中地也;然而不中者,命也。人以其全足笑吾不全足者多矣,我怫然⑩而怒;而适先生之所,则废然⑪而反。不知先生之洗我以善邪?吾与夫子游十九年矣,而未尝知吾兀者也。今子与我游于形骸之内,而子索我于形骸之外,不亦过乎!"

子产蹴然⑫改容更貌曰:"子无乃称!"

字词注释

① 申徒嘉:姓申徒,名嘉,春秋时期郑国人。
② 子产:姓公孙,名侨,字子产,春秋时期郑国大夫。

③ 伯昏无人：《列子·黄帝篇》中的人物[1]，庄子也只是借用其名。

④ 执政：即执政大夫，这里是子产自称。

⑤ 违：这里是避开、躲避的意思。

⑥ 说：这里通"悦"，是高兴的意思。

⑦ 后：这里是看不起的意思。

⑧ 状：这里是陈述、描述的意思。

⑨ 羿之彀中："羿"，古善射者，百发百中；"彀"，将弓拉满；"羿之彀中"，指在羿的射程之内。

⑩ 怫然：这里指愤怒的样子。

⑪ 废然：这里指愤怒消失的样子。

⑫ 蹴然：这里指局促不安的样子。

今文意译

申徒嘉只有一只脚，与郑国的子产一起，跟随伯昏无人学习。子产对申徒嘉说："我若先出去，你就留下来等一会儿；你若先出去，我就留下来等一会儿。"

第二天，他们又同室同席而坐。子产对申徒嘉说："我若先出去，你就留下来等一会儿；你若先出去，我就留下来等一会儿。现在我要出去了，你留下来等一会儿，不可以吗？再说，你见到我这个执政大夫也不回避，你想与执政大夫平起平坐吗？"

申徒嘉说："在先生这里，果真还有像这样的执政大夫吗？你是在得意于执政大夫的职位而看不起人吗？我听说过这样的话，'镜子明亮就没有灰尘，有了灰尘就不明亮了。常和贤人在一起就没有过错'。你是到先生这里来学习修养德行的，却说这样的话，不是很有问题么！"

子产说："你都已经是这个样子了，还想与尧比高下，估量一下自己的德行，还不够你反省的吗？"

申徒嘉说："为自己的过错辩解，认为不应当受惩罚的人很多；不为自己的过错辩解，认为应当受惩罚的人很少。而明知道世事艰难，仍安心做应该

---

[1] 杨伯峻：《列子集释》，中华书局 2013 年版，第 55 页。

做的事，只有那些有德行的人能做到。一个人身处羿的射程之内，却没有被射中，全凭运气。那些有两只脚的人，经常嘲笑我只有一只脚，我听了都很气愤；但自从到了先生这里，我的怒气全消，并找回了自我的本性。你还不清楚这正是先生用共同利益由内而外地改变了我吗？我已跟随先生学习了十九年，却从未想过我只有一只脚。如今你和我一起学习修养内在德性，却又如此在意我的外在形体，不是很有问题么！"

子产局促不安，改变态度说："请不要这样说！"

分析解读

本章借助一位有德者申徒嘉与著名管理者子产的对比，既昭示了有德者的境界，也说明了管理者若达不到这种境界可能会带来的危害。

申徒嘉缺一足，形体不全，很可能是因为曾触犯过刑律而遭受了"刖刑"。申徒嘉与郑国的执政子产一起师从伯昏无人。伯昏无人自始至终都没有出场，但借助申徒嘉与子产的对话，可以推断，伯昏无人应该是一位能代表人性的德性内涵的典范人物，可以对他人产生深刻影响；而且，伯昏无人从不在意一个人过去怎么样，现在是否残缺，是否担任管理职务，职位有多高，而只会从人之为人、区别于物的独特本性，即德性出发，去感召和影响人，哪怕像申徒嘉这样的"兀者"，即便过去可能触犯刑律，遭受了"刖刑"，只要愿意学习，立志超越，伯昏无人都会一视同仁。

反倒是担任郑国执政的子产，无法放下自己的管理者架子，总觉得与申徒嘉这样的"兀者"同进同出有失身份，所以才反复对申徒嘉说"我先出则子止，子先出则我止"。当申徒嘉无视他的要求时，子产竟然说："今我将出，子可以止乎，其未邪？且子见执政而不违，子齐执政乎？"原本还只是建议的口气，而现在竟然用"执政"的地位直接来压制申徒嘉，质疑其难道想与执政平起平坐？

这充分表明，子产的心态并没有因跟随伯昏无人学习而实现超越，仍囿于自己做管理的经验见识，不想与"兀者"申徒嘉为伍。这表面上体现的好像是子产本人做管理的原则。毕竟子产是执政，代表郑国，而申徒嘉曾遭受郑国处罚，可以说是郑国的犯人，至少曾经是犯人。作为郑国执政的子产，不想与郑国犯人申徒嘉为伍,似乎也很正常。但是,且不说郑国对申徒嘉的"刖刑"是否合理,只说这已经是过往的事了,现在两人同为伯昏无人的学生,是在一起学习而不是在郑国朝堂上共事。他们现在共有的社会身份是学生,尤其是他们所要学习的并不是单纯的知识和技能,而是要实现超越,回归人之为人的德性,并立足于德性来重新认识人、认识事,进而谋求改变现实的可能途径。在这种背景下,子产的执政身份和申徒嘉的"兀者"外形,真的就那么重要吗?

所以,申徒嘉才说:"先生之门,固有执政焉如此哉?子而说子之执政而后人者也?"意思是,在伯昏无人门下,严格来说,并不存在执政这样的社会身份,在德性面前,人与人是平等的。如果一个人太在意自己的社会身份,竟以社会身份高下来评判别人,也就不可能在伯昏无人门下修养德行、回归德性。紧接着,申徒嘉引用了一句名言"鉴明则尘垢不止,止则不明也。久与贤人处则无过"。这说的是,人心如同镜子,心底明澈,就像镜子上没有灰尘;心底不明澈,则说明镜子上有了灰尘,而子产整天号称向伯昏无人学习超越自我,提高境界,却还这样说话和做事,恰表明其不仅没进步,反倒在退步。

子产这位执政者虽然身处高位,却并没有超越个人的经验见识和语言运用的束缚。在现实中,并不是说管理者的职位越高,视野就越宽广,也更容易实现超越。管理职位和社会地位不同于物理空间中的站位。在物理空间中,站位越高,视野会越开阔,相应地,见识也就越远大。但是,在组织中,管理职位越高,反倒有可能被个人的经验见识和语言运用限制得越多,甚至被管理职位所形成的社会地位及其意义网罟彻底固化了所思、所言、所行。这也是"屁股决定脑袋"在管理者身上的典型表现。所以,面对申徒嘉的质疑,子产无力辩驳,竟然说:"子既若是矣,犹与尧争善。计子之德不足以自反邪?"

子产刚开始或许还含蓄一些,不想直接拿申徒嘉的"兀者"外形及原因说事,只是从自己作为执政的管理身份来要求申徒嘉回避,而面对申徒嘉的质疑,子产恼羞成怒,已顾不了那么多,直接把心中早已存在的成见和盘托出。言下之意,你都成了现在这副样子,再学也是白搭,还想与尧那样的伟大人物媲美,也太自不量力了。在这里,子产之所以会特别提到尧,不过是因为自己的管理者身份,潜台词或许是,我都不敢以尧为榜样,说要成为像尧那样的伟大管理者,难道你一个"兀者",还想像尧那样吗?这也与前面子产所说的"子齐执政乎"照应了起来。

由此可见,子产实在是太在意自己的管理者身份了,总觉得自己作为执政这样的高级管理者,就一定在各方面都比别人高明,无论是见识还是修养,岂是一个"兀者"申徒嘉可以相提并论的。偏偏申徒嘉质疑他这位执政,不得已他又把尧抬了出来,意思是,你想与我子产平起平坐也就罢了,难道你还想与尧平起平坐?估量一下自己的德性,还不够你反省的吗?这种恼羞成怒后的口不择言,心不避讳,恰反映出子产被自己的成见束缚得有多么深,跟随伯昏无人学习了这么久并没有减轻他的成见。

申徒嘉对子产的回应,可以从两个层面来理解。首先,一般地看,"自状其过以不当之者众,不状其过以不当存者寡"。这句话讲的是,任何人只要生活和工作在特定的组织中,触犯规则,出现过错,都是有可能的,这就像一个人走路总会摔跤一样正常;但是,一旦犯了过错,受到规则处罚,大多数人都会为自己的行为辩解,认为自己不应当受这样的惩罚,而能做到不辩解的人是很少的。原因很简单,"知不可奈何而安之若命,唯有德者能之"。也就是说,人生道路并不平坦,甚至可以说充满艰辛,认识到这一点而又能安心地做应该做的事,只有那些德行修养很高、真正实现超越的人能做到。反之,一个人如果完全被生物本能所左右,只是在追求现实中看得见的名和利,并认为每个人莫不如此,那么一旦遇到挫折,或者受到惩罚,自然不会从自己身上找原因,而一定会归因于他人或外物。这就像子产对申徒嘉的苛求和指责一样。

为了进一步说明这一点,申徒嘉又举了个例子。羿是众所周知的神射手,在射程内可以说是百发百中。如果一个人身处羿的射程之内,却没有被射中,这能说明什么?这只是小概率的偶然事件而已,能因此就说羿的射箭水平不高吗?由这个例子不难理解,德性的至高境界并不会因为有人没有达到就不存在。德性之所以为德性,恰是因为其决定了人之为人、区别于物的独特本性,是每个人的"心"或思维中所共有的,不可能通过几个看似违背德性的行为表现的反例，就否定其存在。只有确立起关于德性的坚定信念，再来看世事变化，才会有超越的视角，摆脱个人成见和语言运用的束缚。

其次，从申徒嘉自身的经历和体会来看，"人以其全足笑吾不全足者多矣，我怫然而怒；而适先生之所，则废然而反。不知先生之洗我以善邪？吾与夫子游十九年矣，而未尝知吾兀者也"。作为"兀者"的申徒嘉，经历了太多的世态炎凉。别人见到他，首先关注的就是他在形体上与所谓正常人的差异，而人们习惯上所定义的正常人，既要求形体上要完整，也要求社会行为上不触犯规则规范。似乎能满足这两个看得见的标准的人，都被视为正常人，而像申徒嘉这样形体不全，又可能是因触犯刑律而导致的形体不全，则必定会引发人们对这个"非正常人"的关注乃至嘲弄。这种对所谓"非正常人"的歧视和排斥，必定会引发那些被视为"非正常人"的疏离感和愤怒感，这也是申徒嘉的切身感受。

但是，申徒嘉自从到伯昏无人这里学习之后，怒气全消了，找回了自己作为人的独特本性和尊严，那就是德性，也彻底超越了由形体、经验和语言共同构筑起来的意义网罟的束缚。正是人性的德性内涵所固有的向善倾向性，让申徒嘉超越了个人的经验见识，哪怕这些经验是来自于被歧视的委屈和无奈。一旦立足于德性这个人所共有的独特本性，申徒嘉反而能摆脱私人的感受和情绪的束缚，去更全面地审视自己和他人，即便自己有过不愉快的经历和体验，也不过像是在羿的射程内不被射中一样的偶然性而已，根本不能以此来怀疑德性及其向善倾向性的普遍性；否则，就像因一次没有射中便去怀疑羿的射箭水平一样荒谬。如果人们都能从德性出发，来彼此交流、欣赏、共创，那么，个人的形体、经验、职位等外在线索，也就变得不再那么引人注目，更不会从根本上影响对一个人的认识和理解。这也许正是"吾与夫子游十九年矣，而未尝知吾兀者也"的深刻原因。

但遗憾的是，有些人，包括像子产这样的高级管理者，并没有真正理解形体及社会身份与德性及其向善的倾向性，到底哪个更能反映人之为人的独特本性，竟至于出现"今子与我游于形骸之内，而子索我于形骸之外"的情形。子产明明是来向伯昏无人学习如何修养德行、回归德性，以畅游于理想世界，却又在形体及行为表现上对申徒嘉如此苛求，这显然有问题，这说明子产连自己的管理职位都没能超越,又如何能超越那根深蒂固的成见乃至偏见?这确实值得子产这位高级管理者深刻反省。

听了申徒嘉一席话,"子产蹴然改容更貌曰:'子无乃称'"。这恰表明,像子产这样的高级管理者,虽然会深受个人成见乃至偏见的束缚,但同时仍会内秉德性,一旦德性在心中显现,他们也会认识到自身的不足,完全有实现超越的可能性,只不过关键还要有伯昏无人和申徒嘉这样的超越者加以引导和感召。

管理别义

组织中有一个常见的误区,那就是,管理者会随着职位的晋升,自觉或不自觉地认为,自己的视野、见识和境界也在同步升高,等晋升到了组织的最高管理岗位,好像自然而然就成了组织中最有见识、视野最宽广、境界最高尚的人。

这种误区之所以会出现,一个原因是组织中管理岗位设计的层级化模式,会给人一种错觉,好像管理岗位的阶梯就像物理空间中的楼梯或登山的台阶一样,职位越高,"海拔"也越高,视点自然就提高了,因而,在更高职位上的管理者,似乎就比别人有了更高的见识、视野和境界。

另一个原因是权力的放大效应。由于职位越高的管理者掌握的公共资源也越多,也会关乎更多人的福祉。这就容易吸引更多人来迎合和追捧更高职位上的管理者,以至于管理者在这种组织氛围下被语言所迷惑,在他人的语言恭维之中,慢慢陶醉于自己一言既出,便马上有回应和称赞的氛围。这又反复强化了个人的经验见识和表达体验,从而让管理者比其他职业从业者更容易形成思维定式和个人成见乃至偏见,而且少有机会破除。

在这两个原因的综合作用下,管理者将很快进入一种职位与见识共进的自我感觉良好的迷雾之中。这种迷雾不仅会遮蔽管理者自身的真知灼见,也会屏蔽来自他人的真知灼见,更有甚者,还会让管理者把偏见当正见,将组织带进发展的死胡同。问题是,管理者尤其是高层管理者怎样才能走出这种自我强化的认知迷雾呢?除了管理者要具有的超越意识和自我努力之外,恐怕更需要有效的管理权力机制设计,而机制设计的关键,则在于不能将管理职位变成组织中社会地位的象征。

5.3 鲁有兀者叔山无趾①,踵②见仲尼。仲尼曰:"子不谨,前既犯患若是矣。虽今来,何及矣!"

无趾曰:"吾唯不知务而轻用吾身,吾是以亡足。今吾来也,犹有尊足者③存,吾是以务全之也。夫天无不覆,地无不载,吾以夫子为天地,安知夫子之犹若是也!"

孔子曰:"丘则陋矣。夫子胡不入乎,请讲以所闻!"

无趾出。孔子曰:"弟子勉之! 夫无趾,兀者也,犹务学以复补前行之恶,而况全德之人④乎!"

无趾语老聃曰:"孔丘之于至人,其未邪? 彼何宾宾⑤以学子为? 彼且蕲以諔诡幻怪⑥之名闻,不知至人之以是为己桎梏⑦邪?"

老聃曰:"胡不直使彼以死生为一条,以可不可为一贯者,解其桎梏,其可乎?"

无趾曰:"天刑之⑧,安可解!"

字词注释

① 叔山无趾:庄子虚构的人物。
② 踵:即脚后跟,这里指用脚后跟走路。
③ 尊足者:即比脚更尊贵的东西,这里指德性。
④ 全德之人:"德",同"得";"全德之人",指形体完整的人。
⑤ 宾宾:据郭庆藩集释本引俞樾的注释,"宾宾,犹频频也"[1]。
⑥ 諔诡幻怪:"諔诡",同"谣诡",即奇异、奇特;"諔诡幻怪",即稀奇古怪。
⑦ 桎梏:古代用来拘系犯人双脚的刑具,这里引申为束缚。
⑧ 天刑之:"刑",会意兼形声字,本义指处罚罪行,这里是惩罚的意思;"天刑之",即来自上天或自然的惩罚,意为天生如此。

今文意译

鲁国人叔山无趾因犯法被砍去了脚趾,用脚后跟走着来见孔子。孔子

---

[1] 郭庆藩:《庄子集释》,王孝鱼点校,中华书局2012年版,第210页。

说：“你不谨严，早已犯下这样的罪过。虽然如今想悔改，却怎么来得及呢！”

无趾说：“我只是因为不识时务而草率行动，所以才失去了脚趾。如今我来这里，认为还有比脚更尊贵的东西在，所以我想保全这个更尊贵的东西啊。上天无所不覆盖，大地无所不承载，我把您看成天地，没想到您竟是这样啊！”

孔子说：“我很浅陋。您为什么不进来呢？请谈谈您的见解！”

无趾走后，孔子对弟子们说：“你们可要好好努力！像无趾这样因犯罪被砍了脚趾的人，还要努力学习以弥补从前所犯过错，更何况形体完整的人呢！”

无趾对老子说：“孔子恐怕还没有达到理想化超越者的境界吧？他为什么总是不断把自己当成学习者呢？他是在追求那些稀奇古怪的见闻，而不知道理想化的超越者将这些都当成束缚吧？”

老子说：“你为什么不帮他把生与死看成一样的，将可与不可视为相通的，从而解除他的束缚，这可以吗？”

无趾说：“天生如此，怎能解除！”

分析解读

本章紧接上一章，又借一位"兀者"叔山无趾，来说明内在的德性与外在的形体及管理规则不一定相吻合。

在本章中，孔子扮演的是一个遵从组织的规则规范，并以此来培养管理者和"组织人"的角色，而"兀者"叔山无趾，则是一位已认识到有比人的外在形体及社会身份更重要的人之为人的独特本性的人物。如果拿他与上一章的"兀者"申徒嘉作对比，则可以将叔山无趾比作当年刚去拜伯昏无人为师的申徒嘉，而孔子在叔山无趾心目中的地位，可能也就类似于当年伯昏无人在申徒嘉心目中的地位，他们都希望能在名师的指点下，回归人之为人的独特本性，实现对形体及社会身份的超越。

但是，庄子在本章却将孔子刻画成一个遵从现有规则规范的代表人物，不像当年伯昏无人那样无条件地接受了申徒嘉，既无视他的形体不全，也不在意他可能触犯过当时的规则规范，而是坚信他同样具有内在人性，要帮助他回归内在人性，超越外在束缚。孔子虽然能无视叔山无趾的形体不全，但又不能不在意他对当时的规则规范的违反。所以，当叔山无趾用脚后跟走着来见孔子的时候，孔子便直言不讳地说："子不谨，前既犯患若是矣。至今来，何及矣！"

言外之意，早知今日会后悔，当初何必要犯法？虽然可以改过自新，但被砍去脚趾留下的惩罚烙印已难以抹掉，想要通过学习，重新谋求组织和社会的认可，甚至担任管理者，恐怕已没有可能。毕竟孔子的办学宗旨在于培养管理者，而不是培养离群索居的修行者或隐士。这或许也是孔子会如此回绝叔山无趾的原因。然而，叔山无趾却不认同孔子的说法，还认为孔子有成见乃至偏见，仅是从特定社会身份和角色的立场来看待人，而无视人之为人的独特本性。因此，叔山无趾才会说："吾唯不知务而轻用吾身，吾是以亡足。今吾来也，犹有尊足者存，吾是以务全之也。夫天无不覆，地无不载，吾以夫子为天地，安知夫子之犹若是也！"

叔山无趾承认自己有过错，即"不知务而轻用吾身"，但这里的"不知务"，即不识时务，是否隐含着当时的规则规范并不符合德性和组织之道的意味，则并没有过多说明。不过，如果联系第四篇"人间世"所展示出来的当时诸侯国组织的各种现实状况，或许也容易想见，当时各诸侯国乃至天下这个最大组织中的规则规范，并不是德性和组织之道的直接体现，不过是国君及各级管理者个人意志的表达而已。因此，当叔山无趾说"不知务而轻用吾身"时，其隐含的意思或许是，他之所以被惩罚而"亡足"，只是因为没有投管理者的个人所好，违背了管理者个人意志而已。这恐怕才是"不知务"的话外音。在这种情况下，叔山无趾像上一章的申徒嘉一样，都知道人之为人，一定有比外在形体和社会身份更重要的内在独特本性，那就是德性，绝不能让德性残缺不全，这才是人之为人所必须修养和保全的根本所在。这也是"今吾来也，犹有尊足者存，吾是以务全之也"所要表达的意思。在鲁国，既然人们公认孔子是有德行的人，而真正有德行的人，一定会立足于内在德性来看待人，不拘泥于外在形体和社会身份。这也就意味着，有德行的人会像天地一样具有包容性。毕竟天地之于万物，"无不覆""无不载"。因此，叔山无趾才以孔子为天地，要来学习修养和保全德性，但没有想到孔子竟会这样看待自己。

这段话看似是在说孔子,实则是在暗示当时的各诸侯国组织,因为庄子这里是以天地来隐喻组织,从而借天地与万物的关系,引发人们深入思考组织与其中的人及事业的关系。试想,天地又怎么会嫌弃某一类存在物,以至于给特定的存在物贴上某种标签,将之永远打入另册,限制其成长。但是,在当时的诸侯国组织中,当使用像"刖刑"这样的肉刑,让某些"不知务"者形体不全之后,是否就意味着给这些人永远打上了一种烙印,被组织所排斥和边缘化呢?这恐怕正是庄子为什么要连用几位"兀者",来促使人们反思当时管理规则的性质及其可能产生的后果的原因。

虽然本章是以孔子为代言者,但那只不过是代表当时诸侯国的正统观点罢了,丝毫没有说孔子本人及其思想就是这样歧视性地看待那些触犯规则的人的意思,否则,庄子笔下的孔子也不会马上出现这样的转变,"丘则陋矣。夫子胡不入乎,请讲以所闻"。这实际上意在表明,孔子非常想了解叔山无趾触犯规则、遭受惩罚的原因及他的想法,并以此为典型案例,反思和完善当时的管理规则体系。对比孔子刚见到叔山无趾时说的"子不谨,前既犯患若是矣",态度的转变极其明显。现在孔子想听听叔山无趾的陈述,也说明孔子愿意站在普通组织成员的立场,反思当时的规则体系和管理方式。这便让第四篇"人间世"最后提出的自下而上地改变组织现状的途径具有了可行性。

从这个意义上说,孔子的态度转变,也就意味着解决现实问题的立场转变。正因为有了这种立场转变,孔子才会对弟子们说:"弟子勉之!夫无趾,兀者也,犹务学以复补前行之恶,而况全德之人乎!"孔子这里虽然仍将叔山无趾当年的"不知务而轻用吾身"视为"前行之恶",但已非常肯定他"务学以复补前行之恶"的努力,并希望弟子们更加勤勉努力。值得注意的是,孔子这里所说的"全德之人",并不是指德性完全之人,而是指形体完全之人,因为这里的"德"同"得",不是指德性,而是指得自于天然的禀赋或形体。这表明,孔子已不再过分关注叔山无趾触犯规则所受的惩罚,而只是单纯就形体来讲叔山无趾的勤勉精神值得弟子们学习。只不过孔子这里所讲的叔山无趾"务学",不同于上一章伯昏无人让申徒嘉感受到的"洗我以善",以至于

"未尝知吾兀者也"。所以,才会有叔山无趾接下来与老子的对话。

在叔山无趾看来,孔子还没有达到理想化的超越者,即"至人"的境界,原因是"彼何宾宾以学子为?彼且蕲以諔诡幻怪之名闻,不知至人之以是为己桎梏邪"。这说的是孔子非常好学,想认识和了解各种各样的事物,但并没有实现双重超越,达到理想境界。这反而使孔子的学习变成了纯粹的个人经验见识的积累,而在有限的立足点和视野之下,这些见识越多,束缚也就越牢固,也越难以实现超越,以至于陷入恶性循环。身陷这种恶性循环之中的人,往往不自知,更会拼命学习。殊不知,立足点不抬升,只是在经验层面上学习,学得越多,也就越难以自拔。这种学习方式,在作为理想化超越者的"至人"看来,简直就是一种"桎梏"。

"桎梏"之所以会越来越强大,原因或许在于人们想回避不确定性,只想待在确定的空间里,而所有的确定性,不过都是人们现有经验的结果,是人们已熟知的现实世界,也是人们的心理舒适区。谁都想待在心理舒适区,仅依靠经验见识,面对确定性的世界生活和工作,该有多么惬意。即便像孔子那样好学,也不过是要把别人的直接经验,变成自己的间接经验,也即在个人的直接经验的基础上增添一些别人的间接经验罢了,严格来说,还是没有真正进入不确定性这个未知世界进行探索。这就是老子这里说"胡不直使彼以死生为一条"中的"死生"所隐喻的内涵。

"死",在当时代表的是最大的不确定性,没有人知道死后是怎样的状况,而这里正是在用"死"来暗示管理者和组织将面对的巨大不确定性。人们之所以会像第二篇"齐物论"第11章所讲的那样"悦生恶死",就是因为"生"代表的是人人熟知的确定性,不管是直接经验还是间接经验,指向的都是这种为人们所熟知的确定性,但"死"所代表的不确定性,却又是任何人和组织都必须面对的。到底应该如何面对不确定性,并能在组织层次上更好地转化不确定性,以实现组织的可持续发展,确实是当时组织管理的最大难题。不管如何解决难题,至少都要首先超越对不确定性的天然恐惧,把不确定性看得像确定性一样。这也就是"胡不直使彼以死生为一条"所要表达的意思。

至于老子所说的"以可不可为一贯者",则专指语言的运用。人们只有在用语言描述对象、表达观点时，才有所谓的"可"与"不可"的分别，由此也就产生了各种各样的意义之网，形成了组织中什么可做、什么不可做、什么可说、什么不可说的规则规范。这种规则规范虽然是用语言表达的，却又具有权威性。正如人们关于确定性与不确定性的经验见识会束缚思维和行为一样，这种用语言编织起来的意义网罟，也会束缚人们的思维和行为。人们如果整天纠缠于这样想"可不可"、这样说"可不可"、这样做"可不可"，便无法实现真正的超越，这无异于作茧自缚。一旦认识到"可"与"不可"不过都是由语言运用所构建起来的意义，那么，从根本上说，这不过是"心"或思维及其内在信念和价值观的集中体现而已。也就是说，所有用语言表达的规则规范及其对人们"可不可"的激励和约束作用，不过都是"心"或思维中的信念和价值观的反映，并没那么固定和明显的界限。当真正理解了"可不可"背后的信念和价值观前提，也就容易超越这种由语言运用带来的人为的二分乃至割裂状态。这便是"以可不可为一贯者"这句话的含义所在。

如果能认识和理解"以死生为一条，以可不可为一贯"，那也就有可能实现对经验见识和语言运用的超越，而一旦实现了双重超越，自然也就能"解其桎梏"了。看来老子是希望叔山无趾用自身的经历，启发孔子认识到经验见识和语言运用的双重束缚，以便孔子摆脱束缚，实现超越。

但是，叔山无趾却认为孔子是"天刑之，安可解"。这里的"天刑之"，即天然或自然如此。这是在说，孔子即使能认识到这种束缚，也不可能解脱。若注意到庄子笔下的孔子代表的是当时自上而下来解决现实管理问题的正统观点，并且，孔子致力于培养的也是代理人意义上的管理者，便容易理解，至少在庄子看来，孔子要实现双重超越，几乎是不可能的。即便孔子能认识到诸侯国组织管理问题的症结所在，也能理解并同情像叔山无趾这样的底层成员，但是，从孔子与叔山无趾对话之后又去勉励弟子们更加努力学习，便可以看出，孔子不太会轻易放弃自上而下来改变诸侯国组织管理现实的正统观点。庄子笔下的孔子，不仅是当时一大批要到各诸侯国去施展抱负、做管理的人的典型代表，也是当时自上而下寻求改变的正统观点的拥护者代表。当然，这也只是庄子借孔子对当时管理的现实状况所进行的更形象刻画，就像上一章用子产来代表那类过于看重社会身份和权力地位的管理者一样，都不在于表明历史上的孔子和子产实际上是怎样的。即便如此，庄子笔下的孔子代表的也绝不是那种谋求私利的管理者，而是在试图解决当时诸侯国组织存在的管理问题，以追求和创造更广大且长远的共同利益的管理者；只不过采取的路线却是要首先影响作为最高管理者的诸侯国国君，而不是像庄子所期望的那样，努力让每个人尤其是普通组织成员，都能回归人之为人的独特本性，进而实现自下而上的改变。

庄子虽然已经认识到诸侯国国君不可能改弦更张，诸侯国管理现状也不可能自上而下发生改变，必须探索自下而上改变的可能性，但也只是在提示这种可能性，并没有给出具体可行的方案。

管理别义

管理者当然要遵守组织规则，按规则办事。但是，这并不意味着规则是绝对正确的。组织的规则不仅会因内外部条件的变化而失效，更有可能的是，规则在制订的时候已经不合理了，甚至是不合法的。在现实中，组织的很多规则制订只是横向模仿其他组织的结果，缺少一以贯之的内在价值准则和合法的制订流程，以至于让规则成为管理者个人或小群体意志的体现，并不能反映组织适应环境的共识，也无法体现共同利益。这种缺少合理性和合法性的规则，和那些不能适应内外部条件变化的规则一样，都属于功能不良型规则。虽然组织中的很多规则不一定在当下就能判断出功能是否不良，但是，当管理者按照规则来处理相关事务、做出决策的时候，便很容易显现出功能不良型规则的问题所在。特别是管理者在引用规则对组织成员进行惩罚的时候，可能正是因为规则本身的不合理，让相关处罚显得荒诞不经。管理者如果只是被动乃至僵化地引用规则来对待人和事，很可能会产生诸多误伤，给组织发展带来非预期的损失。

管理者绝不能无视规则。那种完全由个人好恶主导的管理，更会让组织里充满不确定性。从某种意义上说，规则作为一类知识，正是用来排除那种由人特别是管理者所带来的不确定性，从而给他人以合理预期，能够预判人尤其是管理者的行为。这正是制订规则的意义所在，也是借规则来约束人们可能的机会主义行为，从而激励人们的创造潜能的必要条件。但是，任何事物都具有两面性,规则也不例外。规则的负面效应,还不仅仅是被僵化或教条运用,无法适应内外部条件的变化的问题,更严重的则是可能被操纵,让原本赤裸裸体现出来的个人意志,披上了规则化的合法外衣,似乎每次管理权力运用都有章可循,但那个有章可循的背后不过是更隐晦的个人意志罢了。这种情况反而会对人和组织产生更大的伤害。

因此,管理者执行规则固然要坚决且严谨,但同时还要能认识到规则的局限性,真正明确规则的合法性来源及合理性基础,做到灵活地运用规则。特别是用规则管理人的时候,管理者更应以慎重且灵活的态度和做法,确保规则执行不会误伤人的积极性。这就要求组织中的管理者必须具有比规则更高的原则意识,那便是心中的组织信念和价值观坚守。只有心中有原则,管理者才能在执行规则时具有超越眼光,做到原则性与灵活性相结合,具体问题具体分析。

5.4 鲁哀公①问于仲尼曰:"卫有恶人②焉,曰哀骀它③。丈夫与之处者,思而不能去也。妇人见之,请于父母曰'与为人妻宁为夫子妾'者,十数而未止也。未尝有闻其唱④者也,常和人而已矣。无君人之位以济乎人之死,无聚禄以望⑤人之腹。又以恶骇天下,和而不唱,知不出乎四域,且而雌雄⑥合乎前。是必有异乎人者也。寡人召而观之,果以恶骇天下。与寡人处,不至以月数,而寡人有意乎其为人也;不至乎期年⑦,而寡人信之。国无宰,寡人传国焉。闷然而后应,氾⑧而若辞。寡人丑⑨乎,卒授之国。无几何也,去寡人而行,寡人恤焉⑩若有亡也,若无与乐是国也。是何人者也?"

仲尼曰:"丘也尝使于楚矣,适见豚子⑪食于其死母者,少焉眴⑫若皆弃之而走。不见己焉尔,不得类焉尔。所爱其母者,非爱其形也,爱使其形者也。战而死者,其人之葬也不以翣⑬资;刖者之屦⑭,无为爱之;皆无其本矣。为天子之诸御⑮,不爪翦⑯,不穿耳⑰;取⑱妻者止于外,不得复使。形全犹足以为尔,而况全德之人⑲乎!今哀骀它未言而信,无功而亲,使人授己国,唯恐其不受也,是必才全而德不形者也。"

哀公曰:"何谓才全?"

仲尼曰:"死生存亡,穷达贫富,贤与不肖毁誉,饥渴寒暑,是事之变,命之行也；日夜相代乎前，而知不能规乎其始者也。故不足以滑和[20]，不可入于灵府[21]。使之和豫[22]，通而不失于兑[23]；使日夜无郤[24]而与物为春，是接而生时于心者也。是之谓才全。"

"何谓德不形？"

曰："平者，水停之盛也。其可以为法也，内保之而外不荡也。德者，成和之修也。德不形者，物[25]不能离也。"

哀公异日以告闵子[26]曰："始也吾以南面而君天下，执民之纪而忧其死，吾自以为至通矣。今吾闻至人之言，恐吾无其实，轻用吾身而亡其国。吾与孔丘，非君臣也，德友而已矣。"

字词注释

① 鲁哀公：鲁国国君，姓姬，名蒋，谥号为"哀"。

② 恶人："恶"，这里是丑的意思；"恶人"，即丑人。

③ 哀骀它：庄子虚构的人物。

④ 唱：形声字，本义指领唱，这里引申为发起、倡导的意思。

⑤ 望：会意字，本义指月满的时候，与太阳遥遥相望，这里引申为满足、饱满。

⑥ 雌雄：这里指男女。

⑦ 期年：即一周年。

⑧ 氾：这里通"泛"，是漂浮、浮着的意思，引申为无所依托。

⑨ 丑：据成玄英疏，"丑，愧也"[1]，这里即惭愧的意思。

⑩ 恤焉："恤"，形声字，本义指忧虑担心；"恤焉"，即忧虑担心的样子。

⑪ 豚子：这里指小猪。

⑫ 眴：这里指惊慌失措的样子。

⑬ 翣：这里是棺饰的意思。

⑭ 刖者之屦："刖"，古代一种砍掉双脚的酷刑；"屦"，本义指用葛、麻等编制而成的鞋，这里泛指鞋；"刖者之屦"，即被砍掉双脚的人的鞋。

⑮ 诸御：这里指宫女。

⑯ 爪翦：即翦爪，指剪指甲。

---

[1] 郭象：《庄子注疏》，成玄英疏，曹础基、黄兰发整理，中华书局2011年版，第115页。

⑰ 穿耳：这里指穿耳朵眼。
⑱ 取：这里通"娶"，是娶妻的意思。
⑲ 全德之人：这里专指德性完全的人。
⑳ 滑和："滑"，这里通"汩"，是扰乱的意思；"滑和"，指扰乱自然和谐的本性。
㉑ 灵府："府"，即府库；"灵府"，指精神的府库，即"心"或思维。
㉒ 和豫："豫"，这里是舒适、安乐的意思；"和豫"，即和谐安乐。
㉓ 兑：这里通"锐"，是尖锐、锋利的意思。
㉔ 无郤："郤"，这里是间隙、空隙的意思；"无郤"，即没有间隙，这里引申为时间上没有间断。
㉕ 物：这里是众人的意思。
㉖ 闵子：即闵子骞，姓闵，名损，字子骞，孔子的弟子。

今文意译

鲁哀公向孔子请教说："卫国有个丑人叫哀骀它。男子和他相处，被其思想吸引而不愿离去。女子见了他，则会向自己的父母请求说'与其嫁给别人做妻子，宁愿做他的妾'，这样说的女子已不止十几人了。未曾听说他在倡导什么，只是常常与别人和谐共处罢了。他既没有管理岗位去挽救别人的危难，也没有丰厚财富去满足别人的需要。又因为长得丑而震惊天下，能与别人和谐共处却不倡导什么，见识也不过就是日常所及范围之内，但竟能让男男女女无不被吸引，这个人必定有与众不同之处。我召他来相见，他果然丑得天下无双。他和我相处，还不到一个月，我就对他的为人心生向往；还不到一年，我就非常信任他。当时正赶上鲁国没有主持政务的官员，我就想把国事委托给他。他沉默不语，后来虽然答应了，却又漫不经心地好像要推辞。我自愧不如，终于将诸侯国的管理事务委托给他。但没过多久，他又离我而去了，我忧虑担心得要命，似乎整个诸侯国里再也没有谁能与我一起愉快地共事了。他到底是一个怎样的人呢？"

孔子说："我曾经到楚国去，碰巧见到一群小猪在死去的母猪身上吃奶，一会儿工夫就惊恐地跑开了。因为母猪没有反应，不像活着时那个样子了。这些小猪之所以爱母猪，不是爱母猪的形体，而是爱那让形体有生机的内隐存在。在战场上死去的人，安葬时不使用棺饰；被砍了脚的人的鞋子，也不值得爱护了。这些都是因为作为根本的存在内容都没有了,还要那外表的存在形式做什么。作为周天子的宫女,不能剪指甲,不能穿耳朵眼;娶妻的人只能待在宫殿外面,不能在里面服务。形体完全尚且都能赢得人们尊重,更何况那些德性完全的人呢!如今哀骀它不用说话就能赢得信任,没有功劳却被敬爱,甚至能让别人托以诸侯国管理的重任,还唯恐他不接受,这一定是个才能完全而德性又不外露的人啊。"

鲁哀公问:"什么叫才能完全?"

孔子说:"生死存亡、穷困通达、贫寒富贵、贤能高下、诋毁赞誉、饥渴寒暑,这些都是外在的变化,有其自然的法则;这就如同昼夜更替循环,谁都无法知道最开始的那一刻到底在哪里。所以,不能让这些变化扰乱人的和谐本性,也不能让它们进入思维的底层逻辑。让思维谐和安舒,又通达锐利,能在昼夜不间断地更替中把握事物变化的节奏,而与时俱变才是思维能力的关键所在。这就叫作才能完全。"

鲁哀公又问:"什么叫德性不外露?"

孔子说:"平是水达到静止状态的典型表现。水平的状态可以作为效法的对象,保持内在的平静状态而外部行为又不显示出来。德行是一种达到内外和谐的修养。德性不外露的人,众人自然被吸引而不愿离去。"

鲁哀公后来告诉闵子骞说:"刚开始我认为管理诸侯国,只要能秉公执法、关心民众疾苦,这就是做管理的最高境界了。如今听了孔子的话,恐怕我还远没有达到要求,只是在轻率地做管理,让诸侯国面临着危险。我和孔子,并不是君臣关系,而是以德相交的朋友关系啊。"

分析解读

本章以鲁哀公与孔子的对话,展现了哀骀它这位理想化的超越者所具有的广泛影响力,并用哀骀它的德才,隐喻如何才能自下而上地寻求现实的改变。

哀骀它奇丑无比,却又具有非凡的影响力,以至于"丈夫与之处者,思而不能去也。妇人见之,请于父母曰'与为人妻宁为夫子妾'者,十数而未止也"。这种让男子要追随且不愿离去,让女子愿以身相许的影响力,应该是每位管理者尤其是最高管理者所梦寐以求的。管理者身处管理高位,有时恍惚间似乎觉得自己有了这种影响力,却又无法分辨到底是由于岗位职权带来的,还是由于自己代表组织而形成的,或者是由于其他原因而产生的。一旦到了组织的管理岗位特别是最高管理岗位上,不同力量相互交织,反而让人搞不清楚,到底是哪种力量在起主导作用。

然而,哀骀它却不同。他相貌丑陋,不可能因外表吸引别人;他也没有话语权,所以才"未尝有闻其唱者也,常和人而已矣"。这里的"唱",即倡导的意思,突出的是运用语言、产生影响,意思是哀骀它不可能刻意用语言去倡导什么,只不过能与别人和谐共处罢了。更重要的是,哀骀它"无君人之位以济乎人之死,无聚禄以望人之腹"。这说的是,他既没有权力,也没有资源,根本无法直接去挽救别人的危难,满足别人的需要;而他的见识也不过就是日常所及范围之内,即"知不出乎四域"。这样一个人,却能在普通人中产生如此巨大的影响力,确实不能从一般管理的视角去简单地看待。哀骀它必定有异于常人和常识的地方。这也是让鲁哀公感到惊奇并召他到鲁国来的原因。

鲁哀公与哀骀它相处不到一个月,便对他的为人心生向往;不到一年,就非常信任他,以至于要请他主持国事。但是,哀骀它并不为之动心,先是沉默不语,后来虽然答应了,却又显得漫不经心,没过多久,便离职而去。这让鲁哀公既感到自愧不如,又遗憾忧虑,更说不出个所以然,才要请教孔子。

孔子先举了个例子。一群小猪在死去的母猪身上吃奶,很快又惊恐地跑开了,原因是母猪已没有任何反应,完全不像活着时的样子。孔子得出结论,小猪"所爱其母者,非爱其形也,爱使其形者也"。也就是说,小猪爱的不是母猪的形体,而是让母猪成为母猪的那种内在特性,而这种内在特性,则是通过母猪与小猪的密切互动体现出来的。既然这种内在特性没有了,那外在形体也就失去了意义,所以,小猪才会"少焉眴若皆弃之而走"。同样道理,当时在战场上战死的人是不用棺材安葬的,既然连棺材都没有,又怎么用得着"翣"这种棺材的饰物呢?这就像受过"刖刑"的人已失去了脚,鞋子对他便没有了意义一样。

另外,按照当时的规则规范,给周天子做仆役的人,女性不能剪指甲,不能打耳洞，男性不能结婚，一旦娶妻，便不能再做仆役，只能在宫外做事。这讲的都是形体完全的重要性，也即"形全犹足以为尔，而况全德之人乎"。这是在说形体完全尚且能被人们尊重，更何况德性完全。因此，在孔子看来，哀骀它之所以既能对普通人，又能对诸侯国国君产生如此大的影响，便在于他的"才全而德不形"，也即真正意义上的"德才兼备"。

关于"才全"，要从两个方面来理解：首先，强调对于各种事物变化的内在法则的认识和把握能力。即孔子所说"死生存亡，穷达贫富，贤与不肖毁誉，饥渴寒暑，是事之变，命之行也；日夜相代乎前，而知不能规乎其始者也。故不足以滑和，不可入于灵府"。这里讲的都是那些不以个人意志为转移的由自然和社会环境因素引起的各种变化。对于这些变化，人们很少能施加人为干预，若要刻意而为，反倒事与愿违。

"死生存亡"，代表的是个人和组织总是处在确定性与不确定性交织的环境之中，虽然人们期望从确定性去把握乃至转化不确定性，但不确定性永远存在，不可能从根本上完全排除。同样，"穷达贫富"，无论是对个人还是组织而言，往往都意味着机会与威胁并存；"穷""贫"，意味着威胁，而"达""富"则意味着机会。机会与威胁相互转化，关键在于把握这样的转化时机，泰然处之。"贤与不肖毁誉"，既是针对个人及组织的优势和劣势而言，又是指要面对别人或其他组织对自己的优势和劣势的评价。"贤"，代表的是贤能，即优势，而"不肖"，则是典型的劣势。关于"贤与不肖"这样的优势和劣势，自身当然应该有认识，但自己的认识不可能代替外界评价，别人的"毁誉"评价，只是别人给你的优势和劣势所贴的标签而已，自己并没有办法完全改变别人的看法，只能引以为鉴。"饥渴寒暑"，则代表的是纯自然的力量。对此，人们也只能去认识并加以合理利用，而不能违背，也即"是事之变，命之行也"。这里的"命"，便是事物的本性，即自然法则的意思。哪怕是组织情境下的事务变化，也有自身的法则，绝不能凭借个人的主观意愿，期望一切都朝着有利于自己的方向变化，那无异于痴人说梦。毕竟"日夜相代乎前，而知不能规乎其始者也"。这就好比昼夜更替循环，虽然没有人能明确知道日夜交替最开始的那一刻在哪里，却又可以期待白天过后是黑夜，黑夜总会迎来黎明。

自然和社会环境的各种变化既然都有自身的法则，那么，面对这种变化的人们尤其是管理者，就必须超越变化的表象，进入相对稳定的法则层面，这才是表象背后的本质规定性。以此为基础，来认识和把握各种事物及其变化，既不会被表象所左右，也不会被个人的经验见识所干扰。这就是"故不足以滑和，不可入于灵府"所要表达的意思。

其次，不仅要把握住各种变化背后的法则，更要与时俱进地灵活运用这些法则，这样才能充分体现出"心"或思维的能力，即"使之和豫，通而不失于兑；使日夜无郤而与物为春，是接而生时于心者也"。其中，"使之和豫，通而不失于兑"，说的就是，针对特定对象，在特定情境中，"心"或思维能够因地制宜地灵活运用相关法则，达到一种"和豫"状态，从而能做到既通达，又不失锐利，这意味着"心"或思维具备运用法则来认识问题的洞察力、解决问题的针对性。"使日夜无郤而与物为春，是接而生时于心者也"，这又是指能从动态角度去运用法则，就像日夜更替毫无间断一样。任何事物都处在动态变化之中，这也恰是生机所在，而"心"或思维认识和把握法则，并加以灵活运用，也要像万物生机勃勃一样，即"与物为春"。这样才能避免法则的教条化运用，防止扼杀事物的勃勃生机。"是接而生时于心者也"这句话中的"心"，指的是思维，而这句话说的就是，思维能力的关键恰在于那种与时俱变的能力。实际上，"才全"也就意味着具备了一种完全能与时俱变的思维能力。

关于"德不形"，孔子再次以"水"设喻，就像本篇第1章讲的"人莫鉴于流水而鉴于止水"一样，只是这里更突出强调已经达到绝对平衡状态的"止水"及其功能。"平者，水停之盛也。其可以为法也，内保之而外不荡也"。当水静止后处于平衡状态时，水面便可以用来作衡量他物是否达到齐平状态的尺度，因此，"水平面"，也就成为人们对他物进行测量的日常用语。正像水平面可以用来衡量其他对象是否处在齐平状态一样，人的德性也是一种内在的价值准则，可以用来衡量思维能力的运用是否恰当，也可以用来判断外部对象对于人及人的组织的价值和意义所在。

水只有达到绝对平衡状态，才能起到衡量标准的作用，而如果水外溢了出来，说明已经失去了平衡，这个"水平面"已经不平，再用来作为齐平的尺度便不准了。所以,才有了"其可以为法也,内保之而外不荡也"这种说法。这里的"其",指的就是"平者,水停之盛也"。同样的道理,德性要成为思维能力运用的内在价值准则,以及衡量各种对象的标准,也要像水那样不外溢才行,这便是"德者,成和之修也。德不形者,物不能离也"所蕴含的深刻管理寓意。

这里的"成和之修",有双重含义:一是指将自身的思、言、行融合在一起,既使之保持一致,又能和谐共处,就像水不外溢一样,这也是让人自身的各种成分有机整合的关键所在,而这种和谐一致的修养的外在体现,便是德行,其所应有的内在状态,便是德性;二是由于德性是人之为人、区别于物的独特本性,每个人都具有内在德性,也都能感受到他人的德行,并由此感同身受于他人的德性,因而,一个人的德行修养总是在组织和社会中进行的,离开了组织和社会情境下人与人之间的相互感召及相互启发,个体在离群索居状态下反而无法修养德行。这表明,德行修养必定是一个社会互动的过程,同时也是人与人之间和谐共处、一起追求和创造共同利益的过程。

正是这双重内涵,即自我的"成和之修",让自己成为一个思、言、行一致的完整和谐的存在,以及社会的"成和之修",让自己与他人成为和谐共处的共同体,才会产生"德不形者,物不能离也"这样的结果。这里的"物",指的是众人,"德不形"的含义也非常明显,即不是去刻意倡导和宣贯所谓的"德",而是在人与人的互动中自然而然地以德性为内在准则来主导自己的思、言、行,让人们心中共有的德性得到充分彰显,从而形成人所公认的"水平"状态。这样的结果便是,每个人都离不开那个内在的德性价值准则了。

理解了"才全德不形"的含义及内在联系,就不难发现,"才全"讲的是一种强大而全面的思维能力,因其"全",既包括整体和因地制宜,又包括动态和与时俱进,可以称为系统思维;而"德不形"则说的是不需要刻意表现出来的内在价值准则,那便是人所共有的区别于物的独特本性,即德性。有了德性这个内在价值准则,思维能力的运用才有了正确的方式,因此,"才全德不形",也可以视为一种正确的思维方式,是由强大的系统思维能力和内在德性价值准则两个方面共同决定的。缺失了哪一个方面,都无法建立这种正确的思维方式。

哀骀它之所以既能吸引普通人，也能吸引国君，靠的就是这种正确的思维方式，而这种正确的思维方式之所以能吸引每个人，恰是因为每个人都有可能具有这种正确的思维方式。或者说，只要是人，就有可能具备这种人所应有的正确的思维方式。只不过人们平时不注意向内去认识和把握自己本已具有的这种思维方式，而一旦有像哀骀它这样的人展示出这种正确的思维方式，便能触动人们心中已有却未曾自觉认识到的这种思维方式，当然也就会被吸引。与其说人们是被哀骀它所吸引，不如说是被自己内在的人性及独特的思维能力和创造性所吸引，只不过哀骀它成了人们内在抽象人性的外在具象表现形式而已。

当然，也不是每个人都能认识到自己为什么会被像哀骀它这样的人性典范所吸引。像鲁哀公就只知其然，不知其所以然。也就是说，鲁哀公只知道自己被哀骀它所吸引和影响，却不知道为什么，直到孔子给他做了详细解说，才恍然大悟。鲁哀公还将自己的感悟告诉了孔子的弟子闵子："始也吾以南面而君天下，执民之纪而忧其死，吾自以为至通矣。今吾闻至人之言，恐吾无其实，轻用吾身而亡其国。吾与孔丘，非君臣也，德友而已矣。"

这段话包括三层含义。首先，鲁哀公原本认为，作为国君，只要能做到"执民之纪而忧其死"，就是做诸侯国组织管理的最高境界了。虽然真能做到这种程度的国君在当时罕见，但若仅是如此，人性的德性内涵的彰显，以及诸侯国组织的价值观坚守，恐怕都无从谈起了。其实，秉公执法也好，关心民众疾苦也好，严格来说，都并非作为最高管理者的国君所要亲力亲为之事，而国君要想任用那些真正能做到秉公执法和关心民众疾苦的代理人意义上的管理者，又要靠什么准则来识别和选择呢？当然离不开人之为人、组织之为组织的价值观念及其对培养"组织人"的影响。如果连作为最高管理者的国君都无法认知和彰显人之为人的德性，又怎么去发现、任用这样的管理者，更不要说培养这样的管理者了。所以，作为最高管理者，国君如果仅是自己想做到"执民之纪而忧其死"，哪怕愿望良好，也实属不易。毕竟国君的主要职责是识别、任用和培养管理者，而不是亲自做具体管理工作。国君如果只是一味地关注具体事务性管理工作，反倒无法将一个组织可持续发展的根基打牢，更无法确保其能持续地做好组织管理工作。

其次，鲁哀公现在终于明白，最高管理者更需要向内求，先建立起正确的思维方式，让人性，即人之为人、区别于物的独特本性——德性，成为自我的主导者，超越个人的经验见识和语言运用，真正从各种事物的本性出发来认识和理解事物及其变化。这样才能在更高的思维立足点上正确运用思维能力，产生真正的影响力，吸引高水平的管理者，特别是那些能够成为人性典范的管理者，从而让整个诸侯国实现可持续的"执民之纪而忧其死"，防止出现因特定管理者而兴、因特定管理者而亡的局面。最高管理者如果只是从表象出发去思考和实践管理，甚至对那些具体管理事务亲力亲为，必然是"无其实"；而且，从长远和全局来看，很可能恰是"轻用吾身而亡其国"，其结果与那些"暴君"并无区别，原因正是没有理解人之为人、组织之为组织的根本所在，虽是好心好意，却不一定能做出好的管理来。

最后，最高管理者要想真正立足于人之为人、组织之为组织的独特本性去做好管理，就必须有超越上下级权力关系的良师益友，那才是让一个人的德性能够被唤醒和彰显的真正力量。人的内心和精神只能被内心和精神所唤醒。资源和权力，要么让人产生利诱下的欲望，要么让人产生威胁下的畏惧。这两者针对的都是生物性，而只有立足于德性的志同道合者，才能唤醒德性。这就是鲁哀公所说的"吾与孔丘，非君臣也，德友而已矣"的深意所在。

其实，鲁哀公与哀骀它又何尝不是这样的"德友"。由此不难理解，本章结尾处是在暗示，要能成为最高管理者的"德友"，对最高管理者产生跨越上下级权力关系的影响，就必须像哀骀它那样，首先能广泛地影响普通组织成员乃至一般管理者。问题是，现实中真有哀骀它这样的人吗？

管理别义

领导力不同于岗位职权，更不能将岗位职权等同于领导力。简单地说，拥有岗位职权的管理者，可以让下属不得不服，但领导力却能让人心悦诚服，在不知不觉中受到影响，产生由内而外的改变。这就意味着，在组织中，拥有领导力的人不一定非要是管理者，也不一定非要是那些因拥有专业知识和技能而拥有专业话语权的人。

组织中拥有话语权的通常是两类人：一是管理者，岗位职权自带话语权；二是专业技术人员，因拥有权威性的专业知识和技能，遇到专业性强的问题，话语权当然会集中在这些有专业知识和技能的人身上。但是，有话语权并不一定有领导力，正如有岗位职权不一定有领导力一样。因为专业知识和技能下的话语权也是让人不得不服，但不一定是心悦诚服，更不会因此由内而外地改变，特别是那些外行，他们或许会心生敬佩，却大多不会像那些有话语权的专业技术人员一样去学习那个行当，以他们为榜样，心向往之，毕竟隔行如隔山。

但是，拥有领导力的人，之所以会产生吸引力和影响力，让人们不仅心悦诚服，还愿意为此发生改变，向那个有领导力的人看齐，就是因为领导力本质上是一种文化价值观下的思维方式，而这种思维方式并不预设特定的专业知识和技能，只关乎人之为人应该如何正确地运用人最重要的思维能力。从这个意义上说，领导力是立足于人之为人、区别于物的独特本性及其影响下思维的正确运用所产生的广泛正向影响力。

领导力既可以说是一种文化影响力，又可以说是一种思想影响力。说领导力是一种文化影响力，聚焦的是人之为人所具有的文化价值观这个侧面，即文化所产生的影响力；而说领导力是一种思想影响力，则聚焦的是文化价值观下思维的正确运用及其结果这个侧面，即思想所产生的影响力。

5.5　闉跂支离无脤[1]说卫灵公，灵公说[2]之；而视全人，其脰肩肩[3]。瓮㼜大瘿[4]说齐桓公，桓公说之；而视全人，其脰肩肩。

故德有所长而形有所忘，人不忘其所忘而忘其所不忘，此谓诚忘。故圣人有所游，而知为孽[5]，约为胶[6]，德为接[7]，工为商[8]。圣人不谋，恶用知？不斫，恶用胶？无丧，恶用德？不货，恶用商？四者，天鬻[9]也。天鬻者，天食也。既受食于天，又恶用人！有人之形，无人之情。有人之形，故群于人，无人之情，故是非不得于身。眇[10]乎小哉，所以属于人也！謷[11]乎大哉，独成其天！

字词注释

① 闉跂支离无脤：庄子虚构的人物。"闉"，这里是弯曲的意思；"闉跂"，即腿脚弯曲；"支离"，即形体不周正、驼背；"脤"，同"唇"。概言之，这个人物形象是腿脚弯曲、弓腰驼背、没有嘴唇。

② 说：这里通"悦"，是高兴、喜欢的意思。

③ 其脰肩肩："脰"，这里指脖子；"肩肩"，据成玄英疏，"肩肩，细小貌"[1]；"其脰肩肩"，即脖子很细。

④ 瓮㼜大瘿：庄子虚构的人物。"瓮"，指口小腹大的陶制容器；"㼜"，指一种腹大口小的瓦器；"瘿"，指长在脖子上的大瘤子。这个人物形象是脖子上长着像瓮㼜般大的瘤子。

⑤ 知为孽："知"，即见识；"孽"，通"蘖"，是思虑、酝酿的意思；"知为孽"，即用见识来做谋划。

⑥ 约为胶："约"，形声字，本义指缠绕捆缚，这里引申为约定、规定；"胶"，形声字，本义指用动物的皮、角熬制成的或树皮分泌出来的用以黏合器物的物质，这里引申为稳定或牢固的关系；"约为胶"，即用约定来建立稳定关系。

⑦ 德为接："德"，这里是恩惠、好处的意思；"德为接"，即用互惠来进行交往。

⑧ 工为商："工"，象形字，本义是工具，这里引申为技巧；"商"，形声字，本义是从外部估测里面的情况，这里是贩卖货物、从事商业活动的意思；"工为商"，即用技巧来做买卖。

⑨ 天鬻："鬻"，会意字，本义指粥、煮粥，这里引申为养育的意思；"天鬻"，即自然或上天养育。

⑩ 眇：会意兼形声字，本义指一只眼睛小，这里是低微、微小的意思。

⑪ 謷：这里指高大耸立的样子。

今文意译

有个腿脚弯曲、弓腰驼背、没有嘴唇的人去游说卫灵公，卫灵公很喜欢他；再看到正常人时，反倒觉得他们的脖子太细了。有个脖子上长着像瓮㼜般大的瘤子的人去游说齐桓公，齐桓公很喜欢他；再看到正常人时，反倒觉得他们的脖子太细了。

所以，德行突出的人，他的形体反倒会被人们忘记，人们不忘记他们所应当忘记的，而忘记了他们所不应当忘记的，这才确实是忘记。因此，理想

---

[1] 郭象：《庄子注疏》，成玄英疏，曹础基、黄兰发整理，中华书局2011年版，第119页。

化的超越者早已超越了人们的通常做法,即用见识来谋划,用约定来建立稳定关系,用互惠来进行交往,用技巧来做买卖。理想化的超越者根本就不用谋划,又怎么会用得着见识? 从来就未曾割裂,又怎么需要建立稳定关系? 从没有让人失去过什么,又怎么需要施恩惠以求获得? 更不想谋求私利,又怎么用得着私下做交易? 这四个方面,都是上天赋予人的。上天赋予人的,也就是上天在培养人。既然已经得到上天的培养,又何必需要人为! 理想化的超越者有人的形体,而没有人的情绪偏好。有人的形体,所以能与人为伍;而没有人的情绪偏好,所以那些关于是非对错的偏见就无法侵扰。理想化的超越者看上去也很渺小,因为他们和其他人一样有形体! 理想化的超越者又很伟大,因为只有他们能和上天融为一体!

▎分析解读

本章承接上一章,又举了两个以德行来影响诸侯国国君的例子,进而概括出理想化的超越者是如何立足德性做管理的。

本章的"闉跂支离无脤"和"瓮盎大瘿"都是形体不全者的典型代表,甚至比上一章的"以恶骇天下"的哀骀它还要不可思议;但是,正是这样两个人,却能在游说卫灵公和齐桓公时让他们满意,而在当时的背景下,游说诸侯国国君不仅很难,而且有巨大风险,说不定会为此付出生命的代价。且不说游说诸侯有多难,单看第四篇第 2 章提到的叶公子高,要做使者去向诸侯国国君传话都那么焦虑不安,便可想而知当时国君所拥有权力的威慑力量了。然而,正是在这样的背景下,上一章提到的哀骀它和本章这两个人,竟都能让国君非常喜欢。这到底是为什么呢?

庄子总结道:"故德有所长而形有所忘,人不忘其所忘而忘其所不忘,此谓诚忘。"这里说得很清楚,这两个人之所以能让诸侯国国君满意和喜欢,关键就在于他们的德行非常突出;以杰出的德行与他人交往,哪怕是国君,都会忘记形体样貌而被德行所吸引。毕竟每个人都具备人之为人的德性,正是在与有德行的人的互动过程中,一个人的内在德性才容易被唤醒,也更容易被他人的德行所吸引,以至于完全忘记形体样貌。看似这是一种忘记,即忘记了别人的形体样貌,但实际上这并不是忘记,因为记住的正是人之为人更为本质的特性，即德性。当然，这种记忆是被启发而唤醒的，那个启发记忆的线索便是他人的德行，也正因为人们受到他人德行的启发，全身心沉浸在人之为人的独特本性——德性之中，反而忽略和忘记了他人的形体样貌。这再正常不过了，也正是这种忘记，能够帮助人们回归德性，成为真正有德行的大写的人。相反，如果忘记了人之为人的德性，而只是记住了别人的形体样貌，那才是真正的忘记，也即"不忘其所忘而忘其所不忘"。这里的"不忘其所忘"，指的是形体样貌等外在特征，这是应当忘记的，却忘不了；而"忘其所不忘"，则指的是德性这种内在的本质特性，这正是人之为人不应当忘记的，却彻底忘记了。这样的人，岂不是确实忘记了自己还是个人吗？如果连自己作为人的本质特性都忘记了，是否还能称之为人，至少要存疑了。

在庄子看来，能忘记人的形体样貌这些外在特征，也是一个人超越了经验见识和语言运用的典型表现，因为人与人交往互动时，对一个人的直观的经验感受，便来自形体样貌和语言表达，而只有能超越形体样貌和语言表达，才有可能进入内在的人之为人的独特本性。所以，庄子才会说："故圣人有所游，而知为孽，约为胶，德为接，工为商。圣人不谋，恶用知？不斫，恶用胶？无丧，恶用德？不货，恶用商？"这里的"圣人"，仍指的是理想化的超越者，而"游"，则意味着"心"或思维已超越现实，进入理想世界，在更高、更广的层面上，以更大的自由度，来全方位审视现实。

在现实中，人们要相互交往，总会用自己的见识进行盘算谋划，用各种约定来建立稳定关系，用互施恩惠来进行交往，用各类技巧来经商做买卖。这四个方面都是人们在现实互动中能切身感受到的。在开始交往之前，不谋划怎么行；要维持稳定关系，减少扯皮成本，不制订规则，明确约束，又如何可能；如果交往不能使双方受益，这样的交往一定持续不下去，因此互惠是必要的；即便有了这三个前提，一旦涉及利益问题，如经商做买卖，没有策略性手段的运用，那也是枉然。对于大多数人来说，身处现实世界之中，积累了丰富的人生经验见识之后，怎么可能不对这四个方面深有感触。甚至可以说，所谓个人经验见识的积累，就是聚焦在这四个方面。

殊不知，一个人在这四个方面的经验见识积累得越多，反而可能会被束缚得越牢固，无法实现超越，也无从改变，更难以做好组织管理，最终不过是让组织退化成一个物化资源及利益的聚合体,而不是人的共同体,从而失去可持续发展的根基罢了。这正是庄子用"圣人"的行为表现,来提醒人们尤其是管理者,必须引起注意的关键所在。作为理想化的超越者,"圣人"不必靠个人经验见识做谋划,因为"圣人"总是站在组织的共同利益之上,大家的谋划就是"圣人"的谋划,又何须靠那有限的个人经验见识,去自作聪明地进行谋划呢,即"圣人不谋,恶用知"。

"不斫,恶用胶",说的是,"圣人"如果去做管理,从来不会将组织中的人和事割裂开来,而总是让组织成为一个有机整体,完全建立在人之为人的独特本性及由此出发所确立的组织之道和规则体系之上,从来都是以更广大且长远的共同利益为目标追求。对于组织来说,既然从一开始就没有人为割裂过,当然也不需要人为胶合。

"无丧,恶用德",这里的"丧",是失去、损失的意思,"德",即恩惠、好处。这说的则是,"圣人"如果去做管理,从来都不会让普通组织成员损失什么,只会让他们得到与组织同步成长的机会。如此一来,又何须使用小恩小惠去笼络组织成员。凡是想通过施恩惠来收买人心的管理者,一定是做了太多亏欠普通组织成员的事,只是因为组织中普遍存在的人为信息不对称,普通组织成员无法真正了解那些管理政策措施出台的诸多内幕罢了。

"不货,恶用商",这里的"货",专指个人财货,这里隐喻为私利;"商",则是交换、交易,这里引申为私下做交易。意思是,"圣人"如果去做管理,从来都不谋求个人私利,一切管理决策都是从组织的共同利益出发,又何须私底下做交易呢?现实中做管理,的确存在大量私下交易、彼此交换的情况,表面上冠冕堂皇地做着所谓的管理决策,实际上私底下早已交易好了,表面上各种严谨的程序不过都是走过场而已。出现这种情况的原因再简单不过了,管理者为了个人或小群体私利而做出各种管理决策,但组织中的管理者又不是一个人,要想在管理者群体中谋求私利,便只能彼此交换,各得好处。当然,这种管理者之间的交换,绝不可能在明面上公开进行,也只能是私底下暗中交易了。如果不是凭借理想的参照系,从"圣人"作为理想化超越者去做管理的视角,来审视这种管理现实,人们恐怕还难以看清和理解这种管理方法的不合理之处。没有理想,便会认为现实必然是合理的,原本就是这个样子。果真如此,组织又如何实现可持续发展呢?

作为理想化的超越者,"圣人"在上述四个方面的做法,并不是不切实际的特立独行,而恰是代表了人之为人、组织之为组织在做管理上的必然要求。这才是在人的组织中做好管理,区别于在动物群体中进行支配的自然表现,也是人的组织中管理原本应有的状态,即"四者,天鬻也。天鬻者,天食也。既受食于天,又恶用人"。庄子深刻地指出,"圣人"的管理做法,才是符合那自然而然所形成的人性——即德性要求的应有做法,也才是现实中管理者在做管理时不应忘记的做法,而那些为了谋求管理者个人私利而采取各种策略导向的做法,正是个人经验见识乃至小聪明使然,反倒是要彻底忘记的做法。这也是庄子用"既受食于天,又恶用人"所要表达的深刻管理寓意。

最后,庄子总结说:"有人之形,无人之情。有人之形,故群于人,无人之情,故是非不得于身。眇乎小哉,所以属于人也!謷乎大哉,独成其天!"这句话的主语仍是"圣人",也就是理想化的超越者。这里说"有人之形,无人之情",特指"圣人"并非离群索居者,更不是世外神仙,而是看上去与普通人没有什么两样,有着人的形体,就在普通人中间;但是,如果说"圣人"与普通人有区别,那唯一的区别,便是"圣人"实现了超越,"圣人"虽身处现实中,"心"或思维却因立足于人之为人的德性而实现了超越,进入本质上由信念、价值观、思想和精神构成的理想世界。也正因为如此,"圣人"才能摆脱那困扰普通人的情绪偏好,不会被个人的经验见识和语言运用所束缚。

从这个意义上说,"圣人"这样的理想化超越者,看上去也很渺小,因为从形体样貌上看,他们与普通人并没有什么分别,不可能"白日飞升",也不可能有"三头六臂",让普通人一眼就能识别出来。那些在人群中能让人一眼就识别出来的所谓"圣人",恰是假"圣人",因为庄子讲"既受食于天,又恶用人",凡是刻意用人为方式,想要彰显自己是"圣人"者,不过是些别有用心的人,想以此来谋求更大私利而已。

但是,"圣人"这样的理想化超越者,又确实很伟大,因为他们与普通人的不同,恰在于"独成其天",即能将人之为人的独特本性自然而然地彰显出来,成为人性的典范,也即德性的典范。这也就意味着,德性作为人之为人、区别于物的独特本性,就人而言,便一定要超越物性,这样,人方能成为人;而且,这也是人之所以能实现超越的内在根据,即德性对物性的超越;当德性由内而外地变成德行,也才有可能实现对经验见识和语言运用的双重超越。庄子意义上的"圣人",正是实现了由内而外超越的典范,即理想化的超越者。

管理别义

在组织中做管理,使用的是具有公共性的权力和资源,这就要求管理者必须具备"公心"。当然,强调管理者的"公心",并不意味着不需要外部的监督约束机制。这就像草地或花园的围栏,虽然也标明了边界,但不过只是象征性地提醒而已,若确实想突破围栏,似乎并不太难。所以,那些建围栏的人,从来没有想着要用围栏去实际阻挡人们进入,而只是在善意提醒。同样,对于管理者使用权力和资源来说,组织中的各类监督约束机制,也只能起到善意提醒、事后追责的作用。由于管理在本质上是不确定性条件下的例外决策,信息不完全和不对称天然存在,要想仅凭外部机制设计,就从根本上排除管理中的以权谋私行为,几乎是不可能的。因此,选择有"公心"的人做管理者,应该是从源头处、在内部动机上降低乃至排除管理中以权谋私行为的治本之法。

问题是,何谓"公心"?这里的"心",即思维,而"公心",则是指把思维运用到公共利益上的正确方式,或让"公"而非"私",成为内在价值尺度,来主导思维的运用方式。管理的正确思维方式的建立,首先必须立足于人之为人、区别于物的独特本性,即人性或德性。这本身就是"公"而非"私",正所谓"人同此心、心同此理"。其次必须立足于德性,让思维超越个人经验对形体、语言的迷恋,在一个更高层面上来看待自己、他人和事。这种超越本身就是在不断地培养着"公心"。"公心"人人有,只是容易忘。

5.6　惠子谓庄子曰:"人故①无情乎?"

庄子曰:"然。"

惠子曰:"人而无情,何以谓之人?"

庄子曰:"道②与③之貌④,天与之形,恶得不谓之人?"

惠子曰:"既谓之人,恶得无情?"

庄子曰:"是非吾所谓情也。吾所谓无情者,言人之不以好恶内伤其身,常因自然⑤而不益生⑥也。"

惠子曰:"不益生,何以有其身?"

庄子曰:"道与之貌,天与之形,无以好恶内伤其身。今子外乎子之神,劳乎子之精,倚树而吟,据槁梧⑦而瞑⑧。天选⑨子之形,子以坚白鸣⑩!"

字词注释

① 故:形声兼会意字,本义是缘故、原因,这里是原来、本来的意思。

② 道:"道"之在人则为"德",这里指德性。

③ 与:会意字,本义为赐予、给予,这里即给予、授予。

④ 貌:这里指神态、精神状态。

⑤ 因自然:"因",会意字,本义指草席,这里是随着、顺着的意思;"因自然",即顺其自然。

⑥ 益生:"益",会意字,本义是水满后溢出,这里是增益的意思;"益生",意为要人为增益寿命,即养生。

⑦ 据槁梧:"据",这里是倚靠、凭借的意思;"据槁梧",即靠着枯槁的梧桐树。

⑧ 瞑:这里通"眠",是睡觉的意思。

⑨ 选:据成玄英疏,"选,授也"[1],即授予的意思。

⑩ 坚白鸣:惠子是名家的代表人物,这里用"坚白"代表名家的观点,"坚白鸣",即发表关于名家的各种言论。

今文意译

惠子对庄子说:"人本来就是没有情绪的吗?"

庄子说:"是的。"

惠子说:"人若没有情绪,又如何称为人?"

庄子说:"德性赋予人精神,上天赋予人形体,怎能不称为人?"

惠子说:"既然称为人,怎能没有情绪?"

---

[1] 郭象:《庄子注疏》,成玄英疏,曹础基、黄兰发整理,中华书局2011年版,第123页。

庄子说:"这不是我所说的情绪呀。我所说的没有情绪,指的是人不因个人好恶而损害自身,要顺其自然而不是去养生。"

惠子说:"不去养生,又怎么能拥有自身?"

庄子说:"德性赋予人精神,上天赋予人形体,不要因个人好恶而损害自身。如今您的精神在追逐外物,您的精力也疲惫不堪,倚着树干叹息,靠着枯槁的梧桐树就睡着了。上天给予了您形体,您却用它来发表各种名家的言论!"

▍分析解读

本章以惠子与庄子的对话总结全篇,再次点明对于形体、经验、语言、是非标准的超越,具有重要的管理意义。

上一章最后提出了"有人之形,无人之情"的问题,而本章则用惠子提问的方式,做进一步阐述。惠子提出的问题"人故无情乎",极具代表性。人们普遍认为,"人而无情,何以谓之人"。也就是说,离开了情绪反应,还能称为人吗?虽然第二篇"齐物论"第 3 章也曾提出这个问题,但并没有明确说人能否做到"无情",只是说人与情绪难以分离。换句话说,情绪是身体的生理机制作用的结果,这也意味着情绪与身体密不可分。如果想"无情",是否也就意味着先要"无身"呢?这的确是一般人所无法理解的问题,也是庄子要借惠子提出该问题,以总结全篇的深刻用意。如果不能回答这个问题,本篇所着重强调的,要以德性来主导思维的运用方式,便是一句空话,因为身体和情绪无时无刻不干扰着思维的运用。

针对惠子提出的"人而无情,何以谓之人"这个问题,庄子没有先从"情"和"无情"的角度去回答,而是先从"人"入手,只有先理解了人之为人的独特本性,再回过头去看"情"和"无情"的内涵,才会更清楚。所以,庄子回答说:"道与之貌,天与之形,恶得不谓之人。"

这里的"道",既然体现于人,便专指"德"而言。正是"德",让人有了"貌",而这里的"貌",则是与"形"相对的,特指"神态",也即内在的精神状态。这意味着,是德性让人有了内在精神;是大自然,即"天",让人有了与其他物类似的形体。人虽说是精神和形体的结合,但人之为人,更为根本的规定性，却来自精神的本源，即"道"，而非形体的本源，即大自然的演化过程。恐怕是考虑到人们不一定能理解精神与形体合一且以精神为根本的人，又怎么会没有情绪，所以，庄子又借惠子之口，提出了进一步的疑问："既谓之人，恶得无情"。大多数人都会这样想，不管如何理解人，只要有身体，就必定有情绪，怎么可能做到"无情"。

只有到这时，庄子才明确说出"无情"到底意味着什么。庄子意义上的"无情"，并非泛泛而言的没有情绪或摒弃一切情绪状态，而是专指人的思维不受情绪支配，也不会形成强烈的情绪偏好，以至于损害人之为人的精神与形体合一之"身"。这意味着德性已成为思维的主导者，让思维遵循德性，自然而然地正确运用，超越了一己之私的各种欲求。这正是"吾所谓无情者，言人之不以好恶内伤其身，常因自然而不益生也"所要表达的意思。这里的"好恶"，即指在情绪主导下所形成的强烈个人偏好，强求一定要如何，其结果反而会损害精神与形体合一之"身"。这里的"自然"，代表的是德性的本然状态，而"不益生"，则是不受生物本能的左右，不用去千方百计地满足生物本能的需求。

或许正因为庄子既讲"不以好恶内伤其身"，又讲"常因自然而不益生"，以惠子为代表的人们就会感到困惑，要想"不以好恶内伤其身"，则说明庄子还注重保"身"，也就意味着人必然有"身"，而既然有"身"，又说"不益生"，那岂不是矛盾，既"不益生"，又何以有其"身"呢？之所以有这样的疑惑，恰说明很多人在关于人之为人到底意味着什么，其内在根据到底在哪里的问题上，还是没有想清楚。

所以，庄子才又重复强调了"道与之貌，天与之形，无以好恶内伤其身"。这表明，庄子所说的"身"，一定是神形兼具的，而不完全是生物性的载体，更不是只有情绪充斥其中，并通过情绪来反映其生理状态。在庄子看来，"身"之神形两面之中，"神"更为根本，是德性这种人之为人的独特本性的集中体现；离开了德性之神的"形"，也就是那个纯生物性之"形"，已经不再是人之"身"了。这就是为什么不能用源于生物性的强烈情绪偏好，即"好恶"，来主导思维的运用，否则，就会从内部自己伤害自己，而不是被外部的强制力量所伤害。比如，一个人遭受了"刖刑"失去一只脚，那固然会导致"形"不全，但"神"仍可能是健全的,仍不失为人的存在;但是,一个人如果从内部自己伤害了自己,即"以好恶内伤其身",失去了人之"神",便已经不再是人的存在了,那岂不是更可怕吗?

在现实中,那些像惠子一样的管理者,真的很在意那源于德性的人之"神"吗?恐怕没有。所以,庄子才要说:"今子外乎子之神,劳乎子之精,倚树而吟,据槁梧而瞑"。这句话暗指的是,现实中像惠子那样的管理者,的确都非常忙,有处理不完的事务、开不完的会议、看不完的报告、写不完的汇报,更有没完没了的言说、解释、指示、命令等各种各样的语言运用;但是,这一切都是从哪里出发的呢?真的是立足于人之为人的独特本性,从而让自己和他人成长为真正意义上的人吗?这的确值得深思。这样的管理者是在用精神和思维追求外物,忘记了内在德性才是精神的来源、思维得以正确运用的前提,以至于终日疲惫不堪,倚着树干叹息,靠着梧桐树就睡着了。这形象地点明了像惠子这样的管理者真是太辛苦了。

之所以会出现这种局面,或许正是因为"天选子之形,子以坚白鸣"。意思是,像惠子这样的管理者,终日被束缚在个人的经验见识和语言运用之中,所看到、体验到的只有形体存在,而没有精神存在。值得注意的是,庄子在前面界定"人"的时候,用的是"道与之貌,天与之形",在这里却只剩下"天选子之形",隐喻的是,像惠子这些人只注重自己天赋的形体、样貌和才能,而完全忘记了自己作为人所应有的人之为人的内在德性及其精神价值,这正是上一章所说的那种"诚忘"的典型表现。正因为像惠子这样的人,"诚忘"了人之为人的独特本性,也就只能用"天选子之形",即天赋的形体、样貌和才能,去向外追逐那些表面上的、形式化的东西,而最极端的表现,则是追逐那些单纯用语言所表达出来的东西,如各种人为的标准、指标乃至头衔。这就是"子以坚白鸣"所要表达的意思。

当一个人只是在向外追逐这种物化存在时,其内在的人之为人的独特本性不仅会迷失,而且还会受到严重伤害,这便是典型的"以好恶内伤其身"。如果惠子只是一名普通的组织成员,他这样"以好恶内伤其身",不过只是损害了自己作为人的存在价值,但是,绝不应该忘记的是,惠子同时还是一位管理者。当作为管理者的惠子只是在"天选子之形,子以坚白鸣"的时候,他这样"以好恶内伤其身"的那个"身",就不再仅是自己原本的神形兼具之"身",而且还有他人原本的神形兼具之"身",更有那个作为人的共同体的组织原本应有的神形兼备之"身"。由此可见,管理者超越个人好恶,回归德性,是多么重要!

管理别义

人不可能没有情绪,让管理者不受情绪困扰也是不可能的。但是,管理工作的性质决定了,他们必须学会转化情绪,甚至超越情绪。管理者要转化甚至超越情绪,可以借助内外部两种力量。

内部力量来自于坚定的信念和价值观。这确实需要用功于平常。一个人不可能等到情绪上来了,才去想我坚信人是怎样的存在,我到底要成为什么样的人,怎样才能成为那样的人。当情绪上来时,思维早已经被情绪所主导,诸如此类的问题可能根本就不会出现于思维中,又如何能来得及回答并付诸行动。所谓用功于平常,便是要在日常生活和工作中,经常联系自己的思、言、行及遇到的人和事,去思考这些问题,进而建立起自己关于人之为人、区别于物的独特本性的坚定信念,并经由各种行为情境来磨砺和彰显这种信念,慢慢地建立起基于这种信念的、关于人之为人到底什么重要、什么不重要,什么有价值、什么没有价值的内在价值观;再借助各种人和事的磨炼,让这种源于坚定信念的价值观得以通过反复运用,自然而然地融入自己的思、言、行,成为自己内在认知结构的骨架。这样一来,信念和价值观就会成为一个人看问题、处理问题的内在准则,而生物本能及情绪的影响就会大大减弱。即便在特定情境下也会产生情绪,但那些有坚定信念和价值观的人,马上就会有另一个声音在心中响起,提醒自己注意情绪反应。凡是有坚定信念和价值观的人,心中都会不时响起这样一种不同于生物本能的情绪化声音的声音。那个源自生物性本能的情绪化声音,经常会很焦急,也很忧虑,还可能很狂躁,有时又很狂热,总之是变化莫测的;但是,那个源自坚定信念和价值观的声音,却一直很平静,总是在平和地告诫自己"不要怎样""不应该怎样"。只要那个平和的声音在心中响起,人往往就会平静下来,一时激起的情绪便可能得到平复、转化和超越。

外部力量则一定是来自他人而非他物。那些能帮助自己平复、转化乃至超越一时的情绪化状态的他人，也就是真正意义上的志同道合者。正是那些心中拥有与自己相同信念和价值观的人，才能理解这样的情绪之所以产生，以及它可能带来的对信念和价值观的危害，进而才能弥补当事人心中那个声音一时不够响亮所可能带来的内部力量弱化。这实际上是在借助外部的声音来引发内部的共鸣，从而让那个源自信念和价值观的声音，高过那个源自生物本能的情绪化声音。所以，一个人即便要借助外部力量，也必须先有内在信念和价值观坚守；否则，又如何能找到真正的志同道合者？

大宗师第六

本篇导读

"大宗师",指的是人们必须师法的对象。本篇的主旨是:人们必须师法心中的独特本性,即"道"在人、组织和管理上的集中体现,而不能只是向外去谋求物化资源和硬实力,更不能只是盯着那些拥有物化资源和硬实力的管理者。简言之,人们一定要以"道"的坚定信念为师,而不要以管理者为师。

在理想条件下,管理者应该成为"道"的认同者和践行者,而"道"在人的体现便是"德","道"在组织的体现便是组织之道,因此,也只有那些坚信人之为人、区别于物的独特本性在于德性,进而能切实认同和践行组织之道的人,方能胜任管理岗位。但是,在庄子所处的那个时代,诸侯国国君及各级管理者,大多数要么受生物本能左右,肆意妄为;要么运用语言技巧,说着各种冠冕堂皇之辞,却做着谋取私利之事。可能正因为说一套、做一套的情况在当时非常普遍,庄子才会有针对性地提出到底要以什么为师法对象的问题。这也是当时的现实条件下必须直面的一个管理问题。

既然前几篇已经提出了自下而上解决现实组织管理问题的思路,那么就必须进一步明确,普通组织成员到底应该以什么为师,才能找准自己作为人的定位,进而相互正向影响,以共同改变当时诸侯国组织管理现状。在庄子看来,如果每位普通组织成员都能回归内心,以心中固有的人之为人、区别于物的独特本性为师,便能回归人之为人的本然状态;而这种人之为人的本然状态,不仅能相互吸引、相互正向影响,而且由此也更容易看清楚组织管理问题的症结所在。只有回归人之为人的本然状态,普通组织成员才能站立起来,成为真正意义上的人,直面问题,解决问题。这恰是庄子在"大宗师"篇所要表达的核心思想。

本篇可以分成十章。第 1 章提出了"有真人才能有真知"的基本观点。首先,这里的"真知",并非指关于物化存在的规律认识或规律之知,而是专指对于人之为人、区别于物的独特本性的认识,以及在此基础上建立起来的人与人之间的关系准则。这本质上是一种伦理之知,而伦理之知必定存在于人的"心"或思维中,其核心是一种关于人的本然状态的坚定信念,也即相信人之为人、区别于物到底应该是什么样子。有了这种关于人的本然状态,即"真人"的坚定信念,相应地就会形成关于"真人"的特性及建基于其上的人与人之间正确关系等的一系列伦理之知,也即"真知"。如果不能理解庄子所说的"真人"是理想状态下人之为人的本然状态,"真知"则是立足于这种本然状态,对人的独特本性及人与人之间的关系、组织本身所应有的理想状态的认知,那么,就无法理解庄子本章的基本观点"且有真人而后有真知"。庄子意义上的"真人",只存在于理想状态下,是已经实现了超越,达到了人之为人的本然状态的那种人。如果说庄子意义上的"至人""神人""圣人"是从超越过程来讲的,可以视为理想化的超越者,那么,庄子意义上的"真人",则是从超越后所回归的人之为人的本然状态来讲的,可以看作那个理想状态下的"德性人"。

第 2 章则以那个理想状态下"德性人"的本来样子,来审视现实中的人,明确指出,面对各种各样的不确定性,现实中的人不是要以那些号称有能力的人为师,而是要以心中原本就有的关于"德性人"的坚定信念为师,也就是要以"道"的信念为师。

第 3 章具体阐明"道"的广泛存在性及其在各种情境下的不同表现形式和作用,进而用历史上的典型事例,来说明以"道"的信念为师所可能达到的效果。

第 4 章用一个虚构的例子说明,如何才能做到以"道"的信念为师,其具体修养过程又是怎么样的。实际上,以"道"的信念为师,不断朝向心中那个人之为人的本然状态去修养和逼近,也就是在实现对生物本能左右下的经验见识和语言运用的双重超越。第一篇和第二篇所讲的双重超越,侧重的是从外部视角来看,人们如何才能超越现实、构建理想,而本篇和本章所讲的以"道"的信念为师,则侧重的是内部视角,阐明内在本然状态的回归过程。外部视角和内部视角是一致的,超越首先是在"心"或思维中实现的,而关于人之为人的本然状态的信念也只能存在于"心"或思维中。从这个意义上说,本篇深化了第一篇和第二篇所讲的双重超越的过程,也可以理解为是更深入地探讨了双重超越的内在机制问题。这意味着,双重超越同时也是一个修养过程,而这个修养过程就发生在"心"或思维中,帮助完成这个修养过程的老师,便是关于"道"的坚定信念,所以才要以"道"的信念为师。

第5章又以虚构的例子表明,有了内在的师法对象,才能找到真正意义上的志同道合者,而处于志同道合者之间,人们不仅能进一步强化内在的以"道"的信念为师的修养过程,还能在志同道合者的相互加持下,更快地实现双重超越。

第6章再次举了一个虚构的例子,一方面说明,志同道合者应该如何相互帮助,共同超越;另一方面也表明,超越的路径并非唯一的,而是有多种,正所谓殊途同归,而且不同路径上的超越者也能达成彼此理解。

第7章从现实出发来看待那些心中有信念并以"道"的信念为师的人。虽然双重超越与内心以"道"的信念为师是一致的,但是,在现实中,以"道"的信念为师的人,其行为表现并不一定能完全符合组织的规则规范要求。从信念看行为,似乎顺理成章,但要从行为推断信念,却没有那么简洁明了。这恐怕需要付出更多时间,做更全面的考察才行。

第8章针对管理情境,认为做管理更需要有关于"道"的信念坚守,要师法信念而不是师法上级管理者,哪怕是最高管理者。管理者如果没有关于人之为人、组织之为组织的独特本性的坚定信念,就一定会被管理权力的大小所左右,以那些物化资源和硬实力拥有者为师法对象,谁拥有更大的权力,就向谁看齐,甚至忠于谁。这样便不可避免地让组织和管理都带上强烈的个人化色彩,成为个人实现抱负和意志的工具。这也是当时历史条件下各诸侯国组织管理都普遍存在问题的根本原因。

第9章进一步阐明如何才能做到以"道"的信念为师,首先要确立信念,为此就必须向内探求,找到心中那个人之为人的本然状态,这是一个双向的过程,集中表现为"坐忘"。

第10章又回到现实,毕竟在现实中大多数人并没有自觉地认识到心中那个人之为人的本然状态,在这种情况下,人们只能向外找寻原因,无论成功还是失败,或者是遇到困难,都会向外部归因。当然,这也从另一个侧面反映出管理者在现实组织中所具有的主导作用,甚至会直接决定普通组织成员的命运。

6.1 知天之所为,知人之所为者,至矣。知天之所为者,天而生也;知人之所为者,以其知之所知以养其知之所不知,终其天年而不中道夭者,是知之盛也。

虽然,有患。夫知有所待而后当,其所待者特未定也。庸讵知吾所谓天之非人乎?所谓人之非天乎?

且有真人而后有真知。何谓真人?古之真人,不逆寡①,不雄成②,不谟士③。若然者,过而弗悔,当而不自得也。若然者,登高不栗④,入水不濡⑤,入火不热。是知之能登假⑥于道者也若此。

古之真人,其寝不梦,其觉无忧,其食不甘,其息深深。真人之息以踵,众人之息以喉。屈服者,其嗌言若哇⑦。其耆⑧欲深者,其天机浅。

古之真人,不知说⑨生,不知恶死;其出不䜣⑩,其入不距⑪;翛⑫然而往,翛然而来而已矣。不忘其所始,不求其所终;受而喜之,忘而复之,是之谓不以心捐⑬道,不以人助天。是之谓真人。

若然者,其心志⑭,其容寂⑮,其颡頯⑯:凄然似秋,暖然似春,喜怒通四时,与物有宜而莫知其极。

故圣人之用兵也,亡国而不失人心;利泽施乎万世,不为爱人。故乐通物,非圣人也;有亲,非仁也;天时,非贤也;利害不通,非君子也;行名失己,非士也;亡身不真,非役人也。若狐不偕⑰、务光⑱、伯夷⑲、叔齐⑳、箕子㉑、胥馀㉒、纪他㉓、申徒狄㉔,是役人之役,适人之适,而不自适其适者也。

古之真人,其状义而不朋㉕,若不足而不承;与乎其觚㉖而不坚㉗也,张乎其虚而不华也;邴邴㉘乎其似喜乎!崔㉙乎其不得已乎!滀㉚乎进我色也,与乎止我德也;厉乎其似世乎!謷㉛乎其未可制也;连㉜乎其似好闭也,悗㉝乎忘其言也。以刑为体,以礼为翼,以知为时,以德为循。以刑为体者,绰㉞乎其杀也；以礼为翼者，所以行于世也；以知为时者，不得已于事也；以德为循者，言其与有足者至于丘⑯也；而人真以为勤行者也。故其好之也一，其弗好之也一。其一也一，其不一也一。其一与天为徒，其不一与人为徒。天与人不相胜⑰也，是之谓真人。

字词注释

① 不逆寡："逆"，形声字，本义是迎接，这里是反方向、拒绝的意思；"不逆寡"，即不拒绝少数人。

② 不雄成："雄"，形声字，本义指公鸡，这里引申为称雄、夸耀的意思；"不雄成"，即不夸耀成就。

③ 不谟士："谟"，形声字，本义指讨论之后制定谋略，这里是计划、谋议的意思；"士"，这里通"事"，是从事的意思；"不谟士"，即不谋议做事。

④ 栗：这里是害怕得哆嗦的意思。

⑤ 濡：这里是浸湿的意思。

⑥ 登假：这里是升高、上升的意思。

⑦ 嗌言若哇："嗌"，指咽喉堵塞；"哇"，这里是吐、吐出的意思；"嗌言若哇"，即堵在嗓子眼的话就像要吐一样，形容说话吞吞吐吐，气息不畅。

⑧ 耆：这里通"嗜"，是爱好的意思。

⑨ 说：这里通"悦"，是高兴、喜欢的意思。

⑩ 祈：这里同"欣"，是喜悦、欣喜的意思。

⑪ 距：这里通"拒"，是抵御、抗拒的意思。

⑫ 翛：这里形容自在洒脱的样子。

⑬ 捐：这里是抛弃、舍弃、丢弃的意思。

⑭ 其心志："志"，据郭象注，"所居而安为志"[1]，可以引申为专一；"其心志"，即用心很专一。

⑮ 其容寂："寂"，这里是安静、安详的意思；"其容寂"，即他的容貌很安详。

⑯ 其颡頯："颡"，即额头；"頯"，指质朴、朴实的样子；"其颡頯"，即他的头脑很质朴。

⑰ 狐不偕：尧时期的贤人，据说因不接受尧让天下而投河自尽。

⑱ 务光：夏末商初的贤人，据说因不接受商汤让天下而负石自沉于庐水。

---

[1] 郭象：《庄子注疏》，成玄英疏，曹础基、黄兰发整理，中华书局2011年版，第128页。

⑲ 伯夷：商末孤竹国第八任国君亚微的长子。孤竹国君选择三子叔齐为继承人，但国君去世后，叔齐不肯继位，要让位于伯夷，而伯夷以父命为尊，遂去国。叔齐也不肯继位，离开了孤竹国。后来伯夷和叔齐力阻武王伐纣不成，耻食周粟，双双饿死在首阳山。

⑳ 叔齐：伯夷的弟弟，孤竹国君亚微三子。

㉑ 箕子：商纣王的叔父，官太师，因封地在箕，故称箕子。纣王无道，箕子曾反复劝谏，没有效果，后装疯被纣王囚禁，贬为奴隶。武王灭商，箕子隐居箕山。武王曾寻访箕子，请教治国之道，并诚邀箕子出山，但被拒绝。箕子因担心武王再次来请，遂远走东方。

㉒ 胥馀：有说即箕子，不可考。

㉓ 纪他：夏末商初的贤人，据说因担心商汤让天下于自己而投窾水自尽。

㉔ 申徒狄：夏末商初的贤人，据说听闻务光因不接受商汤让天下而负石沉河，也负石自沉于河。

㉕ 义而不朋：据郭庆藩集释本引俞樾的解释，"义"，作"峨"，高大的样子；"朋"，作"崩"，毁坏；"义而不朋，言其状峨然高大而不崩坏也"[1]，即高大却又不易毁坏。

㉖ 觚：据成玄英疏，"觚，独也"[2]。

㉗ 坚：会意字，本义指坚硬的土，这里引申为固执。

㉘ 邴邴：这里指喜悦、欢喜的样子。

㉙ 崔：据成玄英疏，"崔，动也"[3]。

㉚ 滀：这里指水停聚的样子。

㉛ 謷：据郭象注，这里指"高放而自得"[4]。

㉜ 连：会意字，本义指连接，这里引申为连绵不绝。

㉝ 悗：这里指心不在焉的样子。

㉞ 绰：形声字，本义指宽缓，这里引申为宽裕。

㉟ 丘：象形字，本义指自然形成的土山，这里指小山丘。

㊱ 胜：形声字，本义指能够担当起来，这里是克、冲突的意思。

今文意译

既能理解自然的运行，又能理解人为的变化，那就达到了见识的最高境界。能理解自然的运行，便能顺其自然；能理解人为的变化，便能运用已有

---

[1] 郭庆藩：《庄子集释》，王孝鱼点校，中华书局2012年版，第240页。
[2] 郭象：《庄子注疏》，成玄英疏，曹础基、黄兰发整理，中华书局2011年版，第130页。
[3] 郭象：《庄子注疏》，成玄英疏，曹础基、黄兰发整理，中华书局2011年版，第130页。
[4] 郭象：《庄子注疏》，成玄英疏，曹础基、黄兰发整理，中华书局2011年版，第131页。

见识所达到的认识,来修养已有见识所达不到的认识,这样才能让人之为人的独特本性长存而不会中途夭折,这才是最高意义上的见识。

虽然如此,也还有问题。人的见识必定要有赖于对象,才能判断恰当与否,而见识所依赖的对象本身就是不确定的,又怎么知道我所说的自然不是人为的呢？又怎么知道我所说的人为不是自然的呢？

先要有真人,才能有真知。什么叫真人？古时候的真人,不排斥少数,不自夸功绩,不谋划事务。像这样的话,有过失也不会后悔,做得好更不会自满;登高不会害怕,进水不觉得湿,入火不感到热。这就是说,个人的见识只有上升至"道"的立足点,才能达到这样的境界啊。

古时候的真人,睡觉不做梦,清醒无忧虑,吃饭不求甘甜,呼吸舒畅深沉。真人的呼吸通达全身,普通人的呼吸只在咽喉。普通人拘泥于经验的见识,说起话来吞吞吐吐,气息不畅。生物本能的力量过于强大,自然德性的力量就会弱化。

古时候的真人,不知道为活着而高兴,也不知道对死亡要厌恶;不因诞生而欢欣,也不对离去作抗拒;自在洒脱地去,自在洒脱地来。但又能不忘记原初的本心,也不强求一定要达成什么样的结果;有了结果就欣然接受,随后又忘记它而重新开始,这就是说,永远不舍弃心中那自然的德性,也不用刻意的行为去加快自然的进程。这才叫真人。

像这样的人,用心专一,表情安然,头脑质朴;严厉时好像秋天,温和时又似春天,喜怒变化犹如四季更迭,自然而然,总能与各种环境条件相匹配,无法找到某个唯一的极致状态。

因此,理想化的超越者作为最高组织管理者,在使用武力时,即便消灭了敌国,也不会失去民众的信任;让共同利益惠及千秋万代,却不偏爱特定的人群。所以,追求物欲满足的人,就不是真正的理想化超越者;情感上有偏私,也不是真正的仁爱;只是靠机遇而成功的人,并不是有才能的人;不能恰当权衡利害得失,就不是真正的管理者;只想追求名声而忘记自己到底想要什么的人,不是真正可以学习管理的人;轻易放弃生命而不理解做出牺牲的意义,不是真正适合做管理的人。像狐不偕、务光、伯夷、叔齐、箕子、胥馀、纪他、申徒狄,都是被别人左右的人,只会去别人想要他去的地方,而不

大宗师第六

能自己把握自己，去自己应该去的地方。

　　古时候的真人，形象高大却不易崩塌，好像有所不足却不必援救；看上去特立独行却又不固执，似乎是广大虚空却又不浮华。喜悦的样子似乎看上去很高兴，而快速行动起来却又能顺势而为！水停聚的样子似乎象征着面色表情，而那静止的水面，恰又象征着内在的德性；表面上严厉似乎显得很世俗化，但那高超宏大的见识却又是不可抑制的；连续的沉默看上去好似不爱说话，那是因为心有所属而忘记了说话。用规则作本体，用规范作辅助，以见识把握时机，以德性为内在准则。用规则作本体，就是要在执行中保持宽容；用规范作辅助，就是要让日常行为有秩序；以见识把握时机，就是要与时俱进地应对各种变化；以德性为内在准则，就是做管理如同有脚的人登上小山丘一样容易，而人们也会发自内心地认同这样做管理。所以，无论是喜欢还是不喜欢，这背后都是同一的自然存在。这种同一的自然存在，就是内在的一致性；虽然表现出来的形象千差万别，但仍离不开这种内在的一致性。内在的一致性属于理想中自然的德性，而表现出来的形象千差万别，则是现实中人的个性特征。能认识到理想中自然的德性与现实中人的个性并不冲突，这才叫真人。

分析解读

　　本篇讲述了人们尤其是管理者，到底应该以什么为师法的对象。本章开篇明义地指出人们尤其是管理者，必须师法"真人"，而"真人"便是人之为人原本的样子，即人的独特本性——德性的本然状态。

　　为了说明人们尤其是管理者必须要有师法的对象，本章上来先讲"知天之所为，知人之所为者，至矣。知天之所为者，天而生也；知人之所为者，以其知之所知以养其知之所不知，终其天年而不中道夭者，是知之盛也"。

　　做管理，必然要面对自然环境和社会环境，只有认识和理解了环境及其变化，才能让组织更好地适应环境，实现可持续发展。因此，管理者如果既能认识和理解自然环境的运行，又能认识和理解社会环境中人为的变化，那确实表明其达到了做管理的至高境界。这就是"知天之所为，知人之所为者，至矣"所要表达的意思。其中，"天"，代表的是自然，而"人"，则代表的是

"人为",也就是说,社会环境本身便是由人和组织不断互动创造出来的,而且随着社会环境自身的不断变化和发展,其对人和组织的影响也越来越大,甚至会超过自然环境对人和组织的影响。

也许有人会问,为什么说"知天之所为,知人之所为者",就是达到了做管理的至高境界呢?原因很明显,管理者有了关于自然环境和社会环境的认识及由此所形成的见识,就能在很大程度上转化和排除环境的不确定性,这样才既能顺应自然环境,又能参与到社会环境的不断创造中,而组织也才能在适应自然环境和社会环境的过程中,实现可持续发展,这不正是做管理的"知之至"吗?如果说管理者关于自然环境和社会环境的见识有什么意义的话,那一定是能够保障组织的可持续发展,因此,这里所说的"终其天年而不中道夭者",恰是指组织的可持续发展。正如在第三篇"养生主"中,庄子用个人养生来隐喻组织的可持续发展,这里的"天年",同样也是指组织所应具有的超越个体生命周期的更长生命周期。

庄子说的"知天之所为者,天而生也",则意味着,管理者能理解自然环境的运行,便能顺应自然,与自然和谐共处,即"天而生也";而庄子说的"知人之所为者,以其知之所知以养其知之所不知",讲的则是社会环境是由人和组织的不断互动、交互影响创造出来的,原本并不存在社会环境,而且,社会环境本身也一直处在持续创造的进程之中,并没有像自然环境那样体现出稳定一致的周期性,因此,要转化和排除社会环境中由人为变化带来的不确定性,难度会更大。实际上,任何管理者及其组织自身的每一个变化,都可能成为扰动社会环境变化的重要因素,这就让管理者认识和理解社会环境及其变化面临着更大挑战。从这个意义上说,管理者及其组织要想转化和排除社会环境的不确定性,就必须既身处变化之中,又能跳出变化,不断创造新的引领变化的可能性,即"以其知之所知以养其知之所不知"。这就要求管理者必须做到,能运用已有见识所达到的对社会环境变化的认识,来逐步培养起已有见识还达不到的面向未来的探索和创造能力。

但即便如此,也还是有问题。那就是任何人的见识都是有条件的,一个基本的条件便是要有对象;没有对象,又如何产生特定的见识,又如何判断某种见识恰当与否。然而,见识所依赖的对象,尤其是社会环境中的对象,其本身就是变动不居的,更何况自然环境与社会环境总是交织在一起,管理者及其组织必须依赖自然环境去创造社会环境,反过来又影响自然环境本身。因此,管理者及其组织所面对的自然环境和社会环境又是一个整体,很难清晰地区分出哪些是自然的,哪些是人为的。这或许是管理者想做好管理、实现组织的可持续发展所面临的真正挑战。由此便提出了一个带有普遍性的管理问题:管理者怎样才能找到"真知",也即真正能让组织实现可持续发展的见识呢?

庄子对此的回答是"且有真人而后有真知"。也就是说,庄子把"真知"与"真人"联系了起来,"真知"依赖"真人"而存在。这似乎不太合常理。人们一般会认为,"真知"应该是不依赖于任何人的主观意愿而存在的客观之知,庄子怎么会说"且有真人而后有真知"呢?而一旦理解了庄子前面讲的"夫知有所待而后当,其所待者特未定也"的含义,便容易理解庄子这里所说的"真知"与"真人"的关系。庄子前面说的"知有所待"而"所待者特未定",都是针对社会环境中的人为变化而言的,这也是本章开头讲"知人之所为者,以其知之所知以养其知之所不知"的含义所在。正因为社会环境充满人和组织的人为变化,不像自然环境那样有稳定的周期性,反而显得更加变化莫测,难以捉摸,再加之自然环境与社会环境的交织作用,这才让自然因素与人为因素难以分辨。但是,从根源上说,管理者所面对的最大不确定性,仍在于人为因素而非自然因素。那么,关于人为不确定性的认识和理解的那种"知",或一般来说的见识,到底怎样才算"正见"而不是成见乃至偏见呢?当然是要从社会环境中各类人为变化的根源,即人的独特本性上去理解。社会环境虽然变化莫测,但其中一切变化的根源还是来自于人,即便是来自于组织的变化,追根溯源,也是来自于人。所以,在社会环境中,万变不离其宗,只有真正认识和理解了人,才能形成关于社会变化的"正见"而非成见乃至偏见。关于人的正见,在庄子看来,就是关于社会环境及其变化的"真知"。具体地说,"真知"就是关于社会环境及其变化的根源的正确认识和理解,即正确的见识。

既然这种"真知"是建立在对人之为人、区别于物的独特本性的认识和理解之上的,那么,也只有那些认识和理解了人的独特本性并能付诸实践,而非只是道听途说的人,才能拥有这种"真知",而能将关于人的独特本性的认识与实践融为一体的人,就是庄子所说的"真人",也即能真正体现出人之为人的本然状态的人。当然,这种意义上的"真人",只能存在于理想条件下,现实中的人永远是在朝着这个理想状态不断努力。因此,在理想条件下,"真人"与"真知"必为一体,而且,从逻辑上看,也只有先存在关于"真人"的理想类型,才会有关于这种理想条件下的人之为人的本然状态的深化理解和认识,即"真知"。在这里,庄子实际上是把关于"真知"的问题,转换成了关于"真人"的问题。

关于"真人",庄子做出了一系列刻画,这也是对人之为人的本然状态的详细描述。具体地说,庄子意义上的"真人"有四方面表现。

首先,"古之真人,不逆寡,不雄成,不谟士"。这说的是,在理想条件下的人之为人的本然状态,从不排斥少数,不自夸功绩,也不谋划事务。这里之所以要说"古之真人",只是用"古"来表明是理想而非现实。这意味着"真人"只存在于理想条件下,是人之为人原本应有的理想类型。"真人"既然是理想,又体现的是人之为人的独特本性,那也就是每个人心中都会具有的本性,也是每个人都自然心向往之的应有状态,又怎么会排斥少数人,又怎么会在意现实中那些用几个具体指标衡量的所谓功绩呢?严格来说,正是人之为人原本应有的理想状态,成为现实中一切决策的根本目标和价值前提,超越了具体事务和事功,在这种情况下,"真人"当然也就"不雄成""不谟士"了。

既然在理想条件下,"真人""不雄成,不谟士",那也就必然是"过而弗悔,当而不自得也"。因为从理想条件来看,并无"过"与"当"的区别,相应地,"真人"也就能做到"登高不栗,入水不濡,入火不热"。在现实中,人们确实难以做到登高不害怕,进水不觉湿,入火不感到热。或者极端地说,现实中如果真有人能如此,那还能称之为人吗?其实,庄子之所以这样说,只不过是为了说明,只有存在于理想条件下的"真人",才会有如此表现,也就是说,"真人"并不存在于现实中,而只能存在于人们心中,作为关于人之为人的本然状态的理想类型,以及人们心中内在的信念和终极目标追求而存在。因此,庄子才说:"是知之能登假于道者也若此"。这句话一方面表明,前面所讲的两个"若然者",都是在表达一种理想条件下的存在状态;另一方面也表明,要达到这种理想的状态,必须实现超越,因为任何理想都是在"心"或思维中构建出来的,只有"心"或思维超越了经验见识和语言运用的双重束缚,才有可能上升到这个理想的人之为人的本然状态,也才有可能在"心"或思维中体会这样的理想境界。

其次,"古之真人,其寝不梦,其觉不忧,其食不甘,其息深深。真人之息以踵,众人之息以喉"。这里所要讲的是,理想条件下人之为人的独特本性及本然状态,并不是由生物性决定的。这里的"寝""觉""食""息",代表的是人的基本生理活动,也是人的生物性的典型体现;既然人都有这些基本生理活动,那么,能在现实中找到睡觉从不做梦,清醒绝无忧虑,吃饭不求甘甜,呼吸通达全身的人吗?即便有,恐怕也不再是平常意义上的人了。实际上,这里所讲的仍是,只有在理想条件下,人之为人的独特本性才可以完全脱离生物性而独立存在;也只有在这样的理想条件下,人们或许才能看得更清楚,"真人"所代表的人之为人的本然状态,是完全不同于乃至独立于生物性的。人们如果只是拘泥于现实,反而无法看清楚这一点。比如,在现实中,"屈服者,其溢言若哇。其耆欲深者,其天机浅"。这说的就是,现实中的人们往往被生物本能左右下的个人经验见识所掌控,既看不清对象,也把握不住自己,说起话来吞吞吐吐,气息不畅,以至于那些生物本能的力量越强大的人,其人之为人的独特本性的力量越会被严重抑制,也就离人之为人的本然状态,即"真人",越发遥远了。

再次,"古之真人,不知说生,不知恶死,其出不䜣,其入不距;翛然而往,翛然而来而已矣。不忘其所始,不求其所终;受而喜之,忘而复之,是之谓不以心捐道,不以人助天"。这里说的是人之为人的本然状态与不确定性的关系,而这句话中的"生""死""出""入""往""来",都是在隐喻确定性与不确定性的关系。现实中的人们尤其是管理者,会本能地害怕不确定性,喜欢确定性,这在很大程度上是由人的生物本能所决定的。对于生物性存在来说,最大的不确定性便是死亡。人们畏惧死亡,就是畏惧不确定性的集中体现。尤其对管理者而言,如果只是畏惧不确定性,而不是拥抱和转化不确定性,又如何能不断创造出更适合人及组织生存和发展的环境?人们如今生活于其中的世界，本质上恰是由于人能拥抱不确定性而不断创造出来的世界，哪怕是在庄子所处的那个时代，人也不是像动物那样生活在纯粹大自然之中，而是生活在人及组织所创造出来的环境之中。人的这种创造何以可能？前提便是不畏惧不确定性，坦然面对乃至拥抱不确定性，这样才能探索不确定性，转化和排除不确定性，创造出更适合人的生存和发展的环境。这种对不确定性的超然态度和创造潜能，早已深深扎根于人之为人的独特本性之中，也会在人之为人的本然状态鲜活地表现出来。所以，庄子才形象地说："不知说生，不知恶死；其出不䜣，其入不距；翛然而往，翛然而来而已矣。"这种对于生死的潇洒态度，恰象征着人如何正确地面对不确定性。也许有人从中解读出了庄子消极的人生态度，但是，如果联系"不忘其所始，不求其所终；受而喜之，忘而复之，是之谓不以心捐道，不以人助天"再来看这种对于生死的超然态度，也就容易理解庄子这段话的深刻寓意。其实，庄子在这里是要强调指出，在人之为人的独特本性中，原本就有一种超越生物性去不断创造的内在动力，也正因为有了这种内在动力，人及组织才能不忘原初的本心，不去强求一定达成什么样的确定结果，而是以开放的态度来面对不确定性，有了结果就欣然接受，但随后又会开始新的创造进程。这意味着，人永远不能舍弃人之为人的独特本性，更不能以满足生物本能需要的刻意功利行为去扭曲这个独特本性，而必须从这个独特本性出发，让创造潜能得以充分发挥。这才是人之为人的本然状态，即"是之谓真人"。

一旦达到这种人之为人的本然状态，其具体表现便是"其心志，其容寂，其颡頯：凄然似秋，暖然似春，喜怒通四时，与物有宜而莫知其极"。需要再次强调的是，这些具体表现也都是在理想状态下才会有的，但正是这些理想状态，为现实中的人们确立起了理想类型和努力方向，以此为参照，才能更好地认识自己和他人，也才能持续修养，不断前行。具体地说，在理想条件下，人的"心"或思维因有了内在一以贯之的价值准则，便能得到正确运用，而不会被外物牵着鼻子走，这就是"其心志"，即用心专一；以此为基础，样貌和情绪都会自然成为人之为人独特本性的集中体现，即"其容寂，其颡頯"，也就意味着表情安定，头脑质朴，不会被生物本能所左右，其具体表现就是"凄然似秋，暖然似春，喜怒通四时，与物有宜而莫知其极"。这说的是，虽然情绪也会有变化,有严厉的时候,也有温和的时候,但那种变化犹如四季更替般自然而然,总能恰当融入各种环境条件之中,让人甚至都感受不到那种情绪的变化。

立足理想,再来面对现实,因为有了理想的参照,便更容易看清现实,找到改变现实的可行路径。所以,庄子接下来才运用现实中的管理事例,有针对性地提出管理建议。在当时的历史条件下,诸侯国之间的兼并战争时有发生,在庄子看来,诸侯国国君如果能从人之为人的独特本性出发来做管理,那么,即便参与了兼并战争,其结果也必定不同,即"故圣人之用兵也,亡国而不失人心;利泽施乎万世,不为爱人"。这里的"圣人"指的是能达到人之为人的本然状态,即"真人"要求的理想化的最高组织管理者,也就是理想化的超越者。从庄子的角度来看,不管是"圣人""至人"还是"神人",都是理想化的超越者,也即实现了对现实中个人经验见识和语言运用的超越的人,而这种理想化的超越者在超越之后所达到的理想状态,便是"真人"。因此,虽然"圣人""至人""神人""真人"的用语不同,侧重点也略有不同,但实质内涵是一致的,都是指超越现实,达成理想;只不过"圣人""至人""神人"是侧重于从超越过程而言的理想化超越者,而"真人"则是从超越之后所达到的理想状态而言的理想化本然状态。从这个意义上说,"圣人""至人""神人""真人"都指的是一种理想化,只不过有着理想化过程与理想化状态的区别,而从理想化本身来看,过程与状态是统一的,都是现实中的人们必须朝向的终极目标,同时也是人们审视现实的有效且可行的参照系。

在庄子看来,若作为理想化超越者的"圣人"来做管理,即便动用武力消灭了敌国,也不会失去其民众的信任,因为这样的战争恰是要解民众于倒悬之困,是赢得民众信任的正义战争,是为了让共同利益惠及千秋万代,而不是为了特定人群的眼前利益的考量,即"圣人""利泽施乎万世,不为爱人"。这里的"爱人",特指偏爱少数人。如果诸侯国发动战争只是为了掠夺他国财富,包括土地等物化资源,那么,这样的战争也可以说是"为爱人",但只不过是在偏爱本国人,甚至只是偏爱本国的少数人,为他们增加财富,谋求所谓的影响力。当时的诸侯国国君发动战争多是这种动机,所以不可能"利泽施乎万世",也就不可能不"失人心"。

因而，从管理的视角来看，那些"乐通物"，即追求物欲满足的人，不管怎样标榜，也绝不可能是"圣人"，即理想化的超越者；而那些"有亲"，即情绪上有偏私的人，也不可能有真正的仁爱之心，即"非仁"；那些只靠机遇或运气而成功的人，即"天时"，也不能说其有才能；而那些"利害不通"，即不能正确地权衡利害得失的人，当然，对利害得失进行权衡的正确标准，必然来自带有根本性的价值前提，那就是人之为人的独特本性，即德性，如果不能从德性出发做出这种权衡的人，显然是不可能做好管理的，即"非君子"。更重要的是，在现实中，"行名失己，非士也；亡身不真，非役人也"。这里的"士"，专指学管理的人，而"役人"，则特指做管理工作。这两句话说的是，那些只想着追求名声，而忘记自己到底要成为什么的人，不适合学习管理；那些轻易放弃生命，却不理解做出牺牲的意义到底是什么的人，也不适合做管理工作。

为了进一步解释这两句话，庄子列举了历史上有名的一些人物，如狐不偕、务光、伯夷、叔齐、箕子、胥馀、纪他、申徒狄。这八位都是历史名人，但从管理的视角来看，他们又有一个共同特点，即太过在意个人名声，为了保全名声不顾一切，其中至少有六人为此牺牲了生命。如果只是从个人选择的视角来看，他们这样做也许都有自己的理由，别人无法置评。但是，如果从管理的视角来看，则明显有问题了。特别是如果从人之为人的本然状态来看，那问题可能就更大了。所以，庄子对他们的评价为"是役人之役，适人之适，而不自适其适者也"。这里的"役人"，指的是做管理的人，而"役人之役"，就是指被别人特别是当时的管理者所"役"或左右，最终去了别人想要他去的地方，而不是自主把握自己的命运，去自己应该去的地方。虽然历史资料极其有限，无法对当时的历史情境进行还原，但可以推断，这些人当时的名气都很大，很像第一篇第2章讲的那样，因许由名气太大，以致"尧让天下于许由"。在这种情况下，那些人宁愿选择结束生命，也不接受帝位，这难道不是别人想让他们去的地方吗？他们可能还并没有想好，就已经被迫到河里去，或到首阳山上去坐以待毙了。这或许恰是庄子所讲的"是役人之役，适人之适，而不自适其适者也"的深意所在。

最后，"古之真人，其状义而不朋，若不足而不承；与乎其觚而不坚也，张

大宗师第六　311

乎其虚而不华也;邴邴乎其似喜乎！崔乎其不得已乎！滀乎进我色也,与乎止我德也;厉乎其似世乎！謷乎其未可制也;连乎其似好闭也,悗乎忘其言也"。这里要讲的正是人之为人的本然状态与做管理之间的关系。毕竟做管理总是要以人为本。做管理虽然既要面对人,又要面对物,而且还要将人与物结合起来去开创事业,并借助做具体的业务和任务,来创造组织的共同利益,实现人与组织的和谐可持续发展;但是,在做管理的过程中,出发点和归宿都是人,因为从根本上说,组织是人的组织而不是物和事的聚合,物和事都是为人服务的而不是相反。这就要求管理者必须首先明确人之为人、区别于物的独特本性,并以此为根基来做管理。从这个意义上说,做管理要以人为本,也就是必须要以人之为人、区别于物的独特本性,即人性为本。

既然如此,那么管理者关于人之为人、区别于物的独特本性的坚定信念,以及由此派生出来的价值观,便会直接影响管理者与他人、他物及具体事业、业务和任务之间的关系处理。管理者只有确立起这种做管理的信念和价值观,才有可能建立起一个关于做管理的理想条件,也才能明确理想条件下的管理是什么样子。以理想条件下的管理为参照,才更容易看清现实管理的问题所在。所以,庄子这里再次使用"古之真人"作为理想条件下的管理者,阐明了管理者应有的表现,即:形象高大却不易崩塌,看上去有不足却能自我完善,不需要别人来援救;看上去特立独行却又不固执;好似广大虚空却又不流于表面,更不浮华。具体地说则是,喜悦的样子似乎看上去很高兴,而快速行动起来却又能顺势而为;能平静地面对各种变化,之所以能做到如此,恰是有内在的德性准则;表面上严厉似乎显得很世俗化,但那超越的见识却又难以被抑制;虽然连续的沉默看上去好似不爱说话,那是因为心有所属而忘记了说话,更是为了给其他人更多说话的机会。

更进一步,在理想条件下,做管理的理想状态应该是:"以刑为体,以礼为翼,以知为时,以德为循"。这里的"刑",即规则,指的是正式且有强制性的组织规则;而"礼",即规范,指的是由内在价值准则所形成的自然表现出来的行为风格,具有非强制性,但因组织氛围的影响,这种规范意义上的"礼",也具有比较强的外在压力效应。规则与规范是做管理不可或缺的两个方面。规则是正式的,用于配置和使用资源,界定和保护权利,激励和约束行为,但规则又具有局限性,由于见识、知识和能力的局限性及内外部条件的不断变化,规则总是不完全、有漏洞的,这就需要组织成员源自内在价值准则的自发行为予以弥补。总体来看,规则往往以经验见识和知识积累为基础,而规范则以源于德性的价值准则为基础。这就是先讲做管理所能直观感受到的规则和规范,即"刑"和"礼",再讲其背后的内在根据,即"知"和"德"的原因所在。作为规则的"刑",总要适时出台、伺机发挥作用,这就意味着无论是制定规则,还是执行规则,都不能无视"时",即时机的重要性;而作为规范的"礼",则一定要以内在价值准则为基础,但价值准则又必须严格遵循人之为人的独特本性,即德性。所以,庄子才说:"以刑为体,以礼为翼;以知为时,以德为循"。这才是理想条件下做管理的四项核心原则。

如果能遵从这四项核心原则来做管理,则能"以刑为体者,绰乎其杀也;以礼为翼者,所以行于世也;以知为时者,不得已于事也;以德为循者,言其与有足者至于丘也;而人真以为勤行者也"。这意味着,即便把规则作为管理的依据,但在执行规则时,仍要保持宽容,才能给人更大的自由空间,以充分发挥人的创造潜能。之所以要用规范作辅助,也正是要在这个更大的自由空间中,让每个人有内在的价值准则遵循,自发地产生组织秩序。用见识来把握时机,则是为了更好地通过每个人的创造潜能的发挥,来应对各种变化,既能使组织的规则保持相对稳定,又能与时俱进。如果人们都能遵循源于德性的内在价值准则,做管理就变得非常容易了,因为当每个人的德性被激发出来,都有了内在价值准则,便能由内而外地实行自我管理,也就不再需要外部强制力了。即"以德为循者,言其与有足者至于丘也"。

在庄子看来,只有先明确了管理者和做管理的这种理想状态,现实中的人们才能看清组织管理所面临的问题到底是什么,应该向什么方向改变,怎样改变。所以,在本章的最后,庄子才明确指出,"故其好之也一,其弗好之也一。其一也一,其不一也一。其一与天为徒,其不一与人为徒。天与人不相胜也,是之谓真人"。

这段话意在表明,不管现实中人们喜欢还是不喜欢,这种理想条件下做管理的四项核心原则背后都具有内在一致性。做管理,虽然会因组织的性质、事业的类型、环境条件及发展时机等原因,存在各种各样的差别,但是,看似不同的组织、貌似不同的管理者、感觉极具反差的管理,只要能做得好,实现了人与组织的和谐可持续发展,其背后必然具有共同性或一致性。也就是说,成功的组织和管理总是相似的,而不成功的组织和管理却各有其不成功原因。

那些真正成功的组织和管理,其相似性的基础,恰在于组织必然是人的组织,而人的组织和管理必然建立在关于人之为人、区别于物的独特本性的坚定信念之上。正是从这种坚定信念出发,管理者和组织成员才能达成针对人之为人的独特本性来说,什么重要、什么不重要、什么有价值、什么没有价值的共同价值观,进而建立起组织到底要向何处去的终极目标和理想状态。这种组织发展的理想状态,离开了信念和价值观,便无从产生;即便能人为设置,也不会发挥作用。那些真正成功的组织和管理,虽然看上去总是千差万别,但其背后的这种一致性却是无法否认的。人们若没有关于人之为人的独特本性,即人性的德性内涵的一致认识,也就无法真正理解这种表面差异;而这种一致认识就是,那些能够将德性与个性结合起来,并达到一种人之为人的本然状态的人,才是"真人",即"天与人不相胜也,是之谓真人"。

管理别义

做管理,必须回归人之为人的本然状态。因为做管理既要面向人,又要服务于人,最终还要为了人,即实现人的价值。而且,管理者也是人,不是动物或机器。如果不清楚人之为人的本然状态,当然就无法做好组织管理。如果管理者对此是懵懂的,那便有可能在这种懵懂状态中将自己和他人都混同于动物或机器,其结果就是不可避免地彻底消解了人及人的组织。

要回归人之为人的本然状态,首先要知道人之为人的本然状态应该是什么。也就是说,人之为人、区别于物,包括动物和机器的独特本性到底是什么?关于这样的问题,人们想运用理性思维,追根溯源,寻求人的独特本性及其来源,是不可能的。历史早已表明,人之为人的本然状态应该是什么这个问题,完全不同于人是从哪里来的问题。回答了人是从哪里来的问题,也并不等于解决了人之为人的独特本性是什么的问题。虽然从生物演化的视角来看，人是地球上生命连续谱系上自然演化的结果，但正因为如此，反而无法回答人之为人的独特本性是什么的问题，倒是能很好地回答人与其他生物的共同性的问题。承认共同性，不等于不要独特性；同样，追问独特性，并不等于否认共同性。有人可能会说，人与其他生物有着明显的表观差异，这难道不足以说明人的独特性吗？但是，这种表观差异，也还只是在生物性上的差异，同样可以用生物性的原因如基因予以说明。正像两种动物、两片树叶也有差异一样，这种表观差异并非人与动物的本质区别，而只是生命连续谱系上的变化而已。所以，在生物演化的视角下，人与动物从分子水平或基因上看，并没有本质区别。

但是，对于人及人的组织来说，特别是对于组织管理来说，人们真的愿意接受人与物只有量的差异而没有质的区别，从而完全能接受在组织管理中将人与物等量齐观，甚至管理者也可以运用资源和权力来满足自己的生物本能需要，把组织成员当成实现个人意志或抱负的工具吗？恐怕没有人会同意这样做管理吧。即便现实中的确有这种情况存在，人们也不情愿接受这种管理现实，而总是要寻求改变。或许正因为人们不想看到现实中从生物性出发做管理的现实，要致力于改变，才让人类组织的管理日益远离了动物群体中的支配。

既然人与物的本质区别、人之为人的本然状态应该是什么的问题，无法转化成人是从哪里来的问题，继而用生物演化予以回答，那么，又该如何去关注和思考这样的问题呢？可以转换思路，从人类历史发展所选择出来的信念共识出发，来尝试回答这样的问题，即：在特定文化传统中，大多数人所坚信的人之为人的独特本性及本然状态是什么，以及由此派生出来的价值观及人与人之间的关系准则又是什么。这些问题的解决或许才是特定文化传统中组织和管理赖以持续发展的根基所在。虽然不同文化传统下人之为人的独特本性及本然状态的内涵会有所不同，但其内在诉求却是一致的，都是要把人与物区别开来，让人能像本然状态所昭示的那样生活和成长；让人的组织能成为人的本然状态下的共同体，而不是物的聚合体；让组织管理以人为本，为人服务，实现人的价值，而不是把人当成物化手段，服务于生物本能的需要。这恰是人的组织和管理生生不息，拥有无穷创造力的源泉所在。

6.2 死生,命也,其有夜旦之常,天也。人之有所不得与,皆物之情也。彼特①以天为父,而身犹爱之,而况其卓②乎!人特以有君为愈乎己,而身犹死之,而况其真③乎!

泉涸,鱼相与处于陆,相呴④以湿,相濡以沫,不如相忘于江湖。与其誉尧而非桀也,不如两忘而化其道。夫大块⑤载我以形,劳我以生,佚⑥我以老,息我以死。故善吾生者,乃所以善吾死也。

夫藏舟于壑,藏山于泽,谓之固矣。然而夜半有力者负之而走,昧者不知也。藏小大有宜,犹有所遁⑦。若夫藏天下于天下而不得所遁,是恒物之大情也。特犯⑧人之形而犹喜之。若人之形者,万化而未始有极也,其为乐可胜计邪!故圣人将游于物之所不得遁而皆存。善妖⑨善老,善始善终,人犹效之,又况万物之所系,而一化之所待乎!

字词注释

① 特:这里是只、不过的意思。
② 卓:本义是高超、高明,这里隐喻为"道"。
③ 真:本义是实质、本来面目,这里隐喻自然德性。
④ 呴:这里是吐、吐出口水的意思。
⑤ 大块:这里指大地。
⑥ 佚:这里是安逸、舒适的意思。
⑦ 遁:这里是跑掉、丢失的意思。
⑧ 犯:这里作"范",是铸造的意思。
⑨ 妖:这里通"夭",是短命的意思。

今文意译

生死很正常,就像有白天黑夜那般自然。想要人为干预不可能,这都是实情。人们只不过把上天视为生命的来源,就终身敬爱它,更何况那个化生天地的"道"呢!人们只不过认为国君对诸侯国而言比自己更重要,就为此献出生命,更何况那个最为重要的自然德性呢!

河水干了，鱼一起在没有水的河床上吐着口水，相互湿润，倒不如当初在江湖里彼此相忘更惬意。与其赞誉尧、谴责桀，倒不如把两人都忘掉而找到做管理的正确方法。大地赋予人形体，活着就要劳作，年老了才能安逸，到去世时才可以停息。所以，要善待生存，也同样要善待死亡。

把舟藏在山里，而山又深处于水中，说是十分安全了。但半夜里还是让那些有能力的人给拿了去，而昏睡的人还全然不知。将小东西藏到大东西里，看似很合适，却还是会丢失。如果能把天下这个最大的组织就置于天下这个最大的组织之中，而不想私藏，自然就不会丢失，这才是事物能永恒存在的根本原因。有人的形体，当然值得高兴；但是，类似于人的形体这样的物化存在数不胜数，若为此而高兴，还能高兴得过来吗？所以，理想化的超越者将用心于各种物化存在表象所无法逃遁的共有之"道"。看到那些能善待短命和长寿、出生和死亡的人，人们还要努力地去效法学习，更何况各种物化存在及其变化所赖以产生的"道"呢！

分析解读

本章承接上一章，进一步阐明从人之为人的本然状态出发来做管理的基本要求。

本章首先从以生死为代表的确定性与不确定性之间的关系讲起。一方面，生死问题对任何人来说都是大问题，容易引起人们的关注；另一方面，做管理必然要面对确定性与不确定性，就像做人必然要面对生死一样，都是根本性的大问题，能把大问题想清楚，确立起正确的态度，再面对其他问题，就不那么为难了。所以，庄子上来便说："死生，命也，其有夜旦之常，天也。人之有所不得与，皆物之情也。"

这里的"命"和"天"，指的都是一种自然而然、不以人的意志为转移的状态，也是包括人在内的各种存在物的正常状态；而这里的"情"，则指的是实际情况。这句话上来先建立起个人面对生和死、管理者面对确定性和不确定性的基本态度，即：要把生和死、确定性和不确定性都看作是正常的，犹如有白天，就必定会有黑夜那样自然。面对生和死、确定性和不确定性，人们尤其是管理者，只能去认识和理解，并在力所能及的范围内做一些转化工作。这就好比人们不可能让黑夜不出现,却可以在黑夜点燃烛火,让黑夜中能有光明。当认真研究了人体的生理机能之后,虽然不能排除死亡,却可以延长生命,避免因伤病而过早死亡。而管理者虽然没有办法完全排除组织内外部的不确定性,却可以通过超越个人经验见识的共同知识的积累,转化不确定性,甚至部分地排除不确定性,为组织发展明确更为可行的方向,逐渐建立起能抵御不确定性的更为坚实的组织知识基础。

人们所做的这些努力,都不意味着要干预或从根本上排除黑夜、拒绝死亡、根除不确定性,只是为了更有效地适应这一切。而要更有效地适应这一切,就必须认识和理解其背后自然而然的法则,即"道",既包括天地万物遵循的法则,即天地之道,也包括人的组织要遵循的法则,即组织之道,而组织之道的前提则是人之为人的本然状态。这就好比说,人们都能直观地感受到,一切生命都离不开天地提供的生存条件,天地看上去是一切生命的来源,因而没有人不敬爱天地;但是,在天地表象的背后,还有更为深层次的让天地得以形成的天地之道,这才是一切生命乃至天地的真正本源。这就是庄子所说的"彼特以天为父,而身犹爱之,而况其卓乎",这里的"卓",便代表"道",即天地之道。这充分说明,人们确实会受感官经验的束缚,只关注那些看得见、摸得着的存在,而忽略了现象背后更为本质的存在。

同样道理,人们身处在当时的某个诸侯国组织中,也都能直观地感受到,作为最高管理者的国君,对于诸侯国的存在和发展来说,要比普通成员重要得多,因而人们也都会听命于国君,甚至为此献出生命。却很少有人去进一步思考,国君也是人,而人之为人、区别于物的独特本性及本然状态到底应该是什么,那才是决定诸侯国作为一个人的共同体应该怎样存在和发展,国君作为人的共同体的管理者,应该怎样做管理的根本所在。

人们平日里大多不注重透过表象、透过自己的直观感受,去思考背后更为根本的存在,只有当面临严重问题时,才恐惧、才后悔、才想着转危为安,可惜为时已晚。这就好比"泉涸,鱼相与处于陆,相呴以湿,相濡以沫;不如相忘于江湖"。等到河水都干了,鱼已经在无水的河床上等待着死亡的来临,再去"相呴以湿""相濡以沫",再去想象当年在江湖中畅游而不必相互依赖,是多么惬意,早已晚了。严格来说,鱼没有办法改变河水充沛或者干涸的状态，那是不以鱼的意志为转移的生存条件，自有其法则；但是，或许可以做这样的假设和猜想，鱼可以认识河水周期变化的规律，从而在河水干涸之前转移到别的水域里去。对鱼来说，改变河水干涸的状态是不可能的，但认识和顺应丰水和枯水周期，以寻求新的生存空间和生活方式却是有可能的。

与此类似，在做管理上，人们往往习惯于等结果出来了，再用结果来评价管理者本人，这集中体现在对历史上各类管理者的赞誉或谴责上，但又有多少人超越了这种用结果来评价管理者的思维方式，而是努力借鉴历史上那些成功和失败的管理案例，以寻找一种更能反映人之为人的独特本性及本然状态的管理体系及管理方式？庄子用"与其誉尧而非桀也，不如两忘而化其道"所要表达的正是这个意思。这里的"道"，也即组织之道，以及源自组织之道的管理体系和管理方式。这才是组织管理的根本所在。与其纠缠于某位具体的管理者，还不如去思考这类更根本的问题。人们之所以不习惯这样去思考问题，也是因为人们具有生物性，仍会受生物本能的左右，更多是靠感觉经验生存，而不愿意面对感觉经验所无法直接理解和把握的未知世界及其不确定性。这也是庄子用"夫大块载我以形，劳我以生，佚我以老，息我以死"所要表达的意思。

作为形体的存在，人必定要操劳一生，到老方能安逸，然后很快又会面临死亡，这既是形体意义上的，也是感觉经验意义上的生命过程。这个过程虽然很基本，也很重要，但如果完全锁定其中，人就会被生物性所左右，无法超越，而无法超越的直接表现，便是惧怕死亡，以至于无所不用其极地去延年益寿、避免死亡，如果实在躲不开死亡，那就在死亡来临之前竭尽所能地满足生物本能的需求，追逐感官享乐。试想，如果那个完全被生物本能所掌控、因惧怕死亡而千方百计"益生"的人，恰好是管理者，又会有什么样的结果？所以，管理者的超越，首先就要从人生态度的转变开始，也即"故善吾生者，乃所以善吾死也"。管理者只有做到既善待生存，也同样善待死亡，既关注确定性，又能拥抱不确定性，才是做管理所应有的基本态度。

在这里，庄子举了个非常形象的例子来说明问题："夫藏舟于壑，藏山于泽，谓之固矣，然而夜半有力者负之而走，昧者不知也。藏小大有宜，犹有所遁。"那些怕别人把自己的小船偷走的人，可真是煞费苦心，好不容易找到一

大宗师第六 319

处有水的山沟，而这座山又恰在沼泽之中，真可谓天赐良地，可以让自家的小船安然无恙了。殊不知只要能藏进去，就可能被发现，也有可能被盗走，终究还是藏不住。

这个比喻很深刻。人们为什么要"藏"，因为怕丢，而丢就会有损失，损失的是私人利益。从根源上说，隐藏必定有"私"，虽然这个"私"有范围的相对性，但至少要确保这个范围内的私利不受损，这才要面对范围外的力量有提放，有所"藏"。这也说明，"藏"，总是藏小或藏私，而"防"，总是对这个小范围以外的更大范围的"防"。看上去这种藏小以防大，藏小于大很合适，但"藏"和"防"总是有限的，其力量毕竟来自小范围内，而威胁却是无限的，其力量则是来自更大的范围，都不知道会来自何方，甚至是完全不确定的。所以，丢失便是必然的，"藏"是藏不住的，"防"不胜防。对于任何人来说，这个道理似乎都不难理解，但对于那些做管理的人来说，这个道理却很容易忘记。因为现实中的管理者，大多都在"藏"，隐藏动机，隐藏信息，隐藏对私利的追逐，甚至还会用冠冕堂皇的说辞、信誓旦旦的承诺来掩盖，总是想"藏小大有宜"，但结果却"犹有所遁"。管理者要摆脱这种尴尬的局面，也只有实现超越，超越私心、私利，不去"藏"。

为此，庄子才说道："若夫藏天下于天下而不得所遁，是恒物之大情也。"这句话包括双重含义：一是就天地万物而言，天地之于万物，又有什么可隐藏的呢，正因为天地无私，不必隐藏，万物才能茁壮成长，让天地间生机盎然，这恰是天地间的万物作为整体得以永恒存在的根本原因；二是以天地隐喻组织及其管理者，如果管理者能像天地一样代表整个组织，把自己的利益和组织的利益融为一体，追求组织的共同利益，那么，在组织成员面前，管理者无须隐藏什么，组织就是共同利益的载体，而共同利益则是包括管理者和组织成员在内的所有利益相关者的利益，如果说这也是"藏"，那就是"藏组织于组织"，正像"藏天下于天下"一样，"不得所遁"。

要能做到像"藏天下于天下"那样"藏组织于组织"，管理者就必须超越以形体为代表的生物本能的束缚，这正是本章的核心主题。所以，庄子最后才总结说："特犯人之形而犹喜之。若人之形，万化而未始有极也，其为乐可胜计邪。"这说的是，人们有形体固然重要，但如果只是拘泥于形体，那么，万物都可以视为一种物化存在，而人之为人的独特本性又如何能体现得出来？庄子说得则更直白，如果只是因为有人的形体就高兴，那天地间类似于人的形体这样的物化存在简直数不胜数，又怎么能高兴得过来呢？

正因为如此，那些理想化的超越者，即"圣人"，在做管理时，才能实现超越，在更高的思维立足点上，去专注地认识和思考各种事物皆不可逃遁的内在独特本性或"道"。这种管理思维方式的典型表现，不仅在于有正确的人生态度，即"善妖善老，善始善终"，能够善待短命和长命、出生和死亡；更在于能从各种物化存在及其变化背后的独特本性出发，来认识和思考管理问题，即"万物之所系，而一化之所待乎"，这里的"万物之所系""一化之所待"，指的都是人、物、事的独特本性或"道"。

管理别义

管理者在组织中是否需要有所隐藏，这也是做管理的一个基本问题。当然，由于组织内外有别，尤其是身处激烈竞争环境中的组织，在外部的组织间关系处理及相应的策略和行为选择中有所隐藏，是完全可以理解的，也是正常的。但是，在组织内部管理过程中，特别是涉及自身与组织、自身与组织成员的关系处理中，管理者是否需要有所隐藏，确实值得深思。人们往往习惯于站在经济理性的角度去看待管理者，也就有了所谓的隐藏动机、隐藏信息，甚至隐藏行动，而从根本上说，这一切隐藏的背后，是在隐藏私人或小群体的利益，即私利。管理者必然会有私利，而有了私利，便要隐藏；隐藏在哪里，当然是隐藏在组织的公利尤其是共同利益之下，甚至打着追求组织共同利益的旗号来谋求私利。如此一来，管理者有所隐藏，似乎也是必然的、正常的。管理隐藏的普遍存在，不仅会大大增加管理的成本，更严重的则会导致组织的共同利益纽带破裂，每个组织成员都会尽己所能地进行隐藏，起码会隐藏自己的知识、能力和贡献的主动性。这样的组织，生机和活力必然要大打折扣。

管理隐藏的高代价表明，组织管理必须跳出彼此隐藏的怪圈，才能建立真正的信任。但这绝不意味着不允许管理者和组织成员有私利，而是要用共同的价值观和明晰的规则体系，将个体私利界定清楚并保护好，这样就根本不需要去刻意隐藏私利。人们之所以要隐藏，不外乎担心被别人窃取，或者担心这属于不合法、不合理的私利。组织管理体系的设计，就是要让前者的担心没有必要，让后者的存在没有可能。

6.3　夫道，有情有信，无为无形；可传而不可受，可得而不可见；自本自根，未有天地，自古以固存；神鬼神帝，生天生地；在太极之先而不为高，在六极之下而不为深，先天地生而不为久，长于上古而不为老。豨韦氏①得之，以挈②天地；伏戏氏得之，以袭气母③；维斗④得之，终古不忒⑤；日月得之，终古不息；堪坏得之，以袭昆仑⑥；冯夷⑦得之，以游大川；肩吾⑧得之，以处大山；黄帝得之，以登云天；颛顼⑨得之，以处玄宫；禺强⑩得之，立乎北极；西王母得之，坐乎少广⑪，莫知其始，莫知其终；彭祖得之，上及有虞⑫，下及五伯⑬；傅说得之，以相武丁⑭，奄⑮有天下，乘东维，骑箕尾⑯，而比于列星。

字词注释

① 豨韦氏：传说中的上古君王。

② 挈：这里是携带、带领的意思。

③ 以袭气母：据成玄英疏，"袭，合也。气母者，元气之母，应道也"[1]。这里指符合原初的根本一致性。

④ 维斗：据成玄英疏，"维斗，北斗也。为众星纲维，故谓之维斗"[2]。

⑤ 忒：形声字，本义指变更，这里是差错的意思。

⑥ 堪坏得之，以袭昆仑：据成玄英疏，"堪坏，昆仑山神名也。袭，入也"[3]。这里指堪坏得"道"之后，进入昆仑山做了山神。

⑦ 冯夷：相传为黄河之神。

⑧ 肩吾：相传为泰山之神。

⑨ 颛顼：黄帝的孙子，号高阳氏，也称玄帝。

⑩ 禺强：相传为水神。

---

[1] 郭象：《庄子注疏》，成玄英疏，曹础基、黄兰发整理，中华书局2011年版，第137页。
[2] 郭象：《庄子注疏》，成玄英疏，曹础基、黄兰发整理，中华书局2011年版，第137页。
[3] 郭象：《庄子注疏》，成玄英疏，曹础基、黄兰发整理，中华书局2011年版，第137页。

⑪ 西王母得之，坐乎少广："西王母"，相传为神人，"少广"，则为西极山名[1]。这句话的意思是：西王母得"道"之后，坐拥西极山。

⑫ 有虞：即舜。

⑬ 五伯：即春秋五霸，指齐桓公、宋襄公、晋文公、秦穆公、楚庄王。

⑭ 傅说得之，以相武丁："傅说"，殷商武丁时期的著名宰相；"武丁"，商朝第二十二任君主，在傅说等都贤臣辅佐下开创了"武丁盛世"。这句话的意思是：傅说得"道"之后，做了武丁的宰相。

⑮ 奄：这里是拥有、包括的意思。

⑯ 乘东维，骑箕尾："东维""箕尾"，均为天上星星的名称。这句话的大意是：其影响力像天上的星星一样长久存在。

今文意译

"道"确实存在，却又没有行为迹象；可以心心相传，却不能交接授受；能心领神会，却又看不见。"道"本身就是根本，在还没有天地之前，就一直存在着。鬼和帝之所以有神秘的力量，天地之所以能诞生，都是因为"道"。即便在太极之上，也不能称为高，即便在六极之下，也不能算是深，比天地还要久远，也不能说是久，比上古还要更早，也不能称为老。狶韦氏得"道"之后，就能引领天下发展；伏羲氏得"道"之后，则能让各种事物符合原初的一致性；北斗星得"道"之后，运行就永远不会出差错；日月得"道"之后，运行就永远没有停息；堪坏得"道"之后，便进入昆仑山成为山神；冯夷得"道"之后，就可以自由掌控大江大河；肩吾得"道"之后，便能成为泰山山神；黄帝得"道"之后，则能超越日常事务，让天下井然有序；颛顼得"道"之后，便可以在深宫中实现无为而治；禺强得"道"之后，则可以统御北海；西王母得"道"之后，则能坐拥西极山，没人知道从什么时候开始，也没人知道会在什么时候结束；彭祖得"道"之后，能从舜时期一直活到五霸时期；傅说得"道"之后，就能做武丁的宰相，将天下这个最大的组织管理得井井有条，即便是在他身后，其影响力也像天上的星星一样长久存在。

---

[1] 郭象：《庄子注疏》，成玄英疏，曹础基、黄兰发整理，中华书局2011年版，第138页。

分析解读

本章专讲"道"及其作用。

庄子这里所讲的"道",既指天地之道,也指组织之道,而组织之道又是建立在人之为人的独特本性或人性基础上的。实际上,庄子一直是在用天地之道作隐喻,以帮助人们理解建基于人性之上的组织之道及其对做管理的根本意义。因此,本章举的一些具体例子,虽然也涉及天地之道及其作用,但主旨还在于启发管理者必须对人性有内在敬畏,遵循组织之道做管理;否则,就很可能会被由管理权力放大了的生物本能所左右,看似无所畏惧,实则肆无忌惮,最终必然是毁了自己,也害了组织。

本章分为两部分。第一部分先讲"道"的特点,第二部分则讲认同和坚守"道"会有什么样的效果,也可以视为"道"的作用。

关于"道"的特点,庄子从五个方面进行了刻画。第一,"夫道,有情有信,无为无形"。这里的"情",是实情、情况的意思;而"信",则是证信,确实有根据的意思;"有情有信",意味着"道"确实存在;"无为无形",却又说"道"既没有行为表现,也没有形体表现,或者说,没有任何迹象可寻。既然"道"确实存在,又怎么会没有迹象可寻呢?"道"会是一种什么形式的存在?显然,"道"不可能是一种物化形式的存在,至少在人所属的世界中,"道"不可能以有形的物化形式存在,那"道"以什么形式存在呢?这便是第二个特点要回答的问题。

第二,"可传而不可受,可得而不可见"。这里的"传",即传承、传递的意思。这意味着,"道"可以在人与人之间,包括代与代之间传递、传承。既然如此,那么,这种传递、传承的过程是否可以像传递一个物品那样有交接与授受,这里明确地回答说"不可受";而且,还"可得而不可见",也就是说,即便获得了"道",也是看不到的。这恰说明,"道"只能是一种思维的存在,只能存在人的心中,人们可以借思维的碰撞、心与心的交流,相互启发形成关于"道"的信念,并以此作为思维赖以展开的前提;对于这个过程及其结果,也只能自己感受和体会,而无法直接观察;同样,别人也只能在心与心的交流中感受和体会对方是否有这样的坚定信念,却无法直接观察这种信念到底是什么样子。当然,人的心或思维中可能有很多观念,又如何分辨哪种观念才是关于"道"的信念呢?这就是第三点要讲的内容。

第三,"自本自根,未有天地,自古以固存"。这里是在用天地之道作隐喻,帮助人们理解心或思维中"道"这种信念作为思维原点或逻辑前提的重要作用。直观地看,万物源自天地,这就是上一章的"彼特以天为父"所要表达的意思。对此,人们可能会继续追问,天地又来自哪里?自然是来自天地之道。正是"道"创生了天地。对此,人们可能又会继续追问,天地之道来自哪里?如果能回答天地之道来自哪里这个问题,势必又会产生无穷的追问。这就是第二篇"齐物论"第7章所揭示出来的无穷后退问题。为了避免无穷后退,就必须确立一个不能再追问为什么的自明前提,而这个自明前提又是自己使自己成为那个样子,不需要再借助其他任何前提条件,就能成为后续一切存在得以存在的根本前提。这就是庄子用"自本自根,未有天地,自古以固存"所要表达的意思。在庄子看来,天地之道就是以自身为根本,自己使自己成为那个样子的自明前提存在,是产生天地的根据,当然要比天地还要早,本来就一直存在着。以此为隐喻,在人的心或思维中,也会有各种各样的观念,但关于"道"的观念,则是那个原点处的观念,是一切观念赖以成立的自明前提,甚至比思维本身的运用还要早,已深深植根于心中或思维中,能直接决定思维如何正确运用。这就是人之为人的本然状态,也即人之为人、区别于物的独特本性,即人性应有的自明样子;而人之为人的独特本性就是德性,德性才是心或思维得以正确运用的自明前提。因此,人的心或思维中这种关于"道"的观念,也就是关于德性的信念。这正是"道"在人之为德的含义所在。

第四,"神鬼神帝,生天生地"。这说的正是"道"可能产生的巨大作用。庄子仍使用类比的表达方式,先说天地之道所具有的作用,接着再启发人们认同和践行组织之道所拥有的巨大影响力。既然天地之道"自本自根,未有天地,自古以固存",那么,天地之道便必然具有"神鬼神帝,生天生地"的作用。其中,"生天生地"比较好理解,指的就是天地之道诞生了天地;至于天地之道所具有的"神鬼神帝"作用,则必须放在当时的历史背景中来理解。在庄子所处的时代,人们在面对自然环境的不确定性时,为了寻求解释,也是为了心理慰藉,便会创造一些神秘的存在形式,用以"拟人化"地解释那些源于自然环境的一时无法理解的现象。这些神秘的存在形式,既包括带有负面作用的"鬼",也包括具有正面形象的"帝"。但不管是"鬼"还是"帝",在当时的人们看来,都具有一种神秘的力量,甚至这种神秘的力量要比直接观察到的天地万物对人的影响更大。在庄子眼里,无论是"鬼"和"帝"的神秘力量,还是天地的起源,都可以追溯到天地之道;正是天地之道让鬼神、天地有了存在的可能性。以此为隐喻,庄子则是要启发人们思考,心或思维之所以具有如此巨大的力量,能够创设组织,能够把众人凝聚在一起,能够创造出各种不同的事业、业务和任务,甚至能够创造出自然环境中原本并不存在的人工物,进而创造出一个对任何人及组织的影响日渐强大的社会环境,这一切的根源到底在哪里? 当然是人的心或思维及其思想观念的力量,但追根溯源,在一切思想观念的源头处,甚至在心或思维得以产生和运用之初,人之为人的德性及其向善的倾向性就已经存在了,而且正是关于德性的坚定信念,能够让思维得以正确运用,能够让人通过不断创造新思想、新观念而创造出新组织、新环境。这难道不正是基于人性的德性内涵的组织之道,和天地之道能"神鬼神帝,生天生地"一样,所具有的巨大影响力吗? 其实,说到底,像"鬼帝""天地"等,都是人所创造的观念。这充分说明,庄子意义上的"道",正是通过观念到现实的反复实践,才体现出了其伟大力量。为了说明这一点,庄子又进一步阐述了第五个特点。

第五,"在太极之先而不为高,在六极之下而不为深,先天地生而不为久,长于上古而不为老"。人们往往习惯进行比较,并通过比较来排序,以判别高下。然而,庄子这里所要说的恰是,千万不要想拿世俗的比较眼光来看待"道",因为"道"与其他存在的性质完全不同,根本就不可比。如果硬要比,那么,在人们所能想象的空间和时间尺度下,"道"相比人为设置的极点犹有过之。"在太极之先而不为高,在六极之下而不为深",说的就是,空间尺度上人们所能想象的最高点便是"太极之先",最低点的便是"六极之下",但相比"道"而言,这样的极点已经不能算最高和最低了。"先天地生而不为久,长于上右而不为老",说的则是,时间尺度上人们所能想象的"久",便是"先天地生",而所谓"老",便是"长于上古",但这在"道"面前都不算什么,既不能说"久",也不能说"老"。概言之,千万别想拿"道"去与其他存在相比,

"道"就是"道","道"是一切存在的根据。以此类推,对于人及组织而言,关于德性的信念,也就是关于"道"的信念,同样不能与其他思想观念相比,而只能被视为一切思想观念的根据。正像天地之道让天地万物得以存在一样,基于人性的德性内涵的组织之道,让组织得以作为人的共同体而存在,让管理得以作为人的实践活动而成为可能。

在从以上五个方面阐明了"道"的特点之后,庄子列举了各种认同和践行"道"的事例,用以说明"道"所具有的作用。在这些事例中,有关于天地之道的,如"维斗",即北斗星;"堪坏",即传说中的昆仑山神,其实代表的仍是自然的力量;"冯夷",即黄河之神;"肩吾",即泰山之神;"禺强",即北海之神;西王母,即西极山之神。这些事例都意味着,正是天地之道,让天地万物得以和谐发展。

也有关于组织之道的,像狶韦氏、伏羲氏、黄帝、颛顼等,代表的都是委托人意义上的最高组织管理者,他们认同和践行德性及组织之道后,便能让组织实现可持续发展,而傅说则代表代理人意义上的职业管理者,他认同和践行德性及组织之道后,则能让组织管理井然有序,而且还会让管理所产生的影响像天上的星星一样长久存在,不会因管理者的更替而出现"人亡政息"的情况。

在本篇的最后,还举了彭祖的例子,说的是彭祖坚守了人之为人的本然状态,便能让德性融入文化传统之中,一直传承下来。这里虽然说的是"彭祖得之,上及有虞,下及五伯",但试想,庄子这里举彭祖的例子,真的只是要说明彭祖活得岁数大,用以吸引人们都去坚守德性、养生、长寿吗?果真如此,岂不是与庄子在前面反复强调的超越生死、"不益生"相矛盾了吗?其实,联系庄子在本章第一部分所讲的"道"的特点,则不难理解,"道"是"可传而不可受,可得而不可见"的,这意味着"道",尤其是基于人性的德性内涵的组织之道,并不是靠先天的遗传机制来传承的,而一定是靠后天的学习机制来传承的。当然,这里的"学习"是广义概念,并非单纯指知识和技能的学习,还包括关于"道"的向内自我发现式学习,这也是老子讲"为学日益,为道日损"[1]的深意所在。但是,"为道日损",并不意味着"道"是先天自得,同样需要后天努力,而这个后天努力的过程,又离不开持续向内寻求,自我修养。彭祖所坚守的人之为人的本然状态,在其身后能够代代相传,很可能是因为他对坚守德性、修养德行的贡献,超越了他的生命周期,一直为人们所传承和称颂,让彭祖永远活在了人们心中。彭祖正是由于在人们心中成了德性的典范而活了下来,而不是他那看得见的生物形体一直存在着。

管理别义

管理者必须有敬畏心。虽然人们也会期望管理者无所畏惧,勇往直前,勇于担责,但是,这些做管理的态度和行为表现,与管理者有敬畏心并不矛盾。甚至可以说,正是因为管理者有敬畏心,才能在做管理中无所畏惧。

首先需要将"敬畏"与"畏惧"区别开来。"敬畏",是因"敬"而生"畏",这里的"敬",一定是指内心中自然生发出来的信念之"敬",而不是由外部强加的"敬",所以《周易·坤卦》的"文言"才讲"敬以直内"[2],即有了内在信念之"敬",才能让内心有根本性的一定之规,作为正确的内在价值尺度,来由内而外地确保心或思维运用之"直"。这样的思维方式才有可能正确,思维运用起来才不会出问题。从根本上说,信念之"敬"指向的信念,是关于人之为人、区别于物的独特本性及其本然状态的,也即德性。以此为基础所形成的思、言、行的内在准则,就成了人们必须"畏"的底线和规范。"畏"因"敬"而生,是人们内在的自我约束机制。这里的"畏",并不是针对外部条件来讲的,而是针对由心中的信念派生出来的内在价值准则而言的。这也是人们常说的"敬畏之心"的含义所在。

"畏惧"却是一种情绪状态,是身体防卫机制的本能反应,也可以说是人们应对潜在损失、威胁的一种防御式反应。这种"畏惧"的情绪状态,必然因外部条件而存在。更重要的是,这些外部条件还构成了对自身的潜在威胁,或意味着一种可能的损失和伤害。从这个意义上说,"畏惧"恰是人们的生

---

[1] 张钢:《老子的管理要义》,浙江大学出版社2023年版,第207—211页。
[2] 杨天才:《周易》,中华书局2014年版,第16页。

物本能的集中体现,深受外部条件及其变化的影响。

从"敬畏"与"畏惧"的区别不难理解,当管理者在管理决策中表现得无所畏惧时,既有可能是因"敬畏"而忘我,即忘却了生物性意义上的"私我",义无反顾地采取行动;也有可能是因权衡了各种外部条件对"私我"的可能影响,慷组织之慨,不管组织有多大损失,都能一往无前地谋求私利。有些管理者甚至还会豪言壮语道"什么都不怕",其潜台词或许是现阶段已强大到没有什么能威胁到自己,而这不过是受生物本能所左右的典型表现罢了。这类貌似无所畏惧的管理者,一旦被剥夺了资源和权力,可能比谁都胆小。只有那些真正有敬畏之心的管理者,才能不管外部条件如何,都能从内心的坚定信念出发采取行动,真正做到大无畏。

6.4　南伯子葵[①]问乎女偊[②]曰:"子之年长矣,而色若孺子,何也?"

曰:"吾闻道矣。"

南伯子葵曰:"道可得学邪?"

曰:"恶!恶可!子非其人也。夫卜梁倚[③]有圣人之才而无圣人之道,我有圣人之道而无圣人之才,吾欲以教之,庶几其果为圣人乎!不然,以圣人之道告圣人之才,亦易矣。吾犹守而告之,参[④]日而后能外天下;已外天下矣,吾又守之,七日而后能外物;已外物矣,吾又守之,九日而后能外生;已外生矣,而后能朝彻[⑤];朝彻,而后能见独[⑥];见独,而后能无古今;无古今,而后能入于不死不生。杀生者不死,生生者不生。其为物,无不将[⑦]也,无不迎也;无不毁也,无不成也。其名为撄宁[⑧]。撄宁也者,撄而后成者也。"

南伯子葵曰:"子独恶乎闻之?"

曰:"闻诸副墨之子[⑨],副墨之子闻诸洛诵之孙[⑩],洛诵之孙闻之瞻明[⑪],瞻明闻之聂许[⑫],聂许闻之需役[⑬],需役闻之於讴[⑭],於讴闻之玄冥[⑮],玄冥闻之参寥[⑯],参寥闻之疑始[⑰]。"

字词注释

① 南伯子葵:即南郭子綦。
② 女偊:庄子虚构的人物。

③卜梁倚:庄子虚构的人物。

④参:这里通"三"。

⑤朝彻:"朝",早晨;"彻",通达、贯通;"朝彻",即一朝顿悟或一下子明白。

⑥见独:"独",指不依赖其他条件而独立存在的"道";"见独",即洞见"道"。

⑦将:这里是送的意思。

⑧撄宁:"撄",扰乱;"宁",安定、平静;"撄宁",即扰乱平静。

⑨副墨之子:据成玄英疏,"副,副贰也。墨,翰墨也。翰墨,文字也。理能生教,故谓文字为副贰也。夫鱼必因筌而得,理亦因教而明,故闻之翰墨,以明先因文字得解故也"[1]。"副墨之子",这里指文字。

⑩络诵之孙:据成玄英疏,"临本谓之副墨,背文谓之络诵。初既依文生解,所以执持披读;次则渐悟其理,是故罗络诵之。且教从理生,故称为子;而诵因教起,名之曰孙也"[2]。"络诵之孙",这里指诵读。

⑪瞻明:"瞻",向前看、望见;"明",光明、明亮;"瞻明",即望见光明,隐喻为通晓、明白者。

⑫聂许:"聂",指附耳小声地说;"许",同意、赞许;"聂许",即听到即同意,隐喻为悟性高者。

⑬需役:"需",等待、等候;"役",服役;"需役",即等待服役,引申为付诸实践者。

⑭於讴:"於",表感叹或赞叹;"讴",齐声歌唱;"於讴",即赞叹地歌唱,隐喻为共同认可、齐声称赞。

⑮玄冥:"玄",幽远;"冥",静默;"玄冥",即幽远宁静,隐喻为内在认同。

⑯参寥:"参",参悟;"寥",空寂;"参寥",即参悟空寂,隐喻为默识心通。

⑰疑始:"疑",疑问、追问;"始",起源、本源;"疑始",即追问起源或本源。

今文意译

南伯子葵向女偊请教说:"您的年纪很大了,但面色却像小孩子,为什么会这样呢?"

女偊说:"我得'道'了。"

南伯子葵问:"'道'可以学习吗?"

女偊说:"不!不可以!你不适合。卜梁倚虽有理想化超越者的才能,

---

[1] 郭象:《庄子注疏》,成玄英疏,曹础基、黄兰发整理,中华书局2011年版,第141页。
[2] 郭象:《庄子注疏》,成玄英疏,曹础基、黄兰发整理,中华书局2011年版,第141页。

却没有进入理想化超越者的'道',我已经进入理想化超越者的'道',却还没有理想化超越者的才能。我想用理想化超越者的'道'来引导他,差不多能让他成为理想化的超越者吧!即便他最终不能成为理想化的超越者,但是,用理想化超越者的'道'来引导有理想化超越者才能的人,也还是容易的。因此,我还是坚持引导他,三日之后就能将天下这个最大组织置之度外了;在将天下这个最大的组织置之度外后,我又坚持引导他,七天之后就能将事物置之度外了;在将事物置之度外后,我又坚持引导他,九天之后就能将自身置之度外了;在将自身置之度外后,就能一朝顿悟;而一朝顿悟后,便能洞见'道';洞见'道'之后,就能超越古今历史;能超越古今历史,便进入一种永恒的境界。天地之道虽然使万物处在动态变化之中,而万物总是有生有死,但天地之道却不生不死。对于万物来说,天地之道无不是在送走一物,又迎来一物,毁灭一物,又创生一物,这就叫作'撄宁'。所谓'撄宁',就是扰乱宁静、打破平衡,也就是说,总要先扰乱、打破,然后才能建立起新的宁静、平衡啊。"

南伯子葵又问:"您是从哪里得'道'的呢?"

女偊说:"从文字那里,文字从诵读者那里,诵读者从明白人那里,明白人从悟性高的人那里,悟性高的人从实践者那里,实践者从共同认可者那里,共同认可者从内在认同者那里,内在认同者从默识心通者那里,默识心通者从疑问者那里。"

▌分析解读

本章以对话的方式,阐明了如何才能确立起关于"道"的信念,进而也表明,管理者要实现超越,就必须具有思维能力,毕竟实现超越的力量只能来自思维,外部条件不过是帮助提升和训练思维能力的手段而已。

女偊是一位确立起关于"道"的信念的代表人物,而南伯子葵则向他提出这样一个问题:"子之年长矣,而色若孺子,何也?"

这个问题的背后,仍是在用天地之道,隐喻建基于人性的德性内涵之上的组织之道。天地的年岁确实已经非常久远了,但是,年复一年,天地似乎并没有任何衰老的迹象。那么,天地一直生机勃勃、万古长青的奥秘到底在哪里？答案便在于天地之道及其整体表现。虽然天地间每个单独的生命总会有从出生、成熟到衰老、死亡的周期，但天地万物作为整体，却一直鲜活如初。同样道理，个体意义上的人，虽有自身有限的生命周期，但人性的本然状态及整体组织的存在，尤其是当时天下这个最大的组织，却一直延续着，并没有表现出衰老的迹象。这充分表明，只有超越了具体的物化存在，才能实现可持续发展，而那个能超越特定物化存在的存在，便是信念或精神，而女偊这位"闻道者"，恰代表的是一种能长存的信念或精神。因此，这里绝不是要把"闻道"与"养生"联系起来，更不能说"闻道"了，就可以像女偊一样"长生"。这里的"闻道"，只是意味着认同并确立起关于"道"的坚定信念。

当南伯子葵问"道可得学邪"，女偊回答"恶！恶可！子非其人也"。这个回答隐含着双重意思。第一重意思是对于像南伯子葵那样，只想为了长得更年轻、活得更长久，或者说为了"养生"等功利原因而要学习的人，"道"是不可学的，其实也就意味着，即便学了，也不可"养生"。这种信念或精神意义上的"道"，压根儿没有"养生"功能，否则，就不会出现第五篇"德充符"里那几位形体不全者的形象，以及本篇接下来要列举的各种面对贫病生死的情况了。因此，如果只是像南伯子葵那样从功利的角度去"学道"，当然不可学。

但是，当女偊说"子非其人也"时，则表达了另一重意思，那就是，虽然你太功利，不是那个适合学"道"的人，但"道"还是可以学的，只不过需要以非功利的心态去学，这样才能真正认同并确立起关于"道"的坚定信念。这意味着，学"道"，一定是一个向内探求的过程，要致力于清理内心或思维，以找到思维得以正确运用的自明前提和真正原点。所以，在女偊看来，本章另一个未曾出过场的人物卜梁倚，就有学"道"的可能性。

卜梁倚虽然还没有确立起像理想化超越者，即"圣人"那样的坚定信念，却具有认识自己、向内探求的思维能力。这种能力被称为"圣人之才"。既然"圣人"是理想化的超越者，那"圣人之才"便是一种超越能力，而这种超越能力也只能是思维能力，因为这里所谓的超越，只有在思维中才能实现，并非身体上或其他有形的所谓超过或跳越。"圣人"的超越能力，也就是认识自己、向内探求的思维能力。所以，女偊才说："夫卜梁倚有圣人之才而无圣人之道,我有圣人之道而无圣人之才,吾欲以教之,庶几其果为圣人乎!不然,以圣人之道告圣人之才,亦易矣。"

"卜梁倚有圣人之才而无圣人之道"这句话意味着,在现实中,的确有不少人,虽已具备思维能力,却还没有认同并确立起关于"道"的信念。尤其是在管理者中,这种现象更为普遍。因为管理这个职业本身就对思维能力有很高要求,也正因为管理者的思维能力一般都比较强,才更加凸显出管理者正确运用思维能力的重要性。因此,如何让那些具备"圣人之才"的人,认同并确立起"圣人之道",也就成了本章的核心主题。

当女偊说"我有圣人之道而无圣人之才"时,给人的感觉好像是,"圣人之道"可以脱离"圣人之才"而存在,或者说,没有"圣人之才",也能有"圣人之道"。实际上,这里隐含的意思是,"道"不能代替"才","才"也不能代替"道",两者是不同性质的存在。一个是信念,是"道"在人的体现,即"德";而另一个则是思维能力,属于"才"。不过,若两者统一到"圣人",即理想化的超越者那里,又会在理想条件下完美结合在一起。只是在现实中,一个确立起关于"道"的坚定信念或有"德"的人,不一定会具备很强的思维能力或其他方面的才能,反之亦然。所以,"圣人之才"与"圣人之道"在现实中的分离是很普遍的。但是,对于那些要追求理想的管理者来说,却又必须做到两者兼具,并在持续磨炼和修养的过程中努力实现两者的统一,日益逼近理想化的超越者即"圣人"的境界。

从现实出发,女偊代表的是"圣人之道",而卜梁倚代表的则是"圣人之才"。在现实组织中,像卜梁倚那样在某种程度上具有"圣人之才"却没有领悟"圣人之道"的情况,要远比领悟了"圣人之道"却没有"圣人之才"的情况普遍。因此,本章接下来便着重讲如何让有"圣人之才"的人,认同并确立起"圣人之道"。

"圣人之道"存在于心或思维中,必须向内探求,而不是向外去学。要向内探求"圣人之道",首先必须理清思维,先将个人的经验见识和语言运用暂时搁置。对此,庄子用的是"外",也就是将经验见识和语言运用置之度外,让思维回到原点处,找到思维赖以展开运用的自明前提。因此,"参日而后能外天下""七日而后能外物""九日而后能外生",说的便是首先在三日之后将天下这个最大的组织置之度外,也即忘记自己所做的管理职业;其次,七日之后又将外部各种事物置之度外,或者说,心中既无职业,也无外物了,而可能还有自己;到第九日,则将自己也置之度外了,也就是"外生"。这样一来,心或思维中既没有了关于职业和外物的经验见识或既有观念,也没有了关于自己的经验见识或既有观念,那么,还剩下什么呢?这时便有机会透彻地认识和把握心或思维中原本就有的那个存在,即"朝彻""见独"。其中,"朝彻",指的是一下子明白了心或思维中原本有的是什么;而"见独",则是把握住了心或思维中原本有的那个人之为人的本然状态及独特本性。只有立足于这样的"朝彻""见独",才能打通古今,也就是跨时空地把人之为人的共同性把握住,而从人之为人的本然状态出发,所有人便具有了内在相通性,即"人同此心、心同此理"。在人之为人的独特本性上,哪里还会有古今差别。更重要的是,人们一旦认同并确立起关于人性的德性内涵的坚定信念,关于生命的理解也就完全不同,不仅会珍惜现实的形体生命,更会珍爱理想的精神生命。虽然形体生命有生死,但精神生命一旦融入那个人所共有的理想世界之中,便能伴随理想世界的传承和发展而生生不息,也即"无古今""不死不生"。这体现的正是理想世界和精神传统的永恒状态。

在这样的永恒状态下,犹如天地之道并不随着个别生物的生死而有兴衰一样,建基于人性的德性内涵的组织之道,作为一种理想世界和精神传统的集中体现,也不会因个体的生死而存亡,总能"不生不死",或者说"杀生者不死,生生者不生"。如果从天地之道与万物的关系来看,那便是"其为物,无不将也,无不迎也;无不毁也,无不成也。其名为撄宁。撄宁也者,撄而后成者也"。

这意味着,对于万物而言,天地之道无不是在送走一物,又迎来一物,毁灭一物,又创生一物,天地间时刻处在这种动态平衡之中。对此,庄子称之为"撄宁",也就是不断打破旧的平衡,又建立起新的平衡,不断扰乱暂时的宁静,又恢复起新的宁静。与此类似,人的组织也无时无刻不处在这种动态平衡之中,关键是找到实现动态平衡的内在力量。对天地间的万物来说,实现动态平衡的内在力量是天地之道;对于人的组织来说,实现动态平衡的内在力量便是组织之道,而组织之道的根基又在于人性的德性内涵。所以,管理者才需要认同并确立起关于以人性的德性内涵为基础的组织之道的坚定信念。

既然如此,这个信念又源自哪里、如何传承呢?这也就是南伯子葵最后的问题"子独恶乎闻之"。这个问题实际上是在追问组织之道的诞生及传承问题。对于整体组织而言的诞生,与对于个体而言的传承,本质上是同一个问题。这也可以认为是精神传统得以传承的重演律,即:个体认同并确立起一种信念的过程,实际上重演了这种信念在起源处的诞生过程。虽然两者的时间尺度有所不同,但经历的环节却惊人地相似。因此,女偊对南伯子葵的问题的回答,也就是在阐明信念得以诞生和传承的一体化过程及其关键环节。

其中,"副墨之子"和"洛诵之孙",代表的是书面语和口语。这表明,关于"道"的信念确立,不能没有语言文字,而思维能力的培养,也离不开语言文字。但是,仅靠语言文字远远不够,还必须借助"瞻明"和"聂许"。这说明通晓、明白和领悟更为重要,不能只是就语言文字本身来建立信念,那反而容易被束缚,必须明白其背后的意义,而要明白和领悟,就必须借助"需役"和"於讴",即实践并认识到实践所具有的社会性。只有在社会性实践的检验下达成了共同认可,才能真正明白和领悟。但是,参与社会性实践的主体又是人,必须达到"玄冥"和"参寥"才行,即形成内在认同,并将之融入持续反思之中。这又需要从源头处思考人之为人、区别于物的独特本性是什么,这才是最为根本的原始问题。只有从这样的原始或源头问题开始追问,才能慢慢领悟人之为人的独特本性,再一步步借助实践、思考、交流及其不断往复循环,进而转化成语言文字传承下去。

管理别义

在组织管理中,涉及共同信念和共享价值观的表达,必然要借助语言的运用。虽然信念和价值观必须融入思维之中,变成内在的准则,主导思维的运用,成为一种思维方式,但不容否认,这种让信念和价值观成为思维方式的过程,仍离不开语言的运用。

在现实中,当管理者只是借助语言的运用来宣传和贯彻组织的信念和价值观时，很容易走向另一个极端，即把信念和价值观只看作语言文字和口号标识，忘记了信念和价值观是思维的内在准则。当管理者期望只通过语言的运用，就能让组织成员接受信念和价值观的时候，实际上隐含的前提便是，信念和价值观正像其他专业知识或物化资源一样，要想让当事人接受，就必须送到当事人手里或让当事人主动来取。或许正是这种认识，使很多管理者期望像传授知识或讲解规则一样，来传递信念和价值观。

信念和价值观虽然也离不开外部环境的昭示、启发、彰显乃至促进，但从根本上说却又只能从内心自发地形成。这就像种子要发芽，主要靠内在力量，外界只能提供适宜的条件一样。信念和价值观虽然不是天生的，却是由人内心所具有的潜质决定的，人必须具有被启发和培育成特定文化传统下组织共有信念和价值观的潜在可能性。这就如同语言学习，正因为人具有潜在的语言能力，才会习得不同语言。人的潜在语言能力并不必然决定一个人学会的是哪种或哪几种语言，关键在于这种潜在语言能力被置于什么样的语言环境之中。严格来说，即便在特定的语言环境之中，人也不是被强力灌输了某种特定语言，而是借助这种语言环境，由内而外地适应和开发出了某种语言能力，也就是将原本就有的潜在语言能力定向开发成了特定语言能力而已。

与此类似，信念和价值观本质上是人所共有的一种潜在文化能力，同样也不能由外而内地强加或强行灌输进去。一旦要强行灌输进去，便不再是信念和价值观，反倒成了一种单纯用语言表征的异己的、外在化的存在。这种外在化的存在，不过是像其他可以用语言表征的对象，如专业知识一样，变成了能否对"我"有用的工具而已。但是，本质上说，信念和价值观就是主体意义上的"我"，而不可能是工具意义上的有用与否。既然强调对"我"是否有用，那就要先要明确"我"意味着什么，并建立对"我"有用的内在价值准则，而这个"我"及对"我"有用的价值准则，又是由信念和价值观决定的。没有正确的信念和价值观，又如何能有真正意义上的"我"及对"我"有用的价值准则呢？

6.5 子祀、子舆、子犁、子来①四人相与语曰："孰能以无为首，以生为脊,以死为尻②,孰知死生存亡之一体者,吾与之友矣。"四人相视而笑,莫逆③于心,遂相与为友。

俄而子舆有病,子祀往问之。曰:"伟哉夫造物者,将以予为此拘拘④也!曲偻发背⑤,上有五管,颐隐于齐⑥,肩高于顶,句赘⑦指天。"阴阳之气有沴⑧,其心闲而无事,跰𨇤⑨而鉴于井,曰:"嗟乎!夫造物者又将以予为此拘拘也!"

子祀曰:"汝恶之乎?"

曰:"亡⑩,予何恶!浸假⑪而化予之左臂以为鸡,予因以求时夜;浸假而化予之右臂以为弹,予因以求鸮炙;浸假而化予之尻以为轮,以神为马,予因以乘之,岂更驾哉!且夫得者,时也,失者,顺也;安时而处顺,哀乐不能入也。此古之所谓县解也,而不能自解者,物有结之。且夫物不胜天久矣,吾又何恶焉!"

俄而子来有病,喘喘然将死,其妻子环而泣之。子犁往问之,曰:"叱!避!无怛⑫化!"倚其户与之语,曰:"伟哉造化!又将奚以汝为,将奚以汝适?以汝为鼠肝乎?以汝为虫臂乎?"

子来曰:"父母于子,东西南北,唯命之从。阴阳于人,不翅⑬于父母;彼近吾死而我不听,我则悍⑭矣,彼何罪焉!夫大块载我以形,劳我以生,佚我以老,息我以死。故善吾生者,乃所以善吾死也。今之大冶⑮铸金,金踊跃曰'我且必为镆铘⑯',大冶必以为不祥之金。今一犯人之形,而曰'人耳人耳',夫造化者必以为不祥之人。今一以天地为大炉,以造化为大冶,恶乎往而不可哉!"成然⑰寐,蘧然⑱觉。

字词注释

① 子祀、子舆、子犁、子来:均为庄子虚构的人物。

② 尻:即屁股,这里指尾骨。

③ 逆:这里是违背、不顺从的意思。

④ 拘拘:"拘",这里是曲身、痉挛的意思;"拘拘",即身体弯曲不直的样子。

⑤ 曲偻发背:"曲偻",这里指弯腰驼背;"发背",这里指由于弯腰而导致背部骨头明显外露;"曲偻发背",即弯腰驼背得很厉害。

大宗师第六

⑥ 齐:这里同"脐",是肚脐的意思。

⑦ 句赘:这里指发髻。

⑧ 沴:这里指阴阳之气不相协调,即杂乱、相克。

⑨ 跰𨇤:这里形容步履蹒跚的样子。

⑩ 亡:这里通"无",是没有、不的意思。

⑪ 浸假:"浸",这里是渐进、渐渐的意思;"假",使;"浸假",即逐渐使得。

⑫ 怛:这里是惊吓、惊动的意思。

⑬ 翅:这里通"啻",是只、仅的意思。

⑭ 悍:这里是蛮横、对抗的意思。

⑮ 大冶:这里指冶金工匠。

⑯ 镆铘:古代著名利剑。

⑰ 成然:据成玄英疏,"成然是闲放之貌"[1],即坦然、安然。

⑱ 蘧然:据成玄英疏,"蘧然是惊喜之貌"[2],即悦然。

今文意译

　　子祀、子舆、子犁、子来四人,在一起交流,说道:"谁能以'无'作头部,以'生'作脊梁,以'死'作尾骨,谁能理解生死存亡本质上是一回事,我们就和他交朋友。"四人相视而笑,心意相合,结成朋友。

　　不久,子舆得病,子祀前去探望。子舆说:"真奇特啊!自然变化要把我的身体变成这种弯曲不直的样子!背驼得太厉害,以至于五脏弯在背上,下巴碰到肚脐,两肩高过头顶,发髻朝向天空。"虽然身体状况非常糟糕,但子舆仍能悠闲自在,一点也不把病放在心上,步履蹒跚地来到井边,对着水中自己的形象说:"哎呀,自然变化竟把我的身体变成如此弯曲不直的样子!"

　　子祀说:"你讨厌这种形象吗?"

　　子舆说:"不。我怎会讨厌!如果自然慢慢把我的左臂变成公鸡,我就用它来报晓;如果自然慢慢把我的右臂变成弹弓,我就用它来打鸟烤肉吃;如果自然慢慢把我的尾骨变成车轮、把我的精神变成马,我就乘上这副车马走,岂用再找车马呀!况且得到只是时机问题,失去也是顺应时机而已,只

---

[1] 郭象:《庄子注疏》,成玄英疏,曹础基、黄兰发整理,中华书局2011年版,第145页。
[2] 郭象:《庄子注疏》,成玄英疏,曹础基、黄兰发整理,中华书局2011年版,第145页。

要能安心等待时机、耐心顺应时机，人们就不会再受悲哀和快乐的情绪侵扰，这就是古人所说的解脱，而那些不能自我解脱的人，都是被外物牢牢束缚住了。外物不可能胜过自然变化，历来如此，我又有什么可讨厌的呢！"

不久，子来得病，喘得厉害，快要死了，他的妻子和孩子围着他哭泣。子犁前去探望，说："去！让开！不要惊扰自然的变化！"他靠着门和子来说话。子犁说："奇特的自然变化！这是要把你变成什么呢，又要将你送到哪里去呢？是要把你变成鼠肝，还是要把你变成虫臂呢？"

子来说："子女对于父母，无论到哪里，都要谨遵父母之命。人对于自然变化，和对于父母并没有什么区别。自然变化让我去死而我不服从，那是我在忤逆自然变化，自然变化本身又有什么错呢？大地赋予我形体，活着就要劳作，年老了才能安逸，去世时才可以停息。所以，要善待活着，同样也要善待死亡。假如有位冶金工匠正在锻铸金属器具时，有块金属跳起来说：'我一定要成为镆铘！'那位工匠必定会认为这块金属是个不祥之物。假如自然变化开始铸成人的形体，而被铸者却说'要成为人啊！要成为人啊'，那自然变化一定会认为这是个不祥之人。假如要以天地为大炉子，把自然变化看成冶金工匠，那么，到哪里去不可以呀！"说完，子来安然睡去，又悦然醒来。

分析解读

本章以极其夸张的笔法，通过与上一章完全相反的事例，深刻地指出，认同并确立起关于"道"的信念，即"闻道"，绝不是为了个人的"养生"或"益生"，而只是要确立一个超越眼前功利的思维立足点，从根本上摆脱个人的经验见识和语言运用的束缚。

本章的四位人物子祀、子舆、子犁、子来，是真正意义上的志同道合者。他们之间的关系已摆脱了任何功利化纽带的束缚，他们共同认可的交友原则是："以无为首，以生为脊，以死为尻""知死生存亡之一体"。这里的"无"，代表生命原本就是从"无"中诞生，这才是本源，即"首"；而"生"，则代表"生命"，也即活着不过是自然形成的人生整体的一部分，并不是生命的全部，即"脊"；"死"，同样是生命不可分割的组成部分，即"尻"，也就是尾骨。他们实际上是将"无""生""死"，比喻为人的身体从头到尾不可分割的各个组成部分。这表明,他们将生死问题视为自然而然的一体化过程,早已超越了所谓"悦生恶死"的通常认识。

值得注意的是,这四个人的认识是否意味着"闻道"或"得道"呢?庄子这里并没有给出明确的回答,但至少表明,这种认识对他们而言也是一种信念。正因为这四个人都具有这种信念,才结成了志同道合的朋友。问题是:用语言表达信念,或者相互间交流信念,达成默契,是一回事;而当遭遇困境甚至严峻考验时,是否还能一如既往地坚定践行信念,又是另一回事。或许是因为见多了那种言行不一的管理者,平时用语言高调宣讲和弘扬信念,而到了必须以信念为内在价值尺度做出抉择的关键时刻,却又早已把信念抛在脑后,所以,庄子才会设计出被病魔折磨、濒临死亡两个场景,以考验他们"知死生存亡之一体"的信念。

首先是子舆得了怪病,形体都扭曲了,"曲偻发背,上有五管,颐隐于齐,肩高于顶,句赘指天"。这样的描写也曾在第四篇第 5 章中用于对支离疏的描写,但支离疏是天生如此,而子舆却是由于生病导致形体扭曲,与其本人的正常状态反差极大。面对这种身体状况,子舆却能坦然自若,"其心闲而无事",没有表现出任何恐惧、悲伤、无助、怨天尤人的情绪,甚至像什么也没有发生一样。当子祀问"汝恶之乎"时,子舆还能潇洒地结合自己所遇到的这种特殊状况,进一步阐述了四人原本已确立的信念。

信念总是具有一般性。像这四个人确立的"知死生存亡之一体"的信念,就带有很强的抽象性和普遍性。到底在什么情况下,以什么方式面对"死生存亡",才算是"知死生存亡之一体"呢?信念本身无法给出答案。坚守信念的人,只有在面对特定情况需要做出具体选择时,才能把信念与具体行为情境联系起来,进而把信念具体化为特定的态度和行为;也只有在这种特定态度和行为中体现出来的信念,才是真正有活力、有意义的信念。将信念与具体行为情境联系起来的纽带,一定是那个有着信念坚守的人。只有那个坚守信念,并让信念在各种具体行为情境中变成特定的态度和行为的人,才能让信念变得有活力、有意义,也才能让信念吸引更多人。

子舆这突如其来的怪病,也恰是在考验他是否能真正坚守"知死生存亡之一体"的信念,并将信念转化为在这个情境下的特定态度和行为。子舆的确是从信念出发来认识、理解得怪病这件事,并依照信念做出选择。当子舆说"浸假而化予之左臂以为鸡,予因以求时夜;浸假而化予之右臂以为弹,予因以求鸮炙;浸假而化予之尻以为轮,以神为马,予因以乘之,岂更驾哉"的时候,恰表明他面对如此严重疾病时的一种洒脱态度,而他之所以有这样的态度,又正是因为他坚信"死生存亡之为一体",从而对身体因疾病而产生的变化有了一种超然认识。这便是将具有抽象性的信念与具体情境相结合的典型表现,而不是抽象归抽象、具体归具体,两厢隔绝,在抽象中谈抽象,可以侃侃而谈,到了具体情境,则又不可避免地受生物本能左右,回到"悦生恶死"的经验老路上。这种割裂式的"两面人",在庄子所处的时代恐怕是太多了。

子舆进一步引申道:"且夫得者,时也,失者,顺也;安时而处顺,哀乐不能入也。此古之所谓县解也,而不能自解者,物有结之。且夫物不胜天久矣,吾又何恶焉!"这段话的核心要旨是:坚守信念并不必然保证遇到的都是顺境,而逆境又恰是对坚守信念的最大考验。这里的"得",即收获,也是顺境带来的结果;而"失",则指失去,如失去健康、身体扭曲,这便是一种逆境。无论顺逆还是得失,都有其固有的时机,与信念没有直接关系,而坚守信念只能决定你如何看待得失,如何调整自己的心态和行为,如何坚定地践行信念,执着前行,并不能保证外部时机是否会来及何时会来。

如果某种信念被看成能保佑一个人获得时机、总是走好运的办法,那么,这种信念便不在人的心中,而成了外在于人的某种神秘力量。相信这种神秘力量,严格来说,已不是真正意义上的信念。因为真正意义上的信念是"自本自根"的,既不是为其他目标服务,也不依赖于其他条件而存在。相信某种神秘力量能给自己带来好运,岂不是把好运、把自己对好运的追求,当成了相信这种神秘力量的理由,并让这种神秘力量为自己服务,也让是否相信这种神秘力量依赖于是否能带来好运这个条件?在这个前提下,一旦这种神秘力量不灵了,不能给自己带来好运,反而让自己遭遇了逆境,自然也就不会再被相信了。这又怎么能称为真正意义上的信念呢?实际上,这种对好运的追求、对神秘力量的相信,仍不过是被生物本能的趋乐避苦、趋利避害所左右罢了。

真正意义上的信念,恰是使人能超越生物本能的一种内在力量,即"古之所谓县解也";真正意义上的信念,更是以自身为条件、自足存在的,不可能成为其他存在赖以实现其意图的手段。这就如同天地之道"生天生地"、生万物,天地万物都只有以天地之道为前提才得以存在,而不是反过来,天地之道是因天地万物才能存在。理解了这一点,便自然能明白,真正意义上的信念,又怎么会服务于某个具体情境是顺境而有所得,还是某个具体情境是逆境而有所失,就成立或不成立,就喜欢或讨厌呢?这便是子舆所说的"且夫物不胜天久矣,吾又何恶焉"的含义所在。

子舆所面对的还只是重病的考验,而子来却要面临死亡的威胁。子来"喘喘然将死",好友子梨来探望,竟赞叹道:"伟哉造化!又将奚以汝为,将奚以汝适?以汝为鼠肝乎?以汝为虫臂乎?"

从他们的共同信念来看,死亡和生命是一体的,死亡不过是生命转化过程的一环而已。看似个体生命终结了,实则是向着其他生命转化,从而使整个生命界得以生生不息,无限延续。这就是为什么子梨会说,"道"要把你变成鼠肝,还是要把你变成虫臂的原因。这种说法其实与子舆所说的"浸假而化予之左臂意为鸡,予因以求时间夜"的含义是一致的,都指的是生死转化的自然过程,也是这四位好友彼此坚守的共同信念。人们可能不相信这种观点,甚至对之不屑一顾;但是,人们如果真有自己的某种信念坚守,就一定能理解这四个人的言行表现。因为一个真正有信念坚守的人的言行表现,与这四个人并没有什么本质区别,只是各自所坚守的信念的内涵不一样罢了。这或许正是那些真正有信念坚守的人,哪怕坚守的信念并不相同,往往也能彼此尊重和欣赏的原因。反倒是那些完全不能理解这种言行表现的人,可能压根儿就没有什么信念坚守,只是任由生物本能的趋乐避苦、趋利避害来左右自己的思、言、行。

面对死亡这个特殊情境对信念坚守的考验,子来说:"父母于子,东西南北,唯命之从。阴阳于人,不翅于父母;彼近吾死而我不听,我则悍矣,彼何罪焉!"在这里,子来将生死这种自然变化比喻成父母之命,两者的确有内在的相通性。父母是人的个体存在意义上的生命来源,遵从父母之命,也是人们普遍能理解和接受的社会规范,而大自然则是人类整体存在意义上的生命起源，人类从大自然中获得了一切生存条件及可能性，因此，遵从自然变化就如同遵从父母之命一样自然而然。以此为前提，如果自然变化让子来去面对死亡，而子来本人又坚信"生死存亡之为一体"，那么，子来又怎么可能不去坦然面对死亡这种自然变化呢？所以，子来才又说了本篇第2章曾讲过的那句话，即"夫大块载我以形，劳我以生，佚我以老，息我以死。故善吾生者，乃所以善吾死也"。这里再次引用这句话，便是要对信念与具体情境的关系做进一步阐述。虽然"知生死存亡之为一体"是这四个人的信念，但信念总是具有抽象性，而待到面临死亡这个具体情境时，那个抽象的信念也就有了在具体情境下的更为明确的表现形式，那就是"善吾生者，乃所以善吾死也"。

为了说明这一点，子来举了一个形象的例子。在冶金匠锻铸金属器皿的过程中，被锻铸的金属并不能决定自己要被锻铸成什么，这完全是由冶金匠决定的。如果将自然变化或"造物者"孕育生命的过程也看成一个类似的锻铸过程，那么，自然变化或"造物者"便是冶金匠，而人作为一种生命存在形式，正像被锻铸的金属一样，是无法决定自己将成为什么的。子来现在正面临死亡，要向其他生命存在形式转化，当然也无法决定自己将会成为哪种新的生命存在形式。人们或许根本就不相信这种说法，甚至觉得太荒唐了，但是，子来和他的三位好友却对此深信不疑。也正因为坚信，子来才会如此洒脱地面对死亡的来临，没有一点恐惧和不安，"成然寐，蘧然觉"，安然睡去，又悦然醒来。

本章的事例与上一章构成鲜明对比。上一章的女偊，有信念坚守，又"色若孺子"；而本章的子舆，有信念坚守，却病得"为此拘拘也"，本章的子来，有信念坚守，竟"喘喘然将死"。这三位有信念坚守的人，在身体状况上有如此大的反差，恰说明了两个问题。

第一，信念坚守与代表生物本能的身体状况，并没有必然联系，若硬要将两者关联在一起，为了"养生"或"益生"而选择特定信念，反而会严重扭曲信念，让信念沦为满足生物本能的趋乐避苦、趋利避害需要的工具。一旦沦为满足生物本能需要的工具，信念便不再是信念。

第二，坚守信念不是口头上的事，必须落实到具体的行为情境之中。特别是逆境,才是对信念坚守的真正考验。

管理别义

在组织管理中,管理者往往会不遗余力地宣讲组织的信念和价值观,但效果并不理想,以至于组织的信念和价值观好像只是停留于书面及口头,很难落实到组织的日常行为情境之中。究其原因,还在于管理者是否真正认同和践行组织的信念和价值观。

不可否认,现实中大多数组织之所以选择某种信念和价值观、培育某种组织文化,都是因为要提升组织绩效。也就是说,文化是为绩效服务的。当组织的信念和价值观或组织文化,变成了提升组织绩效的手段,导致只有在组织发展的顺境中,伴随绩效的不断提升,管理者才会相信某种信念和价值观,而一旦组织发展遭遇逆境,绩效徘徊不前甚至下降,管理者可能就不会再相信这种信念和价值观,又去寻找新的信念和价值观,以扭转局面,改善绩效。这种服务于绩效,退化成工具或手段的信念和价值观,已经不再是真正意义上的信念和价值观,不过是一种管理策略而已。

从根本上说,信念和价值观是用以定义人及组织的,是人及组织赖以存在的内在依据,是不依赖于其他条件而独立存在的自明且自足的前提。作为信念和价值观的集中体现的文化,在与绩效的关系上,并不是为绩效服务的,也不能简单地用绩效高低来衡量文化;而绩效却是以文化为前提的,绩效必须为文化服务。之所以如此,原因在于以下两个方面。

第一,必须明确的是,绩效是组织的绩效,那组织又是什么。绝不能说组织就是资源的配置方式,也不能说资源配置就是为了获得绩效,那实际上还是在用绩效定义组织。组织首先是人的共同体,要理解组织,就必须理解人,而人之为人、区别于物的独特本性的信念,是让人独立于物而存在的根本前提。这就意味着,不同于物的、真正意义上的人的存在,是以信念为基础确立起来的。虽然关于人的独特本性的理解会有所不同,但是,要以信念为基础来确立不同于物的大写的人却是相通的。以信念为前提,那些能找到信念共识的人,至少是管理者,才有可能创设一个组织,进而又从组织所从事的独特事业的性质及所在的社会文化传统出发,确立起人们关于组织之不同于物的聚合的共同信念,以此为基础,才能派生出对组织中的人和事而言,什么重要、什么不重要的价值观,最终形成以信念和价值观为核心的组织文化。只有在这样的组织文化下,各级管理者和普通组织成员才能更好地理解绩效及其对组织可持续发展的意义。

第二,绩效总是为目标服务的,也正是因为有目标,才能定义绩效。实际上,绩效是对目标的实现程度,没有目标,也就没有绩效。由此便不难理解,一方面,不同性质组织的目标不一样,绩效的内涵也就不一样,因此,只是笼统地讲绩效,是没有意义的;另一方面,组织目标是有层次的,日常运作目标要服务于战略目标,而战略目标又要服务于终极目标,从本质上说,终极目标就是信念,即坚信人之为人、组织之为组织终将成为什么样子。这表明,作为不同层次目标的实现程度的绩效,最终是要为终极目标即信念服务的,而不是相反。

现实中文化沦为绩效的工具,恰说明,很多管理者的确是在没有想清楚人及组织到底意味着什么的前提下,不自觉地在用生物本能的趋乐避苦、趋利避害,来左右着关于文化与绩效之间关系的理解和处理。

6.6　子桑户、孟子反、子琴张①三人相与友,曰:"孰能相与于无相与,相为于无相为?孰能登天游雾,挠挑②无极;相忘以生,无所终穷?"三人相视而笑,莫逆于心,遂相与为友。

莫然有间而子桑户死,未葬。孔子闻之,使子贡③往侍事焉。或编曲,或鼓琴,相和而歌曰:"嗟来桑户乎!嗟来桑户乎!而已反其真,而我犹为人猗④!"子贡趋而进曰:"敢问临尸而歌,礼乎?"

二人相视而笑曰:"是恶知礼意!"

子贡反,以告孔子,曰:"彼何人者邪?修行无有,而外其形骸,临尸而歌,颜色不变,无以命之。彼何人者邪?"

孔子曰:"彼,游方之外⑤者也;而丘,游方之内者也。外内不相及,而丘使女⑥往吊之,丘则陋矣。彼方且与造物者为人,而游乎天地之一气。彼以生为附赘县疣⑦,以死为决𤴯溃痈⑧,夫若然者,又恶知死生先后之所在!假于异物,托于同体;忘其肝胆,遗其耳目;反覆终始,不知端倪;芒然⑨彷徨乎尘垢之外,逍遥乎无为之业。彼又恶能愦愦然⑩为世俗之礼,以观众人之耳目哉!"

子贡曰:"然则夫子何方之依?"

孔子曰:"丘,天之戮民⑪也。虽然,吾与汝共之。"

子贡曰:"敢问其方。"

孔子曰:"鱼相造乎水,人相造乎道。相造乎水者,穿⑫池而养给;相造乎道者,无事而生定。故曰,鱼相忘乎江湖,人相忘乎道术。"

子贡曰:"敢问畸⑬人。"

曰:"畸人者,畸于人而侔⑭于天。故曰,天之小人,人之君子;人之君子,天之小人也。"

字词注释

① 子桑户、孟子反、子琴张:均为庄子虚构的人物。

② 挠挑:据成玄英疏,"挠挑,犹宛转也"[1]。

③ 子贡:孔子弟子端木赐,这里并非实指其人。

④ 猗:句末语气词,相当于"啊"。

⑤ 方之外:"方",本义指地域,这里引申为世俗社会;"方之外",即在世俗社会之外,隐喻不受各种社会规范的束缚。

⑥ 女:这里通"汝",是你的意思。

⑦ 附赘县疣:"赘",这里指长在皮肤上的肿瘤,即赘疣;"县",这里是挂、悬挂的意思,是"悬"的本字;"附赘县疣",指长在皮肤上的赘疣。

⑧ 决疣溃痈:"决",这里是裂开、破裂的意思;"痈",这里指毒疮;"决疣溃痈",指毒疮溃烂。

⑨ 芒然:"芒",这里同"茫",指广大无边、不受束缚;"芒然",即广大无边的样子。

⑩ 愦愦然:"愦",形声字,本义指心乱;"愦愦然",即烦乱的样子。

⑪ 戮民:这里指世俗社会中的人,也即受社会规范约束的人。

⑫ 穿:这里是凿通、贯穿的意思。

⑬ 畸:这里是奇异、神奇的意思,可引申为超凡脱俗。

---

〔1〕 郭象:《庄子注疏》,成玄英疏,曹础基、黄兰发整理,中华书局2011年版,第146页。

⑭ 侔：形声字，本义指等同、均齐，这里是符合、一致的意思。

今文意译

子桑户、孟子反、子琴张三人结交为友，说："谁能相互交往于不相互交往，相互帮助于不相互帮助？谁能超脱外物的束缚，处在没有极限的状态，忘记生命的延续，进入无穷尽的境界？"三人相视一笑，心意相合，结成朋友。

平静地过了一段时间，子桑户去世，还没有下葬。孔子听说后，派子贡前往帮助治办丧事。孟子反和子琴张，一个在编曲，一个在弹琴，合唱道："哎呀桑户啊！哎呀桑户啊！你已回归本来面目，而我们还在做人啊！"子贡快步走上前说："请问当着尸体唱歌，合乎礼仪规范吗？"

两人相视一笑说："你这种人哪里懂得礼仪规范的真正含义！"

子贡返回后，将此事告诉孔子，说："他们是什么人呢？没有修养，不顾仪表，当着尸体唱歌，还面不改色，实在没法说他们。他们到底是什么人呢？"

孔子说："他们是周游在世俗社会之外的人呀，而我是生活在世俗社会中的人。世俗社会内外之间很难沟通，而我让你前去吊唁，是我太浅陋了！他们与自然变化保持一致，周游于天地原本那个同一的状态之中。他们把生命看作长在皮肤上的肉瘤，把死亡看作身体上溃烂的毒疮。像他们这样的人，又哪里会在意生与死的分别！借助不同事物，依托共同本源，忘记自身的肝胆耳目，融入循环往复的自然变化之中，不在意各种细微的差异，自在地畅游于世俗社会之外，自由地做着本性使然之事。他们又怎么会心烦意乱地遵从世俗社会的礼仪规范，看着众人的眼目行事啊！"

子贡说："既然是这样，那您又是按照什么方式行事呢？"

孔子说："我只是世俗社会中的普通人。即便如此，我和你也要一起追求'道'。"

子贡说："请问有什么方法吗？"

孔子说："鱼一起在水中成长，人一起在'道'中成长。对于一起在水中成长的鱼来说，凿个池子就能供它们成长；而对于一起在'道'中成长的人来说，则需要超越具体事务，培养内心的定力。所以说，鱼彼此相忘于江湖，人彼此相忘于道术。"

子贡说："请问超凡脱俗的人是怎样的？"

孔子说："超凡脱俗的人，就是那些与普通人不一样，却与'道'相一致的人。所以说，那些服从'道'的人，就是普通人的管理者；而那些现实社会中普通人的管理者，也只不过是'道'的被管理者而已。"

分析解读

本章承接上一章，再次以有信念坚守的人为例，说明坚守信念的言行表现不一定能为他人所理解；但是，如果有信念坚守的人面对的是同样有信念坚守的人，即便彼此坚守的信念不一样，也能相互尊重和欣赏。

本章的子桑户、孟子反和子琴张三人，也是志同道合的朋友。他们共同坚守的信念是："相与于无相与，相为于无相为""登天游雾，挠挑无极；相忘以生，无所终穷。"前一句话说的是，淡泊于现实世界中的利益互动，虽然在相互交往，却又好像没有任何交往；虽然在相互帮助，却又好像没有任何帮助。关键是如何理解，又怎样做到。后一句话则予以说明，他们看重的是精神互动，以思维和精神相交往、相帮助，摆脱一切外物的束缚，处在思维和精神的无限宽广的空间之中，甚至忘却身体和生命，进入那无穷无尽的境界。这表明，三位志同道合者崇尚的是"纯粹精神交友"，摆脱现实束缚，畅游于精神世界。

这种共同信念，很美好也很动人，但现实有时却非常残酷，毕竟这三位都是人，不是仙，是人就有生老病死。不久，子桑户去世了。如何面对好友去世这件事，也就成了对孟子反、子琴张坚守信念的考验。在现实世界里，死亡是件大事，活着的人对去世的人，会有各种祭奠哀悼活动。尤其是那些同样拥有自己的信念坚守的儒家人士，更是看重葬礼，这不仅是对逝者的纪念，更承载着儒家的信念。孔子安排子贡前去吊唁，并帮忙料理后事，这才让几人有了交集。由此引出这三位好友所坚守的信念与儒家信念的直接碰撞。

子贡发现，孟子反和子琴张在好友去世时，不仅没有惯常见到的那种悲痛，反而在编曲、弹琴、"相和而歌"。这让子贡大惑不解，才上前问道："敢问临尸而歌,礼乎?"

儒家信念下的"礼",与这三位好友共同信念下的"礼",其含义必然不同。在孟子反和子琴张看来,像子贡这样完全从另外的信念视角来看待他们的行为表现,又怎么能理解他们的信念坚守及由此派生出来的行为规范和行为表现呢?

子贡确实还没有达到以自己坚守信念的经历,去理解他人坚守信念的行为表现的那种境界,仍不过处在确立一种信念的进程中,所以,才会对孟子反和子琴张的行为有所非议。在子贡眼里,信念好像只能是唯一的,他并没有认识到不同信念存在的可能性及合理性。孔子则不然,不仅见多识广,更重要的是,还能通过自己坚守信念的经历,将心比心,完全理解那些不同信念坚守者的不同行为表现。孔子说:"彼,游方之外者也;而丘,游方之内者也。"这里的"方之外"与"方之内",代表的就是两种完全不同的信念。"方之外",指的是要完全摆脱现实世界的束缚,进入纯粹的精神世界,甚至达到不食人间烟火的地步,坚守这种信念的人,有很多是隐士,过着离群索居的生活;而"方之内",则指的是诸如儒家所坚守的信念,虽然仍是一种理想,但这种理想并不脱离现实,相反,还在时刻关切现实,努力完善现实,因此,诸如儒家所坚守的信念,是以理想的形态牢牢扎根于现实中,这也是孔子说"而丘,游方之内者也"的含义。当然,这并不意味着"游方之外者"都在深山老林或彼岸世界中,而"游方之内者"则在现实世界里,而只在于说明,这两种信念的内涵及关切点不一样罢了。

不同信念及其派生出来的价值观之间确实有很大差别,有时在言行表现上甚至正好相反。就像在对待丧事上,儒家信念坚守者与这两个人的言行表现必定有冲突一样。这在相当程度上会造成不同信念坚守者之间对话困难,比如子贡就很难与孟子反、子琴张对话交流、达成共识。但是,难以对话,并不等于不能对话,更不意味着不能彼此理解。孔子便完全能够理解那三位好友所坚守的信念及其行为表现。所以,孔子才说"彼方且与造物者为人,而游乎天地之一气。彼以生为附赘县疣,以死为决疴溃痈,夫若然者,又恶知死生先后之所在!假于异物,托于同体,忘其肝胆,遗其耳目;反覆终始,不知端倪,芒然彷徨乎尘垢之外,逍遥乎无为之业。彼又恶能愦愦然为世俗之礼,以观众人之耳目哉"。

在孔子看来,他们是要彻底摆脱现实世界的束缚,包括身体、生命的限制,完全进入一种精神世界之中,自由地追求人之为人的本然状态。当然,这样的信念坚守者,也不会被世俗社会的礼仪规范所约束,更不会看众人的眼目行事。孔子理解这样的信念坚守者,也表达了对其的尊重和欣赏。在《论语·微子第十八》中,孔子也曾对隐士们有很高的评价[1],虽然当时有不少隐士用各种方式规劝乃至讥讽孔子,但孔子既不为所动,也不会因此改变自己的信念,同时又对隐士们坚守信念的言行予以理解和尊重。

不仅如此,孔子还由此引申出了任何信念坚守都必须具备的基本要求。当子贡问"然则夫子何方之依"时,孔子用"天之戮民"明确表达了自己立足于现实,又超越现实的信念追求。"天",这里指的是儒家的理想世界,"戮民",即普通人。儒家经常用"天之道"来代表理想,用"人之道"来代表如何将理想付诸现实。因此,"天之戮民",就代表追求理想的普通人。儒家强调立足现实、追求理想,再以理想为参照来完善现实,却从来不割裂理想与现实。这与那些坚信现实是理想的最大束缚,必须摆脱现实,才能达成理想的人的确有非常大的不同。但是,孔子并不因此而否认那些不同于自己的信念坚守,而且,还总是能从中汲取有益的启发。当孔子说"虽然,吾与汝共之"的时候,也就意味着,虽然我们只是追求理想的普通人,但我们矢志不渝地追求理想的动机和毅力,与那三个人是一样的。

为了进一步阐明追求理想的共同原则,孔子先举了养鱼的例子。鱼是在水中成长的,因此,要养鱼,只需凿个池子,有充足的水,就能满足它们生活所需。但是,对于有精神追求的人来说,只有物化资源,还无法组成人之为人的共同体,即组织。人要结成组织,一起成长,靠的是精神和理想的追求,也就是"道",也即"人相造乎道"。正像"鱼相忘乎江湖"一样,"人相忘乎道术"。也就是说,在人的组织中,人们之所以能各司其职,创造出个人所无法企及的伟大事业,实现组织的可持续发展,靠的就是内在的精神联结或"道"及外在的分工协作的规则体系或"术"。

---

[1] 张钢:《论语的管理精义》,机械工业出版社2015年版,第522—523页。

当然，在人的组织中，要让"道""术"得以确立并发挥作用，还离不开一些承担特殊职责的人，那就是管理者，也即子贡所说的"畸人"。任何组织的创设，都能从源头上找到一些拥有特定观念的人，他们扮演的是组织的创始者角色。这些创始者可能与普通人不太一样，他们不满足于现状，总想做一些改变现状的事；但问题是，作为组织的创始者，这些特殊人物既然不满足于现状，且与现状下大多数人的所思、所言、所行不同，那又怎么能得到大多数人的认可，从而结成组织、开创事业、改变现状呢？这的确是一个值得深思的管理问题。严格说来，任何组织的创始者或创业者，必定都是这种意义上的"畸人"。

孔子认为，"畸人者，畸于人而侔于天"。这里的"侔"，是符合的意思，而"天"，则代表理想或信念。意思是，那些所谓的"畸人"，虽然表现得与普通人有所不同，却又与特定的理想或信念相符合，也就是那些有信念坚守和理想追求的人；他们仍然身处现实世界，只是在某些言行表现上与其他人不太一样而已。尽管与普通人有所不同，但这样的"畸人"由于有信念坚守和理想追求，必然能够找到志同道合者，进而慢慢影响更多人，发展组织，做成事业，改变现实。所以，在孔子看来，正是那些有信念坚守和理想追求的"畸人"，才适合做管理者，即"天之小人，人之君子；人之君子，天之小人也"。这里的"天"，仍指的是理想或信念。只有那些有信念坚守和理想追求，甘愿做理想和信念的被管理者的人，才有可能成为组织中的管理者；反过来也一样，在现实组织中要成为一名真正意义上的管理者，也必须有信念坚守和理想追求，甘愿做理想和信念的被管理者。

管理别义

组织的信念和价值观必须具有包容性，应该是组织成员个人的信念和价值观的最大公约数，而不可能要求所有组织成员都拥有完全一样的信念和价值观。但问题是，组织的信念和价值观的共识程度应该有多高才是适宜的？或者说，组织的信念和价值观的包容性范围到底应该有多大？这样的问题并不好回答，也没有标准答案，但可以将其转化为一个相对容易把握的问题，即管理者与组织在信念和价值观上的重合度问题。

既然管理者代表组织,并为组织代言,那么,组织的信念和价值观就必须首先通过管理者直接体现出来。这就要求管理者必须是那些与组织的信念和价值观具有更大重合度的人,而且,职位越高的管理者,重合度也应该越大,而随着管理职位的晋升,重合度真的能自动提升吗?无论对于组织还是管理者个人,这都是一个极具挑战性的问题。知识和技能可以借助教育、培训在短期内发生改变,但信念和价值观的认同及践行,却很难在短期内发生改变。因此,只要是管理者,不管是在高层还是在基层,对于信念和价值观的重合度要求,应该具有相通性,不可能期望一个人随着管理职位的晋升,自然就会越加认同并践行组织的信念和价值观,并自觉地做出表率,来引导其他组织成员认同和践行组织的信念和价值观。

现实中选择和晋升管理者,往往只看重眼前绩效而不关心信念和价值观的重合度考察,由此带来的结果是,管理者不仅没有自觉地认同和践行组织的信念和价值观,甚至无视乃至随意改变组织的信念和价值观,让组织的信念和价值观成为个人意志和权力运用的体现。给人们的感觉似乎是,组织中谁拥有管理权力,谁就可以决定组织的信念和价值观,而不是由信念和价值观来决定谁应该拥有管理权力。这种组织氛围一旦形成,信念和价值观也就成为服务于管理权力的工具,以至于随着管理权力的轮替,组织的信念和价值观也会如走马灯般转换。这样的组织不可能拥有真正意义上的信念和价值观。

6.7 颜回问仲尼曰:"孟孙才[①],其母死,哭泣无涕,中心不戚,居丧不哀。无是三者,以善处丧盖鲁国。固有无其实而得其名者乎?回壹[②]怪之。"

仲尼曰:"夫孟孙氏尽之矣,进[③]于知矣。唯简之而不得,夫已有所简矣。孟孙氏不知所以生,不知所以死;不知就先,不知就后;若[④]化为物,以待其所不知之化已乎!且方将化,恶知不化哉?方将不化,恶知已化哉?吾特与汝,其梦未始觉者邪!且彼有骇[⑤]形而无损心,有旦宅[⑥]而无情[⑦]死。孟孙氏特觉,人哭亦哭,是自其所以乃。且也相与吾之耳矣,庸讵知吾所谓吾之乎?且汝梦为鸟而厉[⑧]乎天,梦为鱼而没于渊。不识今之言者,其觉者乎,其梦者乎?造适不及笑,献笑[⑨]不及排[⑩],安排而去化,乃入于寥天一[⑪]。"

字词注释

① 孟孙才：春秋时期鲁国人。

② 壹：这里是实在、确实的意思。

③ 进：这里是超出、超过的意思。

④ 若：据成玄英疏，"若，顺也"〔1〕。

⑤ 骇：形声字，本义指马受惊，这里是害怕、惊慌的意思。

⑥ 旦宅：据郭象注，"以形骸之变为旦宅之日新耳"〔2〕。"旦宅"，即形骸的变化。

⑦ 情：这里同"精"，指精神。

⑧ 厉：这里同"戾"，是至、及、到达的意思。

⑨ 献笑："献"，这里是呈现、表现的意思；"献笑"，即呈现出来的笑容。

⑩ 排：这里是拨开、推开、推移的意思。

⑪ 寥天一："寥"，这里是空寂的意思；"寥天一"，即"道"。

今文意译

颜回问孔子："母亲去世，孟孙才竟然哭时无泪，面无悲色，守丧不哀。没有这三种表现，还在鲁国以擅长处丧而闻名，真有这种名不副实的情况吗？我实在是觉得很奇怪。"

孔子说："孟孙才这样做，完全符合处丧规范的要求，只是已超出一般人的认识了。因为丧事关键不在于繁复的仪式和外在的表现，一般人只看到这些形式，一旦简化就不能理解，而孟孙才恰是对丧事的形式进行了简化。孟孙才已超越了一般人对生死的认识，不去特别关注生，也不去特别关注死，只是在顺应自然，以等待那不可预知的未来变化而已！况且正要发生变化，又怎么知道不变化会什么样呢？正要保持不变，又怎么知道已经变化了的情形呢？但是，我和你，恐怕都还在梦中没有醒来呀！孟孙才虽然会惊骇于形体，却不会损害内心，虽然也会面对形体的变化，却不会影响精神的永恒。孟孙才是清醒的，虽然别人哭，他也哭，但他非常清楚为什么要这样做。虽然人们相互交往都以'我'相称，但又怎么知道我所说的'我'，到底意味着

---

〔1〕 郭象：《庄子注疏》，成玄英疏，曹础基、黄兰发整理，中华书局2011年版，第151页。
〔2〕 郭象：《庄子注疏》，成玄英疏，曹础基、黄兰发整理，中华书局2011年版，第152页。

什么呢？假设你做梦变成鸟在空中飞翔，做梦变成鱼在深水里遨游，不知现在说这话的人，是醒着还是仍在做梦？由衷的喜悦来不及笑出来，自发的笑容无法事先排练，安心地顺应自然而然的变化，就会与'道'融为一体。"

分析解读

前面几章讲的都是一个人有信念坚守，必定会有相应的行为表现，而且也只有借助行为表现，才能确认一个人是否有信念坚守。对于信念坚守来说，只是想和说，那是远远不够的。但是，通过一个人的行为表现，果真能确认一个人不具备某种信念吗？或者说，真能通过行为来推断内心的原初状态吗？这确实是一个值得深思的管理问题。

本章以"善处丧盖鲁国"的孟孙才为例，恰要说明，行为判断总要有标准，而这样的标准往往又是来自于某种信念和价值观。但是，以从一种信念和价值观派生出来的行为标准，去判断另一种信念和价值观下的人的行为表现，却很可能得出完全不同的结论。比如，颜回从当时的丧礼规范角度，去观察和判断孟孙才的行为，发现"孟孙才，其母死，哭泣无涕，中心不戚，居丧不哀"。根据当时的丧礼规范，面对母亲去世，作为儿子，哭泣要泪如泉涌，悲痛必显于色，守丧期间应一直哀痛不已才对。既然没有这三种典型表现，孟孙才又怎么能"以善处丧盖鲁国"呢？颜回无法理解，觉得孟孙才"善处丧"有名无实。

这与上一章子贡去吊唁子桑户时所发现的情况表面上有些相似，实际上却有很大不同。上一章一开头便介绍了那三个人的共同信念，人们由此很容易理解两位好友在子桑户去世这件事上的行为表现，这就是从信念到行为的一以贯之；而子贡的不理解，也恰表明由不同信念所产生的不同行为之间的差别。但是，本章孟孙才的例子则不同，颜回所了解的孟孙才并不像上一章提到的那三位"方外之人"，坚守着一种不同的信念，而是"以善处丧盖鲁国"，听上去像是一位坚守着类似于儒家信念的人。既然如此，又怎么会在母亲去世时有这样的行为表现呢？

当然，孔子对于颜回困惑的回答，也与上一章给子贡的解答不一样。上一章是从信念坚守来说明，信念的内涵及特征不一样，相应的行为表现也会有所不同；而本章则专门从行为表现来说明，如何理解行为表现与信念坚守之间的关系，不能为行为而行为，那样反而成了做作。

孔子所说的"夫孟孙氏尽之矣，进于知矣"，是先对孟孙才的行为表现给予总体判断，认为孟孙才这样做完全符合"处丧"的规范要求，只是已超出了一般人的认识，这才容易造成误解。在孔子看来，"处丧"的关键不是仪式和外在表现上多么繁复周全，而在于内心的感受。当然，一般人只能看到外在的形式及当事人的行为表现，一旦这些被简化了，就不容易理解，毕竟外人并不了解当事人的内心感受，只能借助外在形式去推断其内心感受；而且，这种推断又总是遵从一定的相关性，即形式越繁复，说明内心越悲痛，而形式简化了，也就说明内心悲痛程度减轻了。如今孟孙才对丧事的形式进行了简化，外人自然就会觉得其悲痛程度下降了。

实际上，对丧事形式的简化，恰说明孟孙才对生死的看法，已经与一般人不一样了，他能做到"不知所以生，不知所以死；不知就先，不知就后；若化为物，以待其所不知之化已乎"。这说的是，孟孙才不去特别关注"生"，也不去特别关注"死"，把生死看作自然而然的变化，因此，"死"不过是一种不可预知的未来变化而已。从这个意义上说，至少在孟孙才心中，母亲并没有去世，只是处在一种自然变化的过程中，他仍在心中与母亲相见并对话交流。如此看来，孟孙才当时可能正在同处于变化中的母亲进行交流，而外人只能看到他的行为表现，当然理解不了这一点。所以，孔子才说"吾特与汝，其梦未始觉者邪"。这意味着，如果从孟孙才的视角来看待像你和我这样的人，恰如尚处于梦中一样，完全没有认识到人生乃至生死存亡的意义所在。因为在孟孙才看来，形体的变化，如死亡，的确也会让人吃惊，但并不能因此而影响自己看待世界和人生的思维方式，更不会动摇自己的信念坚守。这完全不同于某些人，可能会因为某一次生死变故，如形体上的重大变化，就彻底改变了对世界和人生的看法。

在孔子看来，孟孙才是清醒的，即"孟孙才特觉"，虽然别人哭，他也哭，但别人可能只是为哭而哭，甚至只是纯粹被他人哭的氛围所感染，而孟孙才却非常清楚他为什么要这样做，即"人哭亦哭，是自其所以乃"。虽然人们在日常交往中都以"我"自称，但又有几个人能真正理解"我"到底意味着什么？

"我"真的是由形体决定的那个物化存在吗？如果"我"只是一种物化存在，那么，是否就像第二篇"齐物论"第13章讲的"庄周梦蝶"一样，人们根本就无从分辨自己到底是人还是物，是在梦中还是醒着呢？本章再次用梦的隐喻，重提这个深刻的问题。

只不过第二篇"齐物论"第13章是要提醒人们千万不能被"物化"，而本章却是用梦与醒来强调自我意识的立足点到底是什么。我之所以成为我，首先必定是建立在人之所以成为人的坚定信念之上的。没有对人之为人、区别于物的独特本性的坚定信念，思考我之为我就不可能有参照系。只有理解了人之为人、区别于物的独特本性是德性，才能立足于此，来反思、观照和理解我之为我的独特个性。既然人之为人的独特本性在于德性，而德性又存在于心或思维之中，并借德行表现出来，那么，我作为人的集合中的一员，独特个性也必定在于心或思维及其表现出来的独特之处，那便是由信念而自发形成的各种独特的言行表现，而不是模仿特定人所刻意做出来的言行表现。这就是孔子所说的"造适不及笑，献笑不及排，安排而去化，乃入于寥天一"的含义所在。这表明，我的言行表现应该是自然而然的，就像那由衷的欢喜来不及笑出来，内心的喜悦根本不是为了要做给别人看或要迎合什么人，而自发的笑容也无法事先排练。这种由内而外、自然而然的变化，恰说明"我"与信念融为一体。这才是真正意义上的"我"，既拥有人所共有的本性，又具有"我"之为"我"的个性。共性与个性相结合的"我"，也就是真正表里如一的"我"。

本章提出了认识自我、理解他人的问题。这也是管理者在管理过程中必须面对的一个基本问题，因为管理者总是要对他人的行为做出判断和评价。但是，管理者如果都不能正确地认识自己，又如何理解他人，更遑论对他人的行为进行恰当的判断和评价了。所以，对于管理者来说，认识自我、理解他人，实在太重要了。

▍管理别义

管理离不开评价。这不仅意味着任何管理工作都要被评价，同时也意味着管理工作总是要对非管理工作进行评价。但是，做管理评价并不容易，尤其当涉及对人的行为进行评价时,困难会更大。毕竟人是拥有多个侧面的复杂存在,到底选择哪个侧面进行评价,其结果可能是完全不同的。

管理中习惯的做法,是将对人的评价,还原为对工作的评价,而工作评价也只是从组织的分工协作体系下特定岗位职责的履行出发,以结果对目标的实现程度,来衡量一个人的工作完成情况,最多由此联系到岗位胜任力水平,从而回避了对人的评价。这让管理工作中的评价变得较为容易,也比较可行。但必须牢记的是,正因为人是多侧面的复杂存在,具有持续学习的能力,能在各种可能的方向上发展,这就让管理评价同时成为一种激励,而且还可能是一种具有前瞻性和长远性的激励,人们会因管理评价而向特定方向学习并改变行为。当管理评价越来越具体化、指标化、数量化,乃至于成为一种物化评价的时候,人们也会在不知不觉中被塑造出一种特定的思维方式和行为方式,更适应于由外而内地强加式工作环境,反而不习惯于由内而外地做出独特的行为选择。在这样的管理评价之下,日积月累,不知不觉间,组织就有可能慢慢退化为物的聚合体而不是人的共同体,貌似效率很高,但那不过是标准化的类似于机器的效率,一旦环境发生改变,创造力和适应力不足的弊病马上就会显现出来。

创造力和适应力确实难以评价,至少要进行短期的管理评价并不容易。这就让管理评价的惯常做法面临严峻挑战。在当今环境变化日益加剧的背景下,任何组织想要实现可持续发展,都必须在效率与创造、秩序与变革之间保持必要的张力,而管理评价也不得不超越短期导向的指标化和数量化的习惯做法,探索更具柔性化和多元化的新方式。

6.8 意而子[①]见许由。许由曰:"尧何以资[②]汝?"

意而子曰:"尧谓我:'汝必躬服仁义而明言是非。'"

许由曰:"而[③]奚来为轵[④]?夫尧既已黥[⑤]汝以仁义,而劓[⑥]汝以是非矣,汝将何以游夫遥荡恣睢转徙之涂[⑦]乎?"

意而子曰:"虽然,吾愿游于其藩。"

许由曰:"不然。夫盲者无以与乎眉目颜色之好,瞽者[⑧]无以与乎青黄黼黻[⑨]之观。"

意而子曰："夫无庄⑩之失其美，据梁⑪之失其力，黄帝之亡其知，皆在炉捶⑫之间耳。庸讵知夫造物者之不息我黥而补我劓，使我乘成⑬以随先生邪？"

许由曰："噫！未可知也。我为汝言其大略。吾师乎！吾师乎！鳌⑭万物而不为义，泽及万世而不为仁，长于上古而不为老，覆载天地刻雕众形而不为巧。此所游已。"

字词注释

① 意而子：庄子虚构的人物。

② 资：这里是帮助、教导的意思。

③ 而：这里通"尔"，是你的意思。

④ 轵：通"只"，语助词，用在句末。

⑤ 黥：古时一种刑罚，用刀在犯人脸上刺上记号或文字，再涂上墨，也称墨刑。

⑥ 劓：古时一种割鼻的刑罚。

⑦ 遥荡恣睢转徙之涂："遥荡"，即逍遥畅快；"恣睢"，即自在得意；"转徙"，即变动不居；"涂"，即道路。这句话的大意是：走上逍遥畅快、自在得意、变动不居的道路。

⑧ 瞽者："瞽"，这里形容人不明事理、没有见识；"瞽者"，即没有见识的人。

⑨ 黼黻：古时礼服上绣的黑白相间的花纹，含有特定的寓意。

⑩ 无庄：庄子虚构的美人。

⑪ 据梁：庄子虚构的大力士。

⑫ 捶：这里通"锤"，是锤炼的意思。

⑬ 乘成："乘"，这里是乘坐、驾驭的意思；"成"，这里是完成、完备的意思；"乘成"，即驾驭完备的形体。

⑭ 鳌：本义为切碎、捣碎，这里引申为调和的意思。

今文意译

意而子去见许由。许由问："尧教给你什么？"

意而子说："尧对我说：'你必须践行仁义、明辨是非。'"

许由说："那你还来我这里干什么？尧既然已经用仁义给你上了黥刑，又用是非给你上了劓刑，你又怎么可能再走上逍遥畅快、自在得意、变动不居的道路呢?"

意而子说:"虽然如此,我还是愿意进入那种境界。"

许由说:"不行的。眼睛看不见的人无法欣赏娇艳美丽的面容,没有见识的人也无法理解礼服花纹的含义。"

意而子说:"无庄会失去美丽,据梁也会失去力量,黄帝同样会失去见识,这些都不过是由时光的炉火锤炼的结果。又怎么知道自然变化不会抹去我脸上的'黥'刑,复原我被'劓'刑割掉的鼻子,让我以完备的形体来追随先生呢?"

许由说:"哎!这就不知道了。我可以先给你说个大概。我的宗师啊!我的宗师啊!调和万物,却不自认为这是正义;泽被万世,却不自认为这是仁爱;比上古还要久远,却不自认为这是长寿;承载天地孕育万物,却不自认为这是精巧。这样就可以走上逍遥畅快、自在得意、变动不居的道路了。"

分析解读

本章在上一章的基础上,进一步强调指出,人们要保持自我的独立性而不被他人操纵,就必须以信念为师,而不是以某个特定的人为师,哪怕是管理者,都不足以成为人们寻求人之为人、我之为我的行为准则的依据。

本章还是以对话形式展开。意而子想要寻找那个人之为人、我之为我的内在依据,以立于天地之间,而许由则已在第一篇第 2 章中出现过,是一位不接受尧"让天下"的世外高人。本章的对话虽然是在许由与意而子之间展开,但对话的主题却因尧而生,毕竟尧是天下这个最大组织的最高管理者,许由和意而子两人不过都是这个组织的成员。由此也就暗示了本章的核心主题,即:组织成员到底是要以信念为师,还是要以组织的管理者甚至是最高管理者为师。在这样的主题下,当意而子来见许由时,许由上来就问"尧何以资汝"。许由问这个问题,倒不一定是因为意而子刚刚见过尧,而完全可以理解为,许由想知道尧这位当时天下这个最大组织的最高管理者,又对普通组织成员有什么样的新要求。

组织的管理者尤其是最高管理者,同时还兼具着教育者的角色,至少总是会教导普通组织成员,要做一名合格乃至优秀的"组织人"。这就需要给普通组织成员宣贯甚至强行灌输一些基本信条,而且,这些信条往往还会以组织的信念和价值观的形式表现出来。因此,像尧这样的最高管理者,自然会不断谆谆教诲普通组织成员,要符合组织的价值观和行为规范的要求,这也是意而子的回答"尧谓我:'汝必躬服仁义而明言是非'"的管理寓意所在。

这里的"躬服仁义",指的就是要践行组织的价值观,而"仁义",则可以理解为尧所竭力倡导的价值观,这也是庄子所处的时代很多诸侯国组织在口头上和书面上反复声明的重要价值观念。"明言是非",指的是要用"仁义"作为价值尺度,来判断什么对,什么错,从而在言行上建立起是非标准。作为践行"仁义"价值观的组织成员,当然要敢于公开坚持和赞成对的,否定错的,做到明辨是非,而不是混淆是非。不夸张地说,没有哪一个组织的管理者不希望组织成员践行价值观,明辨是非。这似乎成了古今做管理的常识。

但是,组织的管理者哪怕是最高管理者所说的"躬服仁义而明言是非",真的就能代表人之为人、组织之为组织的独特本性吗?人们往往习惯于用看得见的职位权力及由此派生出来的话语权,来界定价值观念的内涵及由此派生出来的对错标准,但这种用语言表征的外在标准,却不一定能代表源自信念坚守的内在价值尺度。这可能正是许由所要质疑的问题,当然也是庄子自始至终要进行深入探讨的根本问题。简言之,外在的职位权力能否代表人之为人、组织之为组织的独特本性及本然状态,才是需要深思的问题。组织成员如果只是盲目服从职位权力,反而可能是在自我物化,被从外部刻上了物化的烙印。所以,许由才说:"夫尧既已黥汝以仁义,而劓汝以是非矣,汝将何以游夫遥荡恣睢转徙之涂乎?"

许由所说的"黥"和"劓",都属于当时残酷的"肉刑"。"黥",是用刀在犯人脸上刺记号或文字,再涂上墨;而"劓",则是一种割掉鼻子的酷刑。像这样的肉刑,都是要在人的身体上做标记,使他人一望即知,这是犯过罪的一类人。且不说这种刑法的残酷性,只这种在人身上做标记的做法本身,便隐含着一个重要的前提,即把人当成"物"来看待。试想,人们对待"物",不也是经常要打上各种各样的标记,以便识别和使用吗?所以,许由用肉刑来隐喻尧教导意而子的做法,实际上是在暗示,在当时的历史条件下,哪怕是像

360　庄子的管理别义

尧这样的管理者，都没有摆脱将组织成员物化的错误认识和做法。

以尧为代表的那些管理者，只想给组织成员打上共同的标记，却没有从每位组织成员自身的独特个性出发，来发挥每个人的创造潜能，以实现个人与组织的协同成长；他们只是希望每位组织成员都按照统一的行为规范及是非标准来言说和行动，却丝毫不关心组织成员内心的真实想法。如此形塑出来的所谓"组织人"，看似有一致的行为风格，也能按照统一的是非标准来言说，但实际上，要么被扼制了独立思考和判断的能力，要么想一套、说一套、做一套，处于思、言、行严重割裂的状态。这也是许由说"汝将何以游夫遥荡恣睢转徙之涂乎"的深刻原因。

这里的"遥荡恣睢转徙之涂"，便是上一章所讲的人之为人、我之为我的共性与个性有机统一的存在，而这样的存在，无论是对于个体人而言还是对于"组织人"而言，都是在信念坚守下由内而外地自我主动选择的结果。当关于人之为人、区别于物的独特本性的信念，超越了生物本能，成为自我的主导之后，人们才有可能走上逍遥畅快、自在得意而又变动不居的持续创造之路，这也是人性与个性完美融合之后的理想状态。但是，一旦组织成员被管理者人为地打上"组织人"的标签，并被严格限制了言语和行为，再要想回归人的本性，发挥自我的创造力，就比较困难了。这也是当意而子仍希望继续向这种境界努力时，许由却说"夫盲者无以与乎眉目颜色之好，瞽者无以与乎青黄黼黻之观"的原因。

在这里，"盲者"，指眼睛看不见的人，引申为感官不敏锐，甚至丧失了感受能力的人。一旦丧失感受能力，人就根本无法获取有效信息，而没有信息输入，要想加工信息，并做出判断和选择，也只能是空想。这隐喻的是，在组织中，普通组织成员能否获得有效信息，直接决定着其对管理者的言行能否做出恰当的判断。像本章开头所说的那样，普通组织成员如果只是听尧在大力宣贯"必躬服仁义而明言是非"，却根本没有关于尧自己到底是怎样做的，以及在其他场合里又是怎样说的信息，更不知道以尧为代表的整个管理者群体都是怎样做出决策的，那么，只是听尧的谆谆教诲，就真能由内而外地形成组织认同，进而做出恰当的判断、选择和行动吗？这的确有点难以想象。

大宗师第六

"瞽者"，这里指不明事理、没有见识的人。对于那些没有任何关于职位级别、仪式活动的相关见识和知识的人来说，给他展示一件绣着各种黑白相间花纹、具有丰富内含的礼服，确实没有什么意义。只有当人们看到礼服，马上能通过花纹理解其所代表的管理岗位及相应的仪式活动的寓意，这种礼服上的花纹才是有意义的；否则，那只不过是一系列图案而已，有信息却无意义。所以，第二句中的"瞽者"与上句中"盲者"的区别在于，"盲者"是由于感官的原因，缺失了信息本身，才无法进行有效的信息加工，以做出恰当的判断和选择；而"瞽者"，则是由于心或思维的原因，缺失了信息加工能力，也就是说，虽然眼睛能看到礼服上的花纹，但因为心或思维中没有相关的见识和知识，因而解读不了特定花纹信息的真实含义。这实际上是在隐喻，普通组织成员如果只是获得了信息，却没有机会去学习相关知识，形成特定能力，那么，即便有信息，也是没有意义的。这就像是一本书，哪怕内容再丰富，对于不认识那种文字的人来说，也是毫无意义。因此，这也就意味着，普通组织成员如果想真正认识并理解组织的信念和价值观对于自身的意义，就必须具备两个条件：一是要有关于管理者为什么这样倡导以及管理者是怎样做的较为丰富的背景信息；二是要培养起组织成员对各种信息进行分析加工的背景知识和思维能力。

对此，意而子也有自己的看法，即"夫无庄之失其美，据梁之失其力，黄帝之亡其知，皆在炉捶之间耳。庸讵知夫造物者之不息我黥而补我劓，使我乘成以随先生邪"。"无庄"，指美人，"据梁"，则指大力士，他们都是为了帮助理解"黄帝"这位管理者的典型代表。众所周知，青春不能永驻，从生命周期来看，美丽和力量都是青壮年时期的特征，随着岁月流逝，像"无庄"这样的美人也会"失其美"，像"据梁"这样的大力士也会"失其力"。类似地，经验见识、知识学识及信息，也都会随着时间流逝而变化，被隐藏的信息终将弥散开来，真相大白；基于经验的见识和基于知识的学识也会过时不起作用，连黄帝这样的管理者都会"亡其知"，又何况是用刻意的信息操纵和见识及学识剥夺来给组织成员人为地烙上的"组织人"标记呢？即便一时间能让组织成员成为"盲者""瞽者"，但随着时间的流逝、信息大白于天下，管理者刻意制造的见识和知识壁垒消失，由此人为塑造的管理者形象及让组织成员以管理者为师的可能性,自然也就会消失了。一旦这种可能性消失,新生代的"组织人"是否能重新回归人之为人、我之为我的独特本性及本然状态呢?这或许正是意而子想要表达的意思,即"庸讵知夫造物者之不息我黥而补我劓,使我乘成以随先生邪"。这里的"先生",明指许由,暗指一种关于人性的坚定信念。由此明确提出本章的核心主题,组织成员到底应该以管理者为师,还是以信念为师。

当许由喊出"吾师乎!吾师乎"的时候,恰是要表明,个体要实现精神的独立,就必须以信念为师,超越任何人格化的具体存在,哪怕这个存在就是组织的管理者。之所以说要以信念为师,而不是以管理者为师,就是因为只有秉持关于"道"的信念,才能做到"鳌万物而不为义,泽及万世而不为仁,长于上古而不为老,覆载天地刻雕众形而不为巧"。

这里还是先以天地之道作类比。天地间万物之所以能各安其位,秩序井然,和谐共生,靠的就是天地之道的基础作用;但是,天地之道却从来没有在任何时候夸耀过自己是多么正义、多么伟大。天地之道不仅滋养着现在的各种生命,还滋养着过去和未来的生命,可谓泽被万世;但是,天地之道却又从不自诩仁爱。天地之道比上古还要久远,却又从不自认为这才是长寿;天地之道也承载着天地、孕育着万物,却并不会自认为这就是精巧。

与天地之道类似,基于人性的德性内涵的组织之道,也远远超过了组织中具体的人和事而持续支撑着组织的发展。组织之道具有如此强大的生命力,恰在于它进入了人的内心,成为人的坚定信念。虽然管理者要代表组织,最高管理者应该成为组织之道的化身,但这并不意味着管理者就等于组织,最高管理者就等于组织之道,更不意味着组织就是管理者的组织、组织之道就可以由最高管理者任意表达。组织之道如同天地之道一样,必然是超越组织中任何人和事的,这样才能不随组织中人和事的变迁而消亡,也才有可能从根本上保证组织的可持续发展。

从这个意义上讲,人们坚守组织之道,就像坚守天地之道一样,是认识自己、理解他人、把握内外部环境的根本前提。天地万物之所以在人们面前井然有序,是因为人们坚信一定存在让天地万物井然有序的天地之道;当有了这样的信念坚守,人们才会义无反顾地执着探索、认识和实践天地之道。

同样，组织之所以能作为人的组织而存在，也在于人们坚信一定存在基于人性的德性内涵的组织之道，进而严格践行，不断追求，并代代相传。真正意义上的组织之道，永远存在于组织成员的心中，是组织成员内心得以仰望的真正对象，也是组织成员需要师法的真正"宗师"，即根本之师、源头之师。

基于人性的德性内涵的组织之道，既是人之为人的根本和源头，也是组织之为组织的根本和源头，犹如天地之道才是天地万物的"宗师"一样。所以，庄子最后才说"此所游已"。这意味着，只有以信念为师，才能让自己站立起来，而不是匍匐在别人脚下。问题是如何才能以信念为师呢？这正是下一章所要讲的内容。

管理别义

在组织中，为了让抽象的管理要求具体化，也为了实现有效激励，更为了高效做管理，往往会树立榜样，以供组织成员学习。但是，人为确立的榜样，不管是某个具体专业领域中的榜样，还是一般意义上符合"组织人"要求的具有综合性的榜样，由于是具体的某个人或某一群人，也就必然有其负面效应。

一方面是榜样的遮蔽效应，即人们只看到榜样光辉的一面，而会忽略其他侧面，正所谓一俊遮百丑。在这种遮蔽效应下所产生的榜样力量，会把那个光辉的侧面无限放大，让其他组织成员都朝着那个方面努力，在不知不觉间造就一大批单向度的人。这很有可能让组织在那个方面变得愈加同质化，限制了组织的创造和创新。

另一方面是榜样的不稳定性。这既包括环境条件变了之后，原本树立的榜样会处在尴尬的境地；也包括榜样本身的变化，有可能导致通常所说的"人设崩塌"。无论哪种情况，都会给榜样及他人造成巨大困扰。

不管是榜样的遮蔽效应，还是榜样的不稳定性，都还是从管理本身的有效性，即依靠树立榜样来实施管理的有效性上来考虑的，而更值得深入思考的则是，通过树立榜样来实施管理，隐含的一个重要前提，即人是可以比较进而判断优劣的，后进者需要向先进者学习。这很可能会像无视人与物的差异一样，无视了人与人的差异。当管理者说某位组织成员要像某榜样一样时,其隐含的意思或许是,要以人为师来认知自己,积极上进。但严格来说,人们可以选择学知识和技能的老师,却无法选择做人的老师。做人的老师只能是心中的信念,而做"组织人"的老师,也只能是"组织人"心中的信念。

6.9　颜回曰:"回益①矣。"

仲尼曰:"何谓也?"

曰:"回忘仁义矣。"

曰:"可矣,犹未也。"

他日,复见,曰:"回益矣。"

曰:"何谓也?"

曰:"回忘礼乐矣。"

曰:"可矣,犹未也。"

他日,复见,曰:"回益矣。"

曰:"何谓也?"

曰:"回坐忘矣。"

仲尼蹴然②曰:"何谓坐忘?"

颜回曰:"堕③肢体,黜④聪明,离形去知,同于大通⑤,此谓坐忘。"

仲尼曰:"同则无好也,化则无常也。而⑥果其贤乎! 丘也请从而后也。"

字词注释

① 益:这里是提高、进步的意思。

② 蹴然:这里指惊奇不安的样子。

③ 堕:这里通"隳",是毁坏的意思,这里引申为完全忘记。

④ 黜:本义指贬降、贬退,这里引申为彻底放弃。

⑤ 大通:这里指大道。

⑥ 而:这里通"尔",是你的意思。

今文意译

颜回说:"我长进了。"

孔子说:"长进了什么?"

颜回说:"我忘记仁义的说法了。"

孔子说:"不错,但还不够。"

过些日子,颜回又来见孔子,说:"我又长进了。"

孔子说:"长进了什么?"

颜回说:"我忘记礼乐的做法了。"

孔子说:"不错,但还不够。"

过些日子,颜回又来见孔子,说:"我又长进了。"

孔子说:"长进了什么?"

颜回说:"我忘记一切了。"

孔子惊奇地问:"什么叫忘记一切?"

颜回说:"完全忘记了肢体,彻底放弃了聪明,离开了形体、抛弃了见识,与'道'融为一体,这就叫忘记一切。"

孔子说:"与'道'融为一体就没有个人好恶了,与自然变化完全一致就没有固执了。你果然是贤能啊!我也要跟在你后面长进。"

分析解读

本章紧接上一章,阐明怎样才能做到以信念为师、忠于信念,而不是以他人或管理者为师、忠于个人。

本章再次以颜回和孔子为主人公,展开对话。这里需要特别注意的是,孔子和颜回本为师生关系,按理说,颜回以孔子为师是很正常的;但本章所要阐明的恰是,如何超越现实中以人为师、忠于个人的方法或途径,因而,本章以孔子和颜回为主人公,具有更加深邃的管理寓意。

颜回去向孔子汇报,他取得了进步,是什么进步呢?竟然是"忘仁义"。众所周知,孔子是言必关乎"仁义",而"仁义"也成了儒家学说的标签;另外,当时各诸侯国管理者无不大谈"仁义",而"仁义"也成了庄子所在时代的流行语。在这样的大背景下,颜回的进步竟然是"忘仁义",确实让人感到吃惊。其实，这并没有什么好吃惊的，因为颜回忘掉的不过是关于"仁义"的各种说法罢了。想想当时各诸侯国的管理者，谁没有一套关于"仁义"的说辞，做什么不都打着"仁义"的招牌吗？颜回的"忘仁义"，忘掉的恰是那些有关"仁义"的语言表达，也就意味着他超越了语言运用所构建起来的意义网罟。笼罩在语言的迷雾下，人们反而难以真正把握"仁义"的真谛。

过了些日子，颜回又来汇报说"忘礼乐"了。孔子同样也非常注重"礼乐"教化，以此来引导和培养人们拥有符合社会规范的行为。如果说"仁义"作为价值观，主要体现在言辞和说法上，即怎样用口语和书面语进行表达；那么，"礼乐"作为行为规范，则主要体现在行为和做法上。毕竟当时的礼仪和音乐都不能只是说说，而是必须得做出来才行，即行"礼"、作"乐"，哪有只是说"礼乐"的呢？所以，不难理解，语言表达上的记忆还是浅层次的陈述性记忆，容易忘记；而行为做法上的记忆，则属于程序记忆，这可是肌肉记忆或"具身"记忆，要忘记就不那么容易了。就像背诵一篇文字，过了不多久便可能忘记了，而学会了骑自行车或弹奏一样乐器，则往往终生不会忘记。这或许正是颜回首先忘记的是关于"仁义"的说法，然后才是关于"礼乐"的做法的原因。

能忘记关于"礼乐"的做法，已经实属不易了。这意味着，颜回不仅忘记了谁教给自己的"仁义"说法，也忘记了谁教给自己的"礼乐"做法。实际上，这也是在暗示，颜回已经超越了现实世界里普遍存在的以他人为师、忠于个人的状态。孔子很认可颜回的这种忘却，但仍说"可矣，犹未也"。

过了些日子，颜回又来向孔子汇报说"坐忘矣"。颜回的"坐忘"，指的是"堕肢体，黜聪明，离形去知，同于大通"。这里的"肢体"，代表的是身体或形体；而"聪明"，则指的是敏锐的感官，代表个人经验，也是个人见识的来源；"大通"，则指"大道"，即关于"道"的信念，"同于大通"，指的是与"道"融为一体。

由此可见，颜回的"坐忘"，既超越了以身体为代表的生物本能，也超越了以经验为基础的个人见识，让自我完全融入信念之中。这意味着，颜回已经让关于"道"的信念真正成了心或思维的主导者，实现了思维、言语和行动的一体化，既超越了现实状态，进入理想境界，又能更深刻地认识和理解现实，并找到完善现实的可行路径。实际上，颜回的"坐忘"，与第四篇"人间世"第1章中孔子给颜回讲的"心斋"，本质上是一样的，都是要让信念成为心或思维的主导者，从而保持信念主导下的思、言、行一致，这样才能不被生物本能所左右，也才能从根本上排除外界的诱惑和操纵。

无论是颜回的"坐忘"，还是孔子讲的"心斋"，起主导作用的都是信念，但信念又绝不是个人在自说自话，自己说坚守什么信念就坚守什么信念。如果是那样的话，生物本能的趋乐避苦、趋利避害也可以说是一种信念，那岂不是给生物本能左右思维，进而掌控言行找到了合理借口，让人更迅猛地退化成物了吗？因此，这里的信念并不是关于人的生物本能或自然属性的，也不是人们想怎么界定就怎么界定的。如果人们在追逐生物本能或自然属性的趋乐避苦中忘记了一切，如在吸毒时所达到的那种幻觉，这难道也可以说是颜回意义上的"坐忘"吗？果真如此，恐怕是彻底走入误区，在为人退化成物张目了。例如魏晋南北朝时期那批号称信奉庄子学说的"名士"，用酒精，甚至是"五石散"这样的"毒品"来麻醉自己，还打着回归本性的旗号，实则却在放纵自己的生物本能，结果不仅使自己快速走向毁灭，也把庄子的思想彻底扭曲了。

人之为人，既有与物相同的部分，更有与物相异的部分，但要想真正认识人、理解人，就必须把相同的部分与相异的部分区别开来，并立足于人之为人、区别于物的独特本性。这里丝毫也没有要否定人与物相同的部分的意思。人之为人，的确首先是一种有形的物化存在，离不开各类物化资源的输入，也必须满足生物本能的各种需要，这种物性或生物性固然非常重要，但仅此还不足以确定人之为人的独特本性，更不能解释人为什么能实现对这种物性或生物性的超越。这才需要更加关注人之为人、区别于物的独特本性，也就是上篇"德充符"重点讲的"德性"，而关于"德性"这种人之为人、区别于物的独特本性的信念，才是庄子所反复强调的信念，也是人能实现超越的内在力量源泉。正因为如此，孔子才会说"同则无好也，化则无常也。而果其贤乎！丘也请从而后也"。

"同则无好"，意指与这种信念融为一体，才能超越源自生物本能的个人好恶，摆脱经验见识的束缚，不会固执己见。这再次表明，以信念为师、忠于信念,才是实现超越的力量源泉。另外,不应忘记的是,原本孔子是老师,颜回是学生,而现在孔子竟说"而果其贤乎!丘也请从而后也"。孔子不仅盛赞颜回,还要跟在颜回后面去努力上进,这恰说明,孔子和颜回都不是以人为师,而是以信念为师,借助信念的力量去争取进步,也即实现超越。这也回答了上一章最后提出的问题,即如何才能以信念为师。

管理别义

组织文化,包括价值观和行为规范,确实要落地生根才行;否则,空谈的价值观、形式上的"作秀"行为,只会损害组织文化,甚至培养出一批说一套、做一套的两面人。但问题是,现实中的组织文化,确实又有很多只是停留在用于宣传的标语、口号、手册中;而仅有的文化行为,也不过是些人为设计的文化活动或团建活动。很少有组织文化是于无声处、无形处,扎根于组织的日常经营管理活动之中的。

看来,要想让组织文化落地生根,首先就必须忘却,既要忘却那些专门为宣传价值观而编排的好词好句,又要忘却那些为贯彻行为规范而设计的团建活动,甚至还要忘却一个人在组织中到底扮演的是管理者角色还是被管理者角色。只有先将这些都忘记,努力清空思维,或许才能发现,思维中到底还能剩下什么;那些剩下来的,可能就是人和组织赖以存在和发展最为根本的,也即无法忘记而必须坚守的信念。只有当自我与信念融为一体,才能超越生物本能的趋乐避苦、趋利避害,从而形成关于什么重要、什么有价值的内在准则,再由内而外地决定怎么做。这样一来,信念、价值观和行为规范,就是由内而外自然而生的,而非由外而内被强行灌输的。强行灌输的组织文化,只能停留在漂亮的言辞和形式化行为上,不过是些强作认可的刻意言行罢了;由内而外自然而生的组织文化,才能成为自然而然的言行风格。

6.10 子舆与子桑友,而霖雨[①]十日。子舆曰:"子桑殆病矣!"裹饭而往食之。至子桑之门,则若歌若哭,鼓琴曰:"父邪!母邪!天乎!人乎!"有不任其声[②]而趋举其诗[③]焉。

子舆入,曰:"子之歌诗,何故若是?"

曰:"吾思夫使我至此极者而弗得也。父母岂欲吾贫哉？天无私覆,地无私载,天地岂私贫我哉？求其为之者而不得也。然而至此极者,命也夫!"

字词注释

① 霖雨:这里指久下不停的雨。

② 不任其声:"任",这里是承受、胜任的意思;"不任其声",即身体虚弱得几乎发不出声音。

③ 趋举其诗:"趋",这里是急促、快速的意思;"举",本义指发动、兴起,这里引申为歌唱;"趋举其诗",即呼吸急促得几乎唱不成调子。

今文意译

子舆和子桑结为朋友,连绵的雨下了十日。子舆说:"子桑怕是要饿病了!"便带饭去给他吃。到了子桑门前,就听到屋里有既像唱歌又像哭泣的声音,子桑在弹着琴唱:"父亲啊！母亲啊！天啊！人啊!"身体虚弱得几乎发不出声音,呼吸急促得几乎唱不成调子。

子舆进屋说:"你怎么这样唱歌？"

子桑说:"我在想是什么原因让我沦落到这般贫苦绝境,但还没有想清楚。父母怎么会希望我贫苦呢？天地无私,又怎么会单单让我贫苦呢？寻找那让我贫苦的原因而没有结果。那么,让我沦落到这般贫苦绝境的是命吗!"

分析解读

本章作为本篇的结尾,一方面要说明,以信念为师,才能产生超越现实和改变现实的力量;另一方面也在暗示,管理者才是影响组织成员福祉的重要因素,要改变现实,必须从改变管理者开始。

值得注意的是,本章上来就说"子舆与子桑友",而不像本篇第5章、第6章那样,先交代清楚几个人因何而"友"。这表明,那两章中的"友"是志同道合者意义上的"友",明显带有理想的成分,而本章的"友",则是现实中一般意义上的"友",也是现实中最普遍的那种"友",很可能是通过利益联系在一起的,如互相帮助,而接下来的情节展开也很好地说明了这一点。另外,这种因互相帮助、共同兴趣或其他现实联结而成为"友"的情况,在现实中也多见于特定组织之中,如因工作场景的交集而频繁互动成为"友",因此,这种现实中的"友",也有着"同事"的含义。

交代了"子舆与子桑友"这个背景后,接下来情节的展开是"霖雨十日",子舆担心子桑没东西吃,饿坏了,便带着食物去看望他,由此引出了一个与本篇整体格调截然相反的故事。

子舆到了子桑门前,听见屋里带着哭音在弹唱,而弹唱内容却是"父邪!母邪!天乎!人乎!"听起来极其凄惨,以至于"有不任其声而趋举其诗焉",也就是身体非常虚弱,几乎发不出声音,呼吸也极度急促,几乎唱不成调子,这说明子桑着实饿得不轻,但饿成这样,为什么不出去想办法,而只是待在家里呼喊着"父邪!母邪"呢?子舆不得其解,发出疑问:"子之歌诗,何故若是?"

子桑的回答竟然是:"吾思夫使我至此极者而弗得。父母岂欲吾贫哉?天无私覆,地无私载,天地岂私贫我哉?求其为之者而不得也。然而至此极者,命也夫!"

需要注意的是,子桑上来就说"吾思夫使我至此极者而弗得也",说明他很关注现实,只不过这个现实对他来说非常残酷,竟然让他贫困到没有饭吃,饿成了这个样子。但是,子桑不仅没有为改变现实而采取行动,连现实为什么对自己如此残酷都想不清楚,深深地陷入不得其解的身体和精神的双重痛苦之中。如果联想到第四篇"人间世"第5章讲到的支离疏,身体严重残疾却能养活自己,那么,相比之下,此处所描写的子桑是在暗示着什么吗?

人们可能会想,到底是什么原因让子桑这个四肢健全的人,竟然穷困到没饭吃的地步呢?首先,"父母岂欲吾贫哉"说明要排除父母的因素。父母没有任何理由希望子女贫困。再说,子女已经成年,本应奉养父母,而不能再希望父母来供养自己,因此,想从父母那里寻找让自己遭遇贫困的理由是不合理的。其次,"天无私覆,地无私载,天地岂私贫我哉",从天地的视角来看,任何人都是天地间的一员,天地公正无私,不会偏袒任何人,又怎么会无缘无故地只让某个人贫困至极呢?因此,自己遭遇贫困,却想从天地所代表的自然环境找原因,也是没有道理的,甚至连自我安慰都做不到。现在的问题是:子桑之所以贫困至极,既不是因为父母,也不是因为自然环境,那又是因为什么呢?子桑自己的解释是"命也夫"。

这里的"命",可以作双重理解。一是自己个人的"命",也就是个人的先天禀赋因素,但个人的先天禀赋又是从哪里来的呢?要么是父母,要么是自然环境,这些都是不可抗拒的先天力量来源。既然前面已经说了,不能找父母的原因,也不能找以天地为代表的自然环境的原因,那么,个人的"命"这一理解就无法成立。作为四肢健全、完全可以自食其力的人,当然不能从先天禀赋去找原因,即便像支离疏那样有严重残疾的人,都没有去埋怨个人的先天禀赋,更何况是子桑这样肢体健全的人呢?因此,"命"的第一重含义,即自己的先天禀赋之"命",也就被排除了。那就只剩下"命"的第二重含义,即自己所处的特定社会环境,或更具体地说,是组织环境,这也可以称为个人的组织之"命"。身处什么样的组织之中,虽然可以选择,但一经选择,转换成本却非常高,特别是在当时的历史条件下,身处特定组织之中,往往会被牢牢锁定,进而被组织环境所左右。身处这样的组织环境中,个人的境遇往往身不由己,好像完全掌控在组织的管理者手中。进入什么样的组织,面对什么样的管理者,就会有什么样的境遇,这像是冥冥之中被一只看不见的手安排好了一样。这或许就是子桑所说的"命"吧。

理解了"命"的双重含义,也许才能读懂子桑所说的"命也夫"的真正含义。可以想见,子桑这样说,暗指的是,他身处的组织环境不好,所以才让他如此贫困交加。像子桑这样,遇到问题,不是先从自身找原因,而总是归因于外部环境的思维方式,在现实中非常普遍。庄子在本篇"大宗师"的最后一章,之所以要回到现实,深刻揭示现实中普遍存在的这种思维方式,可能有以下三方面用意。

第一,没有信念坚守的人,遇到困境必然会向外找原因,总想寻求外部改变,而不是先向内找自身的原因,以寻求自我改变。联系本篇第 5 章和第 6 章中提到的那几位志同道合者之"友",便不难理解这一点。前面提到的几位有信念坚守的人,他们遇到的生死考验,相较于子桑的挨饿,不知要大多少倍,但他们都能坦然面对,而且,还能从信念出发,给予当下困境以合理说明,体现出信念与行为一体化的鲜明特征。反观子桑,面对挨饿,他先从外部环境找原因,却又想不明白,最后竟归因于"命",自始至终没有想过自己到底要坚信什么,要成为什么样的人,什么对自己才是真正重要的,自己到底能做什么。一个肢体健全的人,尚不如支离疏那样能自食其力,这正是庄子留给人们深思的问题。

第二,在现实中,子桑所具有的这种思维方式很大程度上是由环境尤其是组织环境选择和塑造出来的。人会受自然环境和社会环境的双重影响,但受自然环境的影响相对较弱。一方面是因为自然环境产生影响的周期比较长,在有限的时间尺度内,由这种影响所带来的人类整体变化和个体差异并不明显;另一方面则是因为人生活于社会之中,并创造出人工环境,相对隔离了自然环境的变化及其影响,这使自然环境的某些变化对人的影响不会像对动物的影响那样巨大。在这样的前提下,也就不难理解,所谓人受环境的影响,主要是指受社会环境,尤其是组织环境的影响,而组织环境的影响作用的发挥,又在相当程度上是由管理者所决定的。尤其是在庄子所处的时代,组织环境主要就是通过自上而下的管理权力发挥影响作用的,处于底层的普通组织成员只能是被动地接受,很少有机会做出主动的选择和创造。这样的组织环境便会选择和塑造出一种思维方式和行为习惯,那就是被动地等待和接受,而不是主动地探索和突破。在这样的组织环境中,即便有顺境,那也是管理者的功劳;若遇到逆境,当然也是管理者的问题,和自己没有关系。自己虽身处其中却又无能为力,而这样的组织,也就成了决定自己境遇而自己又无法掌控的异己之"命"。

在当时的历史条件下,子桑所说的这个组织环境之"命",确实操纵在管理者手中,当管理者不断强化着对组织成员乃至整个组织的支配力量的时候,这个"命"对每位组织成员的决定作用会变得越来越大,而普通组织成员的无助感也会越来越强,以至于深陷其中还不明就里,根本就想不清楚为什么会出现这样的情况。因为组织是看不见、摸不着的,权力也是在不知不觉中发挥作用的,当普通组织成员通过这样一个渐进过程被锁定其中的时候,像子桑那样想、那样说、那样无助地认"命",也就再正常不过了。

可以想象一下,当森林的大火烧起来,当惊怖的地震来临,那些生活其间的动物能怎么办呢?动物在自然环境面前是完全被动的,只能服从,无所谓自主、自立和创造。人之所以在面对自然环境时不会像动物那样被动地服从和适应,而是主动地探索和创造,甚至还能部分地超越自然环境对人施加的影响,原因就在于人所拥有的信念和创造潜能,且两者又密不可分。没有信念,创造潜能的发挥便会受到生物本能的抑制;而只有信念却不努力学习专业知识和技能以发挥创造潜能,信念终究要落空,人还是要受环境摆布。但是,严格来说,创造潜能又是为信念服务的,没有关于人之为人、区别于物的独特本性的坚定信念,人只是把自己混同于物,一心想回到那纯粹的自然环境中去,又怎么能激活创造潜能?当然,人的创造潜能只有在组织中才能被激活,信念也只有在组织中才能彼此支持和强化。离开了组织,一个离群索居的孤立个人,也无所谓信念和创造,在纯粹的自然环境中甚至连动物的生存能力都不及。

然而,在组织中,人的信念和创造潜能既有可能被激发,也有可能被抑制,这在相当程度上取决于组织的管理体系和管理者。像子桑那样的思维方式和行为习惯,便属于信念和创造潜能被完全抑制的鲜活例子。可以说,子桑根本就没有了信念,也彻底放弃了自主创造和改变,而只是在被动地等待。考虑到子桑不可能是在真空中或在原始森林里成长起来的人,他必定被深深卷入一个个特定组织之中,小时候是家庭组织,长大后是某个诸侯国组织,而当时的家庭组织,同时也会隶属于某个诸侯国组织,因此,从他的思维、言语和行为表现,便不难推断,当时各诸侯国的管理体系及管理者会是怎样的。

第三,如何才能改变这种状况?庄子在本章中提出的方式是,由内而外地确立信念坚守,以信念为师,忠于信念,而不是以管理者为师、忠于个人。这样才能超越个人的经验见识和语言运用的束缚,也才能从态度和行为上摆脱对组织环境的依赖,自主地决定个人的命运;进而再通过寻求志同道合者,将个人的力量积聚起来,形成群体的力量,自下而上地推动组织环境的改变。在第四篇"人间世"中,庄子已经暗示了这条改变现状的路径,紧接着又在第五篇"德充符"中，明确提出人之为人、区别于物的独特本性是德性，只有确立起关于德性的坚定信念，才能让一个大写的"人"独立于天地之间，自主地决定自己的命运。只有联系第四篇和第五篇，才能更好地理解庄子在本篇中反复强调的以信念为师、忠于信念的深刻管理意义。

本章用子桑这个极具典型性的人物形象，将人们的思维拉回现实世界。从一位底层普通组织成员的态度和行为，窥见组织环境及组织管理对人所产生的深远影响，进一步明确了解决现实管理问题的重要性和紧迫性。

管理别义

管理不仅起到维系组织，创造价值的重要作用，还会通过营造组织氛围而深刻地影响组织成员。人具有内在的同一性，虽然外在情境各有不同，包括具有公共性的组织工作情境和具有私人性的家庭生活情境，但是，无论在什么样的情境之中，人都是那个人。对于一个完整的人来说，某个情境的影响，不仅是影响其在某个情境中的思、言、行，而且还会迁移到其他情境中，甚至让其他情境也因这个人在前一个情境中所受到的影响而改变。

更重要的是，一个人所面临的各种情境的重要性及受影响的程度并不是完全相同的，总有某个情境起着主导情境的作用。在过去，往往是家庭情境扮演着主导情境的角色；但在今天，各类工作组织却扮演着日益重要的主导情境角色。单从成年人每天的时间分配来看，人们处于工作组织中的时间早已远远超过了处于家庭中的时间。这样一来，工作组织的氛围就不仅会影响乃至塑造一个人的工作态度和行为，甚至会潜移默化地影响和塑造一个人的人生态度和行为；而且，工作组织的氛围还会借助影响的迁移，重新塑造家庭的私人生活及整个社会的风气。由此可见，在今天的正式工作组织中，氛围对一个人乃至对整个社会的影响有多么大。

对于组织氛围的营造来说，管理者及管理方式所起到的作用，显然远远超过普通组织成员，而职位越高的管理者，起到的作用则越大。从这个意义上说，管理者尤其是高层管理者，实际上是在通过组织氛围的营造，深远地影响着他人和社会。这也可以视为管理者所必然要承担的一种广义的社会责任。

如果某个组织的管理者只是热衷于指挥命令,有意无意地人为拔高和美化自己,期望组织成员都成为执行其意志的工具,那么,如此工具化的组织氛围又会影响和塑造出什么样的组织成员呢?恐怕要么是反叛者,早早就逃离了这个组织;要么是留下来的顺从者。当组织中的反叛者选择离开或被逆向淘汰之后,一个由顺从者构成的组织,会进一步强化这种支配式管理体系和工具化组织氛围。那些完全适应了这种氛围的组织成员,也会将这种顺从的习惯很自然地带到包括家庭在内的各种非工作情境之中,以顺从的态度和行为去迎合人、适应环境,以至于让这些非工作情境在不知不觉中因这种态度和行为而发生改变,反过来又在进一步强化着这种态度和行为。如此往复循环会产生怎样的结果,不是很值得深思吗?

管理职业区别于非管理职业的特别之处,或许正在于管理者会借助组织氛围的营造,影响他人,甚至改变他人。管理者必然肩负着重大的社会责任。人们可能会说,其他专业技术人员哪怕面对的是物,也会通过物来影响他人,同样具有社会责任。但是,物对人的影响,虽然可能当下立现,却不一定能因此影响甚至塑造他人的内在价值准则,而管理者的影响虽然不宜直接观察到,却会产生更长远的作用,而且,这种影响还具有迁移性。

应帝王第七

本篇导读

本篇的主题"应帝王",在于回应最高组织管理者到底应该怎样做管理的问题。这也是庄子从第一篇就提出来,到第七篇才予以回答的根本问题。在现实中,至少在庄子所处的那个时代,组织的最高管理者确实会影响组织的生死存亡,也会从根本上影响普通组织成员的命运。所以,第六篇"大宗师"的第10章才提出了"命"这个主题,并由此引出第七篇"应帝王"。这也是当时的"帝王"必须认真思考和回应的问题。

即便庄子提出了自下而上解决当时组织管理问题的全新思路,但仍认为当时组织管理问题的根源在于最上层,即当时的"帝王"或最高管理者,才是诸侯国组织生存和发展的真正瓶颈。也就是说,诸侯国组织的治理问题,才是解决组织管理问题的根本所在。如果眼睛只盯着具体的管理问题,而无视治理问题,不过是转移问题、忽视问题、治标不治本的权宜之计。这也是为什么庄子要在本篇提出解决当时管理问题的根本入手点的原因。

本篇分为七章。第1章通过比较舜和"泰氏"的管理做法,阐明组织的最高管理者的角色定位。组织的最高管理者应该成为组织的代表和组织之道的代言人,将自己融入组织和组织之道,甚至让普通组织成员感受不到自己的存在,而不应企图给组织打上个人的烙印。

第2章以对话的方式,说明了组织的最高管理者不应该怎么做的底线原则。那些看似殚精竭虑,又一门心思地要牢牢掌控住组织的最高管理者,反而让自身的局限性变成组织发展的最大瓶颈。当组织的生存和发展系于一人之身时,便难以产生真正意义上的整体大于部分之和的增益效果,更摆脱不了"人亡政息"的组织发展宿命。

第 3 章则指出，组织的最高管理者必须回归人之为人的本然状态，实现超越；也只有在人之为人的本然状态下，人的潜能才会被激活，人的组织才能焕发出物的聚合所不可能具有的创造力，也才能让组织实现创新发展。一切组织创新的源泉无不在于人的创造潜能，而人的创造潜能离开了人之为人的本然状态，在被物化的条件下，是无论如何都发挥不出来的。如果组织的最高管理者不能回归人之为人的本然状态，就根本不可能让普通组织成员身处于只有人的组织才会有的创造氛围之中。

第 4 章明确阐述了组织的最高管理者与一般管理者的角色定位差别。这种管理角色的差别，恰恰体现的是组织中非常重要的管理分工的不同，最高管理者不应该越俎代庖，去做一般管理者的工作。

第 5 章用一个生动的故事说明，组织的最高管理者如果要做到"无为"，以履行自己的岗位职责，就必须以信念为师，否则便很有可能会被各种神秘力量和有神秘力量的人所左右。组织的最高管理者只有以信念为师，才能成为自己的主人，"见怪不怪，其怪自败"，推动组织实现可持续发展。

第 6 章在前面各章的基础上，归纳总结了组织的最高管理者不应该做什么的底线原则和必须做什么的岗位职责要求，这也是"应帝王"篇的要旨所在。

第 7 章以一个深刻的寓言表明，组织的最高管理者的岗位职责，既不同于其他管理者，也不同于普通组织成员，这正体现的是组织本身不同于其中的各类人和事的根本所在。如果最高管理者硬要与其他管理者及普通组织成员做一样的事，最高管理岗位便失去了存在的意义。

7.1　啮缺问于王倪[①]，四问而四不知。啮缺因跃而大喜，行以告蒲衣子[②]。

蒲衣子曰："而[③]乃今知之乎？有虞氏不及泰氏[④]。有虞氏，其犹藏仁以要[⑤]人；亦得人矣，而未始出于非人。泰氏，其卧徐徐[⑥]，其觉于于[⑦]；一以己为马，一以己为牛；其知情信，其德甚真，而未始入于非人。"

字词注释

① 啮缺、王倪:均为庄子虚构的人物。

② 蒲衣子:庄子虚构的人物。

③ 而:这里通"尔",是你的意思。

④ 泰氏:传说中的上古君王。

⑤ 要:本义指邀约、约请,这里引申为要结、笼络。

⑥ 徐徐:"徐",形声字,本义指不慌不忙地走;"徐徐",即舒缓的样子。

⑦ 于于:据成玄英疏,"于于,自得之貌"[1]。

今文意译

啮缺向王倪请教,询问四次,王倪都说不知道。啮缺欢喜雀跃,赶紧去告诉蒲衣子。

蒲衣子说:"你现在知道了吧?有虞氏赶不上泰氏。有虞氏还要用仁爱去笼络人心,虽然也能赢得人们信任,但这种信任还未曾建立在人之为人的独特本性之上。泰氏睡起觉来舒坦,清醒时又自得;任凭别人把自己视同牛马;他的见识符合实际,他的德性非常纯粹,从来没有背离人之为人的独特本性。"

分析解读

第六篇最后一章暗示,组织的管理者尤其是最高管理者,对组织氛围的营造及组织成员的影响具有极其重要的作用,甚至能决定组织的命运并直接影响组织成员的个人命运,因此,最高管理者到底应该怎样做管理,就成为必须深入探讨的具有根本性的问题。本篇便围绕这个问题展开讨论。

作为开篇第一章,本章通过对上古两位著名最高管理者的评论,阐明了庄子心目中理想化的最高管理者形象。

啮缺向王倪请教,暗喻的是,王倪是上级管理者,甚至是组织的最高管理者,而啮缺则是下属乃至普通组织成员。在现实世界中,下属或普通组织

---

[1] 郭象:《庄子注疏》,成玄英疏,曹础基、黄兰发整理,中华书局2011年版,第159页。

成员遇到问题,向上级乃至最高管理者请示汇报,寻求解决方案或思路,实属再正常不过。但是,啮缺连续向王倪询问四次,而王倪都说不知道。啮缺不仅没有失望、失落和不解,反而大喜,还将此事告诉了蒲衣子。从蒲衣子的回答中不难推测,过去或在此之前,啮缺早已和蒲衣子讨论过理想化的最高组织管理者应该是什么样子这一问题,而且,两人还曾列举了上古那些著名管理者作例子,来进行探讨。如今在啮缺碰到了王倪这样的上级或最高管理者后,恰印证了他和蒲衣子过往的讨论,所以才"行以告蒲衣子"。

蒲衣子的回答是:"而乃今知之乎?有虞氏不及泰氏。"这里的"有虞氏",据说就是舜,他与"泰氏"一样,都曾做过最高组织管理者或"帝王",也都被认为是上古时期的著名管理者。但两相对比,蒲衣子的观点是"有虞氏不及泰氏"。很可能先前两人讨论时,啮缺还有所保留,所以蒲衣子上来便说"而乃今知之乎"。那为什么蒲衣子会认为"有虞氏不及泰氏"呢?

在蒲衣子看来,"有虞氏其犹藏仁以要人;亦得人矣,而未始出于非人"。这说的是,舜还要靠宣贯"仁",并借助管理决策行为来刻意表现"仁",去吸引和影响人们。舜这样做管理,虽然也能赢得人心,得到人们的信任,但是,舜这种通过刻意努力赢得的信任,却明显带有个体化色彩。这不过是因为舜本人有仁爱之心,施行仁政,管理做得好,在努力吸引和影响人们而获得信任,并"未始出于非人",也即没有超越个体的是非好恶,更没有产生非人格化的影响,让人们自发地认识到人之为人的独特本性,由此出发自主地信任组织并贡献于组织。组织中的信任如果是建立在舜的人格化信任之上,那么,随着舜的离去,信任便有消失的风险。舜的继任者若达不到舜的影响力,或简直就是相反的情况,可想而知,组织中的信任会面临怎样的挑战。因此,人格化信任看上去固然很有吸引力,至少在短期内也能让组织和谐兴旺,但从长期发展来看,却不一定具有可持续性。

同样是上古"帝王","泰氏"的做法却明显不同。"泰氏,其卧徐徐,其觉于于。"看上去"泰氏"并没有为组织管理过度操劳,睡起觉来很舒坦,半夜里也没有因为各种烦心事而从梦中惊醒,即"其卧徐徐";清醒的时候也很自得,想干点什么就干点什么,更没有被各种繁复的管理事务牵着鼻子走,一刻也不得安宁,即"其觉于于"。更重要的是,"泰氏"对于别人怎么看自己一点也不在乎,哪怕有组织成员揶揄自己是组织的牛马工具,驮起整个组织的发展,也从不在意,甚至还以此为荣。因为在"泰氏"看来,最高管理者本来就是要为整个组织和所有组织成员及利益相关者的发展当牛做马;在组织中,只有最高管理者当牛做马,肩负起整个组织的发展,组织成员才能发挥出人之为人的独特本性和创造潜能,不必成为牛马那样的物化工具。这正是"一以己为马,一以己未牛"所要表达的深刻管理寓意。

作为"帝王"这样的最高组织管理者,"泰氏"之所以能做到这一点,蒲衣子认为,正是因为"其知情信,其德甚真,而未始入于非人"。这说的是,"泰氏"的见识,尤其是管理见识,非常符合组织的实际情况,能做到实事求是;而"泰氏"所彰显出来的德性非常纯粹,能够反映出人之为人的独特本性及本然状态,也能启发和引导人们向内探求,以彰显人所共有的德性,让组织因志同道合而凝聚在一起。在这样的情况下,组织的信任便不是因"泰氏"本人而建立起来的,反倒是因为他所昭示的德性,因德性而建立起来的组织信任,也就超越了任何个人,不会因个人的变化而变化,这才能给组织的可持续发展奠定坚实的基础。

当每位组织成员都是因为关于德性的信念坚守而确立起自己在组织中的身份和角色认同时,管理者包括最高管理者的作用,反而会被淡化;组织成员都会因信念坚守而激活创造潜能,去主动地探索和解决难题,而无须只是听命于管理者,执行管理者的意图。在这样的组织里,管理者尤其是最高管理者反倒轻松了,他们只需要去关心组织的未来,肩负起保障员工成长和组织发展的平台机制建设即可;管理者所扮演的角色,也主要是面向未来的新方向、新问题的提出者,而不是关于现有事业、业务和任务所面临具体问题的解决者。

也难怪,当啮缺去向王倪这位上级或最高管理者请示汇报、寻求问题解决方案或思路时,王倪会四问四不知。这并不意味着王倪是知而不答,而是他确实不知道。毕竟对于具体问题解决来说,真正有专业知识、技能和见识的应该是下属,而不是管理者。特别是组织的最高管理者,不可能是组织中全知全能的人物,又怎么会对各种事业、业务和任务中的具体问题都非常清楚呢?能回答具体问题的最高管理者,反倒是不正常的;而四问四不知,才是正常的。

管理者尤其是最高管理者，需要通过提出问题而非回答问题，来引发组织成员的深度思考和持续创造；更重要的是，管理者也正是通过不断提出问题，营造了独立思考、自主探索的组织氛围，让组织成员不仅可以有机会学会创造性地做事，也可以有机会借创造性地做事来认识自我、理解他人。

值得注意的是，本章讲"有虞氏，其犹藏仁以要人"，只是在说舜有刻意展示自己的"仁"的嫌疑，却并没有否认"仁"作为德性内涵的价值。庄子一直反对刻意地宣贯"仁"、表现"仁"，但是，如果能像"泰氏"那样，"其德甚真"，甚至做到"甚真"之"仁"，则没有任何问题。

管理别义

管理者到底应该是问题的提出者还是问题的解决者，这一直是困扰管理者的重要问题。当然，首先需要明确的是，这里的问题主要是指与特定事业、业务和任务相关的问题，而不是涉及组织本身的问题。或者说，这里的问题，专指业务问题，而不是组织问题和管理问题。

由于管理者代表组织，又主要从事不确定条件下的管理决策，因此，从一般意义上来讲，管理者也应该是问题的解决者，毕竟所有决策，包括管理决策，都属于问题解决的范畴。由此看来，管理者只要在做管理工作，就离不开问题解决。但是，管理工作中的问题解决，与非管理工作中的问题解决到底有什么区别，却是首先需要厘清的，否则，管理者很可能会花费大量时间和精力解决非管理问题，反倒忽略了自己所应承担的管理问题。

管理工作区别于非管理工作的一个显著特点，便在于不确定条件的例外决策。也就是说，越是不确定条件下的例外问题，越是属于管理工作的职责范围；而且，随着管理职位的晋升，这种不确定性会更大，例外性影响也会更大，而到了最高管理者那里，例外总是与组织整体联系在一起，是极度不确定性条件下极其例外的问题解决。即便是最高管理者所面对的这种极度例外的问题，也不完全由最高管理者本人来独自解决，而是由一个管理分工的协作机制来完成。这就意味着，哪怕是这种必须由最高管理者来解决的组织问题，最高管理者也可以只是提出问题，而将解决的方案交由其他管理者去探索，这同时也给其他管理者创造了独立解决问题、发挥创造潜能的机会。从这个角度来看，管理者恰恰应该通过提出问题，为下属创造成长和发展的机会。

7.2 肩吾见狂接舆。狂接舆曰："日中始①何以语女②？"

肩吾曰："告我君人③者以己出经式义度④，人孰敢不听而化诸！"

狂接舆曰："是欺德⑤也；其于治天下也，犹涉海凿河而使蚊负山也。夫圣人之治也，治外乎？正而后行，确乎能其事者而已矣。且鸟高飞以避矰弋⑥之害，鼷鼠⑦深穴乎神丘⑧之下以避熏凿之患，而⑨曾二虫之无知！"

字词注释

① 日中始：庄子虚构的人物。

② 女：这里通"汝"，是你的意思。

③ 君人：即国君。

④ 经式义度：这里指各种规则规定。

⑤ 欺德：这里指骗人的说法。

⑥ 矰弋："矰"，一种拴着丝绳用来射鸟的短箭；"弋"，有绳子的箭；"矰弋"，这里指代捕鸟的装置。

⑦ 鼷鼠：这里指小鼠。

⑧ 神丘：这里指神坛。

⑨ 而：这里通"尔"，是你的意思。

今文意译

肩吾去见狂人接舆，狂人接舆问："日中始和你说什么了？"

肩吾说："他告诉我，国君要亲自制订各项规则规定，这样谁敢不服从？也就可以改变人们的行为啦！"

狂人接舆说："这是骗人的说法。按照这种方式做管理，就如同在大海里挖河道，让蚊子背大山。理想化的超越者做管理，难道是靠外在的规则规定吗？首先要明确人的独特本性，还要从端正自己做起，自然就能影响他人，再确保各尽所能就可以了。鸟尚且知道要飞得高，才能避开各种捕鸟装

应帝王第七　385

置的伤害,小鼠也知道要把洞穴藏在神坛下面,才能避免被烟熏和挖掘,你竟然还没有这两种动物知道得多吗!"

分析解读

本章承接上一章,继续阐明理想化的超越者,即"圣人"会怎样做管理,从而把上一章所讨论的主题具体化。

上一章只是借舜和"泰氏"的对比,说明理想化的最高组织管理者做管理的指导思想,而本章则进一步阐明,在管理的具体做法上,理想与现实到底有怎样的区别。本章仍以对话的形式展开,虽然"日中始"没有直接参与对话,但他代表的是当时最高管理者做管理的普遍模式,即"君人者以己出经式义度,人孰敢不听而化诸"。

这句话中的"君人",即国君,也就是组织的最高管理者;"经式义度",指的是组织中的各类规则规定。这句话的意思是,作为最高管理者的国君要亲自制订各类规则规定,以此体现规则规定的权威性;也正因为规则规定都来自国君的权威,人们当然就会服从;而一旦人们因权威而服从,便会在遵从规则规定中不知不觉地习惯成自然,那些符合组织要求的行为便会形成并固定下来,这也正是"人孰敢不听而化诸"所要表达的意思。

如果说上一章在讲到舜时,还只是说"其犹藏仁以要人",即舜是要通过努力宣贯"仁"、刻意表现"仁"来吸引和影响人们,从而赢得人们的信任的话;那么,本章以"日中始"之口表达出来的做法,则突出的是管理权力和权威的重要性。在"日中始"看来,作为组织的最高管理者,国君只要能立足于岗位权力,用体现权力的规则规定去约束人们就可以了。这恰好是《老子》第十七章所讲的"畏之",而舜的做法则属于"亲而誉之",只有"泰氏"的做法,才达到了"太上,下知有之"[1]的理想状态。

那些只能让组织成员畏惧的最高管理者,固然也能建立权威,让人服从,从而达成管理目标,但负面效应也非常明显。在这样的组织里,组织成员将放弃探索,关闭创造潜能,只做符合规则规定的事。如此一来,组织的

---

[1] 张钢:《老子的管理要义》,浙江大学出版社2023年版,第77—81页。

创造和创新将荡然无存，而组织的可持续发展恐怕也只能存在于最高管理者的良好愿望中。

所以，"狂接舆"才说："是欺德也；其于治天下也，犹涉海凿河而使蚊负山也。"这里的"欺德也"，即骗人的说法。在狂接舆看来，要想依照这种方式来管理天下这个当时最大的组织，简直就像在大海里挖河道，让蚊子背负大山一样，完全不可能。因为规则规定不过是要从外面来限制人们的行为，特别是在当时的历史条件下，只是用来威胁人们不能做什么的那种惩罚式规则，如各种残酷的"肉刑"，虽然的确能禁止人们做什么，却无法清晰地告诉人们应该做什么。生活在这种组织环境中的人，每日都在提心吊胆地防止自己因出错而被惩罚，怎么可能激活创造潜能？缺失了创造力支撑的组织，可持续发展只能是天方夜谭。

狂接舆接着马上说道："夫圣人之治也，治外乎？正而后行，确乎能其事者而已矣。"这里的"圣人"，首先是指理想化的超越者，而由于本篇的主题涉及的都是最高管理者，因此，这里也是指由理想化的超越者来做最高管理者，即理想化的最高组织管理者。狂接舆认为，如果是"圣人"来管理天下这个当时最大的组织，当然不会单靠外在的规则规定，而一定会先从明确那关于人之为人的独特本性的信念做起；而且，"圣人"自己首先会坚守这种信念，真正做到身体力行，以此正向影响他人，培养出既有信念坚守，又有专业知识和技能，并能充分发挥出创造潜能的真正意义上的"组织人"。以此为前提，理想化的最高组织管理者反而不用借助管理权力和权威来胁迫组织成员，甚至不需要刻意地宣讲和展示"仁"。

以"经式义度"或规则规定去强制组织成员服从，不仅会限制人们的内部动机和创造潜能，还会引发人们为逃避规则规定的惩罚而采取各种投机取巧的做法。也就是说，人们的创造力可能会用到研究规则规定，以规避惩罚的方向上，而不是用到为组织发展做贡献的方向上。这就像"鸟高飞以避矰弋之害，鼷鼠深穴乎神丘之下以避熏凿之患"一样。人要射杀飞鸟，要熏凿鼠穴，鸟和鼷鼠为了生存和避患，也会改变行为；鸟可以飞得更高，让"矰弋"达不到那样的高度，而鼷鼠则可以将洞穴挖在祭祀的神坛下面，这样自然就规避了威胁。

像鸟和鼷鼠这样的动物，都知道要避开威胁，难道具有创造力的人，就不知道在组织中避开"经式义度"可能带来的潜在威胁吗？一旦管理者与普通组织成员处在了彼此对立、上有政策、下有对策的博弈之中，这样的组织便不再是一个合作的共同体，而早已退化成上下割裂却又彼此争斗的场所。

管理别义

管理不能没有规则，但规则首先不是用来体现权威的。规则首先应该体现的是组织的信念和价值观，同时也应该反映组织的共同利益。正因为如此，规则才具有了权威性，从而为管理者和普通组织成员所遵从。面对这种意义上的规则，首先遵从的应该是管理者。正是通过管理者以身作则，规则才能赢得普通组织成员的认同和遵从，也才能在组织中获得权威性。

但不容否认，现实中也存在颇多这样的情况：规则被随意制订，体现的是管理者的个人意志，甚至管理者因人、因事而制订出特定的规则，再美其名曰按规则办事。这种体现管理者个人意志和岗位权力的规则，看似很有权威性，却难以得到普通组织成员的认可和遵从。无奈之下，普通组织成员只能想办法绕过规则或找规则的漏洞。要绕过规则，就必须借助权力；而要找规则的漏洞，又不得不开动脑筋。在组织中，规则原本应该起到协调和整合作用，但正因为绕过规则或找规则漏洞现象的普遍存在，规则反而起到的是撕裂作用。组织因规则而撕裂，可能撕裂为有权力关系与没有权力关系、能找规则漏洞与不能找规则漏洞的不同人群。

规则的撕裂效应，的确值得警惕，更值得管理者反思：在规则制定和执行中到底出了什么问题。

7.3　天根[①]游于殷阳[②]，至蓼水[③]之上，适遭无名人[④]而问焉，曰："请问为天下。"

无名人曰："去！汝鄙人也，何问之不豫[⑤]也！予方将与造物者为人，厌，则又乘夫莽眇之鸟[⑥]，以出六极之外，而游无何有之乡，以处圹埌之野[⑦]。汝又何帛[⑧]以治天下感予之心为？"

又复问。

388　庄子的管理别义

无名人曰:"汝游心于淡,合气于漠⑨,顺物自然而无容私焉,而天下治矣。"

字词注释

① 天根:庄子虚构的人物。
② 殷阳:这里指殷山的南面。
③ 蓼水:河名。
④ 无名人:庄子虚构的人物。
⑤ 豫:这里是舒适、安乐的意思。
⑥ 莽眇之鸟:据成玄英疏,"莽眇,深远之谓。……鸟则取其无迹轻升"[1]。这里隐喻自由畅行。
⑦ 圹埌之野:据成玄英疏,"圹埌,宏博之名"[2];"圹埌之野",指广大无边的地方。
⑧ 何帠:这里是何为、为什么的意思。
⑨ 漠:这里是清静、宁静的意思。

今文意译

天根在殷山的南面游历,到了蓼水岸边,正巧遇到无名人,就请教说:"请问如何管理天下这个最大的组织?"

无名人说:"去!你这个鄙陋的人,为什么问这种让我不舒服的问题!我正要和自然变化为伍,厌烦了的话,就乘上思绪,自由畅行于现实世界之外,周游于那什么也没有的地方,停留在广阔无垠的原野。你为什么要用管理天下这个最大组织的事来让我烦心呢?"

天根又再次请教。

无名人说:"你要用心淡泊,宁静超脱,顺应各种事物的自然本性而不肆意妄为,这样天下这个最大的组织就能管理好了。"

---

[1] 郭象:《庄子注疏》,成玄英疏,曹础基、黄兰发整理,中华书局2011年版,第160页。
[2] 郭象:《庄子注疏》,成玄英疏,曹础基、黄兰发整理,中华书局2011年版,第160页。

分析解读

本章在前两章的基础上明确指出，组织的最高管理者必须具备超越的心态，才有可能做好管理。

本章依然是借对话展开主题。"天根"遇到了"无名人"，向他请教如何管理天下这个最大的组织。有人可能会问："天根"是否为当时诸侯国组织或周王朝组织的最高管理者的化身或化名呢？其实，在庄子所处的时代，天下这个最大的组织混乱不堪，不仅诸侯国各自为政，而且诸侯国间战争不断，致使民不聊生、人心思治，这在第四篇"人间世"中已讲得很清楚。因此，不一定非要是诸侯国国君，才会思考"为天下"或管理天下这个当时最大组织的问题，任何一个想获得稳定生活的普通人，也都会思考这个问题。不需要把"天根"这个庄子虚构的人物，一定想象成最高组织管理者的代言人。但是，庄子笔下的"无名人"，却是一位深谙管理真谛的理想化超越者。联系第一篇"逍遥游"第1章最后讲的"圣人无名"，或许容易理解，这里的"无名人"，暗指"圣人"，既可以理解为理想化的超越者，也可以理解为理想化的最高组织管理者。这或许正是"天根"要向他请教如何管理天下这个最大组织的原因。

"无名人"并不愿意回答"天根"的问题，竟呵斥道："去！汝鄙人也，何问之不豫也。"潜台词或许是，那些上来就问怎样做管理的人，反倒没有理解做管理的真谛是向内寻求，而不是向外去寻找当下有效的方法。像"天根"这样的人，总想向外去谋求能应对各种管理问题的妙招，一下子解决组织所面临的各种难题，从而达到做管理的目标，实现个人抱负，体现个人意志。以这种向外寻求的心态做管理，多半是要将组织和他人当成实现个人抱负和意志的工具。这种工具化、功利化的管理思维，不仅做不好管理，还会严重损害组织成员和组织的可持续发展。其实，当时各诸侯国的国君，有哪个不是这样想问题，又有哪个不是想求得一剂管理的灵丹妙药，一朝便能实现自己做管理的"雄心"呢？庄子早已洞悉了当时那些最高组织管理者的心思，便以"无名人"之口加以斥责，进而点明要做好管理，必须先向内寻求，实现内在超越，才有可能向外做好管理。

所以，"无名人"接着说："予方将与造物者为人，厌，则又乘夫莽眇之鸟，以出六极之外，而游无何有之乡，以处圹垠之野。汝又何帛以治天下感予之心为"。"无名人"这里是在以自己的切身体验，暗示要做好管理一定要先向寻内求，确立起信念坚守。"予方将与造物者为人"中的"造物者"，便是以天地之道的自然变化，来隐喻基于人性的德性内涵的组织之道。正像第六篇"大宗师"第 5 章所讲的一样，"造物者"，即天地之道或自然变化。只有天地之道，才能"生天生地生万物"。所以，这里的"与造物者为人"，隐喻的就是必须与基于人性的德性内涵的组织之道融为一体，才能成为真正意义上的人，并进而成为真正意义上的"组织人"。

"予方将与造物者为人"这句话中的"为人"，即做人的意思。也就是说，只有与基于人性的德性内涵的组织之道融为一体，建立起人之为人、组织之为组织的独特本性的坚定信念，才能成为一名真正意义上的人和真正意义上的"组织人"。有了这样的信念坚守，才可能实现超越，进入理想世界之中，即"乘夫莽眇之鸟，以出六极之外，而游无何有之乡，以处圹垠之野"。这与第一篇"逍遥游"中所讲的超越要求是一样的，只不过这里更明确地指出，实现超越才是做好管理的前提。一个无法实现超越的最高管理者，没有办法为组织的可持续发展谋求更大的空间，而只能拘泥于现实，不过是把组织当作满足个人生物本能需要的工具而已。正是为了影射当时各诸侯国国君无法实现超越的现实，"无名人"才又说"汝又何帛以治天下感予之心为"，话外音则是，连自我超越都做不到，还想"治天下"，那不是在做梦吗？对于这样的最高管理者，给的建议越多，越是在助纣为虐。他们根本就认识不到自我超越的重要性和必要性，只想拿着那些看似有用的管理招数去实现自己的抱负和意志；那样的话，他们学习的招数越多、越高明，对他人和组织的危害也就越大。这也许正是"无名人"烦心的根本所在。

但是，"天根"还是坚持问下去。面对"天根"的执着，"无名人"只好说："汝游心于淡，合气于漠，顺物自然而无容私焉，而天下治矣"。"无名人"并没有教给"天根""治天下"的具体方法，而是直言不讳地告诉他，必须向内寻求，实现超越，起码先要超越生物本能，即"无容私"。连这一点都做不到，又如何能"治天下"？只有当心或思维超越了生物本能，立足于人之为人、组织之为组织的独特本性的坚定信念，才能进入一种淡泊宁静的状态，就像第五篇"德充符"第1章所讲的那个"止水"般的境界，这样才有可能顺应组织中各类人和事的自然本性，不肆意妄为。这便是做好管理的基本前提。虽然有了这个前提，也不一定能做好管理，还需要相应的外部条件配合；但是，如果没有这个前提，那肯定是做不好管理的；而且，如果错误地理解了这个前提，那对做管理而言，危害可能会更大。这也是下一章所要讲的内容。

管理别义

做好管理，当然不能没有策略性手段或具体方法、工具的运用。但是，管理者过于关注各种方法、工具乃至策略性手段的使用，反而做不好管理。道理很简单，管理工作的性质决定了管理者必须代表组织。管理者是代表组织做管理，而不是代表个人或小群体来利用组织这个平台做管理，这就要求管理者必须首先超越"私心"。否则，管理者如果在"私心"的主导下运用组织的资源和权力，其结果一定不是在促进组织成员成长和组织本身发展，而是在利用组织成员和组织来实现某种个人抱负。这样的管理，即便一时间看起来很红火，但背后的隐患会日益积累，终究会毁掉组织，也害了自己。

因此，当管理者还没有意识到，做管理必须首先实现对"私心"的超越时，便急于去学习那些具体的方法、工具或策略性手段，反倒会强化对"私心"的高效率追求，这不仅不能帮助管理者摆脱"私心"的束缚，实现超越，而且还会让"私心"对自我的主宰越来越有力。原因就是方法和工具确实能提高效率，策略性手段的使用也很容易让人有满足感。但这些方法、工具和策略性手段，都不能自动决定为什么目标服务，提高什么效率，让什么得到满足。如果那个什么是"私心"，岂不是让管理者更加陷入方法、工具和策略性手段的使用而不能自拔了吗？这或许就是为什么选择和培养管理者，不能只看方法、工具和策略性手段的掌握情况，也不能上来就教方法、工具和策略性手段，而应该先从超越"私心"入手的原因。

7.4　阳子居[①]见老聃，曰："有人于此，向疾强梁[②]，物彻疏明[③]，学道[④]不倦。如是者，可比明王乎？"

老聃曰："是于圣人也，胥易技系[⑤]，劳形怵心[⑥]者也。且也虎豹之文[⑦]来田⑧，猿狙之便执嫠⑨之狗来藉⑩。如是者，可比明王乎？"

阳子居蹴然⑪曰："敢问明王之治。"

老聃曰："明王之治：功盖天下而似不自己，化贷万物⑫而民弗恃⑬；有莫举名，使物自喜；立乎不测，而游于无有者也。"

字词注释

① 阳子居：即杨朱，战国时期魏国人，但庄子只是借用其名，并非实指其人及观点。

② 向疾强梁："向"，这里通"响"；"向疾"，指响声很疾速，这里形容敏捷；"强梁"，即强悍；"向疾强梁"，指敏捷强悍。

③ 物彻疏明："物"，这里是事的意思；"彻"，这里是贯通、通达的意思；"疏"，这里是疏导、疏通的意思；"物彻疏明"，指的是对各种事都能看得透、理得清。

④ 道：这里是方法、方式的意思。

⑤ 胥易技系："胥"，这里指官府中的小吏；"易"，这里是变换、更换的意思；"技"，这里指技艺；"系"，这里是拴绑、束缚的意思；"胥易技系"，指的是被不断更换的小吏、被技艺束缚的工匠。

⑥ 劳形怵心："怵"，这里是恐惧、害怕的意思；"劳形怵心"，即让身体劳累、内心恐惧。

⑦ 文：这里是花纹的意思。

⑧ 田：这里同"畋"，是打猎的意思。

⑨ 嫠：这里指狐狸。

⑩ 藉：据成玄英疏，"藉，绳也"[1]。这里可以引申为用绳子系缚。

⑪ 蹴然：这里指惊奇不安的样子。

⑫ 贷：这里是施予的意思。

⑬ 恃：这里是凭借、依赖的意思。

今文意译

阳子居去见老子，说："有个人敏捷强悍，对各种事都能看得透、理得清，还孜孜不倦地学习做管理的方法。像这样的人，可以与英明的国君相比吗？"

---

[1] 郭象：《庄子注疏》，成玄英疏，曹础基、黄兰发整理，中华书局2011年版，第161页。

老子说:"在理想化的最高组织管理者看来,这样的人,不过是如同那被不断更换的小吏、被技艺束缚的工匠,既让身体劳累,又使内心恐惧。再说,虎豹因有漂亮的毛皮才招来猎杀,猕猴因太便捷灵活、猎狗因要捉狐狸才招来系缚。像这样,可以与英明的国君相比吗?"

阳子居面色惊异地说:"请问英明的国君做管理的方式。"

老子说:"英明的国君做管理,功劳再大也好像不是自己的,影响再广而民众并没有感觉;在那些例行的事务中总是看不到他的身影,却又能让各种人和事井然有序,自然成功;自己身处不确定的例外之中,思维周游于面向未来的拥有无限可能性的理想境界。"

分析解读

本章承接上一章,继续说明,如果理想化的超越者来做最高组织管理者,会达到什么样的管理状态。

本章首先纠正了现实中人们对于那些号称有洞察力的最高管理者的错误认识。阳子居问老子:"有人于此,向疾强梁,物彻疏明,学道不倦。如是者,可比明王乎?"

这里的"有人于此",如第四篇"人间世"第3章讲述卫灵公太子时所用的表达方式一样,都是指现实中的实际情况,而本章则专指现实中那些普遍存在的最高管理者。"向疾强梁",说的是个人行事风格雷厉风行,敏捷强悍;"物彻疏明",又指的是思维能力很强,能把各种事都看得很透、理得很清。这两方面特点结合在一起,就是人们在现实中经常能观察到的那类最高管理者,即"精明强干",老子将之称为"其政察察"[1];而且,这类"精明强干"的管理者也深知专业知识和技能的重要性,还"学道不倦"。需要注意的是,这里的"道",并非天地之道或组织之道的意思,而专指各类方式、方法或工具,尤其是与做管理密切相关的那些方式、方法或工具。

一个能满足思维能力强、行事果敢、好学不倦这三方面要求的最高管理者,在很多人看来,应该是那种非常有洞察力甚至可以说是英明的最高管理

---

[1] 张钢:《老子的管理要义》,浙江大学出版社2023年版,第250—254页。

者,即"明王"或"明君"。或许正因为在现实中很多人都是这么认为的,阳子居才会问老子"如是者,可比明王乎"。

没有想到,老子的回答竟然是:"是于圣人也,胥易技系,劳形怵心者也。"这里的"圣人",和上一章中讲的一样,指的也是由理想化的超越者担任的最高组织管理者;"胥",则是官府中的小吏,"胥易",即被不断更换的小吏,也就是说,这些小吏的工作完全是程序化、例行化的,随时可以被替代,因此才不断更换;"技",这里指那些有技艺的工匠,而"技系",则是指被自己的技艺束缚、锁定,视野相对狭窄的工匠;"劳形怵心",说的是既让身体劳累,又使内心害怕。

这句话的意思便是:在那些理想化的最高组织管理者看来,你所说的这种人,不过扮演的是被不断更换的小吏、被技艺束缚的工匠的角色,他们既劳身又累心,终日为具体事务所绑缚,怎么可能实现超越,又怎么能够代表组织呢?当然,这也丝毫不意味着这些基层管理者或专业技术人员不重要,只是说他们的工作,完全不能同代表整体组织的最高管理者的工作相比。即便他们在处理具体事务上也雷厉风行、敏捷强悍,即便他们也有很强的专业思维能力,即便他们也很爱学习专业知识和技能,那也最多有助于某一项事业、业务和任务的绩效达成,确保某个局部或特定时间段的组织发展,而以他们的视野和专业知识技能,并不能保证组织全局和长远的可持续发展,也不能支撑那些与他们的工作领域、专业定位、知识技能要求不同的其他人的成长及发展。所以,老子在这里举小吏、工匠的例子,只是为了说明最高管理岗位的工作与组织中其他岗位的工作有本质区别,不能简单地用其他岗位的能力特点,来硬套最高管理岗位的职责要求。

为了进一步说明这一点,老子举了两个生动的例子,即"且也虎豹之文来田,猿狙之便、执斄之狗来藉"。也就是说,虎豹因有漂亮的毛皮而招致猎杀,猕猴因太敏捷灵活、猎狗因要用来捉狐狸,才被系缚。它们都是因为符合特定功用,所以才被按照有用的需要来使用。这意味着,组织是一个分工协作体系,其中每个特定工作岗位都有专门的职责设计,而为了达到岗位职责的要求,从事特定工作的人就必须具备专业知识和技能;反过来,也正因为必须首先满足专业知识和技能的要求,从事特定工作的人才会被这种基于专业知识和技能的有用性束缚，因此成为组织这个分工协作体系的一个组成部分。

但是，作为整个组织的代表，最高管理者应该是组织这个分工协作体系的维持者，而不是这个分工协作体系内部的一员；更重要的是，最高管理者只有超越这个分工协作体系，才能看清其存在的问题，进而从全局和长远上去维持、完善这个分工协作体系，让其成为辅助人们成长以实现自我价值的平台，而非束缚个人发展的牢笼。如果最高管理者也是这个分工协作体系的一份子，还是金字塔最顶层的那一位，那么，这样的最高管理者又怎么会有动机和动力去打破这样的体系呢？所以，老子才总结说，"如是者，可比明王乎"，意思是，那些自己都被这个体系牢牢束缚住的最高管理者，早已深陷这种体系而不能自拔，又怎么会有洞察力而成为"明王"呢？

那么，理想化的最高组织管理者做管理，到底应该是什么样子呢？老子的回答是："明王之治：功盖天下而似不自己，化贷万物而民弗恃；有莫举名，使物自喜；立乎不测，而游于无有者也。"

这段话包含了三重意思。首先，从结果上来看，由于理想化的最高组织管理者处于组织的分工协作体系之外，这个体系所实现的整体大于部分之和的增益效果，即"功"，便不是最高组织管理者本人的贡献，而是由组织成员的分工协作所创造的。最高组织管理者如果能够清醒地认识到这一点，自然就会做到"功盖天下而似不自己"。另外，虽然最高组织管理者代表组织，运用权力和资源来支撑各项事业、业务和任务的发展，其影响所及不可谓不广，但是，最高组织管理者运用权力、配置资源，却不是通过自己的亲自干预和指挥命令达成的，而是借助分工协作背后的规则体系实现的。正是规则本身，起到了权力运用、资源配置的作用，组织成员只需要依据规则，自己决定怎么做就可以，这样也就能做到"化贷万物而民弗恃"。

其次，既然最高组织管理者处于组织的分工协作体系之外，那么，在这个体系中，凡是能由其他管理者和组织成员在规则下自主决定的事务，即例行工作，便不在最高组织管理者的职责范围之内，这就是"有莫举名，使物自喜"所要表达的意思。这里的"名"，既指那些具体的岗位名称，又指各岗位的责权利范围，而这些都是由规则界定的，因此，"名"也可以理解为组织的规则体系。凡是能由规则体系明确界定的工作,都属于例行工作。对于例行工作,只需要援引规则即可,哪还需要最高组织管理者亲力亲为地予以处理,这便是"有莫举名"的含义。一旦做到这一点,组织的日常工作便会秩序井然,运行顺畅,取得业绩。否则,事事处处都要由最高组织管理者拍板定夺,既严重束缚其他管理者和普通组织成员的手脚,也会因最高组织管理者能力的有限性及前后的不一致性而让组织的日常运行陷入混乱。最高组织管理者如果能借助规则体系从日常例行事务中解脱出来,那又应该做什么,扮演什么角色呢?这便是第三重意思要表达的内容。

再次,最高组织管理者的职责恰是"立乎不测,而游于无有者也"。这里的"不测",即不确定性或例外。既然组织是一个由规则联结起来的分工协作体系,而规则设计又建立在对例行秩序的理解和把握之上,那么,处于这个体系之外的最高组织管理者来说,其职责所系,便在于应对不确定性和例外,只有当出现了现有体系无法解决的例外问题,才需要最高组织管理者去直面、应对和解决。所以,最高管理岗位的职责定位,便是"立乎不测"。但问题是,怎样才能有效地应对乃至转化"不测"呢?这就需要有更高的价值立足点,即管理决策的价值前提。所谓"不测"或不确定性,恰在于既缺乏信息,又缺少知识,难以做出准确的判断和选择。正是面对这种不确定性条件下的例外决策,在事实前提极度缺失的情况下,才让价值前提变得尤为重要。因为在这种情况下,只有那些有信念坚守的最高组织管理者,才能立足于价值前提,有担当、有勇气地做出坚定的决策选择,也才能以开放的心态和宽广的胸襟,鼓励其他管理者和普通组织成员去探索新的可能性,搜集新信息,创造新知识。也只有当最高组织管理者有信念坚守,实现超越,进入理想世界,才会为组织发展寻求无限可能性,进而通过转化和排除不确定性,为组织带来创造和创新的现实希望。这正是"而游于无有者也"所要表达的意思。正因为是"无有者",才可能孕育出各种各样的有形事业、业务和任务,这也是老子所说的"天下万物生于有,有生于无"[1]的意义所在。

---

[1] 张钢:《老子的管理要义》,浙江大学出版社2023年版,第174—176页。

管理别义

组织中管理工作之不同于非管理工作，在于面对的不确定性和例外的程度不同。不确定性总是针对信息来源和知识基础而言的。信息越不充分、越模糊难辨，知识越贫乏，不确定性程度就越高。极端的不确定性，则是没有任何有效信息，也缺乏有针对性的知识基础。例外则是针对岗位职责及相应的规则界定而言的。岗位职责越不明确，遇到事变，援引规则的可能性越小，例外程度就越高。极端的例外，就是在岗位职责及相应的规则中找不到任何依据，完全依赖于当事人的自由裁量。其实，管理岗位便是组织为应对这样的不确定性条件下的例外而设置的。管理权力本质上便是自由裁量权，而管理权力的大小，也就意味着在面对不同程度的不确定性条件下的例外时，运用大小不同的自由裁量权去应对。

一般来说，基层管理岗位的自由裁量权最小，也就意味着遇到不确定性条件下的例外的程度和可能性都比较小，即便遇到比较大的例外，也可以向上级或中层管理者汇报并寻求帮助。相应地，中层管理岗位，特别是那些需要独当一面的中层管理岗位，对自由裁量权运用的要求会更高一些，因为他们经常要面对不确定性条件下的例外。但是，即便如此，中层管理者如果遇到较大程度的不确定性条件下的例外，还有机会向上级或高层管理者汇报并寻求帮助。至于高层管理者，则必须独立地应对组织所面临的最大程度的不确定性条件下的例外，甚至是那种既无有效信息、又无可用知识的极端情况，也根本无法援引现有规则体系进行决策。这就对高层管理者的信念和价值观坚守提出了更高要求。这也是为什么说高层管理者才是以信念和价值观为核心的组织文化的代言人的原因。

7.5 郑有神巫曰季咸①，知人之死生存亡，祸福寿夭，期②以岁月旬日，若神。郑人见之，皆弃而走。列子见之而心醉，归，以告壶子③，曰："始吾以夫子之道为至矣，则又有至焉者矣。"

壶子曰："吾与汝既④其文，未既其实，而固得道与？众雌而无雄，而又奚卵焉！而以道与世亢⑤，必信⑥，夫故使人得而相女⑦。尝试与来，以予示之。"

明日，列子与之见壶子。出而谓列子曰："嘻！子之先生死矣！弗活矣！不以旬数矣！吾见怪焉，见湿灰⑧焉。"

列子入，泣涕沾襟以告壶子。壶子曰："乡⑨吾示之以地文⑩，萌⑪乎不震不正。是殆见吾杜德机⑫也。尝又与来。"

明日，又与之见壶子。出而谓列子曰："幸矣子之先生遇我也！有瘳⑬矣，全然有生矣！吾见其杜权⑭矣。"

列子入，以告壶子。壶子曰："乡吾示之以天壤⑮，名实不入，而机发于踵。是殆见吾善者机⑯也。尝又与来。"

明日，又与之见壶子。出而谓列子曰："子之先生不齐⑰，吾无得而相焉。试齐，且复相之。"

列子入，以告壶子。壶子曰："吾乡示之以太冲莫胜⑱。是殆见吾衡气机⑲也。鲵桓之审⑳为渊，止水之审为渊，流水之审为渊。渊有九名，此处三焉。尝又与来。"

明日，又与之见壶子。立未定，自失而走。壶子曰："追之！"

列子追之不及。反，以报壶子曰："已灭㉑矣，已失矣，吾弗及已。"

壶子曰："乡吾示之以未始出吾宗㉒。吾与之虚而委蛇㉓，不知其谁何，因以为弟靡㉔，因以为波流，故逃也。"

然后列子自以为未始学而归，三年不出。为其妻爨㉕，食豕㉖如食人。于事无与亲，雕琢复朴，块然㉗独以其形立。纷而封㉘哉，一以是终。

字词注释

① 神巫季咸："神巫"，即占卜很灵的巫师。"季咸"，《列子·黄帝篇》中的人物，其中讲到"有神巫自齐来，处于郑，名曰季咸"[1]。

② 期：这里是预期、预言的意思。

③ 壶子：《列子》中的人物，据说为列子的老师，名林，号壶子。

④ 既：这里是尽、终结的意思。

⑤ 亢：这里通"抗"，是高的意思，引申为比较高下。

---

[1] 杨伯峻：《列子集释》，中华书局 2013 年版，第 73 页。

⑥ 信:这里通"伸",是伸直、伸开的意思。

⑦ 女:这里通"汝",是你的意思。

⑧ 湿灰:即湿了的灰烬不可复燃,这里隐喻没有生命迹象。

⑨ 乡:这里是从前、刚才的意思。

⑩ 地文:"地",即大地,这里隐喻为宁静、不动;"文",这里是表象、形象的意思;"地文",指宁静不动的表象。

⑪ 萌:据杨柳桥引证,"是萌然者,芒昧无知之谓也"[1],形容茫茫然、昏昧的样子。

⑫ 杜德机:"杜",这里是断绝、阻塞的意思;"德机",这里隐喻为生命迹象、活力;"杜德机",即隐藏了生命迹象。

⑬ 瘳:这里是痊愈的意思。

⑭ 杜权:"权",这里是权变、变化的意思;"杜权",即阻塞中显出了变化,有了活力。

⑮ 天壤:"壤",即地、大地;"天壤",指天地间万物生机盎然,隐喻为活力。

⑯ 善者机:据郭象注,"机发而善于彼,彼乃见之"[2],隐喻为活力萌发的迹象。

⑰ 齐:这里是整齐、一致的意思。

⑱ 太冲莫胜:"冲",这里是虚的意思;"太冲",即极端虚空;"太冲莫胜",隐喻为极端空虚没有任何外在表现。

⑲ 衡气机:"衡",这里是平、平衡的意思;"衡气机",即气息平衡的迹象。

⑳ 鲵桓之审:"鲵",这里指鲸鱼;"桓",这里是盘桓、盘旋的意思;"审",这里通"潘",是指水回流的地方;"鲵桓之审",即鲸鱼盘桓的地方。

㉑ 灭:本义指消亡、消失,这里隐喻为不见踪影。

㉒ 出吾宗:"出",这里是显现、显露的意思;"宗",这里是本源、根本宗旨的意思;"出吾宗",即显现出我的根本宗旨。

㉓ 委蛇:据成玄英疏,"委蛇,随顺之貌也"[3]。

㉔ 弟靡:这里是颓唐、颓废的意思。

㉕ 爨:这里是烧火煮饭的意思。

㉖ 食豕:"豕",即猪;"食豕",即喂猪。

㉗ 块然:据成玄英疏,"块然,无情之貌也"[4]。

㉘ 纷而封:"纷",形声字,本义指用于包裹马尾巴的套子,这里是繁多、杂乱的意思;

---

[1] 杨柳桥:《庄子译诂》,上海古籍出版社 2017 年版,第 159 页。
[2] 郭象:《庄子注疏》,成玄英疏,曹础基、黄兰发整理,中华书局 2011 年版,第 164 页。
[3] 郭象:《庄子注疏》,成玄英疏,曹础基、黄兰发整理,中华书局 2011 年版,第 166 页。
[4] 郭象:《庄子注疏》,成玄英疏,曹础基、黄兰发整理,中华书局 2011 年版,第 166 页。

"封",会意字,本义是给树木培土,这里引申为坚守、固守;"纷而封",即在纷乱中有坚守。

今文意译

郑国有个算命很准的巫师叫季咸,能预知人的生死存亡、祸福寿夭,而且他预言的日期很准,非常神奇。郑国人见到他,都赶紧逃开。列子见了却很信服,回来告诉壶子说:"原本我认为您的修为是最高境界,现在知道还有更高的境界。"

壶子说:"我教给你的还尽是些表面功夫,并未涉及实质内涵,你就以为得'道'了吗?只有雌性,没有雄性,能产出可以孵小鸡的卵吗?你用这种表面功夫去和别人比较,必然要把自己的全部都展示出来,所以才让人有机会对你进行把握和预测。试着请他来给我相面。"

第二天,列子和季咸一起来见壶子。季咸给壶子相完面,出来对列子说:"唉!你先生要死了!活不了啦!只有不到十天时间了!我看他很奇怪,面如死灰,已经没有了生命迹象。"

列子进到屋里,哭得涕泪交流,把这话告诉了壶子。壶子说:"刚刚我把那宁静不动的表象显现给他,茫茫然没有任何活动迹象。这大概就是他看到我没有生命迹象的原因。再请他来。"

第二天,列子又和季咸一起来见壶子。季咸相完面,出来对列子说:"万幸,你先生遇到了我!他有救了,重新恢复了生命迹象!我看见他又有了活力。"

列子进到屋里,把这话告诉壶子。壶子说:"刚刚我把那犹如天地间万物生机盎然的活力显现给他,不受外界任何干扰,生命迹象由下而上萌动。这大概就是他看到我恢复生机的原因。再请他来。"

第二天,列子又和季咸一起来见壶子。季咸相完面,出来对列子说:"你先生表现出来的情况很不一致,我没法给他相了。等他稳定下来,我再来给他相。"

列子进到屋里,把这话告诉壶子。壶子说:"刚刚我把极端空虚的没有任何外在表现的状态显现给他。这大概就是他看到我气息平衡,以至于无法把握的原因。鲸鱼盘桓的地方是渊,止水聚集的地方也是渊,流水所形成的还是渊。渊有九种,这才不过三种罢了。再请他来。"

第二天,列子又和季咸一起来见壶子。季咸还没有站稳,就慌忙逃走。壶子说:"追上他!"

列子没追上。回来告诉壶子说:"(他)已跑得没踪影了,不知去哪儿了,我没追上。"

壶子说:"刚刚我把从未显现过的根本宗旨显现给他。我立足宗旨,与他随机顺应,让他无从把握,忽而颓废,忽而兴起,所以他就跑了。"

此后列子才认识到自己未曾学到真本领,于是回到家中,三年不出门。列子给妻子烧火煮饭,喂猪像对待人一样认真。对各种事都能做到没有偏爱,努力回归原本的质朴,不带任何偏私之情地独立于世上。在纷乱中有坚守,一以贯之。

分析解读

本章承接上一章,用一个生动的故事,阐明最高组织管理者应该怎样面对不确定性。

上一章最后讲最高组织管理者要"立乎不测,而游于无有者也"。但问题是,最高组织管理者怎样才能"立乎不测"呢?对个体而言,最大的不确定性可能就是面向未来的生死存亡、祸福寿夭,而对于组织发展来说,同样面临着生死存亡、机会威胁的考验。因此,借个体面对人生中不确定性时所应有的态度和做法,或许能启发最高组织管理者去思考,到底应该怎样面对组织发展中的不确定性。本章延续了第二篇"齐物论"第11章以个体生死存亡来隐喻组织发展中不确定性的做法,以启发管理者思考。

个体面对生死存亡、祸福寿夭这样的不确定性,确实有点无能为力,在没有相关信息线索和知识背景以认识、把握、转化和排除这种不确定性的时候,往往只能是畏惧或诉诸某种神秘的力量。也就是说,人们面对人生的不确定性时,一方面害怕,担心其中的威胁,如死亡、灾祸等不期而至;另一方面又好奇和心怀侥幸,期待其中的机会,如福报、长寿等降临到自己头上。在这种矛盾的心态下,一种需求就产生了,那便是想偷窥人生的走向,预知未来的机会和威胁。有需求,就会有供给。一种专门以神秘力量来预测个人生死存亡、祸福寿夭的职业也就诞生了,即"巫祝"。在当时的历史条件下,"巫祝"是以神秘力量来预测和化解人生不确定性的职业。"巫祝"如果预测很灵验,表现出一种神秘的洞察力,就会被时人称为"神巫"。本章的主人公之一季咸,便是这样一位"神巫"。

季咸能极为准确地预测人的生死存亡、祸福寿夭,以至于郑国人见到他,都远远躲开,因为怕被他看穿未来。这表明他预测得太准,让未来变成了清晰可见的现在,反倒失去了一切主动创造的可能,又给人带来了更大的恐惧。与其知道一个确定的被安排好的未来,还不如在无知的情况下创造一个属于自己的未来。

另外,这也表明,人们确实惧怕不确定性。因为像季咸这样的"神巫",既然预测得很准,让他来预测,不知道会得到好的结果还是不好的结果。好的结果很准,当然皆大欢喜;而不好的结果也很准,岂不是更糟糕吗?正因为普通人不知道季咸会预测出什么结果,这又增添了另外一种不确定性。如果人们起码现在还活得好好的,以此为参照,那么,预测出好结果的预期收益,远不如预测出不好结果的预期损失对人们的影响大。所以,那些现在活得还不错的人,便不太会去找季咸预测,看见他也都会远远躲开。由此或可推断,都是哪些人主动去找他预测呢?一定是那些现在生活得不好的人。对于这些人来说,预测出好结果的预期收益,要远高于预测出不好结果的预期损失对他们的影响大,因为现在已经很不如意了,再不如意也就是死亡,对于那些活得很不如意的人来说,死亡并不那么可怕。当然,季咸本人也非常清楚这一点,自然会根据这些人的现状和心态,有针对性地进行所谓预测,满足他们的需求。

那么,这种极具个性化的预测又如何检验呢?也只能靠当事人的口传或季咸本人的自述,抑或还有追捧季咸的人的转述。在这种情况下,季咸到底预测了多少人,这个总体样本肯定是不清楚的;相应地,预测准还是不准的比例分布,也是不清楚的,而流传开来的不过只是些号称预测准的数量。哪怕只有几个人被预测准了,传出来也会夸张地说很准,因为对这几个人来说,确实很准,但由于不知道季咸所作预测的样本总量,也不知道究竟有多少是准的、多少是不准的,也就无从判断季咸预测的准确率。更重要的是,人们还无法知道季咸到底是怎样做预测的,其内在机制是什么,有可能按照随机抽样或抛硬币,也可以达到这样的预测效果,毕竟没有人知道季咸预测的准确率到底是多少。可以说,当时所谓的"神巫"的预测,都是这种只报告个别成功案例,再利用一套不透明的神秘说辞来进行解释,以至于外人根本不知道这样的预测是如何做出的。像这样的预测,压根儿就是不可重复的,哪怕是针对同一个人的预测,也可能每次的预测结果都不一样。这正是接下来壶子能让季咸这位"神巫",无法对自己做出预测的根本原因。

当然,像季咸这样的"神巫",在当时人们普遍畏惧不确定性、又无法自主掌控未来的情况下,还是很能迷惑一批人的。尤其是那些私心很重,在组织管理上存在严重问题的管理者,很容易就会被这种号称拥有神秘力量的"巫祝"所迷惑,成为他们的拥趸。这或许也是像季咸这样的"巫祝"能在某个诸侯国如郑国大行其道,成为"神巫"的主要原因。本章虽然没有直接描写郑国国君为季咸心醉,却以列子为代表,揭示了当时管理者为这种号称掌握了神秘力量的"巫祝"所迷惑的普遍现象。

壶子是列子的老师,教授给列子做人和做管理的"正道",需要循序渐进,目前列子还在学习中。但是,列子觉得季咸的神奇预测效果能使人一步登天,马上就把做管理的"底牌"揭示了出来,即不确定性条件下的例外决策。如果真能像季咸那样预知未来,哪还会有什么不确定性可言?未来的一切都是明朗的,做管理岂不就太容易了。管理者以自己对未来的准确预知来引导组织发展,岂不是要比懵懵懂懂好得太多了。这可真是做管理的捷径,哪里还用得着先从学做人开始,再到学做管理,一步步学习和修养,那也太耽误工夫了。所以,列子才会对壶子说:"始吾以夫子之道为至矣,则又有至焉者矣。"

针对列子的这种认识,壶子明确指出,目前列子不过处于学习的初级阶段,还并没有形成对人之为人的独特本性的真正认同,更别说确立起关于人性的德性内涵的坚定信念了。以这样的程度,想要去认识乃至看穿季咸这样的"巫祝"的做法和说辞,确实很难。也就是说,像列子这样,仍没有摆脱个人的经验见识和语言运用的束缚,却想识破季咸在经验层面用语言所设置的预测迷局,谈何容易。可能是为了给列子上一堂生动的现场案例教学课,壶子让列子带季咸来给自己相面预测。

季咸第一次给壶子相面,其结论是"子之先生死矣""不以旬数矣"。这与本章开头说的季咸"知人之死生存亡,祸福寿夭,期以岁月旬日"相吻合。这恐怕也是季咸揣测那些来相面者都是因为有不如意问题的基本模式,当然也与壶子能自如地调控自己的身体活动有关。正像壶子给列子解释的那样:"乡吾示之以地文,萌乎不震不正。是殆见吾杜德机也。"这里的"地文",便象征着寂静不动,也就是让别人感受不到自己的生命迹象,即"杜德机"。这意味着壶子主动屏蔽了生机活力。当一个人的自我身体调控能力达到很高水平的时候,便有可能做到自主掌控向外的信息传递,而对于相面和做预测的人来说,又必定要捕捉一些基本信息线索,因此,当季咸捕捉到的是这种毫无生命迹象的信息线索时,就会得出"见湿灰焉"的结论。

季咸第二次给壶子相面时,竟然得出这样的结论:"幸矣子之先生遇我也!有瘳矣,全然有生矣!吾见其杜权矣。"这恐怕也是像季咸这样的"巫祝"惯用的说辞。当看到被相者有变化时,首先便将这种变化归因于自己。壶子看上去恢复了生机,恰是因为季咸相面的功劳。这里的"杜权",说的是阻塞已发生了变化,即通畅了的意思,也就是又恢复了生机。这种良性变化竟然被季咸说成是"子之先生遇我也"。但是,壶子非常清楚,这不过是自己操控身体信息从而左右季咸判断的结果,也即"乡吾示之以天壤,名实不入,而机发于踵。是殆见吾善者机也"。这里的"机发于踵",正像第六篇第1章所讲的"真人之息以踵"一样,都是一种比喻,意指生机从脚下升起来。这只是在表明,壶子可以自如地调控自己的身体,主动操纵不同身体部位的信息,以至于让季咸无法认识和把握自己的身体状况。同时这也在暗示,在人与人互动的过程中,要认识和理解他人,必定要依赖关于他人的信息获取,但信息并非存在于那里,而总是被他人有意无意地操纵,加之获取信息的过程又会受到自身经验和知识的影响,这就让人与人之间的相互认识、彼此理解变得相当复杂,更别说要预测他人的未来了。

季咸第三次给壶子相面,已经无法看出究竟了,所以才说:"子之先生不齐,吾不得而相焉。试齐,且复相之。"意思是,这次季咸所能捕捉到的信息非常杂乱,无法呈现出统一的模式,也就无法得出一致的结论。这说明,看似神秘的相面，实则不过是一个搜索、捕捉、加工信息，以得出特定结论的过程。只是平时人们没有意识到，也没有能力去控制自身的信息传递，而他人也不一定会关注并有意地做这样的信息搜集和加工，更不一定拥有加工这方面信息的相关知识和技能。但"巫祝"不一样，他们专门训练并积累了关于身体和心理信息线索的搜集、加工技能和经验，也就能在他人毫无觉察的情况下获取信息，加工信息，得出结论。不过，哪怕像季咸这样的"神巫"，一旦遇到像壶子那样既了解"巫祝"职业的特点、又能自如操纵身体的信息传递的人，也同样会无能为力。

当季咸第四次要给壶子相面时，人还没站稳，便慌忙逃走了，原因是壶子"示之以未始出吾宗。吾与之虚而委蛇，不知其谁何，因以为弟靡，因以为波流，故逃也"。也就是说，壶子这次不仅是在操纵自己身体的信息传递，还主动把控季咸的信息搜索和认知加工活动，以至于季咸想要得到什么样的信息，壶子马上就能觉察到，并有意识地呈现出什么样的信息，这岂不变成了壶子给季咸相面？所以，季咸知道遇上了"高人"，赶紧跑了。从某种意义上说，壶子正因为能站在一个更高的立足点上，才会看清不同人的特点及需求，自如地理解和把握人与人之间互动时的信息传递。更重要的是，当那个更高的立足点是人之为人的独特本性，即德性的时候，像壶子那样能自如地理解和把握人与人之间互动时的信息传递，就不是要用一种神秘的做法及说辞来谋求私利，而是能从共同利益出发，帮助人们成长为真正意义上的大写的人。这恰是在暗示，组织的最高管理者如果能像壶子一样，立足于人之为人、区别于物的独特本性来认识和思考管理问题，不仅能让自己免受像季咸那样的神秘人物的左右，而且还能让组织成员摆脱不确定性恐惧，走上不断成长的正确道路。

本章最后讲道："列子自以为未始学而归，三年不出。为其妻爨，食豕如食人。于事无与亲，雕琢复朴，块然独以其形立。纷而封哉，一以是终。"这段话蕴含着深刻的管理寓意。

学管理，必须先从学做人开始，也就是要先学做一个区别于物、体现人之为人的独特本性的真正意义上的大写的人。从这个意义上说，学做人的过程，也就是学"道"的过程。但是，学做人或学"道"，并非像学"术"或学知识、技巧那样,只要找一位高师,终日跟着他学习就行,甚至是到深山老林里去秘密学习,以期拥有像季咸那样的神奇能力。如此理解学做人或学"道",那就大错特错了。所以,列子才回到家中,重新开始在日常生活和工作中磨砺自己,以此为基础,哪怕是去学管理和做管理,也才是人在学管理、人在做管理,而不是动物或机器在学管理和做管理。列子之所以要给妻子烧火煮饭,喂猪也像侍奉人一样认真,正是要借此超越个人的经验见识和语言运用中的偏私、分别之心,努力回归人之为人的本然状态。这也是做管理的基本要求。

管理别义

任何人都有多个侧面,更何况是组织。对个人成长进行预测并不容易,每个人都有成长的无限可能性;同样,对组织发展进行预测更是难上加难,每个组织的发展都有自己独特的路径。因此,管理者尤其是高层管理者,必须对组织发展有充分自信,调动起组织内外部力量,释放出组织的发展潜力,实现组织的可持续发展。

但不容否认,正像个人成长会出现问题,比如身体和心理不适或生病,组织发展也会出现问题。当组织发展已经出现了问题,再去诊断、解决、恢复,确实会耗费很大成本,这才要求管理者必须做到防患于未然。防患于未然说起来容易,做起来却并不那么轻松。要防患于未然,起码要做到能对外部环境和内部状况进行某种程度的识别和预测,而预测又极其困难,特别是像组织这种多侧面、极复杂的社会实体,其发展所依赖的内外部条件及其匹配相当复杂,要理清这些信息线索,并拥有加工信息的综合知识背景,确实非常困难。尤其是对于那些身处组织之中,又被各种具体管理事务所困扰的管理者来说,想要对组织发展及内外部条件变化进行预测,谈何容易。因此,才会有那么一类号称能对组织发展状态进行诊断和预测,从而帮助管理者做到防患于未然的"专家"存在。

这样的"专家"往往会利用知识及信息优势,以一种神秘的方式,来左右管理者对组织发展及外部环境的认知,而所谓神秘的方式,则意味着管理者并不清楚诊断和预测的结论是怎么得出来的;即便"专家"会给出相关机制和方法说明,但又会因为太过专业或晦涩,外人无法完全理解,而只能接受最终结论。由于组织本身的复杂性及环境条件的极度不确定性,随着时间的推移,不管组织的实际发展出现什么情况,那个相对模糊的最终结论都可以给出看似合理的解释。这让"专家"诊断和预测的最终结论变得永远正确,再加上"幸存者偏差"的存在,"专家"由此披上了一件神秘的外衣。

当然,也不排除管理者可能会有意利用"专家"的神秘影响力,通过操纵传递给"专家"的信息,让他们按照管理者的意图做出诊断和预测,以便为管理者谋求私利,寻求外部合理性依据。

无论是管理者被"专家"的神秘力量所左右,还是管理者有意利用"专家"来谋求私利,都表明管理者没有实现超越,没有站在更高的立足点上去看待组织发展。这再次说明管理者的超越何其重要。

7.6 无为名尸①,无为谋府②;无为事任③,无为知主④。体尽无穷,而游无朕⑤;尽其所受乎天,而无见得,亦虚而已。至人之用心若镜,不将不迎,应而不藏,故能胜物而不伤。

字词注释

① 名尸:"尸",古时候代替死者受祭的活人,这里引申为主、主人的意思;"名尸",即名声的主人,也就是追求名声的意思。

② 谋府:"府",形声字,本义指储藏文书的地方,这里引申为来源、出处的意思;"谋府",即谋划的来源。

③ 事任:"任",形声字,本义指怀抱、肩负,这里引申为承担者;"事任",即具体事务的承担者。

④ 知主:"主",象形字,本义指灯头火焰,这里引申为主体、主宰的意思;"知主",即各种见识的主宰。

⑤ 朕:这里是预兆、迹象的意思。

今文意译

不要做名声的主人,也不要做谋划的来源;不要做事务的承担者,也不要做见识的主宰者。要与组织可持续发展融为一体,进入那看似虚空的理想境界;充分发挥人和事的无限可能性,不要只盯着眼前看得见的物化资源,而要同时关注那看似虚空的原创思想。理想化的超越者使用思维就像明镜一样,既不刻意要欢送什么,也不有意去迎接什么,来物必照,从不隐藏,所以才能超然于各种事物之外,而不被任何事物所牵累。

▍分析解读

本章紧接上一章,阐明最高组织管理者如何才能避免被类似于季咸那样的"神巫"所左右。本章包括三层含义。

第一,组织的最高管理者必须恪守的底线原则是"无为名尸,无为谋府;无为事任,无为知主"。其中,"名尸",即名声的主人,这里引申为追求名声;"谋府",即谋划的来源,这里引申为热衷谋划;"事任",即具体事务的承担者,这里引申为做具体事务;"知主",即见识的主体,引申为卖弄自己的见识。这四个方面都与最高管理岗位的职责定位相违背,不应该成为最高管理者热衷于从事的活动。正因为最高管理者代表整个组织,如果最高管理者想追求名声,那势必就会把组织和组织成员作为自己追求名声的工具,甚至在组织内部还会让自己与其他管理者处于竞争状态。对于代表整个组织的最高管理者来说,即便有名声,那也一定是因为组织的可持续发展而带来的名声,以及组织聘用的其他管理者具有同行认可的声誉而带来的名声;而最高管理者绝不能刻意追求所谓个人的名声。这就是"无为名尸"所要表达的意思。

既然最高管理者不把组织和组织成员当成自己追逐名声的工具,也不与其他管理者争夺名声,那么,最高管理者与其他管理者及普通组织成员的关系,便不是竞争关系,而是合作共赢的关系。在这种合作共赢的关系状态下,最高管理者当然也就不需要在内部事务中,对其他管理者及普通组织成员做谋划、使用谋略了。严格来说,当面对内部组织成员,最高管理者仍在不断做谋划、使用谋略时,恰说明上下割裂、互不信任,只能靠使用策略暂时维系住组织;但是,使用谋划和策略来维系组织,恰是在摧毁组织信任的根基。因不信任而使用策略,却又想借助策略来建立信任,这怎么可能?越是热衷于使用策略,越是会加剧不信任;即便暂时蒙蔽了他人,看上去已经赢得了信任,一旦真相大白,结果会变得更糟糕。即便在激烈竞争的环境中,组织对外不得不进行谋划、使用策略,但那也不应该是最高管理者的工作,而是其他专门岗位上的管理者的责任。所以,本章才要特别强调"无为谋府",而"无为谋府",又是同"无为名尸"直接联系在一起的。正因为最高管理者代表整个组织,没有对包括名声在内的个人欲求,这才让最高管理者与其他管理者及普通组织成员之间不存在根本利益矛盾和冲突,压根儿没有必要使用谋划和策略来应对其他管理者及普通组织成员。可见,最高管理者只有做到了"无为名尸",才能"无为谋府"。

同样,最高管理者只有做到了"无为事任",才能"无为知主"。最高管理岗位的职责决定了最高管理者不应干预具体事务,更不应亲力亲为地做具体事务,这也是组织这个分工协作体系的必然要求。更重要的是,如果最高管理者热衷于显示自己在具体事务上的专业知识和技能,那就不可避免地与追求名声联系在一起了。其他管理者及普通组织成员认识到这一点,便可能会不遗余力地追捧最高管理者,甚至将组织中与各类事业、业务和任务相关的见识及荣誉都加诸在最高管理者头上。看上去最高管理者才是组织中最具有聪明才智的那个人,而反过来,组织的发展也就必然局限在最高管理者个人所具有的知识和技能水平之上,因为其他管理者及普通组织成员在追捧和恭维最高管理者的同时,也把自己的聪明才智和创造力关闭了。当组织发展只系于最高管理者一身时,除非最高管理者真的是"神",否则,想要以一人之力确保组织可持续发展,注定是不可能的。所以,本章才告诫最高管理者"无为事任,无为知主",而其前提,仍是"无为名尸,无为谋府"。只有做到后者,才能做到前者。

第二,在明确了组织的最高管理者不能做什么的底线之后,最高管理者又应该做什么呢?那就是"体尽无穷,而游无朕;尽其所受乎天,而无见得,亦虚而已"。其中,"体尽无穷",说的是最高管理者要与组织的可持续发展融为一体。毕竟任何个体,包括最高管理者,都是有局限性的,不仅时间尺度上的职业生涯有限,空间尺度上的视野和见识也极其有限,要弥补个体的局限性,只能融入组织之中,也只有组织,才可能是"无穷"的。特别是最高管理者,要以具有有限性的个体来代表具有无穷可能性的组织,就必须"体尽无穷",融入组织的可持续发展之中。但问题是,如果只从物化存在的视角看待组织,又怎么可能把有限的个体融入无穷的组织之中呢?那显然不可能。因此必须超越物化存在,进入本质上是由思维和精神构建起来的理想世界之中,这就是"而游无朕"所要表达的意思。这里的"无朕",即没有看得见、摸得着的迹象可循,只有在理想世界之中,才能满足这种要求。这意味着,最高管理者只有确立起理想,实现了超越,才能真正与组织的可持续发展融为一体。

最高管理者只有真正与组织的可持续发展融为一体,才能切实代表组织,也才能在组织中充分发挥人和事的无限可能性,实现人尽其才,物尽其用,以创造更广大且长远的共同利益,这就是"尽其所受乎天"所要表达的意思。其中,"所受乎天",既指人的独特本性,也指物的独特本性;当人的独特本性得以充分发挥,便是人尽其才,而当物的独特本性被开发出来,也就实现了物尽其用。

当然,在人和物化资源的关系上,最高管理者又绝不能本末倒置,眼睛只盯着那看得见的物化资源,以为有了物化资源和硬实力,组织就有了竞争力及可持续发展的可能性。严格来说,物化资源和硬实力都是为人服务的,也只有人的创造力和原创思想,才能让物化资源和硬实力得以改变形式,为人和组织带来价值。因此,组织可持续发展的根基一定在人而不在物,尤其是关于人之为人、区别于物的独特本性的信念及由此派生出来的价值观,还有在信念和价值观主导下思维能力得以正确运用所产生的原创思想。这些看似虚空,却是一切"实有"能够被创造出来的真正源泉。所以,本章才强调指出,"而无见得,亦虚而已"。

第三,最高管理者的做与不做,都离不开信念坚守及实现超越这两个基本前提,也就是"至人之用心若镜,不将不迎,应而不藏,故能胜物而不伤"。这里的"至人",即理想化的超越者,暗示最高管理者要想达到上述两方面要求,就必须实现超越,成为理想化的超越者,而达到了超越的境界,才能做到"用心若镜"。也就是说,在关于人之为人、区别于物的独特本性的信念基础上,思维摆脱了生物本能的左右,不去追逐外物,反而能像镜子一样来物必照,还它本来面目,既不刻意要送什么,也不刻意去迎什么,更不刻意要隐瞒什么,这便是"用心如镜"之后必然带来的"不将不迎,应而不藏"的洞察力。有了这种洞察力,最高管理者才能超然物外,不仅不为外物所束缚,还能以组织为平台,支撑起各类物的有效运用,使之真正服务于人的不断成长和组织的可持续发展。这便是"故能胜物而不伤"所要表达的意思。

管理别义

组织的高层管理岗位的职责定位具有特殊性,一方面看似没有像其他管理岗位那样明确的责权利边界,拥有规则以外的更大自由裁量权;另一方面则又具有比其他管理岗位更为严格的限制条件,要求用组织的价值原则来限制自由裁量权的使用。这意味着高层管理者更多受组织的价值原则制约而不是被组织的制度规则所限制。

价值原则之不同于制度规则,不仅意味着价值原则是柔性的,制度规则是刚性的;更意味着价值原则必须建立在内在信念坚守之上,才能发挥出由内而外的制约作用,而制度规则只是针对特定行为,并不一定有内在信念坚守和价值观认同。制度规则只针对行为,只要行为符合规则要求,不管心中如何想,结果不会有太大分别;但价值原则却不同,心中怎么想直接决定行为怎么做,而且价值原则并没有直接对应的行为表现,也正因为没有外在行为表现,才无法用明确的规则予以界定,只能诉诸内在认同。这也是为什么职位越高、自由裁量权越大的管理者,越需要由内而外地自我约束,而非由外部进行强制约束的原因。

管理者的价值原则是建立在心中关于组织的坚定信念之上的,以此为基础,价值原则让管理者有了什么不能做、什么应该做的内在准则。一旦遇到例外,即无法援引外部规则进行判断和选择时,管理者的内在价值原则便会起作用,借助不能做什么的底线及能做什么的导向,由内而外地做出决策,甚至还可以指导规则的制订。这也意味着价值原则对制度规则的决定作用,是通过管理者实现的。

7.7 南海之帝为儵①,北海之帝为忽②,中央之帝为浑沌③。儵与忽时相与遇于浑沌之地,浑沌待之甚善。儵与忽谋报浑沌之德④,曰:"人皆有七窍⑤以视听食息⑥,此独无有,尝试凿之。"日凿一窍,七日而浑沌死。

字词注释

① 儵:庄子虚构的帝王。

② 忽:庄子虚构的帝王。

③ 浑沌:庄子虚构的帝王。

④ 德:这里是恩惠的意思。

⑤ 七窍:眼、耳、鼻各两窍,口一窍,共七窍。

⑥ 息:这里是呼吸的意思。

今文意译

南海的帝王是儵,北海的帝王是忽,中央的帝王是浑沌。儵和忽经常相约到浑沌那里去,浑沌招待得都非常好。儵和忽商量,要报答浑沌的厚爱,就说:"人都有七窍,用来看、听、吃饭和呼吸,只有浑沌没有,试着给他凿出来。"儵和忽就每天给浑沌凿出一窍,到了第七天,浑沌却死了。

分析解读

本章总结全篇,深刻揭示了组织的最高管理者与其他管理者及普通组织成员在职责定位上的差异,同时也回归到庄子管理思想的核心主题,即超越上,暗示了最高管理者如果不能实现超越,便做不好管理。

本章的"南海之帝为儵""北海之帝为忽",暗喻的是组织的高层管理者或类似于当时诸侯国国君这样的管理角色,而"中央之帝为浑沌",则暗喻的是组织的最高管理者或类似于当时天下这个最大组织的"天子"这样的管理角色。"儵与忽时相与遇于浑沌之地,浑沌待之甚善",则意指两位高层管理者会定期到最高管理者那里汇报工作,相当于各诸侯国国君定期到周天子那里朝觐。

以此为背景,或许可以比较容易地把握本章的管理深意。两位高层管理者"儵"和"忽",并没有真正理解最高管理者"混沌"的岗位职责定位,以为凡是做管理,都应该是一样的,至少都要明察秋毫,洞悉各种变化,不能糊里糊涂,更不能被下属欺瞒。所以,"儵与忽谋报浑沌之德,曰'人皆有七窍以视听食息,此独无有,尝试凿之'"。

这里的"人皆有七窍以视听食息",是在用人的感觉器官,来隐喻管理者尤其是最高管理者明察秋毫的信息搜集和加工能力及个人的经验见识,而"浑沌"原本没有"七窍",则暗指理想化的最高组织管理者与组织可持续发展融为一体,真正做到了上一章所说的"无为名尸,无为谋府;无为事任,无为知主",根本就不需要自己去搜集和加工涉及各类具体事务的信息,更不需要亲力亲为地干预或做各类具体事务。在组织的分工协作体系下,其他各级管理者和普通组织成员的"七窍",就是组织的"七窍",也就是最高管理者的"七窍"。因此,最高管理者只需要像上一章说的那样"体尽无穷,而游无朕;尽其所受乎天,而无见得,亦虚而已"就可以了,根本就不需要所谓"七窍"。但是,"儵"和"忽"却完全没有理解这一点。这也是在暗示,当时绝大多数的管理者都认识不到这一点,只觉得最高管理者应该像其他管理者一样,必须有"七窍",而且,最高管理者的"七窍"还一定要比别人更灵敏,甚至是组织中最灵敏的才行;否则,那些有着比最高管理者更灵敏的"七窍"的人,便很有可能要取而代之。这种情况在庄子所处的战国时代好像并不少见。

所以,"儵"和"忽"才要"尝试凿之",结果却是"日凿一窍,七日而浑沌死"。当"儵"和"忽"用了七天时间,为浑沌凿出"七窍"之后,"浑沌"却因为有了"七窍"而死去了。这样的结局至少蕴含着三重管理寓意。

第一,从最高管理岗位的职责定位来看,如果最高管理岗位与其他管理岗位及一般工作岗位一样拥有由"七窍"所代表的相同功能,那么,最高管理岗位便难以超越局部而代表组织整体。如果最高管理岗位上的人不能代表组织整体,反而发挥着与其他岗位没有本质区别的相同功能,那么,其独立存在的意义也就没有了。组织之所以能超越个人,具有更强的生命力,关键在于分工协作,而管理则是让组织内部的分工协作成为可能的重要保障。组织的最高管理岗位,更是要立足于组织整体而非局部或者个人,以确保组织的各种人、物、事的潜能得以充分发挥,从而创造出整体大于部分之和的增益价值。因此，"浑沌"之死是在暗示，最高管理岗位能否担负起不同于其他岗位的能代表组织整体、维系分工协作有效运行的职责，才是组织能否实现可持续发展的关键所在。当最高管理岗位的职责定位，不再是以"浑沌"去激励其他岗位的探索和创造，反倒要以"精明"去干预其他岗位的具体工作时，也就从根本上否定了最高管理岗位所赖以存在的独特价值。

第二，从最高管理者个人来看，"七窍"隐喻个人的经验见识，也可以说是聪明的一种表现，正所谓"耳聪目明"，个人的聪明往往表现为感觉的敏锐性。在组织中，当最高管理者也要运用自己的聪明，去和其他管理者及普通组织成员争夺物化资源及各种机会的时候，不仅最高管理者无法履行代表组织整体、维系分工协作有效运行的职责，更严重的是，这样的组织还会由一个合作的共同体，退化为物质利益的角斗场。在对物质利益的角逐中，最高管理者要以个人的"聪明"，去和组织中那么多"聪明人"竞争，结果必然是让组织的最高管理岗位变成一个真正的"高危岗位"。当时各诸侯国中轮番上演的"弑君篡位"惨剧，恰说明了这一点。所以，"浑沌"之死也说明，最高管理者如果想凭借个人的"聪明"来做管理，那必然会把组织变成一个残酷的竞争丛林。在丛林法则下，又有谁会真正关心组织整体的和谐可持续发展呢？

第三，从根本上说，即便能设计出一个完全不同于其他岗位的最高管理岗位，并赋予其代表组织整体、维系分工协作有效运行，进而融入组织可持续发展的岗位职责，恐怕在现实中也确实很难找到一位理想化的超越者，像"至人""神人""圣人""真人"那样，去履行这样的岗位职责。退一步说，即使现实中真有这样一位理想化的超越者，能严格履行最高管理岗位的职责定位，但诸如"儵"和"忽"那样的管理者乃至普通组织成员，也会无法理解，他们仍要从所谓"聪明"的角度，去看待最高管理者本人及其做管理的各种表现，甚至还会人为地赋予最高管理者组织中最"聪明"的头衔。在这种情况下，最高管理者想不"聪明"都难。更何况，现实中也不可能有"浑沌"那样的理想化超越者。

现实中的最高管理者也只是普通人，既拥有人之为人、区别于物的独特本性，即德性，也同时具有人与物的共同性，即生物性。而德性与生物性的结合,到底是德性超越生物性,还是生物性抑制德性,除了受个人内在的信念坚守和持续修养影响外,社会环境尤其是组织氛围的影响同样不容忽视,有时甚至起到关键作用,正所谓"近朱者赤,近墨者黑"。但是,对于组织的最高管理者来说,社会环境的影响作用明显弱化,至少在组织内部,这种影响和制约作用很难有效发挥出来,加之权力对生物性的诱致和放大效应,这会让生物性抑制德性在组织的最高管理者身上体现得更为普遍。在庄子所处的战国时期,诸侯国国君的群体表现恰好印证了这一点,比如第四篇"人间世"对卫灵公及其太子所做的形象刻画。正因为如此,"浑沌"之死或许也是在暗示,只有将人格化的最高管理者转化为一种非人格化的治理机制,才有可能借助这种机制来实现原本由个人承担的最高管理岗位职责,从而在根本上保证组织的可持续发展。

管理别义

组织的高层管理团队特别是最高管理者,应该代表组织整体。至少人们都有这样的期待。人们期望高层管理团队特别是最高管理者,能够超越自我,代表组织,为组织成员的成长和组织的可持续发展负责。这的确是一种理想状态。但是,只有立足理想,才能看清现实,也才能从现实与理想的反差中,发现问题,找到完善现实的可行路径。

在现实中,人与人之间虽会有差别,但不会有本质差别。也就是说,人与人之间的差别,绝不会像人与物之间的差别那样有根本性。人与人之间的差别,其中一个非常重要的方面,或许就是德性与生物性彼此结合的程度。不过,这种差别又不可能大到有的人完全是德性而没有生物性,有的人则完全是生物性而没有德性。这样的两极化状态只存在于理想条件下,是人们运用思维做理想类型分析的结果。在现实中,任何人都处在德性与生物性相结合的特定状态,只是有些人德性的主导性更强,有些人生物性的主导性更强,还有些人则是两者处在相对模糊的中间状态。即便处在这三种状态下,也并非一成不变,而总会随着内外部环境条件的变化而动态变化。也就是说,人既会受外部环境变化的影响,也会受内部生理和心理变化的影响。当内外部环境条件发生改变时,人的德性与生物性相结合的关系状态也会发生变化。

在现实的组织情境中，由于规则的局限性及管理工作要面对例外进行自由裁量的特征，相对而言，管理岗位的职责，更应该由那些德性超越生物性而占主导的人来承担。一方面，这样的人做管理，在应对例外、运用自由裁量权时，更有可能不受生物本能的过度左右，在很大程度上能由内而外地避免假公济私、损公肥私的行为出现。另一方面，这样的人也更有可能以身作则、率先垂范，营造良好的组织氛围，正向影响他人，尤其是那些尚处在德性与生物性相结合的中间状态的人，会因此而逐渐让德性超越生物性占主导，这也是"管理即教育"的意义所在。这或许正是组织在选择管理者的时候，会如此看重"德才兼备，以德为先"的深层原因之一，而且，随着管理职位的晋升，对于一个人的德性超越生物性而占主导的程度要求也会更高。

但是，组织管理中的自由裁量权，既要求管理者有更高程度的德性作为内在价值准则的来源，以由内而外地确保权力的恰当运用，也会诱致和放大管理者的生物性的本能欲求，使其为所欲为。因为更大的自由裁量权，也就意味着更少的外部规则限制及其他方面的制衡和监督，同时也意味着因对他人的更直接影响而引来更多的逢迎追捧乃至投其所好。在这种情况下，管理者即便有源于德性的内在价值准则，但由于缺少外部制约的匹配和正向影响的共鸣，也很容易被生物性所逾越，以至于在权力的诱致和放大作用下，不知不觉地由原来的德性超越生物性而占主导的状态，退化到德性与生物性相对模糊的中间状态，甚至是生物性抑制德性而占主导的状态。

所以，要确保管理中自由裁量权的恰当运用，同时又能避免其对管理者的腐蚀作用，只靠管理者个人的信念坚守和自我修养是肯定不够的，必须匹配上非人格化的组织管理体系设计。但问题是，组织管理体系的设计一定离不开人，而从事组织管理体系设计的人，如果没有关于德性的坚定信念和持续修养，又如何能设计出体现人性价值的组织管理体系，并通过这样的体系，来选择和培育一代又一代真正意义上的管理者？这的确是一个值得反复思考和不断探讨的永恒管理难题。

参考文献

[1] 郭象.庄子注疏[M].成玄英,疏.北京:中华书局,2011.
[2] 陆德明.经典释文·序录(一)[M]//庄子音义(四).杭州:浙江大学出版社,2022.
[3] 林希逸.南华真经口义[M].陈红映,点校.昆明:云南人民出版社,2002.
[4] 吕惠卿.庄子义集校[M].汤君集,校.北京:中华书局,2009.
[5] 方以智.药地炮庄[M].赵锋,点校.北京:中华书局,2022.
[6] 憨山.庄子内篇注[M].梅愚,点校.武汉:崇文书局有限公司,2015.
[7] 王夫之.庄子解[M].王孝鱼,点校.北京:中华书局,1964.
[8] 林云铭.庄子因[M].张京华,点校.上海:华东师范大学出版社,2011.
[9] 陆树芝.庄子雪[M].张京华,点校.上海:华东师范大学出版社,2011.
[10] 郭庆藩.庄子集释[M].王孝鱼,点校.北京:中华书局,2012.
[11] 王先谦.庄子集解[M].上海:上海书店,1987.
[12] 阮毓崧.重订庄子集注[M].刘韶军,点校.上海:上海古籍出版社,2018.
[13] 章炳麟.庄子解故[M]//章太炎全集.上海:上海人民出版社,2014.
[14] 蒋锡昌.庄子哲学[M].上海:上海书店,1992.
[15] 闻一多.周易与庄子研究[M].成都:巴蜀书社,2003.
[16] 钱穆.庄子纂笺[M].海口:海南出版社,2021.
[17] 刘文典.庄子补正[M].北京:中华书局,2015.
[18] 王叔岷.庄子校释[M].台北:台湾商务印书馆,1993.
[19] 杨柳桥.庄子译诂[M].上海:上海古籍出版社,2017.
[20] 钟泰.庄子发微[M].上海:上海古籍出版社,2022.

[21]张默生.庄子新释[M].张翰勋,校补.济南:齐鲁书社,1993.

[22]李勉.庄子总论及分篇评注[M].台北:台湾商务印书馆,1976.

[23]曹础基.庄子浅注[M].修订重排本.北京:中华书局,2007.

[24]杨儒宾.儒门内的庄子[M].上海:上海古籍出版社,2020.

[25]刘笑敢.庄子哲学及其演变[M].修订版.北京:中国人民大学出版社,2020.

[26]陈鼓应.庄子今注今译[M].北京:中华书局,2016.

[27]杨义.庄子还原[M].北京:中华书局,2011.

[28]方勇.庄子[M].北京:中华书局,2015.

[29]方勇,刘涛.庄子译注[M].上海:上海古籍出版社,2019.

[30]马恒君.庄子正宗[M].北京:华夏出版社,2007.

[31]杨广学.庄子真义[M].成都:天地出版社,2023.

[32]杨国荣.庄子内篇释义[M].修订版.北京:中华书局,2021.

[33]谢彦君.庄子内篇引归[M].北京:商务印书馆,2023.

[34]陈引驰.庄子精读[M].上海:复旦大学出版社,2018.

[35]张景.庄子新解[M].北京:人民出版社,2019.

[36]颜世安.游世与自然生活:庄子评传[M].长沙:湖南人民出版社,2022.

[37]林光华.放下心中的尺子:《庄子》哲学50讲[M].北京:中国人民大学出版社,2019.

[38]杨伯峻.列子集释[M].北京:中华书局,2013.

[39]谭业谦.公孙龙子译注[M].北京:中华书局,1997.

[40]司马迁.史记[M].北京:中华书局,2000.

[41]班固.汉书[M].北京:中华书局,2000.

[42]顾炎武.日知录[M].上海:华东师范大学出版社,2022.

[43]杨天才.周易[M].北京:中华书局,2014.

[44]小野泽精一,福永光司,山井涌.气的思想:中国自然观与人的观念的发展[M].李庆,译.上海:上海书店出版社,2023.

[45]张钢.论语的管理精义[M].北京:机械工业出版社,2015.

[46]张钢.大学·中庸的管理释义[M].北京:机械工业出版社,2017.

[47]张钢.孟子的管理解析[M].北京:机械工业出版社,2019.

[48]张钢.老子的管理要义[M].杭州:浙江大学出版社,2023.

[49]许进雄.中国古代社会:文字与人类学的透视[M].上海:上海人民出版社,2023.

[50]林仲湘.规范字与繁体字、异体字辨析字典[M].北京:商务印书馆,2021.

[51]许慎.说文解字[M].上海:上海古籍出版社,2007.

[52]康熙字典[M].上海:上海辞书出版社,2007.

[53]古代汉语字典[M].北京:商务印书馆,2005.